Das iPad

Tipps und Tricks

Uwe Albrecht

Markt+Technik

ISBN 978-3-95982-197-1

Produktmanagement Christian Braun, Burkhardt Lühr
Lektorat, Herstellung Jutta Brunemann
Covergestaltung David Haberkamp
Satz inpunkt[w]o, Haiger (www.inpunktwo.de)
Druck mediaprint solutions GmbH, Paderborn
Printed in Germany

Inhaltsverzeichnis

1. Grundlagen

Ein großer Vorteil des iPad und vor allem des iPad Pro gegenüber einem herkömmlichen Laptop ist seine Flexibilität. Es ist schnell, leicht und mobil, hat ein hervorragendes Display, kann nicht nur mit Fingertipps und Gesten, sondern auch mit Tastatur, Maus und nicht zuletzt mit dem Apple Pencil bedient werden. Sogar eine Steuerung und Bedienung über Sprachbefehle ist dank Siri möglich.

Ein Schwachpunkt der Tablets von Apple waren bisher vor allem das Betriebssystem iOS und die im Vergleich mit den Programmen für Mac und Windows etwas eingeschränkten Apps. Dies hat sich mit iPadOS 13 grundlegend geändert. iPadOS 13 ist weit mehr als iOS auf professionelle Anwender zugeschnitten, die mit ihrem iPad nicht nur Filme schauen, im Internet surfen oder spielen wollen.

Im ersten Kapitel zeigen wir Ihnen Tipps und Handgriffe zur grundlegenden Bedienung Ihres iPad.

1.1 Wichtige Handgriffe am iPad

iPad aus- und einschalten

Sie schalten Ihr iPad über die Stand-by-Taste aus oder ein. Beim Einschalten startet das iPad umgehend und das Apple-Logo erscheint. Beim Ausschalten gehen Sie je nach Modell unterschiedlich vor. Beim iPad, iPad Air, iPad mini und iPad Pro bis 2017 drücken Sie allein die Stand-by-Taste. Beim iPad Pro der dritten Generation, ab 2018 ohne Home-Taste, betätigen Sie gleichzeitig die Stand-by-Taste und die Lauter-Taste. In beiden Fällen erscheint ein Schieberegler mit der Bezeichnung *Ausschalten*. Betätigen Sie diesen, wird das iPad heruntergefahren.

Sie können das iPad aber auch über die *Einstellungen* ausschalten.

1. Öffnen Sie die *Einstellungen* und tippen Sie dort auf den Eintrag *Allgemein*.
2. Wischen Sie ganz nach unten bis zum Eintrag *Ausschalten*. Tippen Sie darauf, erscheint der oben genannte Schieberegler, den Sie betätigen.

iPad Pro aufwecken

Sind Sie stolzer Besitzer eines iPad Pro (ab der dritten Generation), können Sie das iPad allein durch einen Fingertipp auf den Bildschirm aufwecken. Hierzu die Stand-by-Taste oder die Seitentaste zu betätigen, ist nicht mehr nötig. Dank Face ID wird das iPad zudem sofort entsperrt.

iPad sofort neu starten

Ab und zu kann es notwendig sein, das iPad nicht nur auf die oben beschriebene Weise aus- und einzuschalten, sondern es sofort über seine Tasten neu zu starten, was einem Reboot beim Computer entspricht. Hierzu gehen Sie folgendermaßen vor:

1. Halten Sie die Stand-by-Taste und die Home-Taste gleichzeitig gedrückt und warten Sie, bis das Apple-Logo erscheint.
2. Das iPad wird nun komplett neu gestartet, was auch etwaige Probleme beseitigen kann, da dabei der Speicher aufgeräumt wird.

iPad Pro neu starten

Beim iPad Pro ohne Home-Button ist es etwas umständlicher. In diesem Fall gehen Sie auf die folgende Weise vor:

1. Drücken Sie schnell hintereinander erst die Lauter-Taste und dann die Leiser-Taste.
2. Zum Schluss betätigen Sie die Stand-by-Taste an der Oberseite des iPad Pro für wenigstens fünf Sekunden, in jedem Fall so lange, bis das Apple-Logo auf dem Bildschirm erscheint und das iPad Pro neu startet.

Am iPad anmelden

Um sich am iPad anzumelden, gibt es drei Möglichkeiten: per Code, Touch ID oder Face ID. Je nach Modell verwenden Sie Touch ID, um sich per Fingerabdruck über den Home-Button anzumelden, oder Face ID per Gesichtserkennung durch die Frontkamera. Die Anmeldung per vier- oder sechsstelligem Code ist an jedem Gerät möglich und in manchen Situationen auch erforderlich, wie nach einem Neustart oder Upgrade. Bei der Ersteinrichtung Ihres iPad werden die entsprechenden biometrischen Daten erfasst und gesichert. Diese können Sie auch ändern und nachholen.

Querformat verwenden

Der Home-Bildschirm und das Dock Ihres iPad lassen sich auch im Querformat nutzen. So ändert sich die Darstellung des Bildschirminhalts umgehend, wenn Sie das iPad auf die Seite drehen. Dies gilt übrigens auch für die allermeisten Apps. Diese funktionieren nicht nur im Querformat, es bringt auch einen echten Mehrwert mit sich. Verwenden Sie also, wann immer das sinnvoll erscheint, das Querformat Ihres iPad. Nur so können Sie die neuen Multitasking-Funktionen von iPadOS 13 sinnvoll einsetzen und mit mehreren Apps oder Dokumenten arbeiten. Auch die mehrspaltige Ansicht der Apps *Mail*, *Safari* oder *Notizen* erscheint nur, wenn Sie das iPad auf die Seite drehen. Dies gilt ebenfalls für die Bildschirmtastatur, die im Querformat weit mehr Möglichkeiten bietet.

Home-Bildschirmlayout vergrößert anzeigen

Die Darstellung Ihres Home-Bildschirms lässt sich in Grenzen anpassen. So können Sie wählen, ob Sie eine verkleinerte Darstellung wünschen, in der mehr Symbole ins Dock und auf den Home-Bildschirm passen, oder eine vergrößerte Ansicht mit weniger Symbolen.

1. Öffnen Sie die *Einstellungen* und wählen Sie *Home-Bildschirm & Dock*.
2. Wählen Sie dort unter *App-Symbole* entweder *Mehr* für mehr Symbole oder *Größer* für die vergrößerte Darstellung.

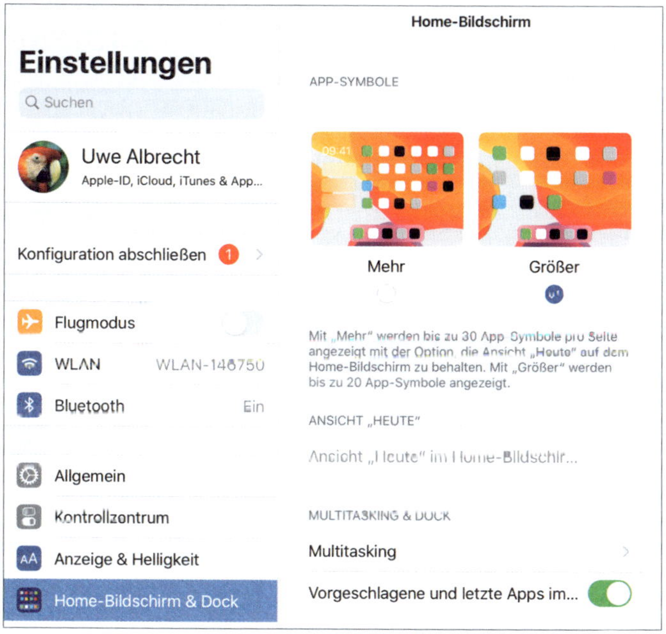

Bildschirmformat festlegen

Falls Sie aus einem bestimmten Grund die Darstellung des Bildschirminhalts auf das Hochformat oder das Querformat festlegen wollen, z. B. wenn Sie ein E-Book lesen und nicht möchten, dass sich das Format ändert, wenn Sie sich oder das iPad bewegen, gehen Sie wie folgt vor:

1. Drehen Sie das iPad ins Hoch- oder Querformat. Wischen Sie vom oberen linken Rand des Bildschirms nach unten, um das Kontrollzentrum aufzurufen.
2. Nun tippen Sie auf das Symbol mit dem Schloss und dem geschwungenen Pfeil. Der Bildschirminhalt wird jetzt auf das aktuelle Format festgelegt und ändert sich beim Bewegen oder Drehen nicht mehr.

1.2 Fingertipps und Gesten

Die Bedienung Ihres iPad mit Fingertipps und Gesten ist auf den ersten Blick weitgehend intuitiv möglich. Spezielle Funktionen z. B. zur Verwendung mehrerer Apps, für das Multitasking, zum Löschen, Kopieren oder Einfügen von Text bzw. Dateien sind nicht unbedingt auf den ersten Blick ersichtlich. Mit den folgenden Tipps können Sie sich diese erschließen.

Kontextmenü mit Schnellaktionen

Mit den meisten Ihrer Apps und Dateien auf Ihrem iPad können Sie sogenannte Schnellaktionen nutzen. Bei den Schnellaktionen handelt es sich je nach App und Dateityp um unterschiedliche Befehle, mit denen Sie Funktionen der Apps aufrufen oder auch Dateien anzeigen und bearbeiten. Die Schnellaktionen rufen Sie wie folgt auf:

1. Tippen Sie etwas fester und länger auf das Symbol der App oder Datei, hierbei erscheint deren Kontextmenü mit den Schnellaktionen – ähnlich, wie Sie diese vom Mac oder Windows-PC kennen.
2. Wählen Sie den gewünschten Befehl aus. Bei einer App sind es App-spezifische Befehle, bei einer Datei beispielsweise Befehle zum Bearbeiten, Markieren oder auch Kopieren.

Dateivorschau

Die Schnellaktionen beinhalten auch – sofern von iPadOS unterstützt – eine Dateivorschau, auch »Übersicht« oder »Peek und Pop« genannt. Damit können Sie einen Blick in eine Datei oder auch auf eine Webseite werfen, ohne die App starten zu müssen.

1. Tippen Sie fest auf die Dateien-App auf dem Home-Bildschirm oder auch im Dock. Zusätzlich zu den Schnellaktionen werden auch die letzten vier dort geöffneten Dateien angezeigt. Nun können Sie diese per Fingertipp in der entsprechenden App öffnen.
2. Starten Sie die Dateien-App und tippen Sie fest auf eine beliebige Datei. Bei den eingeblendeten Schnellaktionen im Kontextmenü wählen Sie *Übersicht*.
3. Starten Sie Safari und öffnen Sie eine Webseite. Tippen Sie dort fester und länger auf einen Link. Die dazugehörige Webseite wird in der Dateivorschau angezeigt. Zudem können Sie passende Schnellaktionen – von Safari – aufrufen.
4. Öffnen Sie die App *Mail*. Wählen Sie in der linken Spalte eine E-Mail aus und tippen Sie fester und länger darauf. Die entsprechende E-Mail wird in der Dateivorschau angezeigt. Zudem können Sie passende Schnellaktionen – hier der App *Mail* – aufrufen.

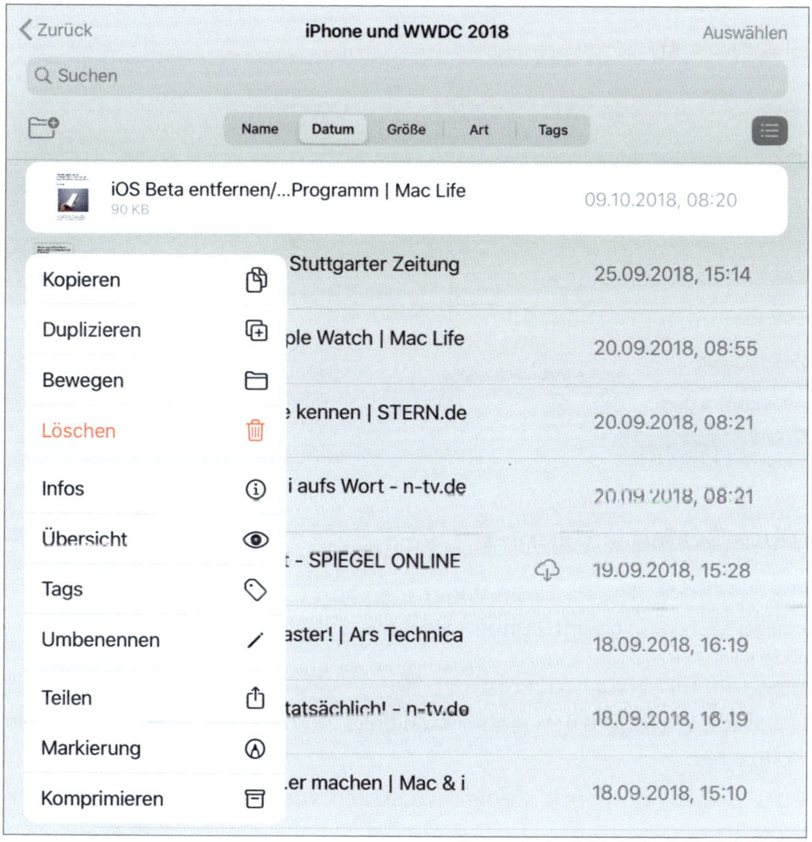

Eingaben über Schütteln widerrufen

Wollen Sie eine Eingabe an Ihrem iPad widerrufen, dann genügt es, dieses kurz zu schütteln, um die Eingabe rückgängig zu machen. Hierbei kann es sich um eine Texteingabe in der Notizen-App handeln, die Eingabe einer E-Mail-Adresse in der Mail-App oder einer Internetadresse in Safari. Auch Formatierungen oder Zeichenschritte lassen sich so in manchen Apps rückgängig machen. Damit dies klappt, muss die entsprechende Funktion allerdings eingeschaltet sein. Dies erreichen Sie auf die folgende Weise:

1. Öffnen Sie die *Einstellungen* und tippen Sie dort auf *Bedienungshilfen* sowie *Tippen*.
2. Suchen Sie den Eintrag *Zum Widerrufen schütteln* und aktivieren Sie diesen.

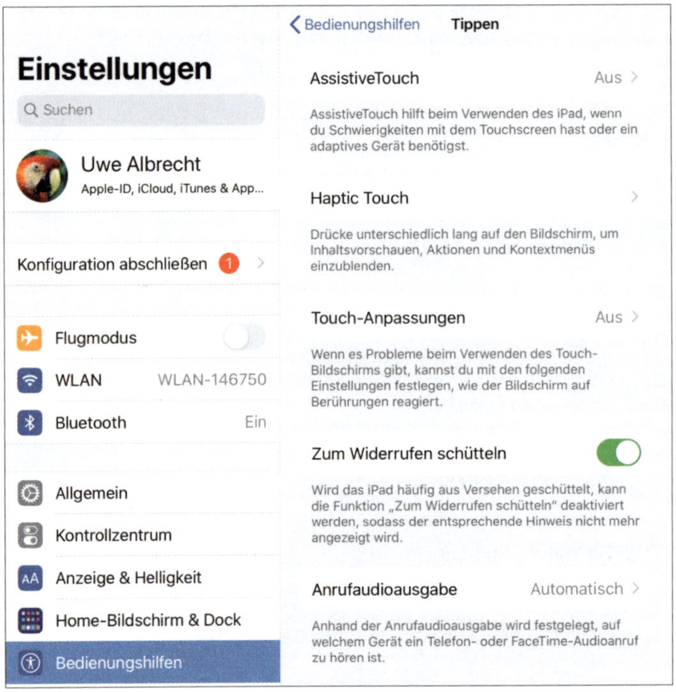

Eingaben über Gesten widerrufen

Falls Ihnen das Schütteln des iPad zum Widerrufen von Eingaben zu umständlich oder vielleicht sogar zu albern erscheint, können Sie auch eine Geste nutzen.

1. Verfassen Sie den Text etwa in der Notizen-App.
2. Wischen Sie mit drei Fingern von rechts nach links über den Bildschirm, um die letzte Eingabe zu löschen.
3. Um die letzte Eingabe nun doch wiederherzustellen, wischen Sie mit drei Fingern von links nach rechts.

Wichtige Gesten für das iPad mit und ohne Home-Button

- Doppelt tippen: vergrößern oder verkleinern, z. B. bei Abbildungen.
- Finger spreizen: vergrößern, z. B. bei Webseiten, Textseiten, Abbildungen.
- Auf den oberen Bildschirmrand tippen: schnell an den Anfang eines Dokuments/einer Webseite navigieren.
- Lange auf eine Textstelle tippen: Kontextmenü aufrufen.
- Bildschirminhalt aktualisieren: in der Mail-App oder Safari den Bildschirminhalt mit einem Finger von oben nach unten ziehen.
- Suche über Spotlight aufrufen: von der Mitte des Home-Bildschirms nach unten wischen.
- Kontrollzentrum aufrufen: vom unteren Rand des Bildschirms nach oben wischen.
- Wischen zum Löschen: Um beispielsweise eine Notiz, eine E-Mail oder ein Lesezeichen zu löschen, wischen Sie auf dem Eintrag schnell von rechts nach links.
- Scrollbar ziehen: durch ein Dokument blättern oder navigieren.

Zusätzliche Gesten für Multitasking

Um unter iPadOS 13 Multitasking am iPad einfach zu nutzen, gibt es mehrere zusätzliche Gesten, die Sie zuvor aktivieren müssen:

1. Öffnen Sie die *Einstellungen* und tippen Sie auf den Eintrag *Home-Bildschirm & Dock*.

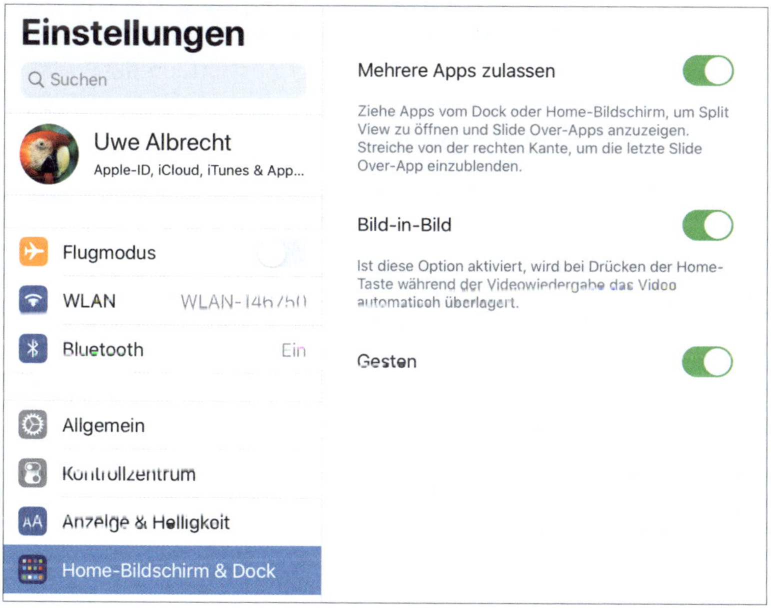

2. Wählen Sie hier *Multitasking* und schalten Sie die *Gesten* ein. Unter anderem sind die folgenden Gesten nun aktiv:
   - Vier/fünf Finger nach oben streichen: App-Umschalter
   - Vier/fünf Finger horizontal streichen: zwischen Apps wechseln
   - Vier/fünf Finger zusammenziehen: App-Umschalter

Neue Gesten zur Textbearbeitung

Sinnvoll und praktisch sind vor allem die Gesten zur Textverarbeitung, sodass diese am iPad viel einfacher und schneller geht.

- Cursor mit Finger ziehen: Cursor verschieben
- Viermal auf einen Absatz tippen: Absatz markieren
- Dreimal auf einen Satz tippen: Satz markieren
- Zweimal auf ein Wort tippen: Wort markieren
- Finger über einen Abschnitt wischen/ziehen: Abschnitt markieren
- Drei Finger spreizen: markierten Text kopieren
- Drei Finger zusammenziehen: markierten Text einfügen

1.3 Die Bildschirmtastatur

Bei der Bedienung Ihres iPad spielt die Bildschirmtastatur neben Gesten und Fingertipps die bedeutsamste Rolle. Schließlich handelt es sich beim iPad um ein Tablet und keinen herkömmlichen Laptop, auch wenn es mit entsprechender Ausstattung durchaus Ersatz für einen Klapprechner sein kann. Im Zuge des Updates auf iPadOS wurde auch die Bildschirmtastatur verbessert. Hier finden Sie alle Tipps zur Bildschirmtastatur Ihres iPad.

Bildschirmtastatur einstellen

Um die Tastatur einzustellen, wählen Sie in den *Einstellungen* die Einträge *Allgemein* sowie *Tastatur* aus. Dort aktivieren Sie die gewünschten Funktionen.

Schwebende und kleine Bildschirmtastatur aktivieren

Auf Wunsch können Sie auch auf einem »großen« iPad eine kleine vom iPhone gewohnte Bildschirmtastatur aktivieren:

1. Starten Sie eine App zur Textbearbeitung oder Texteingabe wie die App *Notizen* oder *Mail*.
2. Verfassen Sie den Text. Die Bildschirmtastatur erscheint am unteren Rand des Bildschirms.

3. Ziehen Sie auf der Bildschirmtastatur zwei Finger (Daumen und Zeigefinger) schnell zusammen, wird eine kleinere Version der Bildschirmtastatur angezeigt.
4. Verschieben Sie die Bildschirmtastatur, indem Sie diese an dem kleinen Strich unten am Fenster an die entsprechende Stelle ziehen.
5. Zum Wiederherstellen der Originalgröße spreizen Sie zwei Finger (Daumen und Zeigefinger) auf der Bildschirmtastatur.
6. Alternativ können Sie auch rechts auf *Tastatur ein- oder ausblenden* tippen und dort die Option *Schwebend* wählen.
7. Bevorzugen Sie die Tastatur doch in voller Größe, aber möchten diese auf dem Bildschirm verschieben, wählen Sie stattdessen den Befehl *Abdocken*.

Bildschirmtastatur teilen

Für geübte Schnelltipper mit den Daumen ist eine geteilte Tastatur noch besser geeignet als die verkleinerte Bildschirmtastatur.

Diese aktivieren Sie auf die folgende Weise:

1. Starten Sie eine App zur Textbearbeitung oder Texteingabe, etwa die App *Notizen* oder *Mail*.
2. Verfassen Sie den Text. Die Bildschirmtastatur erscheint am unteren Rand des Bildschirms.
3. Tippen Sie rechts auf die Taste *Tastatur ein- oder ausblenden* und wählen Sie dort *Teilen*. Dann können Sie wie gewohnt schnell mit dem linken und rechten Daumen auf der Bildschirmtastatur tippen.

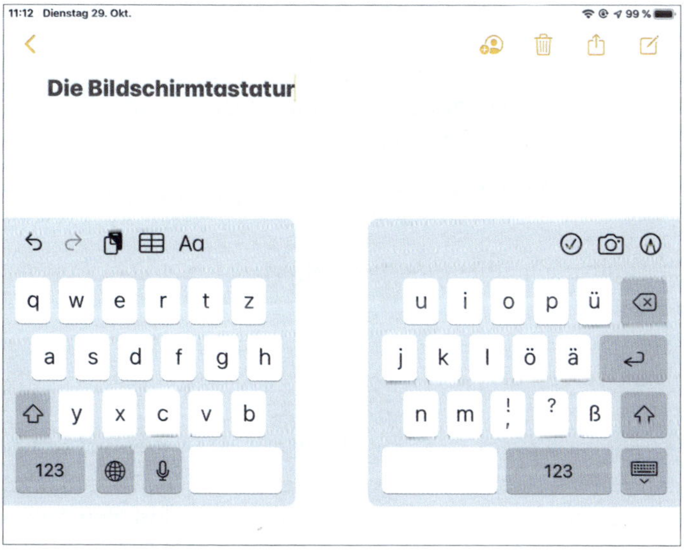

Tastatureinstellungen aufrufen

Um die Einstellungen zur Bildschirmtastatur schnell aufzurufen, tippen Sie auf die Weltkugel-/Emoji-Taste links unten und wählen dort *Tastatureinstellungen* aus. Die entsprechenden Einträge in den Systemeinstellungen werden umgehend angezeigt.

Mehrsprachig schreiben

Wollen Sie in mehreren Sprachen Text verfassen, dann gehen Sie wie folgt vor:

1. Wählen Sie in den *Einstellungen/Allgemein* den Eintrag *Tastatur.*
2. Tippen Sie auf *Tastaturen* und wählen Sie die gewünschte fremdsprachige Tastatur über *Tastatur hinzufügen* aus.
3. Um nun mit der Tastatur zu schreiben, tippen Sie auf die Weltkugel-/Emoji-Taste und entscheiden sich für die gewünschte Tastatur. Die Tastaturbelegung ändert sich ebenso wie die Korrektur- und Textvorschläge.

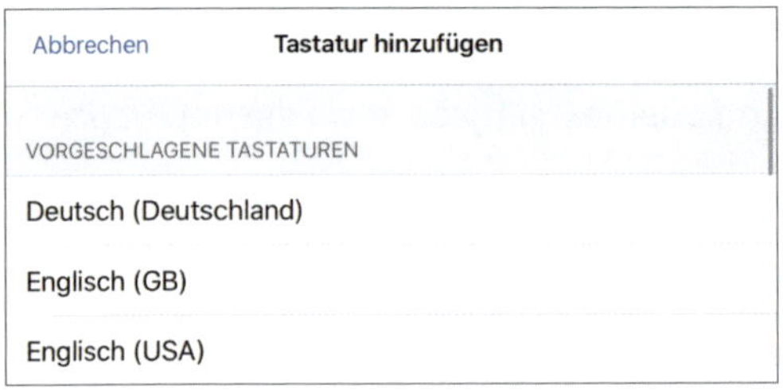

Schneller schreiben mit Tastenstreichen – QuickPath

Falls Sie bereits mit einem Tablet oder Smartphone unter Android gearbeitet haben oder auf dem iPad eine entsprechende App wie *Swype* installiert hatten, wissen Sie bereits, um was es in diesem Tipp geht: die schnelle Texteingabe *Tastenstreichen* auf der Bildschirmtastatur. Unter iPadOS sowie iOS 13 hat Apple diese Funktion ebenfalls integriert.

1. Öffnen Sie die *Einstellungen* und wählen Sie dort die Einträge *Allgemein* sowie *Tastaturen.*
2. Nun schalten Sie die Funktionen *Tastenstreichen aktivieren* sowie *Zum Tippen über schwebende Tastatur streichen* ein.
3. Anschließend aktivieren Sie die schwebende kleine Bildschirmtastatur wie oben beschrieben, indem Sie Daumen und Zeigefinger auf der Bildschirmtastatur schnell zusammenziehen.
4. Zur Texteingabe per Tastenwischen bewegen Sie Ihren Finger mit etwas Druck über die entsprechenden Tasten. Hierbei erscheint eine hellgraue Spur auf der Bildschirmtastatur. Bitte beachten Sie, dass Sie etwas Übung benötigen, um zu zufriedenstellenden Resultaten zu kommen.

Zahlen und Sonderzeichen schneller eingeben

Um auf der Bildschirmtastatur Ihres iPad schnell Zahlen und Sonderzeichen einzugeben, wischen Sie auf der entsprechenden Taste von oben nach unten. Dann wird statt des schwarzen Zeichens das kleine graue auf der Taste verwendet.

Schnell einen Satz beenden

Um einen Satz mit Punkt und Leerzeichen zu beenden, genügt es, einfach die Leertaste doppelt zu drücken, dann werden Punkt und Leerzeichen automatisch eingefügt.

Fremdsprachige Zeichen auswählen

Fremdsprachige Zeichen geben Sie – über die deutsche Tastatur – wie folgt ein:

1. Tippen Sie etwas länger auf den entsprechenden Buchstaben, wie beispielsweise das **e**.
2. Nun erscheint ein Pop-up-Menü oberhalb des Buchstabens, aus dem Sie das gewünschte Zeichen auswählen und in Ihren Text übernehmen.

In Großbuchstaben ändern

Möchten Sie ein Wort komplett in Großbuchstaben ändern, dann gibt es dazu folgenden Trick:

1. Drücken Sie auf den Text, bis dessen Kontextmenü erscheint. Hier wählen Sie den Eintrag *Auswählen*. Legen Sie das gewünschte Wort fest, indem Sie die Textbegrenzer entsprechend verschieben.
2. Nun tippen Sie schnell hintereinander auf die ⇧-Taste. In der Liste der Wortvorschläge erscheint die gewählte Textstelle in Großbuchstaben.
3. Wählen Sie den entsprechenden Eintrag aus, wird dieser übernommen und Ihr Text in Großbuchstaben geändert.

Korrekturfunktionen verwenden

iPadOS 13 unterstützt Sie tatkräftig beim Schreiben mit seiner Auto-Korrektur und Wortvorschlägen bzw. Wortergänzungen. Sie finden diese oberhalb der Tastatur. Durch einen Fingertipp auf den entsprechenden Eintrag wählen Sie diesen aus und übernehmen ihn gleich in den Text.

Korrektur- und Textvorschläge abschalten

Falls Sie einzelne Korrekturfunktionen abschalten möchten, ist auch das problemlos möglich.

1. Tippen Sie auf die Taste mit der Weltkugel und wählen Sie den Eintrag *Tastatureinstellungen*.
2. Schalten Sie nun die gewünschten Korrektur- und Wortergänzungsfunktionen bei Bedarf ab oder ein.

Textbausteine und Textersetzung nutzen

Über die Textersetzung von iPadOS 13 sparen Sie sich eine Menge Tipparbeit. Hierbei geben Sie im Text einen Kurzbefehl ein wie *mfg*, das wie durch Zauberhand in *Mit freundlichen Grüßen* verwandelt wird. Neue Textkürzel und die dazugehörigen Textbausteine erstellen Sie auf die folgende Weise:

1. Tippen Sie auf die Taste mit der Weltkugel und wählen Sie den Eintrag *Tastatureinstellungen* sowie *Textersetzung*.
2. Über das Pluszeichen oben rechts erstellen Sie einen neuen Eintrag wie *Beste Grüße* mit dem Kurzbefehl *bg*.

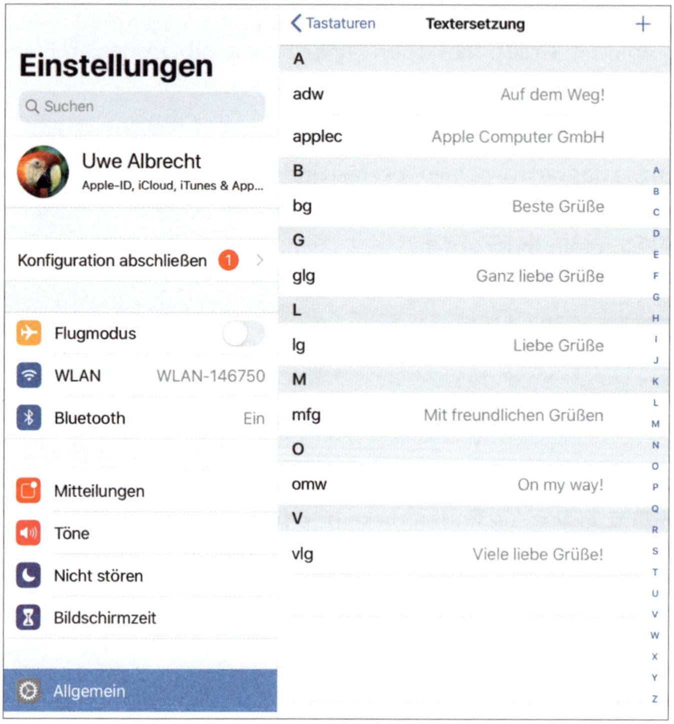

Text per Kontextmenü markieren, kopieren und einfügen

Copy-and-paste, also Text zu kopieren und an anderer Stelle wieder einzufügen, ist auch am iPad möglich. Dafür haben Sie sogar mehrere Möglichkeiten: per Kontextmenü, mit Gesten und mit der Tastatur.

Zunächst wird der Weg über das Kontextmenü gezeigt:

1. Tippen Sie so lange auf den Text, bis dessen Kontextmenü erscheint. Dort wählen Sie den Befehl *Auswählen*.
2. Ziehen Sie nun die linke und rechte Textbegrenzung an die gewünschte Stelle, um den Text auszuwählen.
3. Über den Befehl *Kopieren* wird die Textstelle in die Zwischenablage übernommen.
4. Bewegen Sie nun den Cursor an die gewünschte Stelle bzw. wechseln Sie zur anderen App. Über einen Fingertipp auf *Einsetzen* übernehmen Sie die Textstelle.
5. Alternativ können Sie über den entsprechenden Befehl die Textstelle auch *Ausschneiden*.

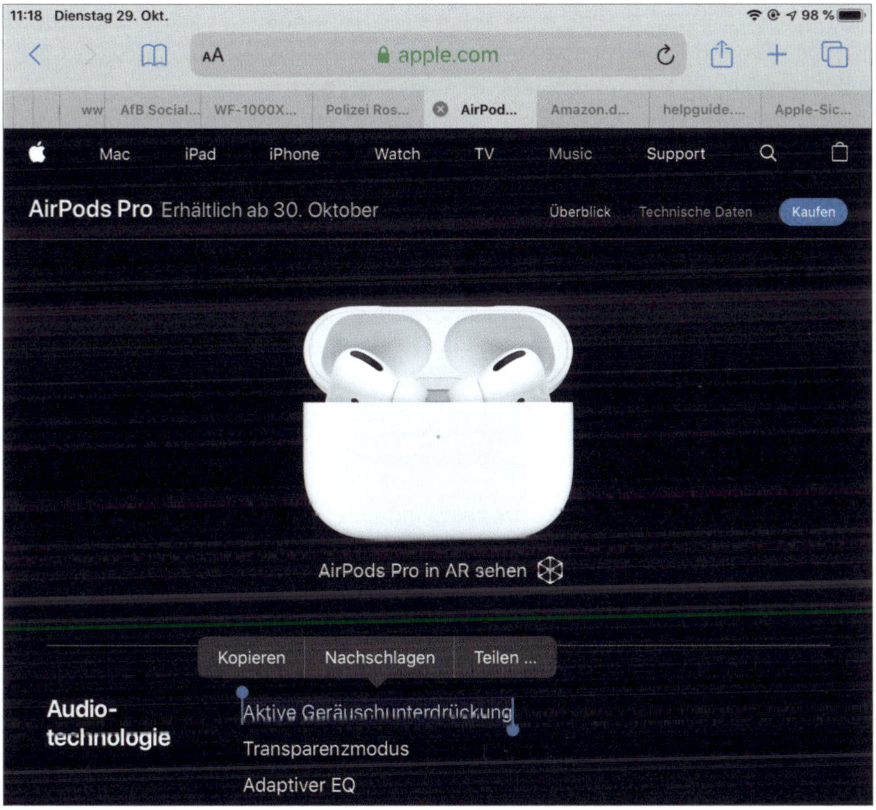

Text über Gesten markieren, kopieren und einfügen

Mit etwas Übung ist das Markieren und Kopieren von Textstellen über Gesten schneller möglich. Wie immer, wenn Gesten genutzt werden, benötigen Sie auch hier etwas Übung, bis Sie diese weitgehend intuitiv einsetzen können.

1. Starten Sie eine App zur Texteingabe und schreiben Sie einen Text Ihrer Wahl.
2. Zum Markieren eines ganzen Absatzes tippen Sie viermal auf diesen. Wollen Sie einen Satz markieren, tippen Sie dreimal auf ihn, und um ein Wort zu markieren, tippen Sie zweimal auf das gewünschte Wort.
3. Zum Kopieren des markierten Textes spreizen Sie drei Finger gleichzeitig.
4. Tippen Sie auf die Stelle, an der der kopierte Text eingefügt werden soll. Dort ziehen Sie drei Finger zusammen und der Text wird eingefügt.

Text über Tastaturbefehle markieren, kopieren und einfügen

Verwenden Sie eine Bluetooth-Tastatur oder eine Tastaturhülle für Ihr iPad, dann nutzen Sie zum Markieren, Kopieren, Ausschneiden oder Einfügen die gleichen Befehle wie am Mac oder Windows-PC. Zum Markieren drücken Sie die ⇧-Taste und die Pfeiltasten. Fürs Kopieren ist die Tastenkombination *ctrl*+*C* zuständig, zum Einfügen nutzen Sie *ctrl*+*V* und zum Ausschneiden *ctrl*+*X*.

Den Cursor schnell platzieren

Die Bildschirmtastatur Ihres iPad können Sie als Trackpad verwenden, um den Cursor zu verschieben. Legen Sie dazu zwei Finger auf die Tastatur. Die Tastenbeschriftungen verschwinden und Sie können mit beiden Fingern den Cursor im Textdokument bewegen und verschieben. Heben Sie die Finger wieder an, erscheinen die Tastaturbeschriftungen erneut.

Den Cursor exakt platzieren

Möchten Sie den Cursor in einem Wort oder in einer Zeile exakt an eine bestimmte Stelle verschieben, ziehen Sie diesen ganz einfach mit dem Finger an die entsprechende Stelle.

Bequemere Bedienung dank Tasten

Manchmal ist es nicht einfach, die Menüeinträge mit der Fingerspitze exakt zu treffen. Wandeln Sie diese doch einfach in Tasten um – und zwar in den *Bedienungshilfen*.

1. Öffnen Sie die *Einstellungen* und tippen Sie dort nacheinander auf die Einträge *Bedienungshilfen* und *Anzeige & Textgröße*.

2. Schalten Sie dort die Funktion *Tastenformen* ein. Nun werden alle Befehle, die angetippt werden können, mit einer Unterstreichung hervorgehoben und sind so besser zu finden und zu treffen.

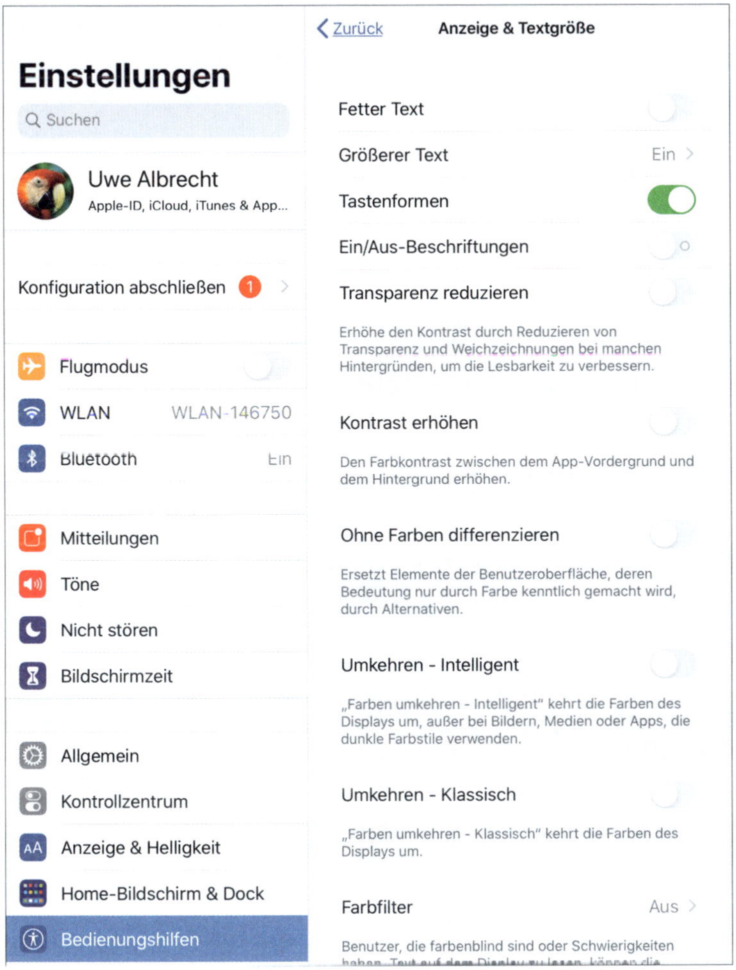

1.4 Sprachbedienung mit Siri

„Hey Siri" einrichten

Möchten Sie Siri, die Sprachbedienung von iPadOS 13, nutzen, drücken Sie normalerweise etwas länger auf die Home-Taste Ihres iPad oder beim iPad Pro ab der dritten Generation über die Stand-by-Taste.

Auf Wunsch reagiert Siri aber auch auf Zuruf:

1. Öffnen Sie die *Einstellungen* und wählen Sie dort den Eintrag *Siri & Suchen*. Hier aktivieren Sie die Funktion *Auf „Hey Siri" achten*.
2. Anschließend lernt Siri Ihre Stimme, indem Sie mehrmals hintereinander „Hey Siri" ins Mikrofon Ihres iPad sprechen. Folgen Sie dabei den Anweisungen.
3. Anschließend können Sie Siri über den Sprachbefehl „Hey Siri" starten.

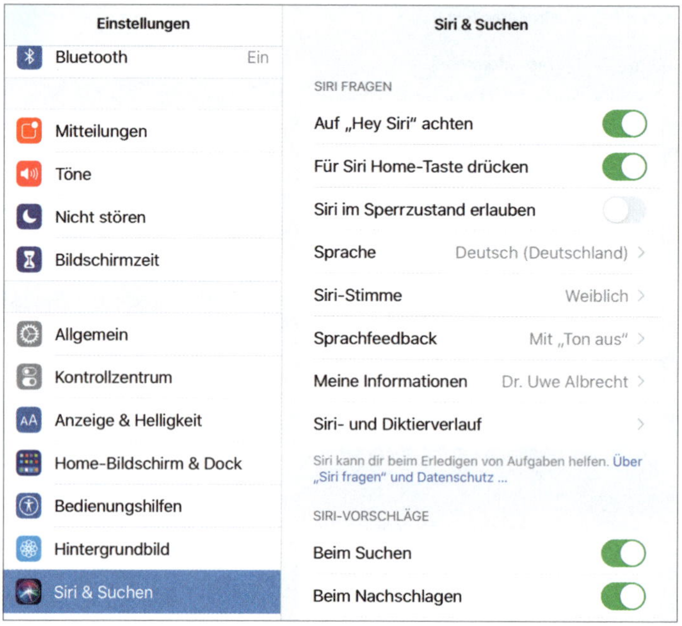

App mit Siri starten

Beliebige Apps können Sie ganz einfach per Sprachbefehl starten:

1. Rufen Sie Siri über die Home-Taste – bzw. beim iPad Pro ab der dritten Generation über die Stand-by-Taste – oder mit „Hey Siri" auf.
2. Sprechen Sie den Befehl »Öffne Name der App«, wie z. B. »Öffne Safari« oder »Öffne Notizen«. Die gewünschte App wird sofort gestartet.

Siri vom Sperrbildschirm entfernen

Siri lässt sich aufrufen, während das iPad gesperrt ist, also der Sperrbildschirm zu sehen ist. Auf die folgende Weise können Sie das unterbinden:

1. Öffnen Sie die *Einstellungen* und wählen Sie *Face ID* oder *Touch ID & Code*. Geben Sie nun Ihren Zugangscode ein.

2. Danach schalten Sie die Funktion *Siri* ab. Von nun an können Sie Siri nicht mehr aufrufen, solange Ihr iPad gesperrt ist.

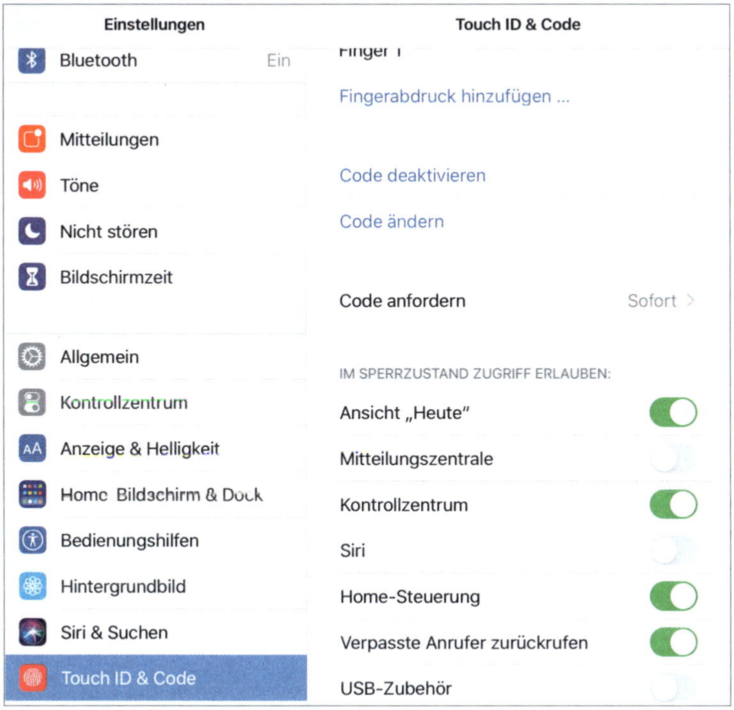

Siris Stimme ändern

1. Öffnen Sie die *Einstellungen* und wählen Sie dort den Eintrag *Siri & Suchen*.
2. Über den Eintrag *Siri-Stimme* wählen Sie je nach Wunsch *Weiblich* oder *Männlich* aus.

Geben Sie sich einen anderen Namen

Siri spricht Sie normalerweise unter Ihrem eigenen Namen an, den iPadOS 13 bei der Einrichtung übernommen hat.

Auf die folgende Weise ändern Sie diesen:

1. Rufen Sie Siri über die Home-Taste, die Seitentaste oder „Hey Siri" auf.
2. Sagen Sie Siri nun »Nenne mich ab jetzt Godzilla«. Nachdem Sie die Nachfrage von Siri zur Namensänderung bestätigt haben, werden Sie nun mit diesem Namen angesprochen.

Text diktieren

Siri können Sie auch wie eine Sekretärin oder einen Sekretär zum Diktat rufen. Hierzu müssen Sie zunächst die Diktierfunktion einschalten:

1. Öffnen Sie die *Einstellungen* und dort nacheinander *Allgemein* sowie *Tastatur*.
2. Hier schalten Sie die Diktierfunktion ein. Bei Bedarf lesen Sie die Hinweise zu *Diktierfunktion und Datenschutz* durch.
3. Zum Diktieren tippen Sie auf die Mikrofon-Taste auf der Bildschirmtastatur und starten laut und deutlich das Diktat.
4. Satz- und Sonderzeichen sprechen Sie einfach aus, etwa »Semikolon« oder »Eurosymbol«.
5. Einen neuen Absatz beginnen Sie mit »Neuer Absatz« oder »Neue Zeile«.

Siri Fragen stellen

Sie können Siri jegliche Art von Fragen stellen und bekommen auch in den meisten Fällen eine passende Antwort. Sprechen Sie dennoch verständlich und nicht zu leise. Zuvor sagen Sie „Hey Siri" oder drücken die Home-Taste, bis Siri gestartet ist.

Die Fragen, die Siri versteht, können z. B. folgender Art sein:

- Wie ist das Wetter in München?
- Wo finde ich die nächste Tankstelle?
- Wer ist der Präsident von Frankreich?
- Wie weit ist es von München nach Berlin?

Siri Aufgaben erteilen

Sie können Siri aber nicht nur Fragen stellen, sondern auch Aufgaben erledigen lassen. Allerdings muss die gewünschte App Siri unterstützen und dazu in den *Einstellungen* aktiviert sein:

1. Öffnen Sie die *Einstellungen* und wählen Sie dort den Eintrag *Siri & Suchen*.
2. Schauen Sie nach, ob die gewünschte App aktiviert ist. Bitte beachten Sie: Dass die App dort aufgeführt ist, bedeutet nicht, dass sie mit Siri bedient werden kann, sondern dass sie beim Suchen und Nachschlagen von Siri berücksichtigt wird.

   Aufgaben, die Siri versteht, könnten z. B. sein:

   - Spiele einen Titel von Adele.
   - Schreibe eine E-Mail an »Name des Empfängers«.

- Neuer Termin für Freitag um 19 Uhr.
- Zeige meine Fotos von heute.

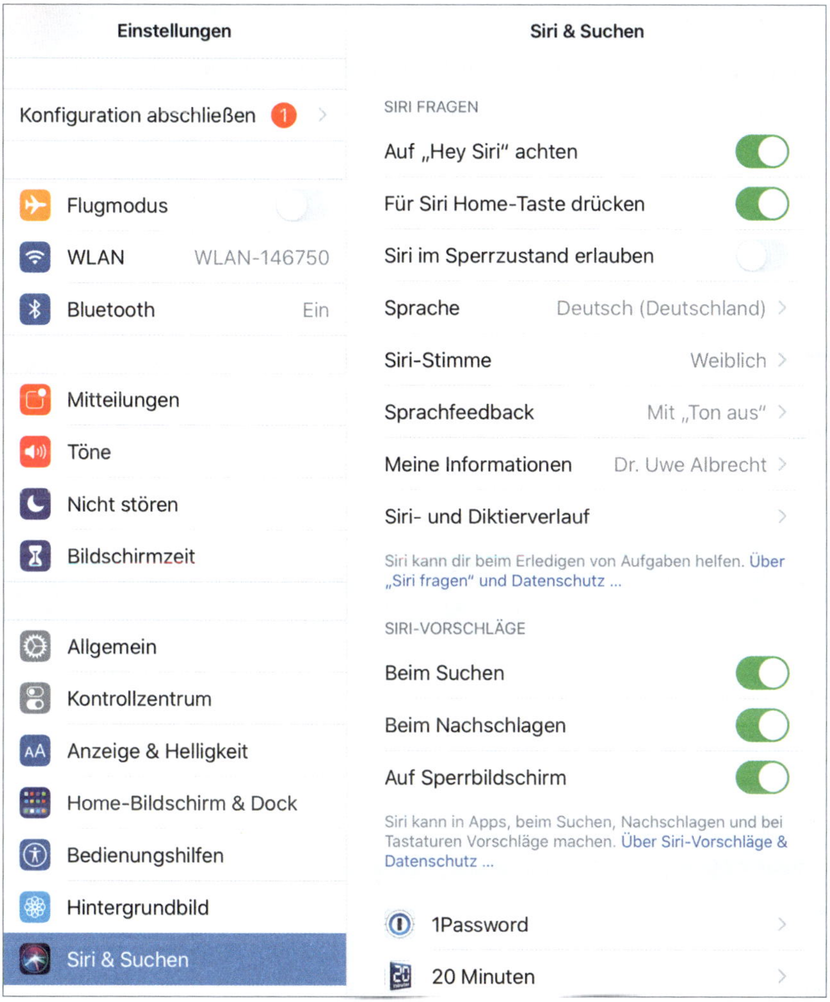

Übersetzung mit Siri

Siri besitzt auch eine eingebaute Übersetzungsfunktion. Das bedeutet, Sie können Sätze von einer Sprache in eine andere übersetzen lassen. Leider ist diese Funktion für die deutsche Sprache noch nicht verfügbar. Laut Apple sollen – nach Englisch – in den kommenden Monaten weitere Sprachen hinzugefügt werden, die übersetzt werden können.

An Siri schreiben

Statt Siri Sprachbefehle zu geben, können Sie diese auch schreiben. Das ist vor allem praktisch, wenn Sie sich in Gesellschaft oder in einer ruhigen Umgebung befinden.

1. Öffnen Sie die *Einstellungen* und wählen Sie dort die Funktion *Bedienungshilfen*.
2. Tippen Sie dort auf den Eintrag *Siri*. Hier schalten Sie die Funktion *Siri schreiben* ein. Von nun an können Sie Siri auch schreiben und nicht nur Sprachbefehle erteilen. Um wieder ausschließlich Sprachbefehle zu verwenden, schalten Sie diese Einstellung wieder ab.

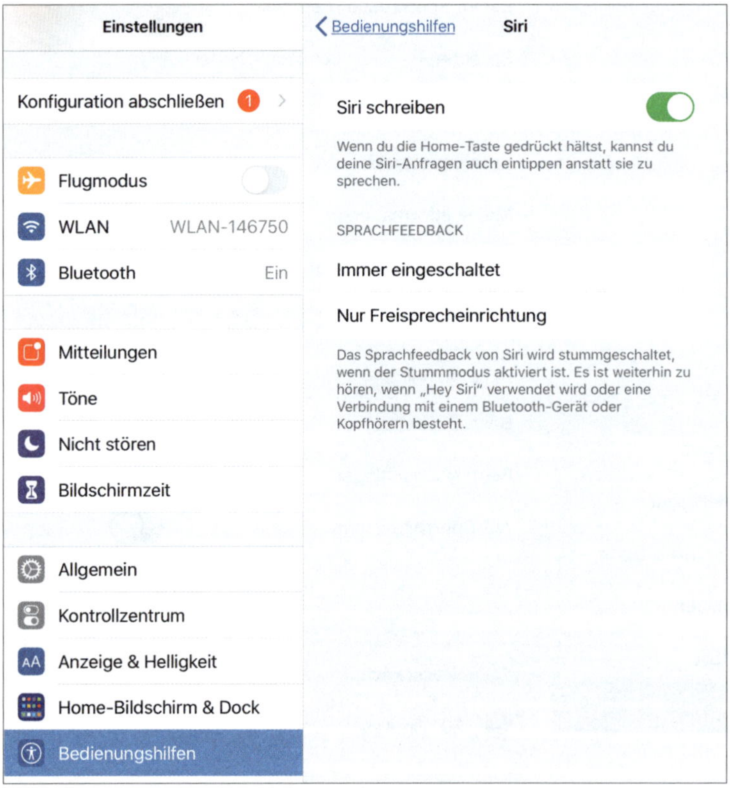

App-Vorschläge aktivieren

Auf dem Sperrbildschirm und dem Suchbildschirm von iOS finden Sie direkt unter dem Suchfeld die Apps, die Sie zuvor aufgerufen haben oder von denen Siri glaubt, dass Sie sie demnächst nutzen werden. Um die entsprechende App zu starten, genügt ein Fingertipp. Die dazugehörige Einstellung ändern Sie auf die folgende Weise:

1. Öffnen Sie in den *Einstellungen* den Bereich *Siri & Suchen*.

2. Um die App-Vorschläge einzuschalten, aktivieren Sie die Einstellungen *Beim Suchen* sowie *Beim Nachschlagen*.

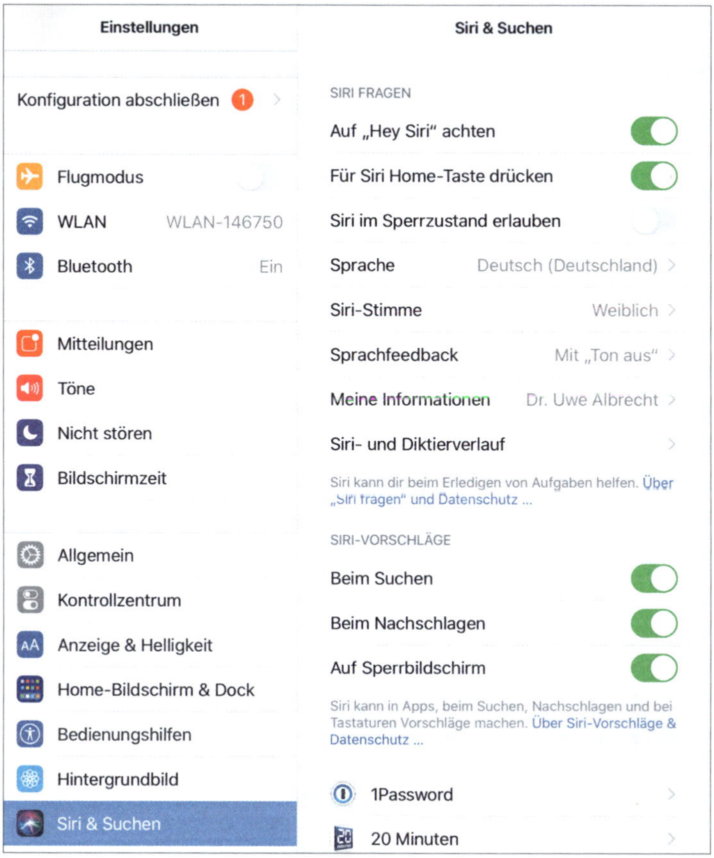

Sprachausgabe einschalten

Bei Siri erhalten Sie auf Ihre Fragen normalerweise eine gesprochene Antwort. Daneben können Sie sich auch Texte vorlesen lassen. Die Sprachausgabe schalten Sie so ein:

1. Öffnen Sie die *Einstellungen* und tippen Sie dort auf *Bedienungshilfen* sowie *Gesprochene Inhalte*.
2. Soll eine Textauswahl vorgelesen werden, schalten Sie *Auswahl sprechen* ein.
3. Falls der gesamte Bildschirminhalt vorgelesen werden soll, aktivieren Sie *Bildschirminhalt sprechen*. Zum Vorlesen müssen Sie dann mit zwei Fingern vom oberen Bildschirmrand nach unten streichen.
4. Soll vorgelesen werden, was Sie eingeben, aktivieren Sie die Einstellungen unter *Eingabe vorlesen*.

5. Weiter unten legen Sie über den Schieberegler das *Sprechtempo* fest und entscheiden sich für eine Stimme und Aussprache.

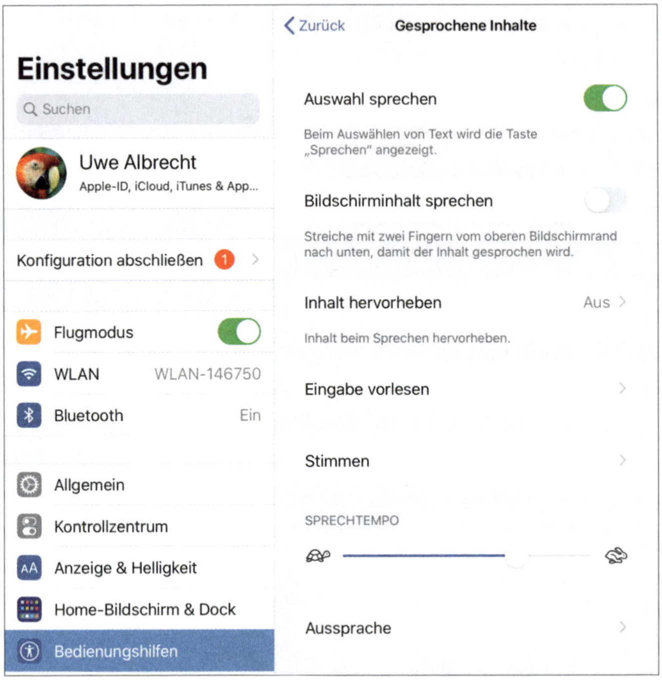

Aussprache der Sprachausgabe anpassen

Spricht Siri manche Wörter falsch aus, können Sie diese korrigieren oder anpassen:

1. Öffnen Sie die *Einstellungen*, tippen Sie auf *Bedienungshilfen* sowie *Gesprochene Inhalte*.
2. Wählen Sie den Eintrag *Aussprache*. Um ein Wort oder einen Begriff hinzuzufügen, der künftig korrekt ausgesprochen werden soll, tippen Sie auf das Pluszeichen oben rechts.
3. Unter *Text* geben Sie das Wort schriftlich ein. Unter *Ersetzung* tippen Sie zunächst auf das Mikrofon und sprechen das Wort so aus, wie Siri es lernen soll.
4. Des Weiteren können Sie die richtige Sprache wählen sowie die gewünschte Stimme.

Siri korrigieren

Siri zu korrigieren, geht noch einfacher:

1. Geben Sie den Sprachbefehl wie gewohnt ein. Er erscheint auf dem Bildschirm.
2. Um diesen – falls nötig – zu korrigieren, tippen Sie auf den Befehl und ändern ihn entsprechend. Indem Sie auf *Fertig* rechts unten tippen, wird die Korrektur übernommen.

Siri die Angehörigen vorstellen

1. Öffnen Sie die *Einstellungen* und tippen Sie auf den Eintrag *Siri & Suchen*.
2. Dort wählen Sie *Meine Informationen* und anschließend Ihre Visitenkarte aus der Kontakte-App, damit Siri weiß, wer Sie sind.
3. Starten Sie Siri über „Hey Siri“ oder die Home-Taste. Nun bringen Sie Siri die Namen Ihrer Angehörigen bei wie »Werner ist mein Vater« oder »Eva ist meine Mutter«. Es geht auch »Horst ist mein Chef«.

Siri abschalten

Möchten Sie Siri ganz abschalten, so ist auch das möglich:

1. Öffnen Sie die *Einstellungen* und tippen Sie auf den Eintrag *Siri & Suchen*.
2. Schalten Sie Siri nun ab, indem Sie die Funktionen *Hey Siri* sowie *Für Siri Home-Taste drücken* deaktivieren.
3. Nach einer Sicherheitsfrage wird Siri abgeschaltet. Wenn Sie es später wieder aktivieren wollen, müssen Sie die Funktion *Hey Siri* erneut konfigurieren.

Kurzbefehle mit Siri

Dank der Kurzbefehle-App, die in iPadOS 13 enthalten ist, erstellen Sie Befehle für Siri, die beim Aufrufen oder durch bestimmte zuvor angegebene Ereignisse – Trigger genannt – prompt ausgeführt werden. Das Besondere daran ist vor allem, dass sich über einen Kurzbefehl ganze Routinen und Befehlsabläufe automatisieren lassen. Apps von Drittanbietern werden, sofern diese bereits angepasst wurden, ebenfalls unterstützt.

1.5 Das iPad mit dem Headset fernsteuern

Wenig bekannt ist, dass Sie Ihr iPad auch mit einem Headset steuern können. Hierbei kann es sich um die Apple EarPods oder auch ein anderes kompatibles kabelgebundenes Headset von einem Dritthersteller handeln. Dieses kann über die beim iPad, iPad Air und iPad mini sowie bei den iPad-Pro-Modellen bis zur zweiten Generation noch vorhandene Kopfhörerbuchse angeschlossen werden. Beim iPad Pro ab der dritten Generation verbinden Sie ein Headset direkt an der Lightning-Schnittstelle oder über einen Lightning-auf-3,5-mm-Klinke-Adapter.

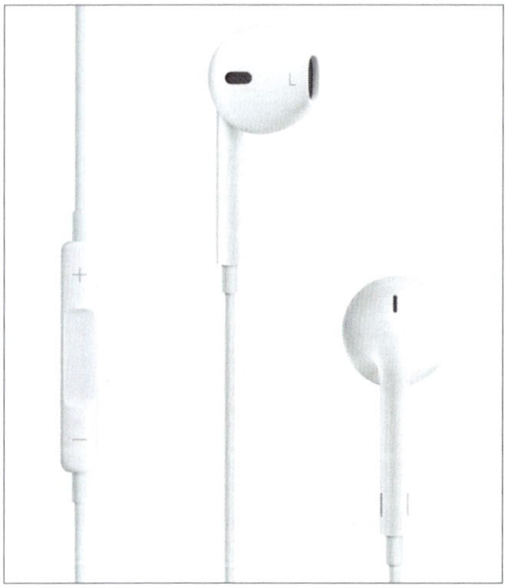

Die EarPods von Apple mit der integrierten Fernbedienung (Foto: Apple).

Musik hören

Beim Musikhören, Spielen oder wenn Sie einen Film schauen, können Sie die Lautstärke über das Headset anpassen. Dieses besitzt entweder am Kopfhörerkabel oder – bei Bluetooth-Kopfhörern – direkt am Gerät eine kleine Fernsteuerung. Über die Plus- und Minus-Tasten regulieren Sie die Lautstärke, ohne das iPad in die Hand nehmen zu müssen.

Pausieren

Die kleine Fernsteuerung direkt am Kopfhörer bzw. am Kopfhörerkabel besitzt zwischen den Plus- und Minus-Tasten eine mittlere Taste. Betätigen Sie diese, halten Sie die Musikwiedergabe an. Drücken Sie diese erneut, wird sie wieder aufgenommen.

Nächster Titel und vorheriger Titel aufrufen

Möchten Sie zum nächsten Musiktitel springen, drücken Sie diese Taste zweimal schnell hintereinander. Wollen Sie den vorherigen Titel aufrufen, betätigen Sie diese Taste dreimal schnell hintereinander.

Vor- und zurückspulen

Auch zum Vor- und Zurückspulen eines Titels dient das Headset. Hierfür nutzen Sie ebenfalls die mittlere Taste:

1. Zum Vorspulen betätigen Sie die mittlere Taste zweimal schnell hintereinander, wobei Sie diese beim zweiten Mal nicht mehr loslassen. Nun wird der Titel vorgespult.
2. Zum Zurückspulen betätigen Sie die mittlere Taste dreimal schnell hintereinander, wobei Sie diese beim dritten Mal nicht mehr loslassen und damit den Titel zurückspulen.

Siri über das Headset starten und nutzen

Zusammen mit Siri kann Ihr Headset zu einem mächtigen Werkzeug werden, mit dem Sie das iPad wie von Geisterhand bedienen. So lassen sich alle Befehle und Anweisungen für Siri über das Mikrofon Ihres Headsets eingeben. Dazu betätigen Sie einfach die mittlere Taste so lange, bis sich Siri mit dem bekannten Ton meldet. Dann können Sie mit Ihren Befehlen loslegen.

Fotografieren per Fernauslöser

Haben Sie gewusst, dass Sie mit dem Headset sogar einen Fernauslöser für die Kamera Ihres iPad besitzen? Damit wird es möglich, ein Foto zu schießen, ohne dass Sie das iPad in der Hand halten müssen und dadurch unter Umständen bei schlechtem Licht und langen Verschlusszeiten verwackeln.

1. Bringen Sie dazu das iPad in eine sichere verwacklungsfreie Position und starten Sie die Kamera-App.
2. Richten Sie das iPad entsprechend aus, je nachdem, was Sie fotografieren wollen. Zur Aufnahme drücken Sie die Plus-Taste am Headset.

2. Die Benutzeroberfläche

Das Betriebssystem Ihres iPad – iPadOS 13 – ist nicht nur mit dem des iPhone, also iOS 13, sondern auch mit dem des Mac – macOS – verwandt. Es ist spätestens seit der aktuellen Version eine Synthese aus diesen beiden Systemen. Allerdings wurde es in erster Linie für die Bedienung per Fingertipp und Gesten über den berührungsempfindlichen und hochauflösenden Multi-Touch-Bildschirm optimiert. Die folgenden Tipps bringen Ihnen die weniger bekannten, aber praktischen Funktionen der ansonsten weitgehend intuitiv bedienbaren Benutzeroberfläche Ihres iPad nahe.

2.1 Apps im Einsatz

Das erste Kapitel widmete sich den Grundlagen der iPad-Bedienung. Im Folgenden geht es nun um die Arbeit mit den Apps – den Anwendungen – für Ihr Tablet.

Das Dock einblenden

Das Dock wurde für iPadOS 13 grundlegend überarbeitet, vor allem im Zusammenhang mit den Multitasking-Funktionen, die das iPad auch für Profi- und Businessanwender interessant machen soll. Aus diesem Grund ist das neue Dock nun nicht mehr nur auf dem Home-Bildschirm sichtbar, sondern auch, wenn Sie eine App geöffnet haben. Des Weiteren ist rechts im Dock ein Bereich platziert, in dem sich die zuletzt genutzten und geöffneten Apps befinden.

Auch die App-Vorschläge von Siri (siehe Kapitel 5.5) und auf anderen kompatiblen iPadOS- und iOS-Geräten und Macs gestartete Apps (Continuity) sind dort zu finden. Das Dock fasst zudem mehr Symbole als bisher – sofern das iPad groß genug ist. Das Dock blenden Sie auf die folgende Weise ein:

1. Wischen Sie vom unteren Bildschirmrand – im Hoch- oder Querformat – nach oben, dann wird das Dock angezeigt.
2. Während eine App gestartet ist, drücken Sie die Tastenkombination alt ⌥ + cmd ⌘ + D auf dem Apple Smart Keyboard oder Smart Keyboard Folio. Bei einer anderen externen Tastatur ohne iPadOS-, iOS- oder Mac-kompatible Tastenbelegung können dies aber auch andere Tasten sein. Probieren Sie es einfach aus.

Das Dock konfigurieren

- Öfter genutzte Apps lassen sich dem Dock hinzufügen, indem Sie das Symbol vom Home-Bildschirm auf das Dock ziehen.

- Möchten Sie die App aus dem Dock entfernen, ziehen Sie diese einfach wieder auf den Home-Bildschirm.
- Zudem können Sie im Dock auch Ordner unterbringen, in denen dann die Symbole weiterer Apps liegen.

Wie viele Symbole passen ins Dock?

Ins Dock von iPadOS (iPad Pro 12,9" im Querformat) passen insgesamt bis zu 17 Symbole. Hierzu zählen auch Symbole von Ordnern, in denen sich weitere Symbole befinden.

Der App-Switcher

Zwischen bereits gestarteten Apps wechseln Sie unter iPadOS 13 auf die folgende Weise:

1. Betätigen Sie auf einem iPad und einem iPad Pro bis zur zweiten Generation (bis 2017) zweimal schnell hintereinander die Home-Taste, dann erscheint das Kontrollzentrum ebenso wie die verkleinerten Fenster der geöffneten Apps.

2. Bei einem iPad Pro der dritten Generation (ab 2018) wischen Sie dazu schnell vom unteren Bildschirmrand nach oben. Diese Gesten funktionieren übrigens auch bei iPads mit Home-Button.
3. Um eine App auszuwählen, holen Sie diese per Fingertipp in den Vordergrund.

App-Switcher über eine Tastatur nutzen

Nutzen Sie ein Apple Smart Keyboard, das Smart Keyboard Folio für das iPad Pro oder eine andere über Bluetooth angeschlossene Tastatur, können Sie den App-Switcher auch mit der Tastenkombination cmd ⌘+⇥ aufrufen und die gewünschte App wählen.

Am iPad Pro noch schneller zwischen den Apps wechseln

Mit einer einfachen Geste können Sie sogar noch schneller zwischen bereits geöffneten Apps wechseln. Wischen Sie dazu über der weißen oder grauen Linie unten am Bildschirm nach rechts oder nach links, um die nächste oder vorherige App aufzurufen. Bitte beachten Sie, dass diese weiße Linie nur beim iPad Pro ab der dritten Generation (ohne Home-Taste) oder ab dem iPhone X auftaucht.

Alle Fenster und Dokumente einer App mit App-Exposé anzeigen

Bei Bedarf können Sie eine Übersicht über alle geöffneten Fenster und Dokumente einer App aufrufen, um dann das gewünschte Fenster oder Dokument gezielt auszuwählen:

1. Wischen Sie vom unteren Bildschirmrand nach oben, um das Dock anzuzeigen.
2. Tippen Sie fest auf das entsprechende App-Symbol, z. B. *Safari* oder *Dateien*.
3. Die Schnellaktionen im Kontextmenü werden angezeigt. Tippen Sie dort auf den Eintrag *Alle Fenster anzeigen* und holen Sie das gewünschte Fenster oder Dokument der App in den Vordergrund.

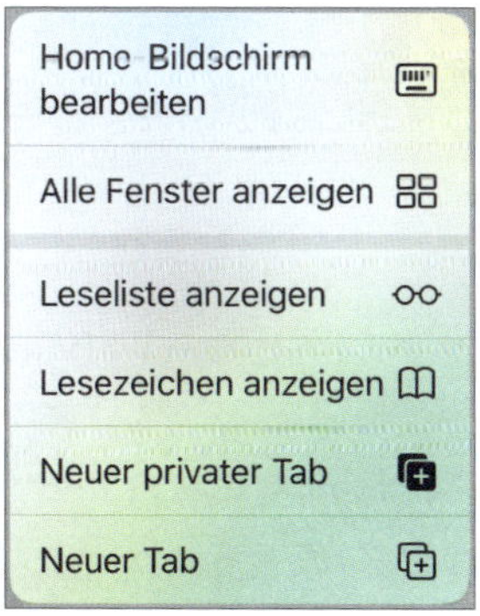

Widgets einblenden

Unter iPadOS 13 lassen sich Widgets auf dem Home-Bildschirm nun auch neben den anderen Apps einblenden:

1. Drehen Sie Ihr iPad ins Querformat, falls noch nicht geschehen.
2. Wischen Sie am linken Bildschirmrand von links nach rechts, dann werden die Widgets links eingeblendet.
3. Zum Ausblenden wischen Sie auf den Widgets von rechts nach links.

Bitte beachten Sie: Dies funktioniert nur, wenn Sie in den *Einstellungen* unter *Anzeige & Helligkeit* als Home-Bildschirmlayout *Mehr* und nicht *Größer* gewählt haben.

Widgets immer anzeigen

Auf Wunsch können Sie im Querformat und – wie oben erwähnt – im Home-Bildschirmlayout *Mehr* die Widgets permanent anzeigen lassen.

1. Öffnen Sie dazu die *Einstellungen* sowie den Eintrag *Home-Bildschirm & Dock*.
2. Wählen Sie als App-Symbole *Mehr* und schalten Sie darunter die Option *Ansicht „Heute" im Home-Bildschirm behalten* ein.

Split View I – mehrere Apps nebeneinander verwenden

Mit iPadOS 13 ist es möglich, mehrere Apps nebeneinander anzuzeigen und zu nutzen. Hierfür gehen Sie wie folgt vor:

1. Starten Sie die erste App – wie üblich mit einem Fingertipp auf das Symbol.
2. Nun öffnen Sie die zweite App, um die beiden Fenster nebeneinander anzuzeigen. Tippen Sie dazu auf das Symbol der App im Dock und ziehen Sie es an den rechten oder linken Bildschirmrand.
3. Das Programmfenster wird etwas verkleinert angezeigt. Um es zu vergrößern, ziehen Sie es über die Trennlinie in der Mitte nach links oder rechts.

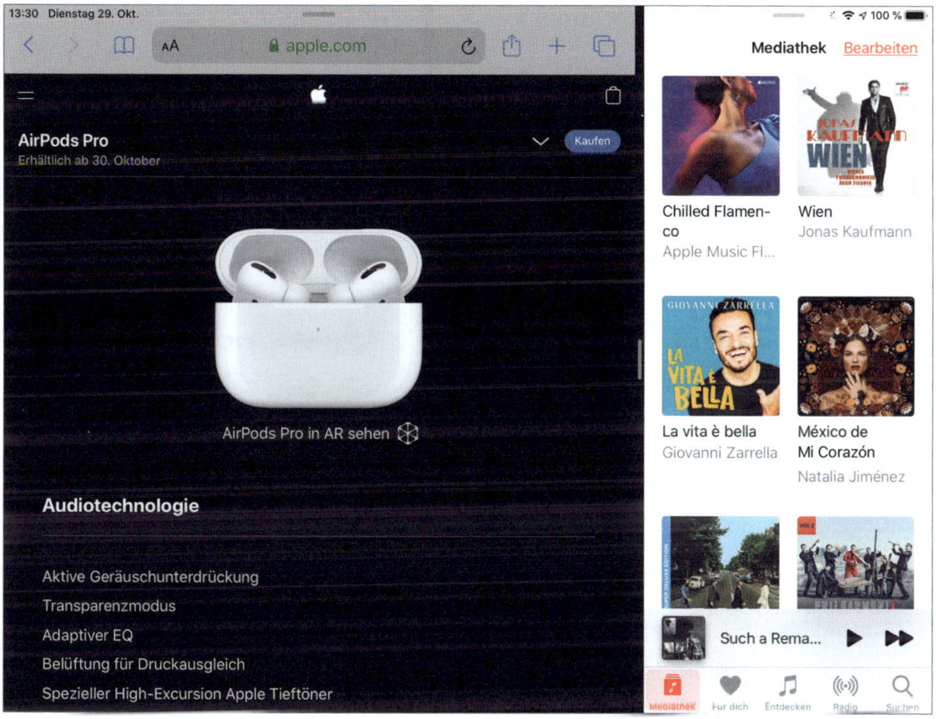

Split View II – mehrere Fenster einer App nebeneinander anzeigen

Sehr praktisch ist es auch, mehrere Fenster einer App nebeneinander zu öffnen, um etwa Dateien zu kopieren. Hier wird das Vorgehen anhand der Dateien-App gezeigt:

1. Starten Sie die Dateien-App und wählen Sie den gewünschten Speicherort und Ordner der Quelldateien aus.
2. Blenden Sie das Dock ein, indem Sie vom unteren Bildschirmrand nach oben wischen. Ziehen Sie das Symbol der Dateien-App an den rechten Bildschirmrand.

3. Navigieren Sie zum Speicherort und Ordner, in den die Dateien kopiert werden sollen. Nun können Sie Dateien an den Zielort ziehen.

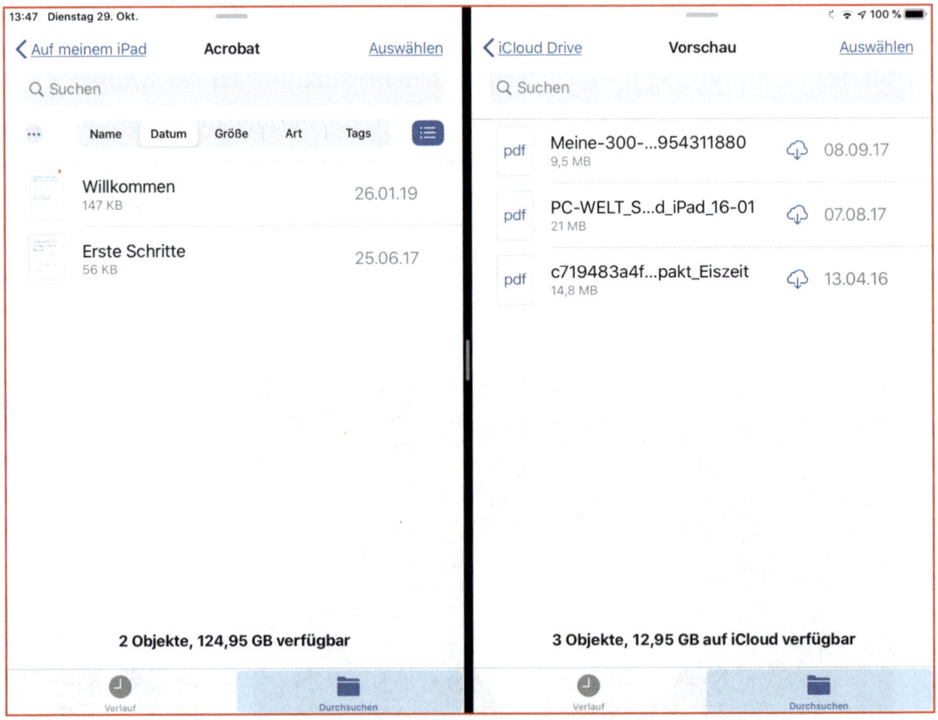

Slide Over – schwebende Fenster

Möchten Sie das Fenster der zweiten App nicht mehr im Split-View-Modus anzeigen, sondern verkleinert über dem bereits geöffneten Fenster, erreichen Sie das so:

1. Starten Sie eine App, etwa *Safari*, um im Internet zu surfen.
2. Daneben wollen Sie ankommende E-Mails und Nachrichten im Blick behalten, daher ziehen Sie das Symbol der Mail-App vom Dock zur rechten oder linken Seite des Bildschirms, aber nicht ganz an den Rand.
3. Anschließend wird ein verkleinertes Fenster der App angezeigt. Dieses können Sie an der oberen Trennlinie an die gewünschte Stelle auf dem Bildschirm schieben.
4. Wiederholen Sie den Vorgang mit der Nachrichten-App und ziehen Sie diese auf das Fenster der Mail-App.
5. Zwischen den verkleinerten Apps wechseln Sie, indem Sie von der unteren Trennlinie nach oben wischen. Die Slide-Over-Apps werden nun aufgefächert angezeigt und Sie wählen die gewünschte aus.

6. Um eine Slide-Over-App zu schließen, wischen Sie von unten nach oben auf deren Fenster.
7. Möchten Sie die Slide-Over-App verstecken, ziehen Sie diese in Richtung des Bildschirmrands. Zum Einblenden ziehen Sie sie wieder vom Rand auf den Bildschirm.
8. Um eine Slide-Over-App wieder in der Split View anzuzeigen, ziehen Sie die Slide-Over-App an der oberen Trennlinie nach unten.

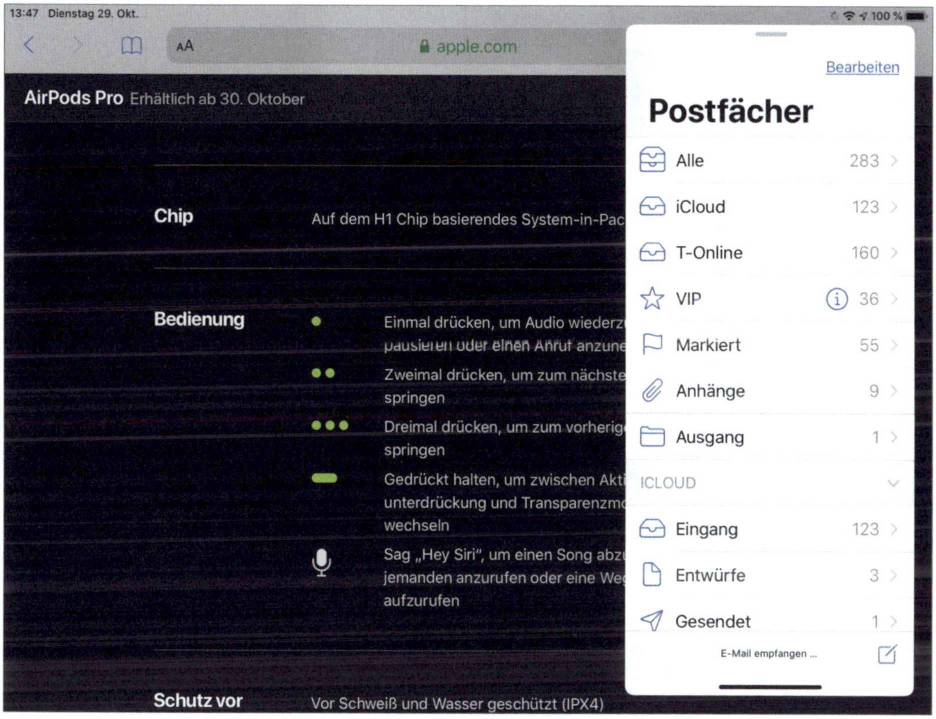

Arbeitsräume oder Spaces erstellen

Auf die oben beschriebene Weise lassen sich auch verschiedene Arbeitsräume oder »Spaces«, ähnlich wie unter macOS, erstellen.

1. Starten Sie dazu eine App, etwa *Musik* oder *Fotos*.
2. Gehen Sie so vor, wie oben beschrieben, und ziehen Sie die zweite App vom Dock an den linken oder rechten Bildschirmrand. Positionieren Sie die Fenster wie gewünscht.
3. Zwischen den Arbeitsräumen wechseln Sie, indem Sie beim iPad und iPad Pro bis zur zweiten Generation (bis 2017) doppelt auf die Home-Taste drücken und dann den gewünschten Arbeitsraum wählen. Beim iPad Pro ab der dritten Generation (ab 2018) wischen Sie dazu schnell vom unteren Bildschirmrand nach oben und wählen auch den gewünschten Arbeitsraum.

4. Zum Entfernen eines Arbeitsraums ziehen Sie diesen einfach nach oben, ganz so, wie Sie eine App oder ein Fenster schließen.

Arbeitsraum oder Space über Ziehen und Ablegen erstellen

Auf die folgende Weise lässt sich ein Arbeitsraum noch einfacher anlegen.

1. Öffnen Sie das Kontrollzentrum und den dazugehörigen App-Switcher, indem Sie beim iPad und iPad Pro bis zur zweiten Generation (bis 2017) doppelt auf die Home-Taste drücken.
2. Ziehen Sie eine App vom Dock auf eine bereits geöffnete App im App-Switcher. Warten Sie kurz, bis aus dem App-Symbol ein kleines Fenster wird, und lassen Sie den Finger dann los. Der neue Arbeitsraum ist schon angelegt.

Ziehen und Ablegen

Haben Sie zwei Apps geöffnet, können Sie zwischen diesen Dateien und Daten, wie Fotos und Texte, per Ziehen und Ablegen austauschen.

1. Öffnen Sie z. B. die Fotos-App und die Nachrichten-App parallel.
2. Nun ziehen Sie ein Foto von der Fotos-App auf das Texteingabefeld der Nachrichten-App. Von dort aus können Sie es dann an den gewünschten Empfänger verschicken.

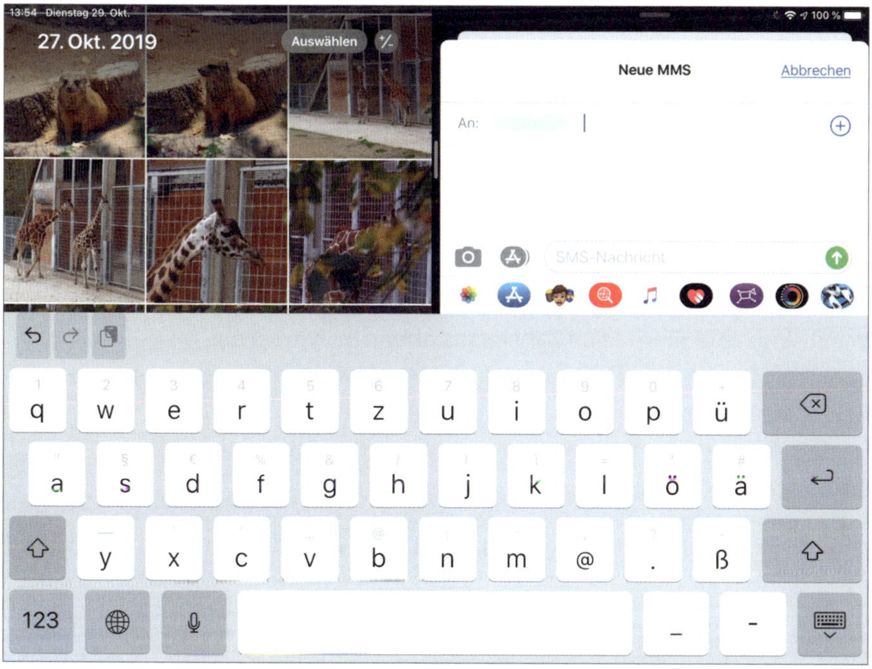

Warum funktionieren Split View, Slide Over und App Spaces nicht?
Damit Split View, Slide Over und Co. genutzt werden können, müssen die Apps von den Entwicklern angepasst werden. Dies ist bei den von Apple angebotenen Apps selbstverständlich der Fall, viele Drittanbieter haben ihre Apps aber unter Umständen noch nicht entsprechend programmiert. In dem Fall müssen Sie auf Split View, Slide Over und App Spaces leider verzichten.

Aktuelle Dateien schneller öffnen

Um die zuletzt genutzten Dateien einer App zu öffnen, tippen Sie länger auf das Symbol der App im Dock, z. B. auf das Symbol der Dateien-App, bis deren Kontextmenü angezeigt wird. Dort wählen Sie die gewünschte Datei aus, die dann mit der dazugehörigen App geöffnet wird.

Mehrere Apps auswählen und bewegen

Es lassen sich auch mehrere Apps auf dem Home-Bildschirm auswählen und bewegen – zu einem weiteren Home-Bildschirm oder in einen Ordner.

1. Tippen Sie so lange auf eine App, bis sie anfängt zu wackeln. Oder tippen Sie so lange auf die App, bis das Kontextmenü erscheint. Dort wählen Sie den Eintrag *Apps neu anordnen*. Damit aktivieren Sie den Bearbeitungsmodus.
2. Bewegen Sie die App mit dem linken Zeigefinger und halten Sie sie fest. Mit einem Fingertipp des rechten Zeigefingers wählen Sie die weiteren Apps aus. Wie viele Apps ausgewählt sind, zeigt eine kleine Zahl rechts oben am Symbol an.
3. Verschieben Sie nun die Apps an die gewünschte Stelle oder in einen Ordner und lassen Sie die Apps dort los.

Apps schließen

Falls Sie aufräumen möchten und zuvor gestartete Apps beenden, erreichen Sie das auf diese Weise:

1. Tippen Sie beim iPad und iPad Pro bis zur zweiten Generation zweimal schnell hintereinander auf den Home-Button. Beim iPad Pro ab der dritten Generation wischen Sie langsam vom unteren Bildschirmrand nach oben.
2. Es werden alle laufenden Apps angezeigt. Um eine App zu beenden, ziehen Sie diese an den oberen Bildschirmrand. Hierbei wird sie geschlossen.

Bitte beachten Sie: Das Schließen von Apps ist in der Regel nicht erforderlich und sollte nur erfolgen, sofern eine App Probleme bereitet oder nicht mehr reagiert.

Apps entfernen

Wollen Sie eine von Ihnen installierte App vom iPad löschen, gehen Sie wie folgt vor:

1. Tippen Sie etwas länger auf das Symbol der App, bis alle Symbole anfangen zu wackeln und links oben ein Kreis mit einem kleinen Kreuz erscheint. Nun haben Sie den Bearbeitungsmodus aktiviert.

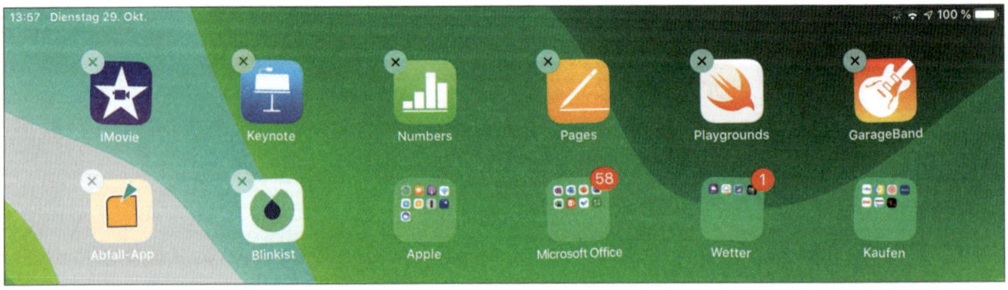

2. Um die App zu löschen, tippen Sie auf das kleine Kreuz. Wenn Sie die anschließende Sicherheitsfrage mit *Löschen* beantworten, werden die App und die dazugehörigen Daten vom iPad entfernt.

Weitere Home-Bildschirme erstellen

Einen neuen Home-Bildschirm legen Sie ganz einfach an, indem Sie ein App-Symbol ganz an den Rand des letzten bestehenden Home-Bildschirms bewegen. Hierbei wird ein neuer Home-Bildschirm angelegt und die App darauf abgelegt.

Ordner anlegen

Sofern Sie viele Apps auf Ihrem iPad installiert haben, ist es der besseren Übersichtlichkeit wegen sinnvoll, diese in unterschiedlichen Ordnern abzulegen. Dabei legen Sie beispielsweise alle Spiele in einen Ordner, alle Nachrichten-Apps oder die Büro-Apps.

1. Wählen Sie die erste App aus und ziehen Sie sie auf die zweite App, die ebenfalls in den neuen Ordner gelegt werden soll.
2. Nun wird automatisch ein Ordner angelegt, dem Sie nur noch den passenden Namen geben müssen.
3. Im dritten Schritt legen Sie alle weiteren dazugehörigen Apps in diesen Ordner. Der Ordner kann ebenso an die gewünschte Stelle auf dem Home-Bildschirm verschoben werden – oder auf einen anderen Home-Bildschirm Ihres iPad.

Wie viele Apps passen auf den Home-Bildschirm?

Sofern Sie in den *Einstellungen* Ihres iPad (*Anzeige & Helligkeit*) als Home-Bildschirmlayout *Mehr* gewählt haben, passen neben dem Dock jeweils bis zu 30 Apps oder Symbole auf Ihren Home-Bildschirm.

Home-Bildschirm zurücksetzen

Falls Ihr Home-Bildschirm unaufgeräumt ist oder Sie die ursprüngliche Anordnung der Apps von iPadOS 13 wiederherstellen und alle weiteren alphabetisch sortieren möchten, dann ist dieser Tipp etwas für Sie:

1. Öffnen Sie die *Einstellungen*, wählen Sie dort *Allgemein* sowie *Zurücksetzen*.
2. Nun heißt es aufpassen! Tippen Sie hier ausschließlich auf den Eintrag *Home-Bildschirm* und nicht auf einen der anderen.
3. Der Home-Bildschirm Ihres iPad wird nun auf die Werkseinstellungen zurückgesetzt.

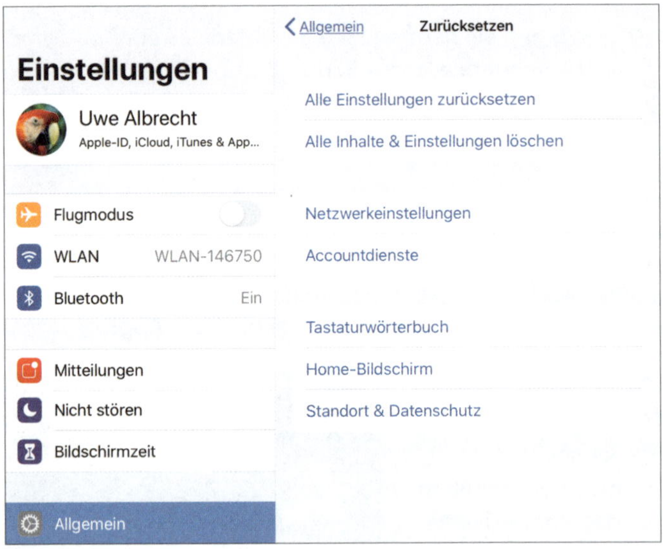

Bitte beachten Sie: Es werden dabei keine von Ihnen nachträglich installierten Apps gelöscht. Diese werden allerdings alphabetisch sortiert. Ihre bisherige Anordnung sowie selbst erstellte Ordner gehen dabei verloren!

Apps mit dem Apple Configurator verwalten?

Sofern Sie viele Apps auf Ihrem iPad installiert haben, lassen sich diese am Computer weit besser und bequemer organisieren. Hierzu dient am Mac der sogenannte Apple Configurator, den Sie im Mac App Store kostenlos beziehen können. Mit dieser App können Sie nach Belieben neue Home-Bildschirme und neue Ordner anlegen, Ihre Apps wie gewünscht einsortieren und anordnen. Auch das Löschen und Installieren von Apps ist mit Maus und Tastatur noch einfacher und bequemer möglich.

2.2 Das Kontrollzentrum

Das Kontrollzentrum ist neben dem Dock ein Teil des »Armaturenbretts« Ihres iPad. Hier aktivieren und deaktivieren Sie wichtige Funktionen wie WLAN- und Bluetooth-Verbindungen, Lautstärke, Helligkeit des Bildschirms, den Nicht-stören-Modus, greifen auf die Kamera zu und einiges mehr.

Kontrollzentrum aufrufen

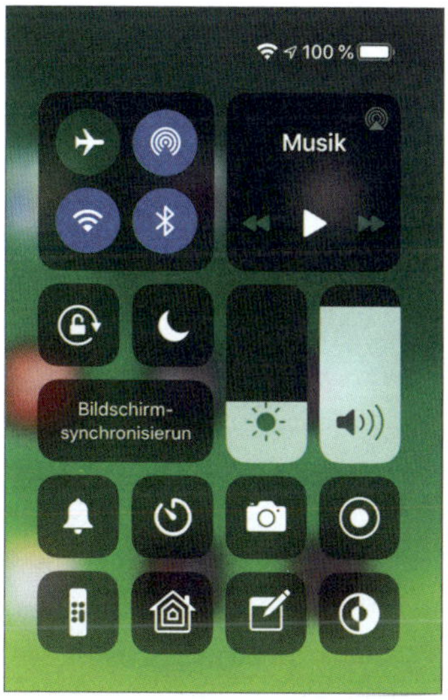

Das Kontrollzentrum von iPadOS 13 rufen Sie auf, indem Sie vom oberen Bildschirmrand nach unten wischen. Die Geste funktioniert übrigens nicht nur auf dem iPad Pro der dritten Generation, sondern auch bei allen anderen iPads unter iPadOS 13.

Kontrollzentrum einrichten

Das Kontrollzentrum Ihres iPad kann auch – in Grenzen – nach Ihren Vorstellungen angepasst werden:

1. Öffnen Sie die *Einstellungen* und wählen Sie in der linken Spalte den Eintrag *Kontrollzentrum*.
2. In der rechten Spalte tippen Sie auf *Steuerelemente anpassen*. Fügen Sie nun über die Plus-Schalter eine neue Funktion bzw. ein Steuerelement hinzu und entfernen Sie es über die Minus-Schalter.

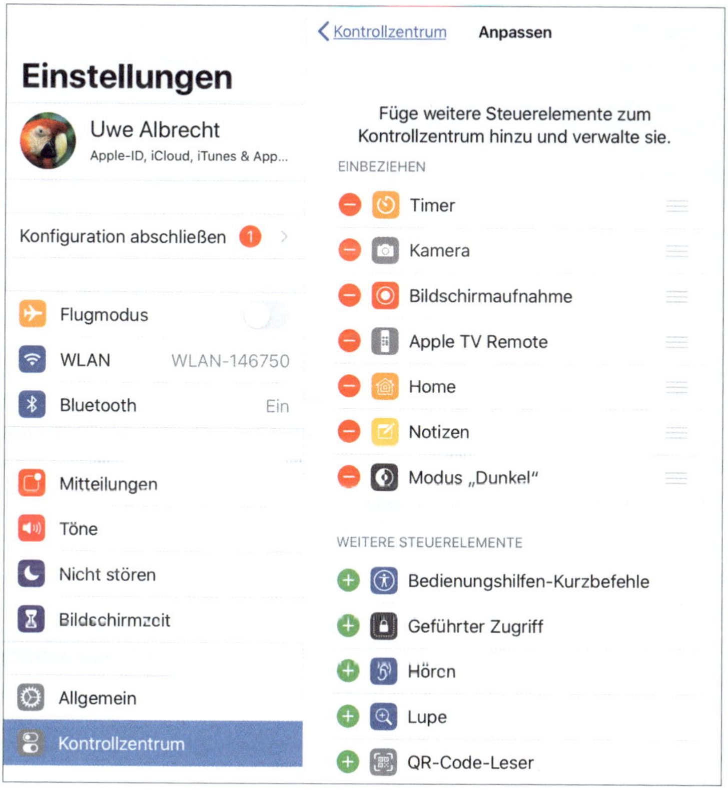

Folgende Steuerelemente lassen sich zu den bereits vorhandenen hinzufügen: *Bedienungshilfen-Kurzbefehle, Geführter Zugriff, Hören, Lupe, QR-Code-Leser, Sprachmemos, Stoppuhr, Textgröße, Wecker, Modus „Dunkel", Apple TV Remote* (Fernbedienung für das Apple TV), *Bildschirmaufnahme* (Screenshots), *Notizen, Kamera*.

Steuerelemente größer anzeigen und einstellen

Die Steuerelemente im Kontrollzentrum, wie Lautstärke, Helligkeit, Flugmodus oder Kamera, lassen sich per Fingertipp auch vergrößert darstellen. Dadurch lassen sie sich besser bedienen und zudem können Sie – bei einigen Kontrollelementen – auch detaillierte Einstellungen vornehmen.

Rufen Sie das Kontrollzentrum auf, indem Sie vom rechten oberen Bildschirmrand nach unten wischen. Tippen Sie etwas länger auf die Steuerelemente für *Lautstärke* oder *Helligkeit*, um diese vergrößert anzuzeigen und besser einstellen zu können. Das Steuerelement für die *Helligkeit* ermöglicht es zudem, den *Dunkelmodus*, den Nachtmodus (*Night Shift*) sowie, wenn vom iPad unterstützt, die Funktion *True Tone* einzustellen.

Wenn Sie länger auf die anderen Steuerelemente tippen, erscheinen bei einigen Steuerelementen ebenfalls weitere Einstellungen, die Sie im Detail anpassen können.

Lautstärkeanzeige besser bedienen

Ändern Sie die Lautstärke beispielsweise über das Steuerelement im Kontrollzentrum oder auch mit den Lautstärketasten an der Seite des iPad, wird sie auf dem Bildschirm angezeigt. Es wird auch das jeweils angesteuerte Gerät angezeigt: im Steuerelement des Kontrollzentrums mit einem Symbol und dem Namen, im Steuerelement auf dem Bildschirm als Symbol. Bluetooth-Kopfhörer werden beispielsweise durch ein Bluetooth-Symbol repräsentiert. Außerdem können Sie die Lautstärke über die eingeblendete Lautstärkeanzeige mit dem Finger einstellen.

Schnell ein WLAN-Netzwerk wählen

Über das Kontrollzentrum können Sie nicht nur die WLAN-Verbindung ein- und ausschalten, sondern auch das WLAN-Netzwerk wählen:

1. Rufen Sie das Kontrollzentrum auf, indem Sie vom rechten oberen Bildschirmrand nach unten wischen.

2. Tippen Sie zuerst auf das allgemeine WLAN-Symbol und danach auf das zweite untergeordnete WLAN-Symbol, unter dem der Name des aktuellen WLAN-Netzwerks steht.
3. Tippen Sie etwas länger auf dieses zweite WLAN-Symbol, erscheint eine Liste der an Ihrem gegenwärtigen Aufenthaltsort vorhandenen WLAN-Netzwerke.
4. Wählen Sie das gewünschte WLAN-Netzwerk aus und geben Sie bei Bedarf das dazugehörige Kennwort ein.

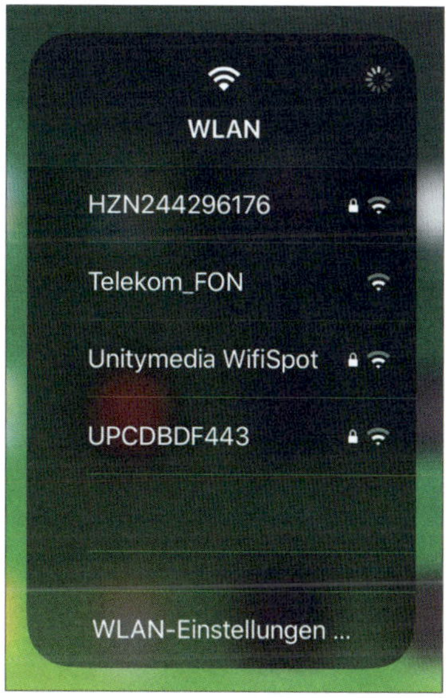

Bluetooth-Gerät auswählen

Analog zum Vorgehen beim WLAN-Netzwerk können Sie über das Steuerelement für die Bluetooth-Verbindung das gewünschte Bluetooth-Gerät auswählen:

1. Rufen Sie das Kontrollzentrum auf, indem Sie vom rechten oberen Bildschirmrand nach unten wischen.
2. Tippen Sie fester und etwas länger auf das Steuerelement für Bluetooth. Es erscheint eine Liste aller mit dem iPad aktuell gekoppelten Geräte wie der Apple Pencil, Bluetooth-Lautsprecher oder Kopfhörer.
3. Zum Verbinden wählen Sie das gewünschte Bluetooth-Gerät aus. Hierbei müssen Sie dafür sorgen, dass das Gerät eingeschaltet ist und sich in Reichweite befindet.

Nicht stören!

Möchten Sie nicht durch Nachrichtentöne und eingehende Meldungen gestört werden, schalten Sie einfach auf *Nicht stören*. Öffnen Sie dazu über die Home-Taste das Kontrollzentrum und tippen Sie auf das Symbol der Mondsichel.

Den Nicht-stören-Modus können Sie noch im Detail konfigurieren:

1. Öffnen Sie die *Einstellungen* und tippen Sie dort in der linken Spalte auf den Eintrag *Nicht stören*.
2. Rechts schalten Sie die Funktion *Nicht stören* ein.
3. Über den Eintrag *Geplant* legen Sie den Zeitraum fest, in dem Sie auf keinen Fall gestört werden wollen, z. B. von 22:00 bis 8:00.

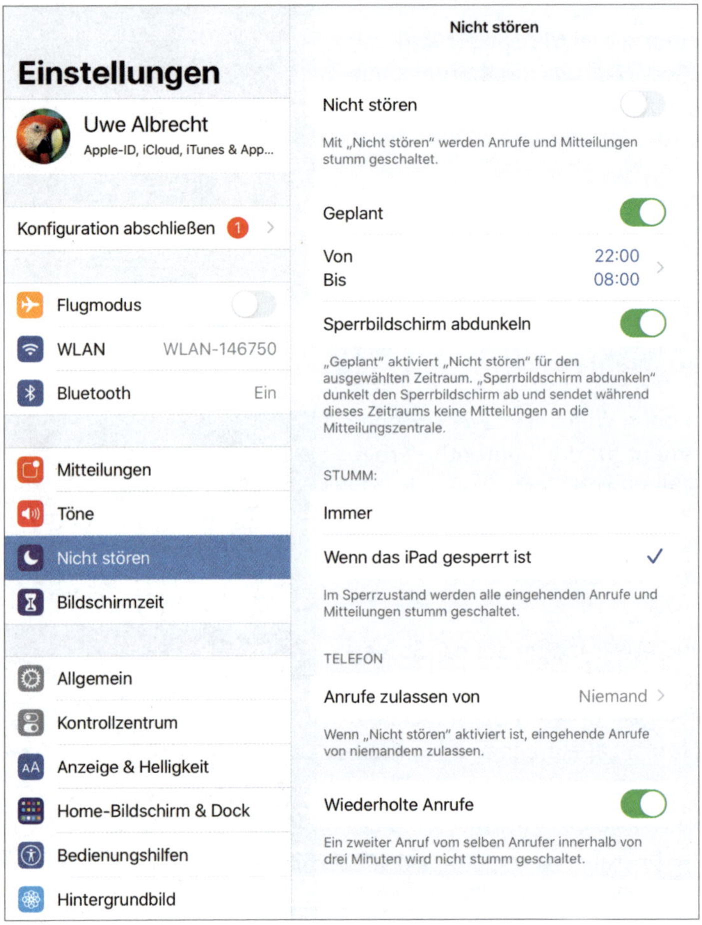

Stummschaltung

Falls Sie Ihr iPad stummschalten möchten, öffnen Sie das Kontrollzentrum, indem Sie vom rechten oberen Bildschirmrand nach unten wischen. Anschließend genügt ein Fingertipp auf das Glockensymbol. Dieses wird durchgestrichen und rot eingefärbt. Daran erkennen Sie die Stummschaltung.

Ausgabegerät für AirPlay wählen

Zum Kontrollzentrum Ihres iPad gehören auch die Steuerelemente für Musik und Medien. So können Sie das Abspielen steuern, ohne die entsprechende App bemühen zu müssen. Zudem legen Sie die Lautstärke fest sowie das gewünschte Ausgabegerät.

1. Rufen Sie das Kontrollzentrum auf, indem Sie vom rechten oberen Bildschirmrand nach unten wischen.
2. Tippen Sie auf die Steuerelemente für Musik und Medien und anschließend rechts oben auf das AirPlay-Symbol.
3. Wählen Sie das gewünschte Gerät aus, das kann das iPad selbst sein, Bluetooth-Kopfhörer, Bluetooth-Lautsprecher bzw. AirPlay-kompatible Geräte wie Apple TV oder ein HomePod.

2.3 Sperrbildschirm

Der Sperrbildschirm von iPadOS 13 hat unterschiedliche Aufgaben. Zunächst einmal werden in der »Mitteilungszentrale« alle eingehenden Mitteilungen und Nachrichten angezeigt. Zweitens erlaubt er den schnellen Zugriff auf die Kamera. Und drittens werden in der *Ansicht „Heute“* beispielsweise alle anstehenden Termine aufgelistet sowie Nachrichten und Meldungen bestimmter Apps, sofern Sie ihnen erlaubt haben, diese anzuzeigen. Die Meldungen der Apps werden über sogenannte Widgets angezeigt, die zur jeweiligen App gehörenden Miniprogramme.

> **Schnell ein Foto schießen**
> Die Kamera Ihres iPad lässt sich auch direkt vom Sperrbildschirm aus bedienen. Wischen Sie dazu einfach nach links, bis die Kamera-App erscheint, und nehmen Sie das Foto auf.

Mitteilungen auf dem Sperrbildschirm ausblenden

In der Standardeinstellung von iPadOS 13 wird eine Vorschau Ihrer Mitteilungen und Meldungen bereits auf dem Sperrbildschirm angezeigt. Damit können sie von anderen gelesen werden, ohne das iPad entsperrt zu haben und angemeldet zu sein. Das können Sie allerdings unterbinden:

1. Öffnen Sie die *Einstellungen* und wählen Sie in der linken Spalte den Eintrag *Mitteilungen*.
2. Tippen Sie rechts auf *Vorschauen zeigen* und entscheiden Sie sich für die Option *Wenn entsperrt*.

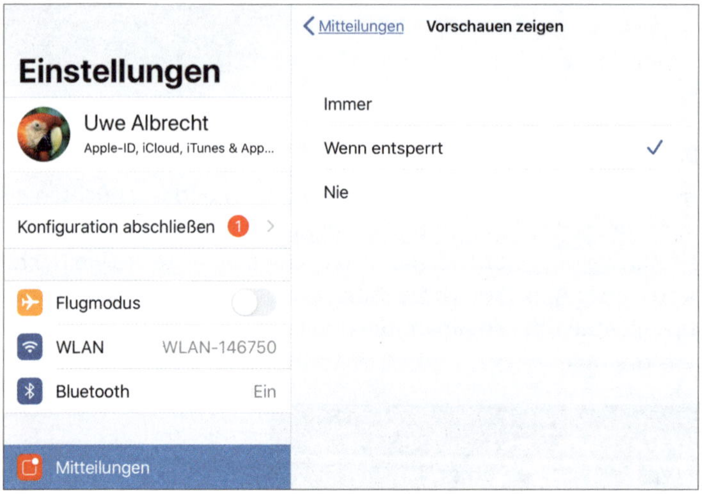

Aktuelle Mitteilungen bearbeiten

Neue Meldungen, Nachrichten oder E-Mails, die auf dem Sperrbildschirm in der Mitteilungszentrale erscheinen, können Sie öffnen und anzeigen oder entfernen.

1. Rufen Sie die Mitteilungszentrale auf, indem Sie auf dem Sperrbildschirm von der Mitte des oberen Randes nach unten wischen.
2. Um eine Voransicht der Mitteilung anzuzeigen, tippen Sie fest auf diese. Möchten Sie sie in der dazugehörigen App öffnen, genügt ein leichter Fingertipp.

3. Alternativ können Sie auf der Mitteilung nach rechts wischen und dann auf *Öffnen* tippen.
4. Zum Löschen wischen Sie auf der Mitteilung nach links und tippen auf *Entfernen*.

Ältere Mitteilungen betrachten

Wollen Sie einen Blick in frühere Nachrichten werfen, wischen Sie vom oberen Rand des Bildschirms nach unten. Um die Nachrichten eines Tages zu löschen, tippen Sie einfach auf das kleine Kreuz rechts oben an den jeweiligen Nachrichten.

Mitteilungen anpassen

Welche Mitteilungen in der Mitteilungszentrale angezeigt werden, bestimmen Sie selbst. Zudem können Sie deren Erscheinungsbild anpassen:

1. Öffnen Sie die *Einstellungen* und wählen Sie in der linken Spalte den Eintrag *Mitteilungen*.
2. In der rechten Spalte finden Sie die einzelnen Apps, die Ihnen Mitteilungen senden. Tippen Sie dazu auf den jeweiligen Eintrag.
3. Hier geben Sie an, ob Mitteilungen erlaubt sind, wie diese erscheinen und ob Benachrichtungstöne erlaubt sind.

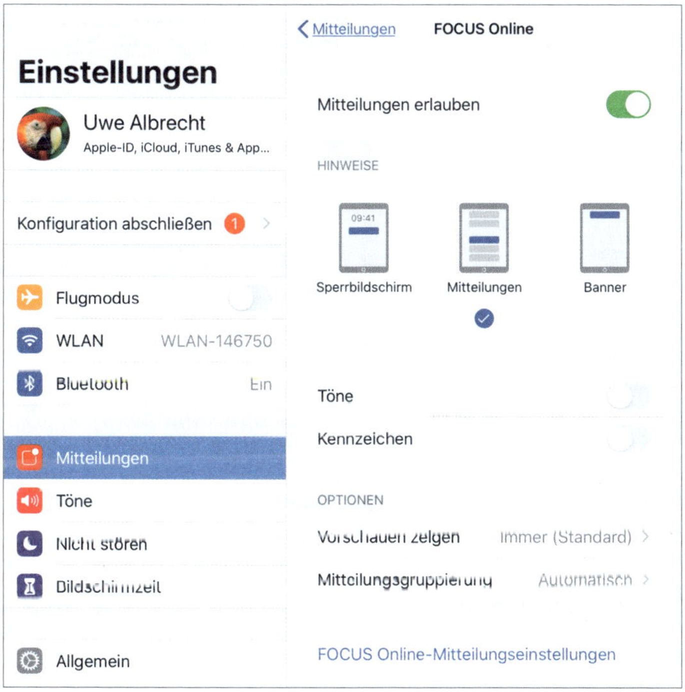

4. Über *Mitteilungsgruppierung* legen Sie fest, ob die Mitteilungen gruppiert und damit als eine Art Stapel angezeigt werden oder einzeln. Sind die Mitteilungen gruppiert, erscheint nur die aktuellste, für alle andern müssen Sie zunächst auf die erste Mitteilung der App tippen, um diese aufzulisten.

Eingehende Nachrichten sofort beantworten

Nachrichten, die auf dem Sperrbildschirm erscheinen, wie z. B. die der Nachrichten-App, können Sie sofort beantworten. Tippen Sie darauf oder wischen Sie darauf nach unten und geben Sie Ihren Antworttext ein. Ein vorheriges Anmelden und Starten der jeweiligen App ist dann nicht erforderlich.

Ansicht „Heute" anpassen

Auch welche Nachrichten, Hinweise, Termine und sonstigen Informationen auf der *Ansicht „Heute"* des Sperrbildschirms erscheinen, können Sie im Einzelnen festlegen. Dazu müssen Sie die dafür zuständigen Miniprogramme – Widgets genannt – hinzufügen und aktivieren oder entfernen.

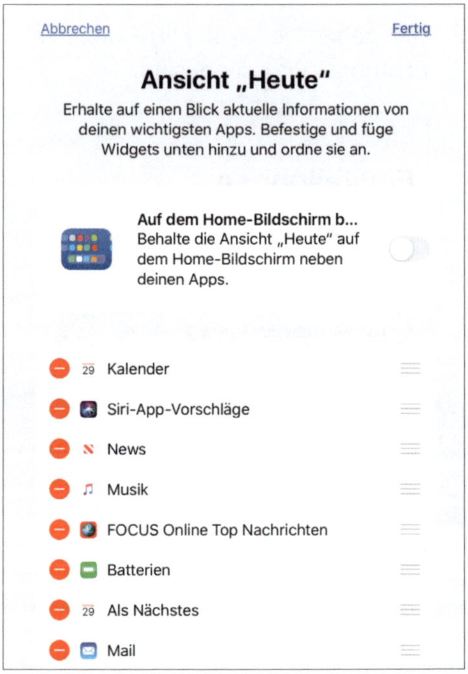

1. Wischen Sie auf dem Sperrbildschirm nach rechts, um die *Ansicht „Heute"* anzuzeigen. Dort wischen Sie so lange nach oben, bis die Einträge *Bearbeiten* sowie *x neue Widgets* erscheinen.
2. Tippen Sie auf *Bearbeiten* und melden Sie sich per Face ID, Touch ID oder mit Ihrem Code an.
3. Möchten Sie ein Widget entfernen, tippen Sie links auf den roten Minus-Schalter. Zum Hinzufügen tippen Sie auf den grünen Plus-Schalter.
4. Über die drei Striche rechts am Widget können Sie die Reihenfolge, in der sie auf dem Sperrbildschirm angezeigt werden, ändern. Ziehen Sie die Widgets einfach an die entsprechende Position.
5. Sollen die Widgets – und damit die *Ansicht „Heute"* nicht nur auf dem Sperrbildschirm, sondern auch auf dem Home-Bildschirm angezeigt werden, aktivieren Sie ganz oben die Option *Auf dem Home-Bildschirm behalten*.

3. Das iPad einrichten

Auch wenn Sie Ihr iPad und dessen Betriebssystem – im Vergleich mit Android – nicht ganz so detailliert individualisieren können, lassen sich die wichtigen Einstellungen selbstverständlich anpassen und ändern, ob für den Bildschirm, die Benutzeroberfläche, die Netzwerkverbindungen, den Datenschutz oder das Verhalten einzelner Apps.

3.1 Bildschirm und Benutzeroberfläche

Die Tipps und Tricks zur Konfiguration der Benutzeroberfläche und des Bildschirms finden Sie im Folgenden.

Schriftgröße

Falls Sie die Schriftgröße ändern möchten, weil Sie etwa eine Brille tragen und keine Adleraugen mehr haben, dann ist das problemlos möglich.

1. Öffnen Sie die *Einstellungen* und wählen Sie dort die Option *Anzeige & Helligkeit*.

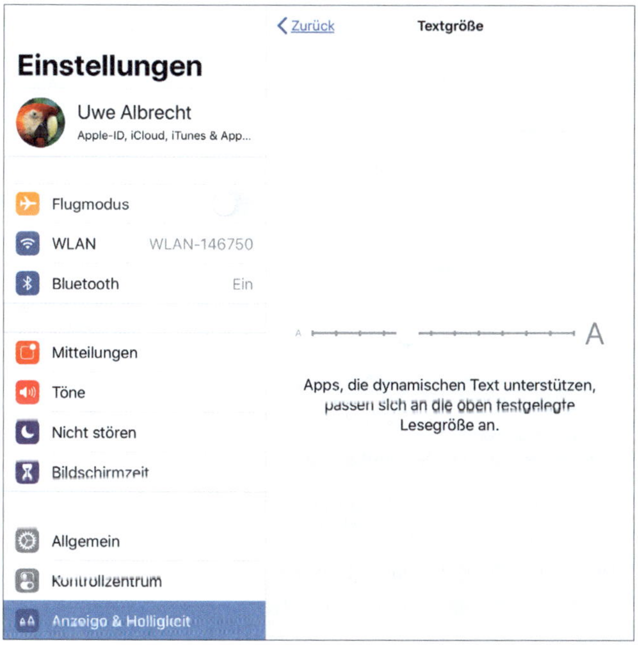

2. Über *Textgröße* können Sie die Schrift vergrößern, indem Sie den Schieberegler entsprechend verschieben.

3. Mit dem Schalter *Fetter Text* wird die Schrift hingegen deutlicher sichtbar, was auf dem hochauflösenden Retina-Display des iPad von Vorteil sein kann, weil die voreingestellte Schrift doch sehr »zierlich« ist.

Automatische Helligkeit abschalten

Je nachdem, in welcher Umgebung Sie sich befinden, ändert sich die Helligkeit des iPad-Bildschirms. Möchten Sie diese Einstellung lieber von Hand vornehmen, gehen Sie so vor:

1. Öffnen Sie die *Einstellungen* und tippen Sie dort auf *Anzeige & Helligkeit*. Um die Helligkeit anzupassen, ziehen Sie den Schieberegler in die entsprechende Position.
2. Möchten Sie die automatische Helligkeitsanpassung komplett abschalten, öffnen Sie den Eintrag *Bedienungshilfen* in den *Einstellungen* und dort den Bereich *Anzeige & Textgröße*. Hier schalten Sie die *Auto-Helligkeit* ab.

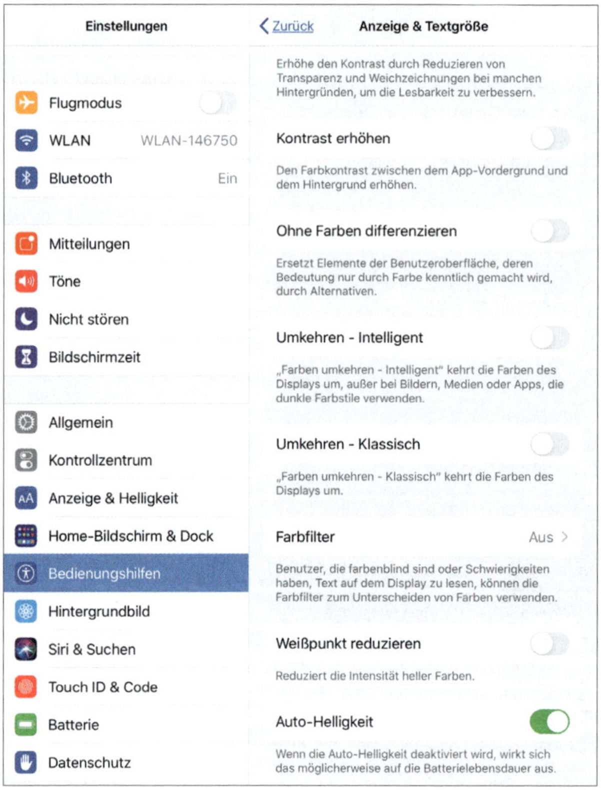

Farbtemperatur automatisch anpassen

Analog zur Helligkeit passt sich – beim aktuellen iPad und iPad Pro – auch die Farbtemperatur des iPad an die Umgebung an. Auch diese Funktion können Sie aktivieren.

1. Öffnen Sie die *Einstellungen* und tippen Sie auf *Anzeige & Helligkeit*.
2. Schalten Sie dort die Funktion *True Tone* ein, damit sich die Farbtemperatur des iPad-Bildschirms automatisch an die Umgebung anpasst.

Den Dunkelmodus oder Dark Mode nutzen

Eine von vielen Anwendern gewünschte Funktion bei iOS und iPadOS war der sogenannte Dark Mode oder Dunkelmodus. In iPadOS 13 ist er nun endlich integriert. Der Dunkelmodus trägt nicht nur zu einem ansprechenden Äußeren der Benutzeroberfläche von iPadOS bei, sondern hat auch andere Vorteile. So kann dadurch etwas Energie gespart werden, was sich positiv auf die Akkulaufzeit des iPad auswirkt. Außerdem werden Ihre Augen in eher dunklen Umgebungen mehr geschont, als wenn Sie in der Dunkelheit auf ein helles Display schauen müssen.

Sie schalten den Dunkelmodus wie folgt ein:

1. Öffnen Sie die *Einstellungen* und wählen Sie den Eintrag *Anzeige & Helligkeit*.
2. Rechts unter *Erscheinungsbild* entscheiden Sie sich für *Dunkel*.

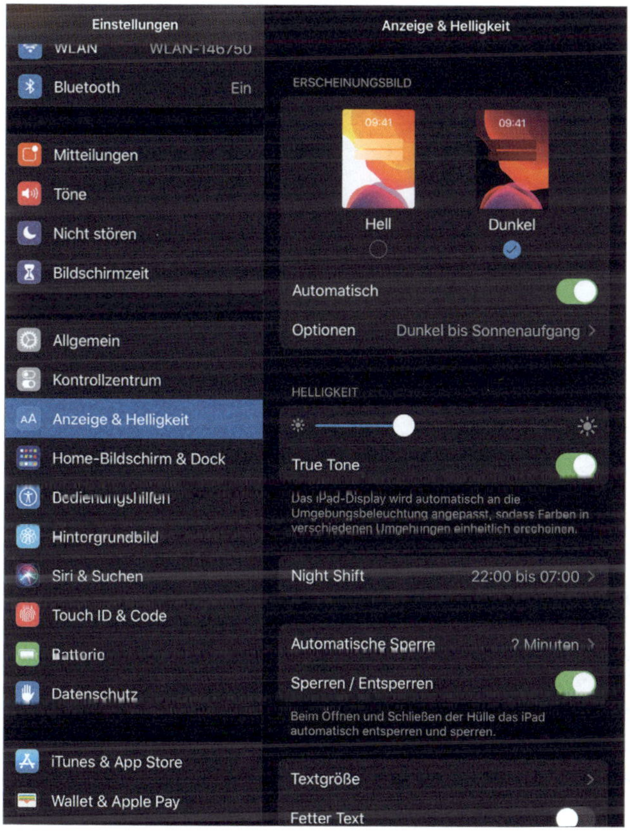

3. Alternativ können Sie den Dunkelmodus auch über das Kontrollzentrum aktivieren, indem Sie auf das entsprechende Steuerelement *Modus „Dunkel"* tippen. Dies müssen Sie unter Umständen vorher dem Kontrollzentrum hinzufügen. Wie das geht, erfahren Sie in Kapitel 2.2.

Falls Sie es bevorzugen, dass der Dunkelmodus Ihres iPad automatisch aktiviert und wieder abgeschaltet wird, können Sie den automatischen Dunkelmodus verwenden. Hier wird, je nach Tageszeit, entweder das helle oder dunkle Erscheinungsbild gewählt:

1. Öffnen Sie die *Einstellungen* und wählen Sie den Eintrag *Anzeige & Helligkeit*.
2. Aktivieren Sie die Einstellung *Automatisch* sowie als Option *Hell bis Sonnenuntergang*. Bei Bedarf können Sie über *Eigener Zeitplan* auch individuelle Zeiträume für den Dunkelmodus definieren.

Hintergrundbilder beim Dunkelmodus

In iPadOS 13 sind einige Hintergrundbilder enthalten, die für den Dunkelmodus gedacht sind. Wenn Sie diese wählen, ändert sich das Hintergrundbild entsprechend, wenn Sie ein helles oder dunkles Erscheinungsbild gewählt haben. Andere Hintergrundbilder von iPadOS oder Ihre eigenen werden im Dunkelmodus ebenfalls etwas abgedunkelt angezeigt.

Den Nachtmodus einrichten

Bildschirme von Computern, Tablets und Smartphones geben normalerweise »blaues« Licht ab, das denjenigen, der davorsitzt, wach hält. Aus diesem Grund wurde in iPadOS neben dem Dunkelmodus auch ein Nachtmodus (*Night Shift*) integriert.

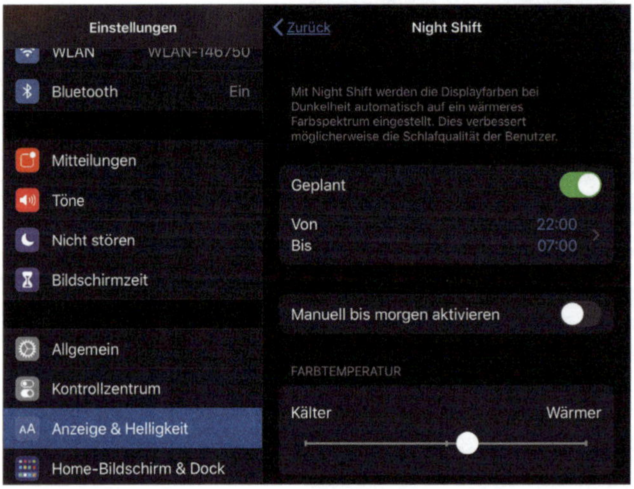

Dieser ändert die Farbtemperatur entsprechend der Tageszeit, sodass Sie in der Nacht bei einem kurzen Blick auf das Tablet nicht direkt wach bleiben. Der Nachtmodus hat daher eine etwas andere Aufgabe als der Dunkelmodus.

1. Öffnen Sie die *Einstellungen* und tippen Sie dort auf *Anzeige & Helligkeit*.
2. Über *Night Shift* legen Sie fest, ab wann der Nachtmodus aktiviert wird und wann er wieder beendet wird.
3. Geben Sie dazu die entsprechenden Uhrzeiten an. Zudem verstellen Sie über den Schieberegler die gewünschte Farbtemperatur in *Wärmer* mit weniger Blauanteil oder *Kälter* mit mehr Blauanteil.

Hintergrund ändern

Über ein Hintergrundbild lässt sich Ihr iPad individualisieren. Sie können dazu auf die bereits mitgelieferten Hintergrundbilder zurückgreifen oder auch eigene verwenden. Hierzu gehen Sie wie folgt vor:

1. Öffnen Sie die *Einstellungen* und tippen Sie dort auf *Hintergrundbild* sowie *Neuen Hintergrund wählen*.
2. Hier haben Sie die Wahl zwischen den in iPadOS 13 enthaltenen Hintergründen, ob für den dunklen oder hellen Modus geeignet, animiert (dynamisch) oder als Einzelbild.
3. Wählen Sie das gewünschte Hintergrundbild aus und legen Sie dann fest, ob es auf dem Sperrbildschirm oder dem Home-Bildschirm oder auf beiden erscheinen soll.
4. Alternativ können Sie ein fremdes Hintergrundbild verwenden, das sich in einem Ihrer Alben der Fotos-App befindet. Öffnen Sie dazu weiter unten das gewünschte Album und gehen Sie so vor wie in den Schritten zuvor beschrieben.

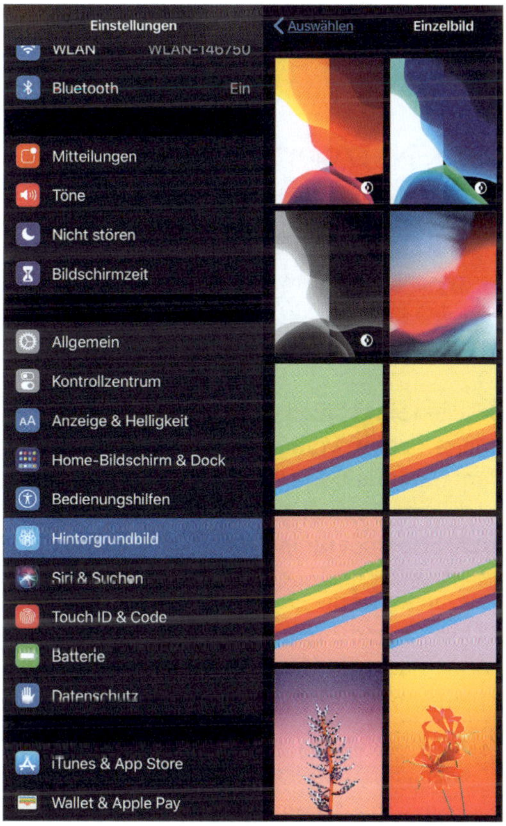

Passende Hintergrundbilder für Ihr iPad

- Ein eher ruhiges Motiv verwenden, nicht zu bunt und kontrastreich.
- Auflösung von 2.048 x 1.536 Pixel (iPad 2017) bis zu 2.732 x 2.048 Pixel (für iPad Pro 12,9).
- JPEG- oder PNG-Format.

Textgröße anpassen

Falls Ihnen bei iPadOS der Text zu klein und schwach ist, können Sie die Schriftgröße anpassen und diese fett hervorheben.

1. Öffnen Sie die *Einstellungen* und wählen Sie den Eintrag *Anzeige & Helligkeit*.
2. Nun verändern Sie rechts die *Textgröße*, indem Sie auf den entsprechenden Eintrag tippen und den Schieberegler nach rechts ziehen, um die Textgröße anzupassen.
3. Soll der Text zusätzlich oder stattdessen hervorgehoben werden, aktivieren Sie die Option *Fetter Text*.

3.2 Netzwerkeinstellungen

An den Netzwerkeinstellungen müssen Sie normalerweise nicht viel ändern, diese werden bei der Einrichtung automatisch vorgenommen. Ein paar Einstellungen sind dennoch für fortgeschrittene Anwender interessant. Die Tipps dazu finden Sie auf den folgenden Seiten.

iPad als WLAN-Hotspot

Besitzen Sie ein iPad Wi-Fi + Cellular, dann können Sie damit auch über das Mobilfunknetz online gehen. Voraussetzungen sind natürlich ein Mobilfunkvertrag mit entsprechendem Datentarif, wie ihn die meisten Mobilfunkprovider speziell für Tablets anbieten, oder auch eine Prepaidkarte mit Datentarif. Ist das der Fall, können Sie Ihr iPad unterwegs als WLAN-Hotspot für Ihre anderen WLAN-fähigen Geräte nutzen:

1. Öffnen Sie die *Einstellungen* und dort *Persönlicher Hotspot*. Schalten Sie hier ggf. auch die Option *Zugriff für andere erlauben* ein. In diesem Fall können auch andere Geräte, die nicht bei iCloud mit Ihrer Apple-ID angemeldet sind, den persönlichen Hotspot nutzen. Notieren Sie sich das WLAN-Passwort.
2. An Ihrem anderen WLAN-fähigen Gerät wählen Sie das WLAN-Netzwerk mit dem Namen »iPad« oder einem ähnlichen Namen aus.
3. Geben Sie das WLAN-Passwort ein, können Sie über den WLAN-Hotspot Ihres iPad und damit das Mobilfunknetz von Ihrem anderen WLAN-Gerät aus unterwegs online gehen.

Automatisch mit dem persönlichen Hotspot verbinden
Alle Ihre Geräte, also ein Mac oder ein anderes iPad Wi-Fi, können übrigens automatisch verbunden werden. Hier ist die Eingabe des WLAN-Kennworts nicht erforderlich.

WLAN-Einstellungen anpassen

In der Regel müssen Sie, wie bereits erwähnt, an den WLAN-Einstellungen nichts ändern. Bei Bedarf können Sie in den *Einstellungen* über *WLAN* und die Wahl des aktiven WLAN-Zugangs unter anderem Folgendes anpassen:

- *Auf Netze hinweisen:* Ihr iPad zeigt an, wann neue WLAN-Netzwerke zu finden sind, und bei bekannten baut es automatisch eine Verbindung auf.
- *Autom. mit dem Hotspot verbinden:* Wenn bekannte WLAN-Netzwerke oder Hotspots in der Nähe sind, kann sich Ihr iPad automatisch bei diesen anmelden.

Weitere Einstellungen nehmen Sie für das gewählte WLAN-Netzwerk vor, indem Sie neben dem Namen des WLAN-Netzwerks auf das kleine *i* tippen.

- *Autom. verbinden:* Möchten Sie, dass sich Ihr iPad automatisch mit dem WLAN-Netzwerk verbindet, schalten Sie diese Funktion ein.

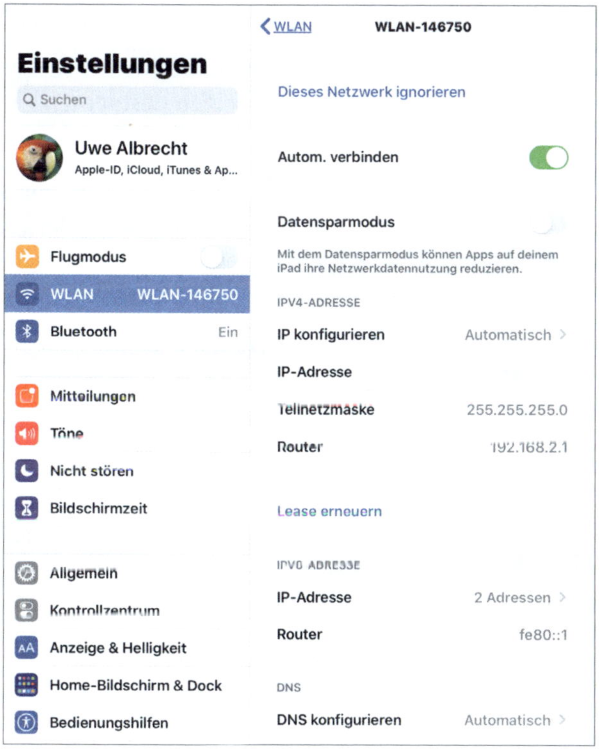

- *Lease erneuern*: Das holt eine neue IP-Adresse beim WLAN-Router.
- *DNS konfigurieren:* Möchten Sie einen anderen Domain Name Server verwenden, nehmen Sie die Einstellung hier vor.

Bitte beachten Sie, dass Sie dabei genau wissen müssen, was Sie tun, und dass Sie die korrekte IP-Adresse des alternativen DNS-Servers verwenden. DNS-Server sind dafür zuständig, die im Internet gebräuchlichen IP-Adressen (**I**nternet **P**rotocol) in Internetadressen wie http://www.apple.de zu übersetzen.

iPad Pro per Kabel ans Netzwerk anschließen

Besitzen Sie ein iPad Pro der dritten Generation (ab 2018), können Sie daran einen USB-C-auf-Ethernet-Adapter anschließen und über ein Ethernet-Kabel mit Ihrem Router oder WLAN-Router verbinden. In diesem Fall haben Sie in der Regel nicht nur eine viel schnellere Netzwerkverbindung, sondern auch eine weit sichere als über WLAN. Ist Ihr iPad Pro per Ethernet verbunden, finden Sie links den Eintrag *Ethernet*, in der rechten Spalte die entsprechenden Verbindungsdaten, und rechts oben in der Statusleiste erscheint das Symbol des USB-C-auf-Ethernet-Adapters statt WLAN oder Mobilfunkverbindung.

3.3 Mitteilungen einrichten

Welche Mitteilungen Sie von Ihren Apps erhalten, hängt davon ab, welche Einstellungen Sie vornehmen. Mit den folgenden Tipps können Sie das im Einzelnen bestimmen.

Mitteilungszentrale auf dem Sperrbildschirm abschalten

Normalerweise werden alle aktuellen und früheren Mitteilungen auf dem Sperrbildschirm angezeigt (siehe dazu Kapitel 2.3). Möchten Sie das verhindern, erreichen Sie es auf diese Weise:

1. Öffnen Sie die *Einstellungen* und tippen Sie dort auf *Touch ID & Code* oder beim iPad Pro der dritten Generation (ab 2018) auf *Face ID & Code*.
2. Hier schalten Sie unter *Im Sperrzustand Zugriff erlauben* die Funktion *Mitteilungszentrale* ab. Damit Sie den Zugriff auf die Einstellungen zu *Touch ID/Face ID & Code* erhalten, müssen Sie zuvor Ihren Zugangscode eingeben.

Mitteilungen einzelner Apps abschalten

Anstatt die gesamten Mitteilungen abzuschalten und auszublenden, können Sie auch gezielt die Mitteilungen einzelner Apps deaktivieren:

1. Öffnen Sie die *Einstellungen*. Dort wählen Sie in der linken Spalte den Eintrag *Mitteilungen*.

2. Rechts wählen Sie die gewünschten Apps aus, tippen auf den Namen und schalten die Option *Mitteilungen erlauben* ab.

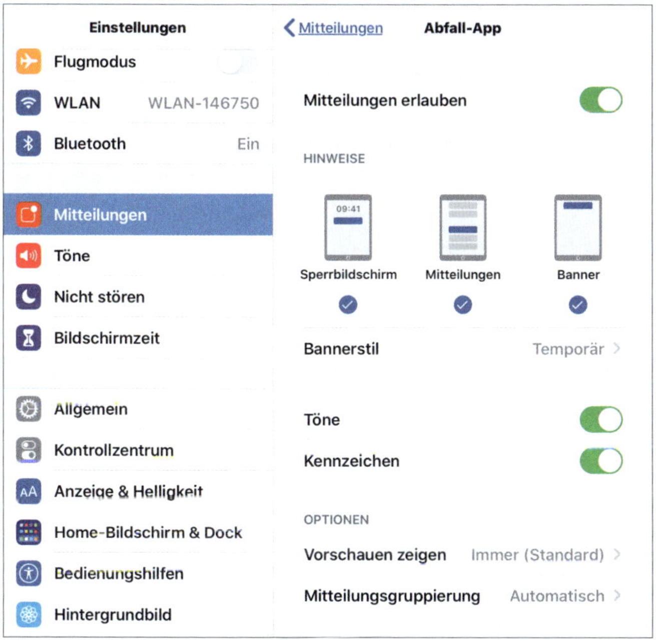

Mitteilungen gruppieren

Damit die Mitteilungen einer App nicht immer einzeln angezeigt werden, lassen sie sich auch gruppieren.

1. Öffnen Sie die *Einstellungen* und wählen Sie links die *Mitteilungen*.
2. Suchen Sie rechts die betreffende App aus und tippen Sie unter *Mitteilungsgruppierung* auf *Automatisch*.
3. Zum Betrachten aller Mitteilungen tippen Sie dann in der Mitteilungszentrale auf die letzte Mitteilung. Um die Mitteilungen nicht mehr gruppiert anzuzeigen, tippen Sie auf *Aus*.

Vorschau der Mitteilungen abschalten

Üblicherweise wird auf dem Sperrbildschirm eine Vorschau der entsprechenden Mitteilung angezeigt.

Möchten Sie das, beispielsweise aus Gründen des Datenschutzes, verhindern, öffnen Sie die *Einstellungen* und tippen dort auf *Mitteilungen*. Unter *Vorschauen zeigen* geben Sie an, ob die Vorschau *Immer* angezeigt wird, nur *Wenn entsperrt* oder auch *Nie*. Alternativ können Sie das weiter unten für jede App einzeln festlegen.

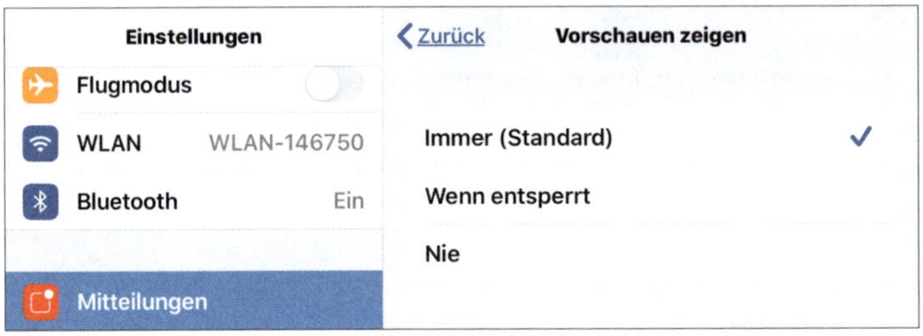

Mitteilungen dauerhaft anzeigen

Möchten Sie, dass die Mitteilungen nicht nur temporär, sondern dauerhaft angezeigt werden und erst dann wieder verschwinden, wenn Sie darauf reagiert und eine entsprechende Reaktion ausgeführt haben, dann erreichen Sie das auf diese Weise:

1. Öffnen Sie die *Einstellungen* und tippen Sie dort auf *Mitteilungen*.
2. Wählen Sie die App aus, deren Mitteilungen dauerhaft angezeigt werden sollen.
3. Hier tippen Sie auf *Bannerstil* sowie auf *Dauerhaft*.

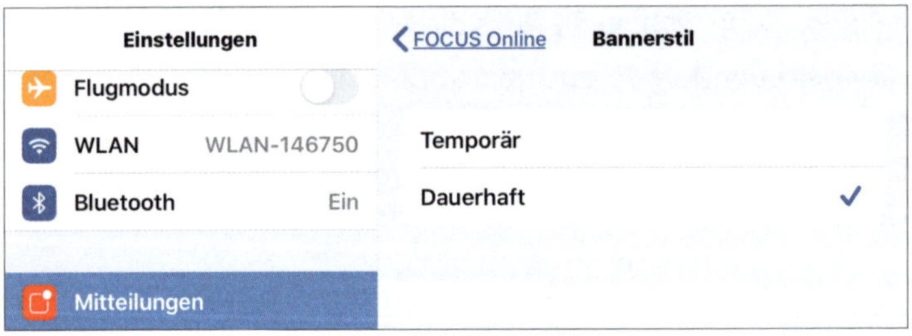

Mitteilungsrufton abspielen

Sollen sich die Mitteilungen auch akustisch durch einen Ton bemerkbar machen, dann wählen Sie die *Mitteilungen* in den *Einstellungen*, dort die gewünschte App und schalten jeweils die Einstellung *Töne* ein.

3.4 Töne

Manche Funktionen Ihres iPad werden auf Wunsch akustisch untermalt, wie Nachrichten, E-Mails, Mitteilungen. Diese können Sie temporär oder komplett abschalten. Beachten Sie dazu die folgenden Tipps.

Lautstärke der Hinweistöne anpassen

1. Öffnen Sie die *Einstellungen* und tippen Sie dort auf *Töne*.
2. Um die Lautstärke der Hinweistöne anzupassen, bewegen Sie den Schieberegler in die entsprechende Richtung. Möchten Sie die Hinweistöne auch durch die Lautstärketasten am iPad ändern, aktivieren Sie *Mit Tasten ändern*.

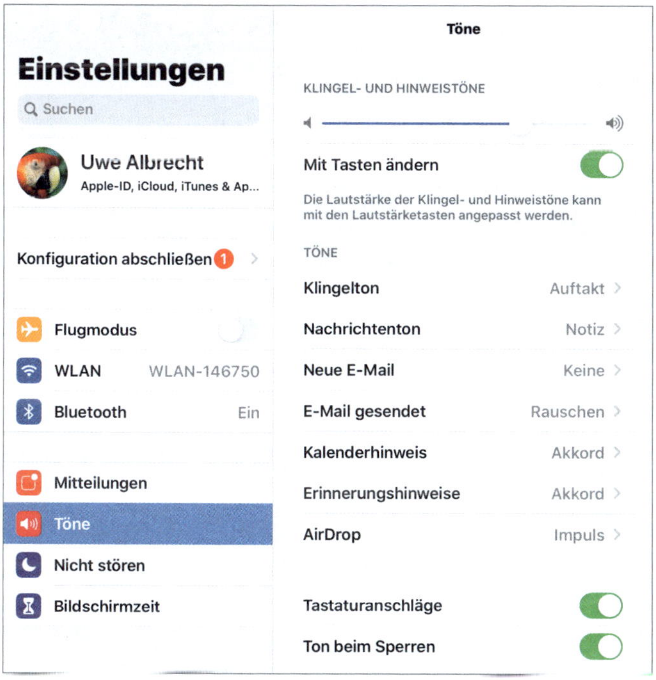

Nachrichten- und Mitteilungstöne wählen

Für die einzelnen Funktionen mit akustischer Untermalung lassen sich individuelle Nachrichtentöne auswählen. Öffnen Sie dazu die *Einstellungen* sowie die Einstellung *Töne* und legen Sie dann die Töne fest, indem Sie auf den Eintrag tippen. Auf Wunsch können Sie auch bestimmen, dass Tastaturanschläge sowie das Sperren des iPad durch Töne untermalt werden.

Stummmodus

Um das iPad stummzuschalten, sodass Sie und Ihre Umgebung nicht durch Nachrichten- und Mitteilungstöne gestört werden, öffnen Sie das Kontrollzentrum, indem Sie zweimal schnell hintereinander die Home-Taste drücken und dann auf das Glockensymbol tippen. Alternativ können Sie auch – um jegliche Störung zu unterbinden – auf das Symbol der Mondsichel (*Nicht stören*) tippen.

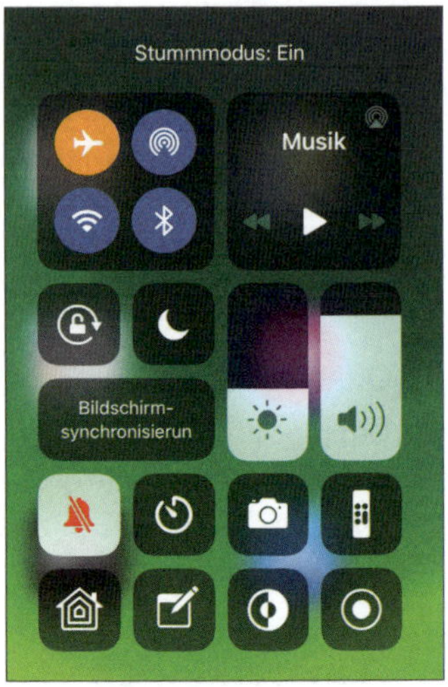

Lautstärketasten ausschließlich für Musik verwenden

Wollen Sie, dass die Lautstärketasten am iPad nur bei der Wiedergabe von Musik oder Filmen aktiv sind, dann erreichen Sie dies so:

1. Tippen Sie auf die *Einstellungen* und dann auf *Töne*.
2. Hier schalten Sie die Funktion *Mit Tasten ändern* unter *Klingel- und Hinweistöne* ab.

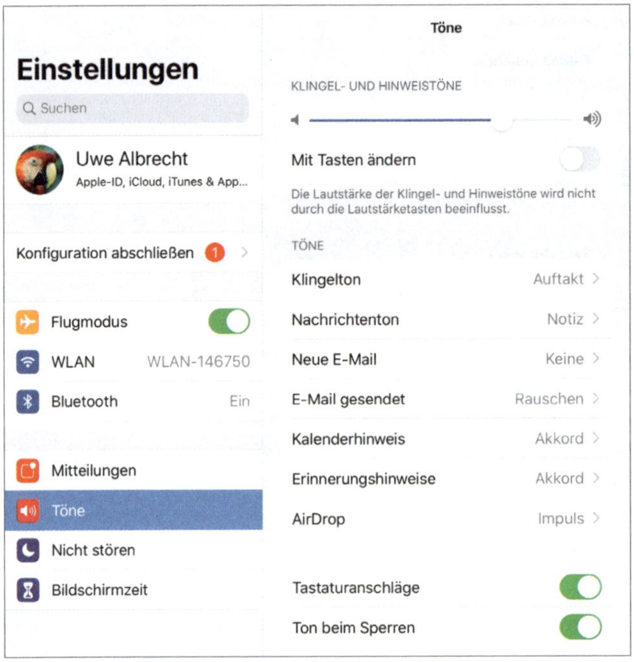

3.5 Bedienungshilfen

Die Bedienungshilfen von iPadOS 13 sind in erster Linie für Menschen gedacht, die in irgendeiner Weise – vornehmlich – körperlich eingeschränkt sind. Manche Funktionen sind aber auch für andere Anwender von Interesse. Dazu gehört beim iPadOS 13 auch die erstmals mögliche Bedienung des iPad mit Maus oder Trackpad – wenngleich diese etwas gewöhnungsbedürftig implementiert wurde.

iPad ohne Home-Taste nutzen

Müssen oder möchten Sie Ihr iPad ohne Home-Taste bedienen, dann ist auch das möglich – dank *AssistiveTouch* in den Bedienungshilfen. Hierbei erhalten Sie allein per Fingertipp Zugriff auf die wichtigsten Funktionen Ihres iPad. *AssistiveTouch* aktivieren Sie wie folgt:

1. Öffnen Sie die *Einstellungen* und tippen Sie rechts auf *Bedienungshilfen*.
2. Dort schalten Sie unter *Tippen* die Option *AssistiveTouch* ein. Anschließend erscheint auf dem Bildschirm eine virtuelle Home-Taste.

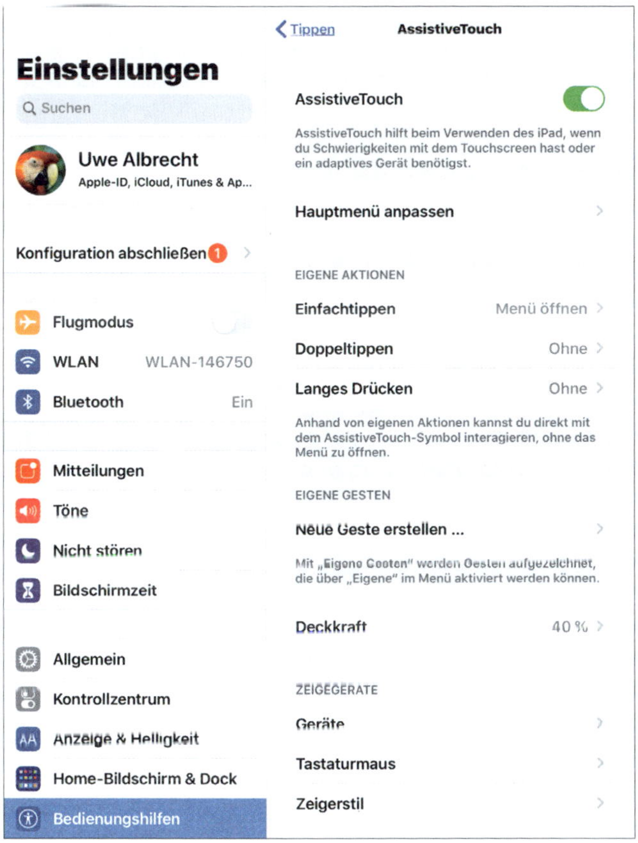

3. Tippen Sie darauf, erscheint ein Menü mit mehreren Symbolen, unter anderem eines der Home-Taste, das deren Funktion übernimmt.
4. Das *AssistiveTouch*-Menü können Sie auch anpassen, indem Sie auf *Hauptmenü anpassen* tippen und über den Plus-Schalter rechts unten bei Bedarf weitere Funktionen hinzufügen.

Text größer anzeigen

Ist Ihnen die Textdarstellung auf dem iPad viel zu klein und zu schlecht lesbar, können Sie sie auf die folgende Weise verbessern:

1. Öffnen Sie die *Einstellungen* und tippen Sie in der linken Spalte auf *Bedienungshilfen.*
2. Rechts wählen Sie *Anzeige & Textgröße* und schalten *Größerer Text* sowie *Größerer dynamischer Text* ein.
3. Mit dem Schieberegler vergrößern Sie die Textdarstellung wie gewünscht. Bitte beachten Sie, dass nicht alle Apps von Drittherstellern den dynamischen Text unterstützen.

Zoom einstellen

Die Zoomfunktion von iPadOS 13 bietet Ihnen zwei Möglichkeiten, die über den Anzeigezoom unter *Anzeige & Helligkeit* hinausgehen:

- Der gesamte Bildschirminhalt wird vergrößert.
- Der gewünschte Teil des Bildschirminhalts wird vergrößert.

Die Einstellungen nehmen Sie wie folgt vor:

1. Tippen Sie in den *Einstellungen* links auf *Bedienungshilfen* und rechts auf *Zoom.*
2. Legen Sie zunächst über den Schieberegler unten die Zoomstufe fest, z. B. *2,0x* – also Zweifachzoom.
3. Als Nächstes legen Sie den Zoombereich fest: *Vollbildzoom* oder *Zoomfenster*, bei dem nur der Teil des Bildschirms vergrößert wird, den Sie auswählen, wie z. B. einen Schalter.
4. Als letzten Schritt schalten Sie oben den Zoom ein. Bitte prägen Sie sich die Gesten für die Zoomfunktion ein, ansonsten finden Sie sich unter Umständen auf dem Bildschirm mit seiner vergrößerten Darstellung nicht mehr zurecht.

Die wichtigsten Gesten sind die folgenden:

- Zoomen: mit drei Fingern tippen.
- Bewegen: drei Finger auf dem Bildschirm bewegen.
- Zoom ändern: mit drei Fingern doppeltippen.

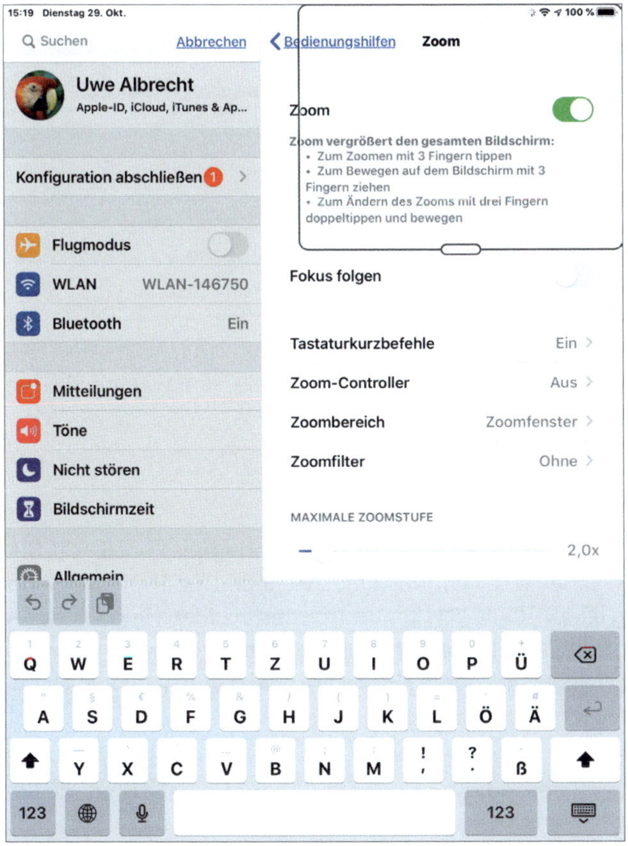

Lupenfunktion aktivieren

Ihr iPad kann – über die integrierte Kamera – auch als Lupe genutzt werden. Die Einstellung dazu nehmen Sie in den *Bedienungshilfen* vor:

1. Öffnen Sie die *Einstellungen*, tippen Sie links auf *Bedienungshilfen* und rechts auf *Lupe*.
2. Aktivieren Sie die Schalter *Lupe* und *Belichtung autom. anpassen*.
3. Zum Aktivieren der Lupenfunktion per Taste drücken Sie die Home-Taste dreimal hintereinander. Beim iPad Pro der dritten Generation (ab 2018) drücken Sie stattdessen dreimal hintereinander die Seitentaste.

Lupenfunktion nutzen

Die Lupenfunktion hat zahlreiche Einstellungen, die Sie je nach Bedarf anpassen können:

1. Schalten Sie die Lupenfunktion ein, indem Sie dreimal die Home- bzw. die Seitentaste drücken.

2. Über den Schieberegler vergrößern/zoomen Sie die Darstellung.
3. Tippen Sie auf das kleine Filter-Symbol mit den drei Kreisen. Anschließend können Sie mit dem zweiten Schieberegler den Kontrast einstellen und mit dem ersten die Farbdarstellung, beispielsweise in Graustufen oder Rot/Schwarz.

Farbfilter für Farbenblindheit einschalten

Falls Sie farbenblind sind, was umgangssprachlich für Rot-Grün-Sehschwäche verwendet wird, können Sie das iPad entsprechend konfigurieren.

1. Tippen Sie in den *Einstellungen* links auf *Bedienungshilfen*.
2. Schalten Sie dann rechts in *Anzeige & Textgröße* den *Farbfilter* ein. Hier wählen Sie den passenden Filter für Ihre eigene Farben-Sehschwäche aus.

Bedienung mit Maus und Trackpad

Mit iPadOS 13 ist erstmalig – neben Gesten, Fingertipps, Tastatur und Apple Pencil – die Bedienung des iPad mit Maus und Trackpad möglich. Was zunächst überaus vielversprechend klingt, ist bei näherer Betrachtung leider etwas gewöhnungsbedürftig. Maus und Trackpad sind in erster Linie als Bedienungshilfen für körperlich eingeschränkte Personen gedacht. Wie am Mac oder Windows-PC dürfen Sie sich deren Einsatz am iPad daher nicht vorstellen.

Eine Bluetooth-Maus koppeln

Das Koppeln einer herkömmlichen Bluetooth-Maus mit dem iPad geschieht über die *Bedienungshilfen*.

1. Aktivieren Sie am iPad in den *Einstellungen* die Option *Bluetooth*. Schalten Sie die Maus ebenfalls ein und entkoppeln Sie diese, falls noch nicht geschehen, von einem anderen Gerät.
2. Öffnen Sie erneut die *Einstellungen* und wählen Sie die *Bedienungshilfen*. Dort entscheiden Sie sich für *Tippen* und *AssistiveTouch*. Damit schalten Sie die Funktion ein.
3. Unter *AssistiveTouch* finden Sie die Kategorie *Zeigegeräte*. Hier wählen Sie *Geräte/Bluetooth-Geräte*.

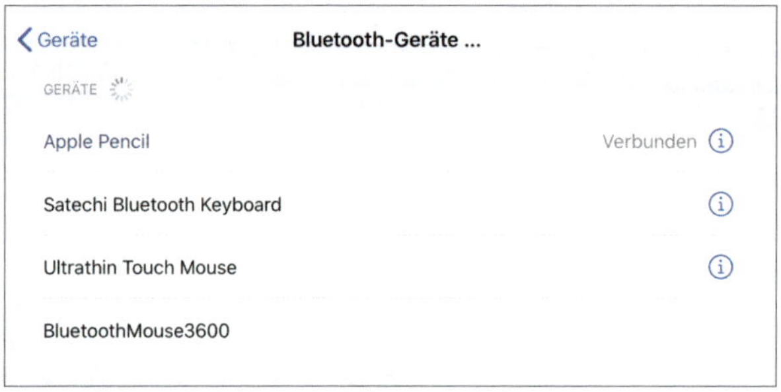

4. Aktivieren Sie an Ihrer Bluetooth-Maus den Kopplungsmodus. Dies geschieht meist über eine Taste an der Unterseite.
5. Wenn der Name unter *Bluetooth-Geräte* erscheint, tippen Sie darauf und dann sofort auf den Schalter *Koppeln*. Der kreisförmige Cursor sollte nun in der Mitte des Displays erscheinen und Sie können ihn bewegen sowie scrollen.

Die Einstellungen der Maus anpassen

Falls Ihnen die Einstellungen der Maus nicht zusagen, können Sie diese ändern:

1. Wechseln Sie dazu erneut in die *Einstellungen* und gehen Sie auf *Bedienungshilfen/Tippen/AssistiveTouch*.
2. Zum Anpassen der Zeigergeschwindigkeit benutzen Sie den Schieberegler unter *Zeigerbewegung*.
3. Die Größe und Farbe des leider immer runden Mauszeigers ändern Sie über den Eintrag *Zeigerstil* und dann über *Größe* und *Farbe*.
4. Des Weiteren können Sie den vorhandenen Maustasten Funktionen zuordnen. Dazu tippen Sie in den *Bedienungshilfen* auf *Geräte* sowie den Namen Ihrer Maus.
5. Hier können Sie den Tasten Ihrer Maus jeweils die gewünschte – natürlich nur vorhandene – Funktion zuweisen.

Eine USB-Maus anschließen

Bei Bedarf können Sie auch eine herkömmliche USB-Maus an Ihr iPad anschließen. Hierzu benötigen Sie allerdings beim iPad und iPad Pro (mit Home-Taste) einen USB-A-auf-Lightning-Adapter und beim iPad der dritten Generation (ab 2018) einen USB-C-auf-USB-Adapter. Haben Sie Ihre USB-Maus korrekt installiert, können Sie gleich loslegen.

Das iPad mit der Maus bedienen

Wie bereits erwähnt, unterscheidet sich die Bedienung des iPad mit der Maus von der eines Computers. Dies ist vor allem dem Umstand geschuldet, dass jegliche Zeigegeräte hier als Bedienungshilfen fungieren und nur bedingt die vom Mac oder Windows-PC gewohnte Mausbedienung auf das iPad bringen. Sie können mit den Standardeinstellungen ohne aufwendige Konfiguration Folgendes machen:

- Objekte auswählen, starten oder ausführen: Klicken Sie einmal auf die primäre Maustaste.
- Scrollen und Blättern: Scrollrad auf und ab bewegen.
- Zum Home-Bildschirm zurückkehren: Klicken Sie einmal auf die mittlere Maustaste/Scrollrad.

- Den App-Umschalter öffnen: Klicken Sie zweimal schnell hintereinander auf die mittlere Maustaste/Scrollrad.
- Das AssistiveTouch-Menü und dessen Funktionen nutzen: Klicken Sie auf die sekundäre Maustaste.
- Auf der Bildschirmtastatur tippen: Klicken Sie primär auf das Zeichen der Bildschirmtastatur.

3.6 Bildschirmzeit und Kindersicherung

Wird das iPad auch von Ihren Kindern genutzt oder besitzen diese ein eigenes, dann sollten Sie dort die Funktion *Bildschirmzeit* nutzen. Sie dient zwar in erster Linie der Selbstdisziplinierung im Umgang mit Smartphone, Tablet und sozialen Medien, kann aber auch als Kindersicherung eingesetzt werden. Sie erlaubt es beispielsweise, den Zugriff auf bestimmte Funktionen und Inhalte zu verhindern oder einzuschränken – auch zeitlich.

Bildschirmzeit aktivieren

1. Um die Bildschirmzeit zu aktivieren, öffnen Sie die *Einstellungen* und tippen links auf *Bildschirmzeit*.
2. Tippen Sie nun in der rechten Spalte auf *Bildschirmzeit aktivieren* und folgen Sie dem Einrichtungsassistenten.
3. Der fragt Sie unter anderem, ob es sich um Ihr iPad oder das Ihres Kindes handelt, und schlägt die entsprechenden Einstellungen vor, die Sie zunächst übernehmen.

Einschränkungen festlegen

Die hier aufgelisteten Einschränkungen können Sie vornehmen. Um sie zu aktivieren, tippen Sie auf den entsprechenden Eintrag.

- *Auszeit:* Legen Sie einen Zeitraum fest, in dem nur bestimmte Apps genutzt werden dürfen, die von Ihnen festgelegt werden.

- *App-Limits:* Legen Sie Zeitlimits für einzelne Apps fest.
- *Immer erlauben:* Geben Sie hier alle Apps an, die immer genutzt werden dürfen – trotz definierter Auszeit oder App-Limits.
- *Beschränkungen:* Hier geben Sie an, welche Funktionen des iPad genutzt werden dürfen und welche Käufe, Apps und Inhalte erlaubt oder verboten sind.

Geführter Zugriff

Möchten Sie Ihr iPad jemand anderem in die Hand geben – beispielsweise Ihrem Kind –, aber den Zugriff währenddessen auf ein bestimmtes Programm beschränken, dann aktivieren Sie den *Geführten Zugriff*.

1. Tippen Sie in den *Einstellungen* auf *Bedienungshilfen* und *Geführter Zugriff*.
2. Aktivieren Sie den *Geführten Zugriff* und geben Sie ggf. einen Zugangscode ein.
3. Nun starten Sie die App, auf die die Person oder das Kind Zugriff haben soll. Dann drücken Sie dreimal schnell hintereinander die Home-Taste oder beim iPad Pro der dritten Generation (ab 2018) die Stand-by-Taste und der Zugriff ist auf die aktuelle App beschränkt.

3.7 Einstellungen für Apps

Über die *Einstellungen* von iPadOS 13 konfigurieren Sie auch die meisten der auf Ihrem iPad installierten Apps von Apple und von Drittanbietern. Je nachdem, wie viele Apps auf dem iPad installiert sind, erscheint dort eine mehr oder weniger lange Liste. Die Einstellungen, die Sie vornehmen können, sind je nach App unterschiedlich.

In der Regel geben Sie Folgendes an:

- *Standort*: Die App darf die Ortungsdienste des iPad nutzen.
- *Siri & Suchen*: Hier legen Sie fest, ob die App von Siri und bei der Suche berücksichtigt werden soll.
- *Mitteilungen*: Hier stellen Sie ein, ob die App Mitteilungen geben darf.

- *Hintergrundaktualisierung*: Die App darf Daten im Hintergrund aktualisieren.
- *Sprache:* Geben Sie die bevorzugte Sprache an.

Möchten Sie die Einstellung einer App ändern, gehen Sie folgendermaßen vor:

1. Öffnen Sie die *Einstellungen* und blättern Sie so lange nach unten, bis Sie die Einstellung der App finden.
2. Tippen Sie auf den Namen der App, um die Einstellungen zu öffnen.
3. Ändern Sie die Einstellungen, indem Sie diese aktivieren oder abschalten. Beachten Sie die Hinweise für die jeweilige App. Manche Apps funktionieren nicht richtig, wenn beispielsweise die Standortabfrage unterbunden wird.

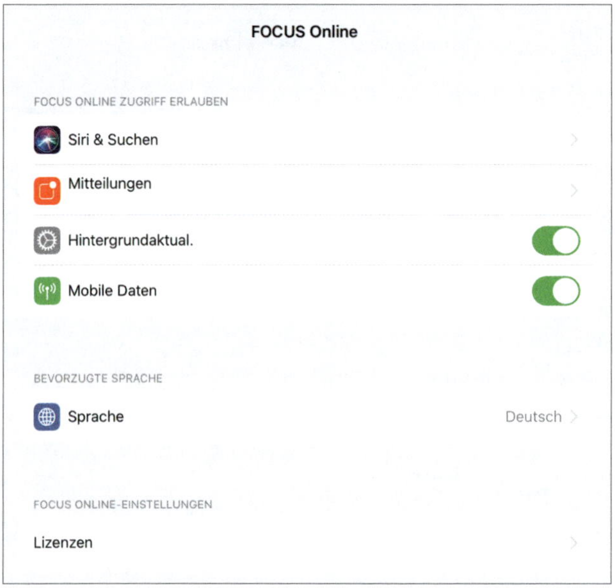

Standortberechtigung bei Bedarf vergeben

Wollen Sie verhindern, dass einer App Ihr Standort immer offenbart wird, dann ändern Sie einfach die entsprechende Einstellung.

1. Öffnen Sie die *Einstellungen* und blättern Sie nach unten zu den Einstellungen der auf Ihrem iPad installierten Apps.
2. Tippen Sie auf den Namen der App und wählen Sie rechts den Eintrag *Standort*.
3. Stellen Sie die gewünschte Option ein. Sie haben vier Optionen:
   - *Nie:* Der Standort wird nie übermittelt.
   - *Nächstes Mal fragen:* Der Standort wird nur nach Ihrer ausdrücklichen Zustimmung übermittelt.

- *Beim Verwenden der App:* Der Standort wird nur während des Verwendens der App übermittelt.
- *Immer:* Der Standort wird immer übermittelt.

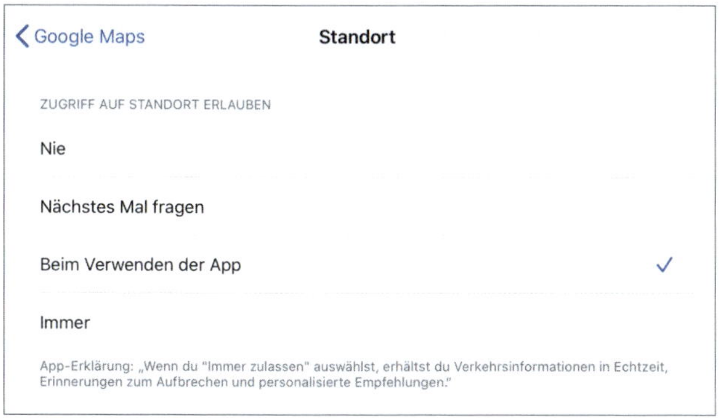

Sprache einer App ändern

Nicht alle Apps sind korrekt ins Deutsche übersetzt oder haben aufgrund der Übersetzung Darstellungsfehler, wenn etwa der Platz in Menüs nicht für die deutschsprachige Bezeichnung ausreicht. Daher wäre es manchmal besser, die App in ihrer Originalsprache, also meistens in Englisch, zu nutzen. Bislang ging das nur, wenn Sie komplett die Sprache ändern. Seit iPadOS 13 ist es möglich, die Sprache einer bestimmten App zu ändern, sofern diese das zulässt:

1. Öffnen Sie die *Einstellungen* und blättern Sie nach unten zu den Einstellungen der auf Ihrem iPad installierten Apps.
2. Tippen Sie auf den Namen der App. Wählen Sie dann rechts den Eintrag *Sprache* aus, sofern dieser vorhanden ist.
3. Tippen Sie auf *Sprache*, werden alle verfügbaren Sprachen für diese App angezeigt. iPadOS schlägt Ihnen in der Regel Deutsch und Englisch vor, allerdings können Sie auch eine andere Sprache verwenden.
4. Wählen Sie die neue Sprache aus und starten Sie ggf. die App neu. Sie wird nun in der von Ihnen gewählten Sprache angezeigt.

3.8 iCloud

Die Einstellungen zu iCloud erreichen Sie in der Einstellungen-App – über Ihren Benutzernamen. In diesem Kapitel sind allerdings nur allgemeine Tipps zur Verwaltung von iCloud zusammengestellt. Die Tipps zu den einzelnen Funktionen finden Sie in den entsprechenden Kapiteln.

Funktionen abschalten

Unter Umständen möchten Sie auf einzelne Funktionen von iCloud verzichten. In diesem Fall gehen Sie so vor:

1. Öffnen Sie die *Einstellungen* und tippen Sie nacheinander auf Ihren Benutzernamen und dann auf *iCloud*.
2. Um eine Funktion abzuschalten, tippen Sie auf den gewünschten Eintrag. Bitte beachten Sie, dass dann ggf. kein Datenabgleich mit iCloud und Ihren anderen Geräten mehr stattfindet.

Speicherplatz von iCloud verwalten

Möchten Sie nachschauen, welche App oder Funktion wie viel von Ihrem iCloud-Speicher nutzt, finden Sie dies auch über die Einstellungen von iCloud heraus.

1. Öffnen Sie die *Einstellungen* und tippen Sie nacheinander auf Ihren Benutzernamen und dann auf *iCloud*.

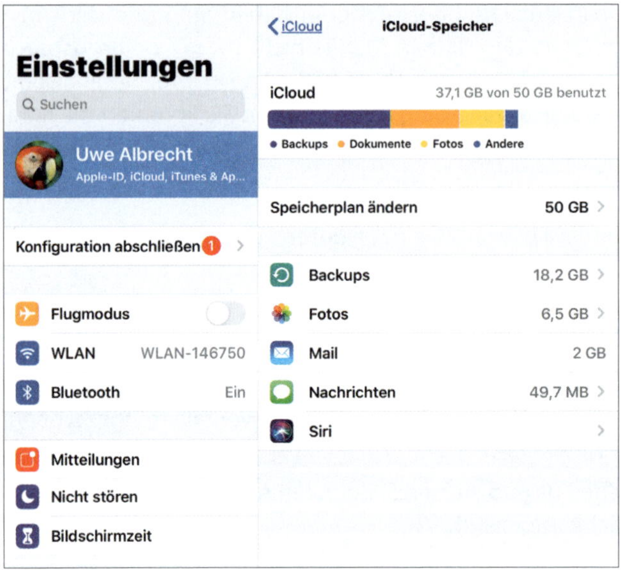

2. Die Grafik zeigt Ihnen die Speicherauslastung in unterschiedlichen Farben. Die Details finden Sie über einen Fingertipp auf *Speicher verwalten* heraus.
3. Möchten Sie genaue Informationen über die Speicherbelegung durch eine bestimmte App, dann tippen Sie auf deren Namen.
4. Um deren Daten zu löschen – nur die Daten, nicht die App –, tippen Sie auf deren Namen und dann auf *Dokumente und Daten löschen*. Sollten Sie keine Sicherungskopie besitzen, dann sind die Daten allerdings endgültig verloren.

iCloud-Verwendung anderer Apps unterbinden

Falls Sie verhindern wollen, dass eine bestimmte App eines Drittanbieters iCloud nutzt und darauf zugreift, dann gehen Sie so vor:

1. Öffnen Sie die *Einstellungen* und tippen Sie nacheinander auf Ihren Benutzernamen und dann auf *iCloud*.
2. Blättern Sie ganz nach unten, bis Sie den Namen der App finden, und schalten Sie die iCloud-Nutzung aus. Beachten Sie, dass dann die Daten und Einstellungen der entsprechenden App nicht mehr mit iCloud und Ihren anderen Geräten abgeglichen werden.

Welche meiner Geräte sind bei iCloud angemeldet?

Falls Sie wissen möchten, auf welchen Geräten Sie mit Ihrem iCloud-Konto angemeldet sind, tippen Sie in den *Einstellungen* auf Ihren Benutzernamen. Mit einem Fingertipp auf das Gerät erfahren Sie, um welches Gerät es sich genau handelt und unter welchem Betriebssystem es läuft. Im Fall des Verkaufs oder wenn Sie es weggeben oder entsorgen, können Sie es zudem *Aus dem Account entfernen*.

3.9 Handoff

Bei Handoff handelt es sich um eine ebenfalls über iCloud verwaltete Funktion, die es möglich macht, die begonnene Arbeit an einem Gerät – wie dem Mac – an einem anderen Gerät – etwa dem iPad – fortzusetzen. Die Voraussetzung ist, dass Sie auf beiden Geräten mit derselben Apple-ID (und damit Ihrem iCloud-Konto) angemeldet sind. Zudem muss die entsprechende App auf beiden Geräten gestartet sein und sich im Dock befinden. Um die Handoff-Funktion einzuschalten, öffnen Sie die *Einstellungen* und tippen dort nacheinander auf die Einträge *Allgemein* sowie *AirPlay & Handoff*.

3.10 Dem iPad einen passenden Namen geben

Normalerweise erhält Ihr iPad einen neutralen Namen bei der Einrichtung wie »iPad« oder »iPad Pro«. Möchten Sie dies ändern, gehen Sie so vor:

1. Öffnen Sie die *Einstellungen* und tippen Sie auf *Allgemein* sowie *Info*.
2. Dort finden Sie oben den aktuellen Namen Ihres iPad. Um ihn zu ändern, tippen Sie darauf und geben den neuen Namen ein, etwa »iPad der Familie Müller«.

4. Mit dem iPad ins Internet

Zwar lässt sich Ihr iPad auch ohne Internetzugang nutzen, etwa um Musik zu hören, einen Film anzuschauen, zu spielen oder einen Text zu verfassen. Allerdings müssen Sie dann auf viele Funktionen verzichten bzw. funktionieren zahlreiche Apps schlichtweg nicht oder nicht vollständig. Sie können das Ganze einfach einmal ausprobieren, indem Sie im Kontrollzentrum sowohl *WLAN* als auch *Mobile Daten* (falls Sie ein iPad Wi-Fi + Cellular besitzen) abschalten. Sie werden bemerken, dass in diesem Fall zahlreiche Apps nur noch teilweise funktionieren oder ihren Dienst ganz verweigern.

Ein Internetzugang ist daher für das iPad in der Regel erforderlich. Apples Tablet wird, ebenso wie das iPhone oder die Mobilgeräte anderer Hersteller, von den meisten Anwendern ohnehin vorwiegend fürs Surfen im Internet, Film- und Musikstreaming, soziale Netzwerke oder fürs Kommunizieren genutzt. In diesem Kapitel bekommen Sie weitere zum Teil weniger bekannte Tipps und Tricks an die Hand, mit denen Sie die zahlreichen Netzwerkfunktionen Ihres iPad noch besser beherrschen und gewinnbringend einsetzen.

4.1 Safari

Auf Ihrem iPad mit iOS surfen Sie in der Regel mit Apples Webbrowser Safari durchs Internet. Safari hat nahezu den gesamten Funktionsumfang seines Pendants für den Mac oder der am Windows-PC gebräuchlichen Webbrowser.

Selbstverständlich ist es auf Multi-Touch-Bedienung ausgelegt und optimiert und kann auch nicht mit Plug-ins erweitert werden. Ansonsten bietet Safari alles, was das Surferherz begehrt. Seit iPadOS 13 besitzt es auch den von vielen Anwendern gewünschten Download-Manager, um Dateien auf das iPad herunterzuladen. Außerdem können Sie Webseiten nun im Original öffnen – so wie auf dem Mac oder Windows-PC und nicht nur in einer für Mobilgeräte optimierten Version. Welche Version Sie bevorzugen, entscheiden Sie. Und nutzen Sie einen Apple Pencil, können Sie Webseiten sogar markieren und beschriften.

Suchmaschine ändern

Die Standardsuchmaschine von Safari ist Google. Falls Sie eine andere Suchmaschine bevorzugen, können Sie die Einstellungen von Safari entsprechend ändern:

1. Öffnen Sie die *Einstellungen* und tippen Sie dort in der linken Spalte auf den Eintrag *Safari*.
2. Über den Eintrag *Suchmaschine* rechts wählen Sie die neue Suchmaschine aus. Sie haben – neben Google – die Wahl zwischen *Yahoo*, *Bing* und *DuckDuckGo*.

Darstellung einer Webseite anpassen

In Safari können Sie die Darstellung einer Webseite in Maßen anpassen:

1. Starten Sie Safari und öffnen Sie die gewünschte Webseite. Tippen Sie links in der Adresszeile auf die zwei kleinen Buchstaben.
2. Im Menü stellen Sie über das Doppel-A-Symbol die Schriftgröße ein oder können stattdessen die *Desktop-Website anfordern* oder weitere *Website-Einstellungen* vornehmen.
3. Dort geben Sie beispielsweise an, ob die Desktop-Website oder der Lesemodus automatisch aktiviert wird. Zudem können Sie den Zugriff auf die Kamera, das Mikrofon oder den Standort unterbinden – sofern Sie das wünschen.

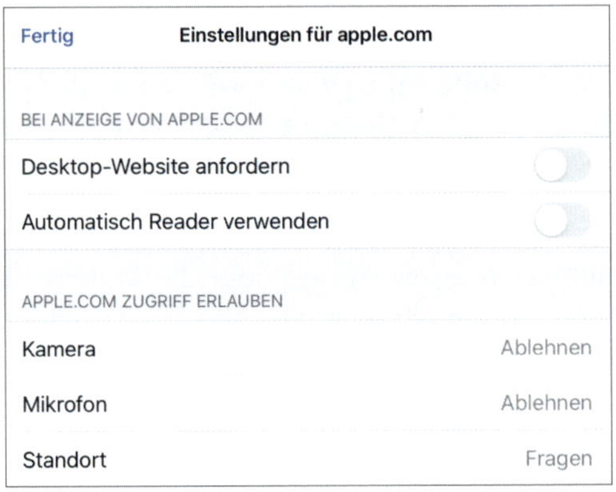

Lesemodus verwenden

Mit dem Webbrowser einen längeren Text zu studieren, kann mühsam und unkomfortabel sein. Während sich die Textgröße in der Regel ändern lässt, stören Werbeanzeigen und anderes Beiwerk den Lesefluss.

Daher gibt es in Safari den Lesemodus, den Sie wie folgt nutzen können:

1. Öffnen Sie eine Webseite mit Safari. Ist darauf ein längerer Text zu finden, etwa ein Onlineartikel, dann erscheinen ganz links in der Adresszeile zwei kleine Buchstaben.
2. Tippen Sie darauf, öffnen Sie ein Menü, in dem Sie unter anderem den Lesemodus von Safari, *Reader-Darstellung* genannt, aktivieren können. Dies funktioniert allerdings nur mit textlastigen Seiten, sie werden besser lesbar und ohne Werbung angezeigt. Im Text vorhandene Links bleiben ebenso erhalten wie zum Text gehörige Abbildungen.
3. Sie können den Lesemodus von Safari auch anpassen. Tippen Sie dazu – bei aktivierter *Reader-Darstellung* – erneut links in der Adresszeile auf die zwei kleinen Buchstaben. Anschließend haben Sie folgende Möglichkeiten, den Lesemodus zu ändern: Schriftgröße/Schriftart, Hintergrundfarbe, Website-Einstellungen, Reader-Darstellung ausblenden.

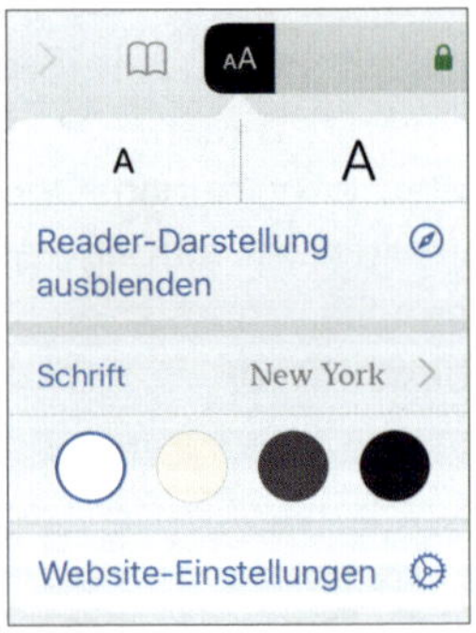

Leseliste nutzen

Möchten Sie einen Artikel oder eine Internetseite nicht sofort lesen, sondern erst später, sie aber auch nicht dauerhaft archivieren oder ein Lesezeichen davon anlegen, dann können Sie die Leseliste von Safari verwenden. In diese nehmen Sie alle Artikel auf, die Sie interessieren, aber erst nach und nach studieren möchten.

1. Öffnen und laden Sie die Webseite mit Safari. Dann tippen Sie rechts oben auf das Teilen-Feld.
2. Hier tippen Sie auf das Symbol *Zur Leseliste hinzufügen* und entscheiden dann, ob Sie die Artikel der Leseliste auch offline lesen wollen. Ist dies der Fall, werden sie auf dem iPad zwischengespeichert.
3. Um später auf die Leseliste zuzugreifen, tippen Sie links oben in Safari auf das Lesezeichensymbol und wählen das Register *Leseliste*. Nun können Sie die darin gesicherten Seiten lesen und unter Umständen auch wieder löschen, indem Sie auf dem Eintrag nach links wischen.

Privatmodus

Beim Surfen im Internet hinterlassen Sie auf Ihrem Gerät – egal ob auf iPad, Computer oder Smartphone – Spuren. Jeder, der Zugriff auf Ihr iPad oder eines Ihrer anderen Geräte, auf denen Sie mit Ihrer Apple-ID angemeldet sind, hat, kann Ihr Surfverhalten nachvollziehen. Wollen Sie dies unterbinden, nutzen Sie den Privatmodus von Safari.

Beachten Sie aber: Der Modus heißt Privatmodus und nicht anonymer Modus, Sie sind auch damit nicht vollständig anonym im Internet unterwegs. Auf Ihrem iPad lässt sich nur nicht mehr ohne Weiteres nachverfolgen, welche Seiten Sie besucht haben.

1. Starten Sie Safari und tippen Sie auf das Tab-Symbol rechts oben (zwei kleine Quadrate).
2. Möchten Sie privat surfen, tippen Sie anschließend – ebenso rechts oben – auf *Privat*. Nun wird der »private Surfmodus« aktiviert.
3. Erstellen Sie nun über den Plus-Schalter rechts oben einen neuen Tab, dann wird dieser im Privatmodus geöffnet. Der Verlauf wird dabei von Safari ebenso wenig gespeichert wie andere Daten, mit denen Sie sich auf Webseiten anmelden und identifizieren.
4. Um den Privatmodus wieder abzuschalten, tippen Sie erneut auf *Privat*. Solange dieser aktiviert ist, ist der Hintergrund eines Safari-Fensters dunkelgrau eingefärbt.

Auf der Internetseite suchen

Möchten Sie nicht das ganze Internet durchsuchen, sondern nur die gerade geöffnete Webseite, dann ist auch das mit Safari unter iPadOS möglich.

1. Öffnen Sie gewünschte Webseite in Safari. Geben Sie den Suchbegriff in die Adressleiste ein.
2. Safari schlägt Ihnen nun Webseiten vor, in denen dieser Begriff oder die Begriffe vorkommen.
3. Möchten Sie nur auf der aktuell geöffneten Seite suchen, wählen Sie rechts oben das Teilen-Feld. Dort blättern Sie nach unten zum Eintrag *Auf der Seite suchen*. Geben Sie nun über die Bildschirmtastatur den Suchbegriff ein.
4. Drücken Sie die ⏎-Taste, wird die gerade geöffnete Webseite durchsucht und die erste Fundstelle gelb unterlegt.
5. Möchten Sie zum nächsten oder vorherigen Treffer wechseln, tippen Sie rechts unten auf der Statusleiste auf den nach unten bzw. den nach oben weisenden Pfeil. Zum Beenden tippen Sie auf *Fertig*.

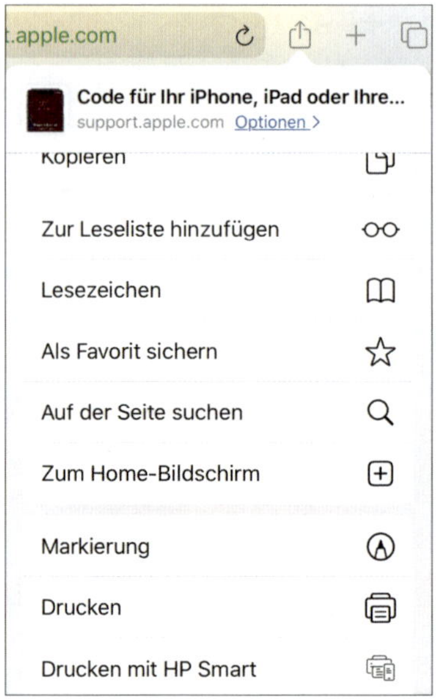

Favoriten festlegen

Ihre wichtigsten und oft aufgerufenen Lesezeichen legen Sie in den Favoriten ab. Sie finden diese, indem Sie links oben über das Symbol eines aufgeschlagenen Buches die Lesezeichen anzeigen und dann auf den Eintrag *Favoriten* tippen.

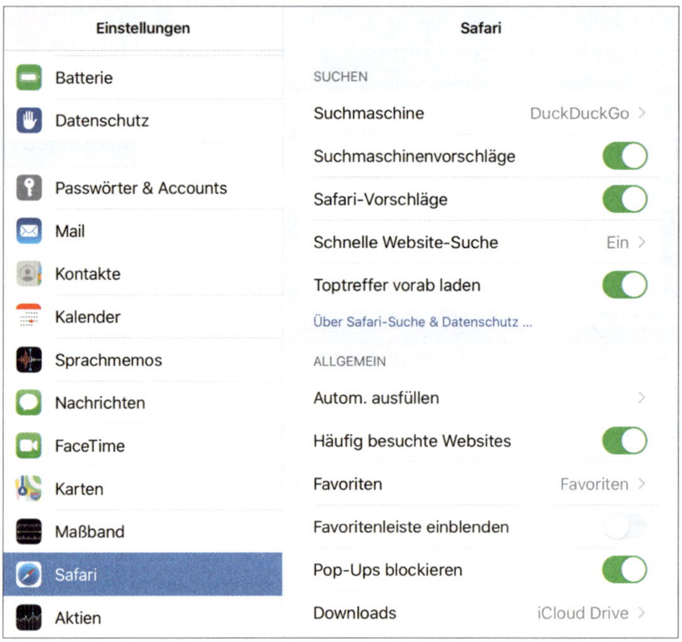

1. Möchten Sie den Favoriten-Ordner festlegen oder ändern, welche Ordner unter den Favoriten erscheinen, öffnen Sie die *Einstellungen* und tippen dort auf *Safari*.
2. Hier wählen Sie über *Favoriten* den gewünschten Ordner aus.

Favoriten bearbeiten

Ihre bevorzugten Websites – Favoriten – lassen sich auch sortieren, bearbeiten und löschen.

1. Starten Sie Safari. Tippen Sie zweimal nacheinander auf das Symbol des aufgeschlagenen Buches, um die Lesezeichen anzuzeigen, und anschließend auf *Favoriten*.
2. Zum Organisieren Ihrer Favoriten tippen Sie auf *Bearbeiten*.
3. Möchten Sie einen der Favoriten löschen, tippen Sie auf das Symbol *Löschen*. Zum Verschieben und Sortieren ziehen Sie die einzelnen Favoriten an den drei Strichen rechts an die gewünschte Stelle.
4. Möchten Sie einzelne Favoriten bearbeiten, tippen Sie fester auf den Namen. Es erscheint eine Vorschau der Webseite bzw. bei einem Unterordner dessen Einträge. Zum Bearbeiten wählen Sie den Befehl *Bearbeiten* im angezeigten Menü.

Webseite als Favorit speichern

Wichtige Webseiten können Sie auf unterschiedliche Weise in Ihre Favoriten aufnehmen.

1. Tippen Sie so lange auf die Webadresse in der Adresszeile, bis sie sich aus der Adresszeile loslösen und verschieben lässt. Links an der Internetadresse erscheint zudem ein kleines Pluszeichen.
2. Ziehen Sie die Internetadresse in Ihre Favoriten. Diese blenden Sie vorher ein, indem Sie auf das Symbol eines Buches links oben tippen.

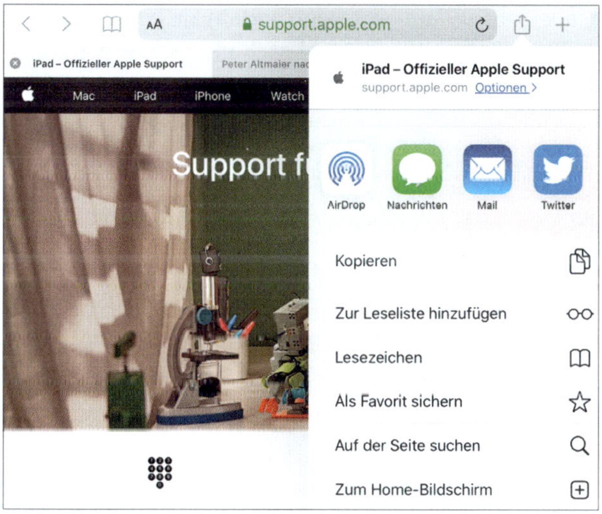

3. Alternativ tippen Sie, nachdem die Website aufgerufen wurde, auf das Teilen-Feld rechts oben und dann auf das Symbol *Als Favorit sichern*.

Verlauf anzeigen

Alle Webseiten, die Sie besucht haben, finden Sie automatisch im Verlauf wieder. Dort können Sie nachschlagen, wenn Sie die Adresse einer bereits besuchten Webseite wissen möchten, die Sie nicht in die Leseliste, die Lesezeichen oder Favoriten aufgenommen haben. Den Verlauf zeigen Sie auf diese Weise an:

1. Tippen Sie auf das Buchsymbol links oben, um die Lesezeichen einzublenden.
2. Als Nächstes tippen Sie auf das Uhrsymbol. Dann wird der gesamte Verlauf angezeigt – und zwar chronologisch sortiert.

Verlauf löschen

Zum Löschen des gesamten Verlaufs gehen Sie so vor:

1. Tippen Sie wiederum auf das Buchsymbol, um die Lesezeichen einzublenden, und das Uhrsymbol, um den Verlauf anzuzeigen.
2. Zum Löschen des Verlaufs tippen Sie links unten auf *Löschen* und wählen dann aus, bis zu welchem Zeitpunkt der Verlauf gelöscht werden soll – von *Insgesamt* bis *Letzte Stunde*.
3. Einzelne Einträge lassen sich aus dem Verlauf entfernen, indem Sie einfach von rechts nach links über den gewünschten Eintrag im Verlauf wischen und dann auf *Löschen* tippen.

Verlauf über die Einstellungen löschen

Alternativ können Sie den Verlauf auch über die Einstellungen Ihres iPad löschen:

1. Öffnen Sie die *Einstellungen* und tippen Sie dort in der linken Spalte auf den Eintrag *Safari*.
2. Nun blättern Sie nach unten bis zum Eintrag *Verlauf und Websitedaten löschen* in blauer Schrift.
3. Tippen Sie darauf, erscheint eine Sicherheitsabfrage, die Sie bestätigen müssen, bevor der Verlauf auf allen Ihren Geräten, auf denen Sie mit der Apple-ID angemeldet sind, gelöscht wird.

Webadresse in neuem Tab öffnen

Wie Sie bereits wissen, unterstützt Safari die von den populären Webbrowsern für den Mac oder Windows-PC bekannten Tabs, um mehrere Webseiten in einem Fenster zu öffnen.

Möchten Sie eine Webadresse gleich in einem neuen Tab öffnen, dann gehen Sie auf diese Weise vor:

1. Drücken Sie so lange auf den Link, bis dessen Kontextmenü erscheint.
2. Dort wählen Sie den Eintrag *In neuem Tab öffnen*. Die dazugehörige Webseite wird in einem neuen Tab angezeigt.

Alle Tabs auf einmal schließen

Im Laufe der Zeit sammeln sich viele Tabs und Fenster in Safari an. Meist vergisst man, diese wieder zu schließen. Damit Sie nicht jeden einzelnen Tab per Fingertipp oder Wischgeste schließen müssen, gibt es einen Trick: Tippen Sie so lange auf die zwei kleinen Quadrate rechts oben, über die Sie normalerweise einen neuen Tab erstellen, bis das Kontextmenü erscheint. Hier wählen Sie *Alle Tabs schließen*.

Alle Tabs anzeigen

Um alle Tabs anzuzeigen, die Sie gerade geöffnet haben, gibt es zwei Möglichkeiten:

- Tippen Sie auf die zwei Quadrate oben rechts, dann werden alle geöffneten Tabs von Safari angezeigt.
- Sie ziehen auf dem im Vollbild geöffneten Tab Daumen und Zeigefinger schnell zusammen.

Tabs sortieren

Möchten Sie die geöffneten Tabs in eine andere Reihenfolge bringen und sortieren, tippen Sie auf den jeweiligen Namen, ziehen ihn an die gewünschte Position und legen den Tab dort ab.

Zuletzt geschlossene Tabs öffnen

Um die zuletzt geschlossenen Tabs zu öffnen, müssen Sie nicht den Verlauf bemühen. Tippen Sie dazu einfach etwas länger auf das kleine Plus-Symbol rechts oben, bis die Liste der zuletzt geschlossenen Tabs erscheint. Wählen Sie dann den gewünschten Tab aus, um ihn erneut zu öffnen.

Zwei Safari-Fenster nebeneinander parallel öffnen

Nicht nur auf dem großen iPad Pro 12,9" ist die *Split View* genannte Funktion von iPadOS 13, die es ermöglicht, zwei Fenster nebeneinander anzuzeigen, sehr praktisch. Sie können sie natürlich auch auf allen anderen iPads unter iPadOS 13 nutzen – sogar auf dem iPad mini der vierten und fünften Generation.

1. Starten Sie Safari und rufen Sie wie gewohnt eine Webseite im Vollbild auf.
2. Tippen Sie so lange auf die zwei kleinen Quadrate, bis das Kontextmenü erscheint. Hier tippen Sie auf *Neues Fenster öffnen*, und ein zweites Safari-Fenster wird rechts daneben geöffnet.
3. Hier geben Sie die neue Webadresse ein oder tippen auf den gewünschten Favoriten oder ein vorhandenes Lesezeichen. Die dazugehörige Seite wird im zweiten Safari-Fenster geöffnet.

Tabs zusammenführen

Falls Sie verschiedene Tabs oder Fenster in der Split View wieder – in einem Fenster – zusammenführen wollen, erreichen Sie das auf die folgende Weise:

1. Drücken Sie auf die zwei kleinen Quadrate, bis das Kontextmenü erscheint. Hier tippen Sie auf *Alle Fenster zusammenführen*.
2. Die beiden in der Split View angezeigten Tabs werden nun in einem Fenster zusammengeführt, sodass Sie wieder per Fingertipp auf den Tab zwischen ihnen wechseln können.

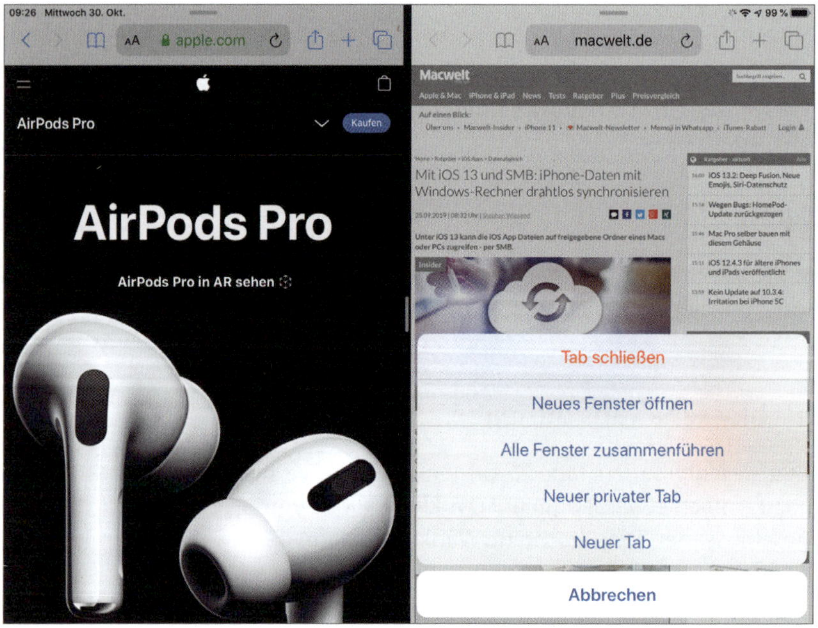

Tabs automatisch schließen

Normalerweise erstellt Safari für jede neu geöffnete Seite einen Tab. Surfen Sie viel auf dem iPad – auch über einen längeren Zeitraum –, häufen sich eine Menge Tabs an mit Webseiten, die Sie vielleicht gar nicht mehr benötigen. In diesem Fall ist es weder nötig, diese einzeln zu schließen, noch anderweitig tätig zu werden.

Das kann Safari ganz allein für Sie erledigen:

1. Öffnen Sie die *Einstellungen* und wählen Sie in der linken Spalte den Eintrag *Safari*.
2. Suchen Sie rechts in der Kategorie *Tabs* den Befehl *Tabs schließen*. Dort können Sie festlegen, dass alle Ihre Tabs nach einem Tag oder auch nach einem Monat automatisch geschlossen werden.

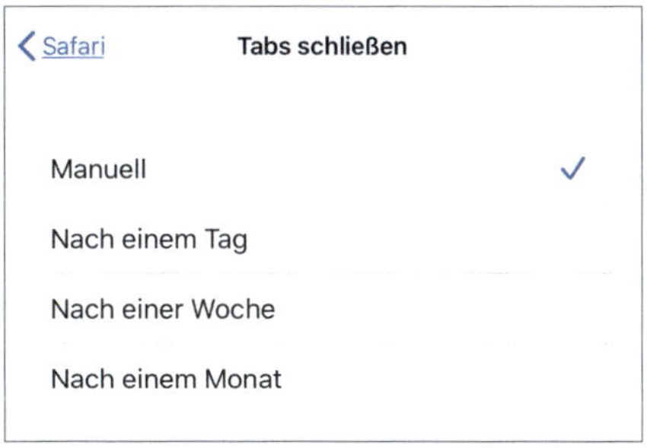

Webseiten größer anzeigen

Wollen Sie eine Webseite vergrößert anzeigen, haben Sie folgende Möglichkeiten:

- Tippen Sie doppelt auf die Seite, wird sie ein wenig größer angezeigt (das funktioniert aber nicht bei allen Webseiten).
- Bewegen Sie auf dem Bildschirm Daumen und Zeigefinger auseinander – und zwar so weit, bis die Webseite in der gewünschten Größe angezeigt wird. Zum Verschieben ziehen Sie diese mit einem Finger an die entsprechende Position.

Internetadresse versenden

Möchten Sie eine Internetadresse (Link) versenden, haben Sie dazu bei Safari mehrere Möglichkeiten.

1. Tippen Sie rechts oben auf das Teilen-Feld und wählen Sie dort die Nachrichten- oder Mail-App aus, je nachdem, welche App Sie zum Versenden nutzen wollen.
2. Geben Sie nun den Empfänger ein, ggf. einen kurzen Begleittext und schicken Sie die E-Mail oder Nachricht auf die Reise.

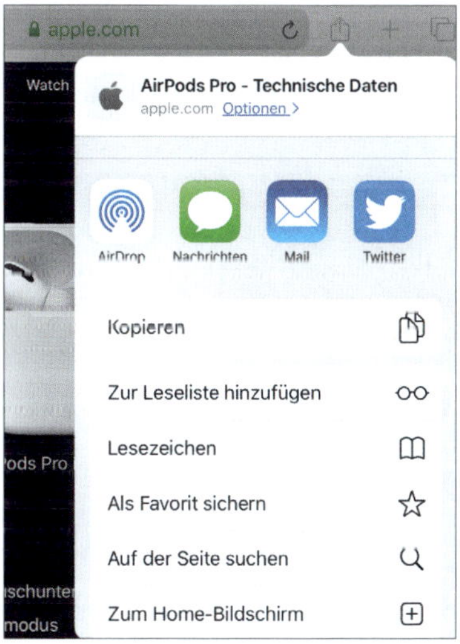

Internetadresse mit anderen teilen oder veröffentlichen

Eine Internetadresse – vornehmlich ein Link auf einer Webseite – lässt sich schnell »teilen« – d. h. versenden oder in sozialen Netzwerken veröffentlichen:

1. Drücken Sie so lange auf den Link, bis dessen Kontextmenü erscheint. Wählen Sie dort den Eintrag *Teilen*.
2. Nun entscheiden Sie, auf welchem Weg Sie die Webadresse teilen, per Nachrichten-App und Mail versenden oder via Twitter veröffentlichen wollen etc.

Abbildungen kopieren und sichern

Um Abbildungen oder Fotos zu speichern, die Sie auf einer Webseite finden, gehen Sie so vor:

1. Tippen Sie so lange auf das Bild, bis das Kontextmenü erscheint. Zum Sichern wählen Sie *Zu „Fotos" hinzufügen*. In diesem Fall wird es in einem Album der Fotos-App abgelegt.
2. Zweitens können Sie es über *Kopieren* in die Zwischenablage kopieren und dann in einem Dokument oder einer kompatiblen App einfügen. Dort bearbeiten Sie es dann bei Bedarf weiter.

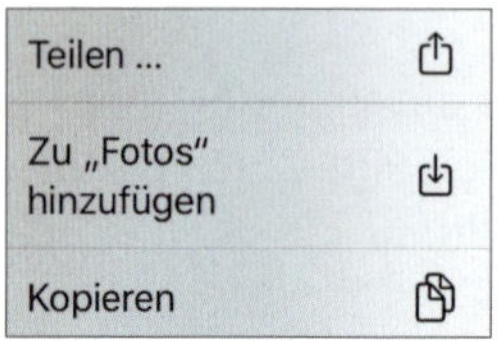

3. Drittens können Sie es über *Teilen* versenden oder veröffentlichen. Bitte beachten Sie in jedem Fall das Urheberrecht!

Text einer Webseite übernehmen

Falls Sie vorhaben, die Textpassage einer Website in ein eigenes Dokument zu übernehmen, gibt es auch dafür einen Tipp. In diesem Fall ist es nämlich nicht erforderlich, den gesamten Artikel oder die Webseite im PDF-Format zu speichern.

1. Vergrößern Sie die Textstelle, indem Sie Zeigefinger und Daumen auseinanderziehen.
2. Nun tippen Sie so lange auf den Text, bis das Kontextmenü erscheint. Ziehen Sie jetzt die linke und rechte Textbegrenzung an die Stelle, wo Sie sie haben möchten, um den gewünschten Text auszuwählen.
3. Über einen Fingertipp auf *Kopieren* übernehmen Sie diesen in die Zwischenablage. Um ihn direkt an eine andere App weiterzugeben, tippen Sie auf *Teilen* und dann auf den Namen der App.

Webseite auf dem Home-Bildschirm ablegen

Eine wichtige Webseite können Sie ganz einfach auf dem Home-Bildschirm ablegen – genauer ihr Symbol mit der dazugehörigen Internetadresse. Klicken Sie dann auf dieses, startet Safari und die Webseite wird geöffnet. Praktisch ist das beispielsweise bei Nachrichten-Webseiten.

1. Starten Sie Safari und rufen Sie die entsprechende Webseite auf.
2. Tippen Sie auf das Teilen-Feld und suchen Sie in der unteren Reihe nach dem Eintrag *Zum Home-Bildschirm*.
3. Tippen Sie darauf, wird ein Symbol der Webseite auf dem Home-Bildschirm abgelegt, dessen Namen Sie bei Bedarf noch anpassen. Dies ist vor allem bei längeren Titeln sinnvoll.

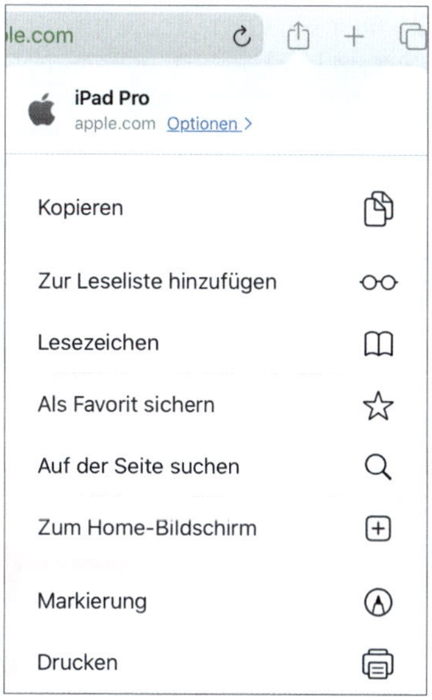

Desktop-Version einer Webseite anzeigen

Viele Webseiten sind so programmiert, dass sie es erkennen, ob sie von einem Mobilgerät, wie einem Smartphone oder Tablet, aufgerufen werden. Möchten Sie stattdessen die »normale« Version für Schreibtisch-Computer und Laptop betrachten, erreichen Sie das auf die folgende Weise.

1. Rufen Sie zunächst wie gewohnt die Webseite mit Safari auf und tippen Sie links in der Adresszeile auf die zwei kleinen Buchstaben.
2. Nun tippen Sie auf *Desktop-Website anfordern*. Die Website wird nun in der für Schreibtisch-Computer und Laptops angepassten Version angezeigt.

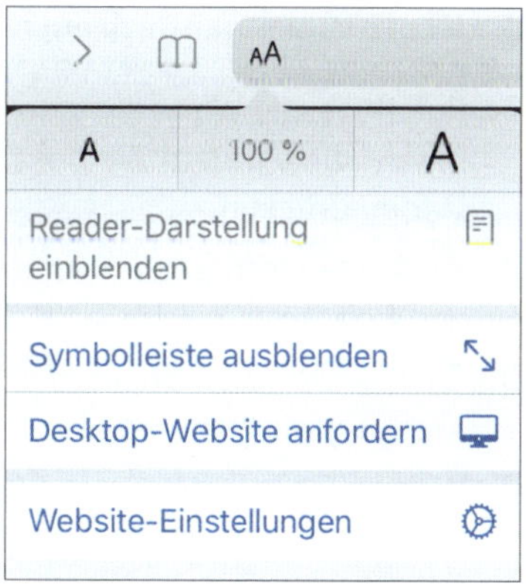

Webseiten als Desktop-Site oder im Lesemodus öffnen

Sie können bei einzelnen Webseiten bestimmen, in welchem Modus sie angezeigt werden: als mobile Website, Desktop-Website oder gleich im Lesemodus.

1. Öffnen Sie die gewünschte Website und tippen Sie auf die zwei kleinen Buchstaben links in der Adresszeile. Dort wählen Sie *Website-Einstellungen*.
2. Hier schalten Sie die gewünschte Option ein, also *Desktop-Website anfordern* oder *Automatisch Reader verwenden*.

Webformulare schnell ausfüllen

Das Ausfüllen von Webformularen, z. B. wenn Sie sich in einem Onlineshop anmelden oder bei einem E-Mail-Dienst registrieren, kann schnell lästig werden. Aus diesem Grund besitzt Safari eine Funktion, die das für Sie übernimmt. Diese bedient sich in der Kontakte-App und übernimmt von dort Ihre Kontaktdaten. Damit das klappt, nehmen Sie bei Bedarf folgende Einstellungen vor:

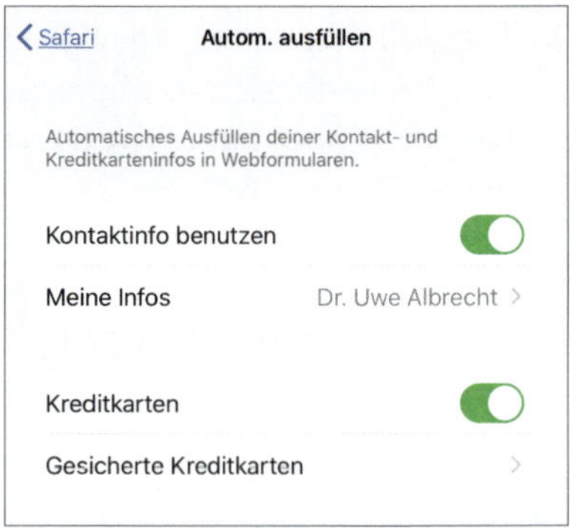

1. Öffnen Sie die *Einstellungen* und wählen Sie dort in der linken Spalte *Safari*.
2. Nun tippen Sie rechts auf den Eintrag *Autom. ausfüllen*. Hier aktivieren Sie folgende Optionen: *Kontaktinfo benutzen*, *Meine Infos* (Ihr Name) und *Kreditkarten*.

PDF-Dateien aus Webseiten erzeugen

Möchten Sie Webseiten oder genauer Artikel von Webseiten auf Dauer archivieren, empfiehlt es sich am Mac oder Windows-PC, diese im PDF-Format zu speichern. Unter iPadOS 13 ist das natürlich auch auf dem iPad möglich.

1. Rufen Sie die Webseite und den Artikel mit Safari auf. Aktivieren Sie bei Bedarf den Lesemodus, indem Sie links im Adressfeld etwas länger auf die zwei kleinen Buchstaben drücken.
2. Tippen Sie rechts oben auf das Teilen-Feld und dann auf *Optionen* unterhalb des Titels der Website.
3. Entscheiden Sie sich für *PDF* oder für *Reader PDF*, damit die PDF-Datei gleich im Lesemodus gesichert wird.
4. Wählen Sie *In Dateien sichern*, haben Sie die Wahl, die PDF-Datei auf dem iPad oder auf iCloud Drive zu speichern. Verwenden Sie dazu am besten den Ordner *Vorschau* oder den Ordner einer anderen PDF-kompatiblen App.

5. Über die entsprechenden Symbole der Nachrichten- oder Mail-App können Sie das PDF natürlich auch versenden.

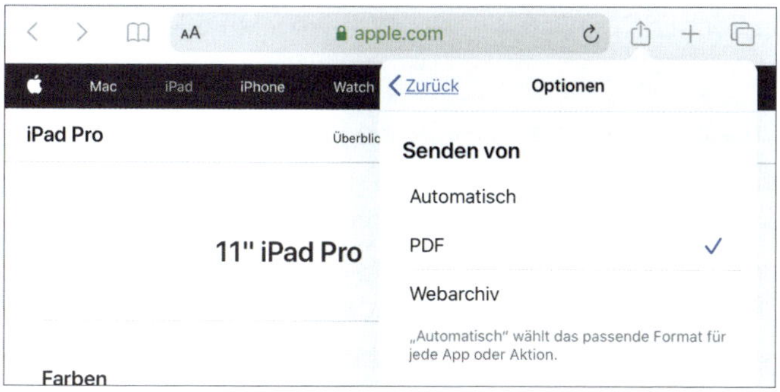

Komplette Webseite sichern

Manchmal ist es erforderlich, eine Webseite nicht im PDF-Format oder im Lesemodus zu sichern, sondern komplett. In diesem Fall speichern Sie sie als Webarchiv. Auf dem Mac oder dem Windows-PC ist das schon lange möglich. Seit iPadOS 13 funktioniert es auch auf dem iPad.

1. Öffnen Sie die Website, indem Sie deren Adresse ins Adressfeld eingeben, und die [⏎]-Taste drücken.
2. Tippen Sie auf das Teilen-Feld und auf *Optionen*. Wählen Sie als Format *Webarchiv* aus.
3. Wählen Sie nun den Befehl *In Dateien sichern* und speichern Sie das Webarchiv direkt auf dem iPad oder auf iCloud.
4. Zum Betrachten des Webarchivs genügt ein Fingertipp auf das Dateisymbol und das Webarchiv wird in Safari angezeigt.

Webseiten markieren und beschriften

Bevor Sie eine Webseite im PDF-Format sichern oder versenden, können Sie diese auch markieren und beschriften, um dem Empfänger bestimmte Sachverhalte zu verdeutlichen. Hierbei leistet der Apple Pencil gute Dienste.

1. Öffnen Sie die Website, indem Sie deren Adresse ins Adressfeld eingeben, und die [⏎]-Taste drücken.
2. Tippen Sie im Teilen-Feld auf den Befehl *Markierung*.
3. Zum Markieren tippen Sie mit dem Apple Pencil auf das kleine Bleistiftsymbol oben rechts. Unten wird die Zeichenpalette angezeigt.
4. Markieren und beschriften Sie das Dokument wie gewünscht. Tippen Sie dann links oben auf *Fertig* und speichern Sie das markierte PDF-Dokument oder versenden Sie es über das Teilen-Feld rechts oben.

Dateien herunterladen

Mit Safari unter iPadOS 13 ist es nun auch möglich, Dateien herunterzuladen und auf iPad oder iCloud zu sichern. Dies können PDF-Dateien sein, Archivdateien oder Dateien anderer Art.

1. Öffnen Sie die gewünschte Website und suchen Sie die Daten zum Download heraus.
2. Tippen Sie auf den Dateinamen, wird der Download gestartet. Das erkennen Sie an einem entsprechenden Symbol in der Symbolleiste von Safari.
3. Den Namen der heruntergeladenen Datei finden Sie im Menü. Selbstverständlich können Sie auch mehrere Dateien gleichzeitig herunterladen.
4. Um die Datei zu suchen, tippen Sie auf das Lupensymbol rechts. Alternativ können Sie die Datei gleich teilen.

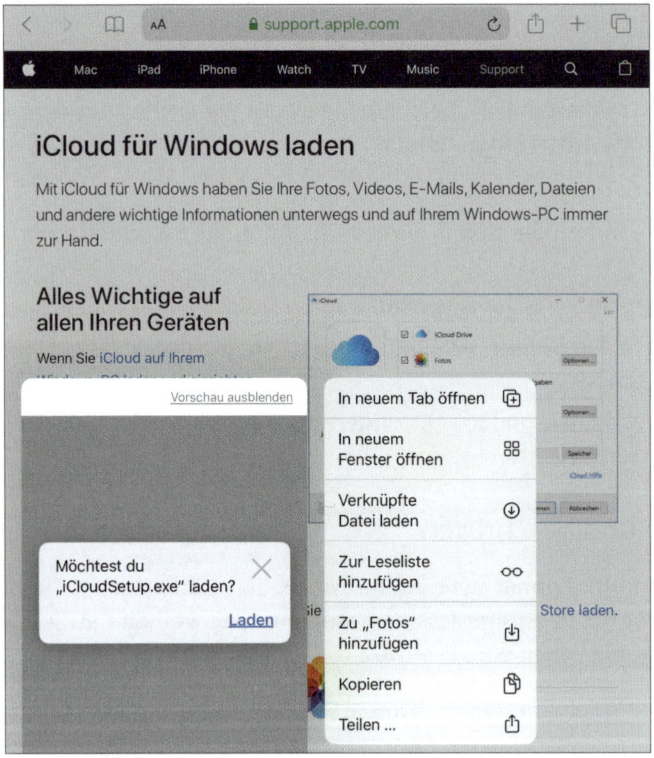

Download-Ordner ändern

In der Standardeinstellung werden Ihre Downloads mit Safari im Ordner *Downloads* auf iCloud gesichert. Den Speicherort können Sie aber ändern.

1. Öffnen Sie die *Einstellungen* und wählen Sie links den Eintrag *Safari*.

2. Tippen Sie in der rechten Spalte auf *Downloads* und wählen Sie den gewünschten neuen Ordner für die Downloads aus, z. B. *Auf meinem iPad* oder *Andere*.
3. Alle zukünftigen Downloads werden nun in diesem Ordner abgelegt.

Kennwörter automatisch sichern

Wenn Sie sich neu auf einer Website oder bei einem Internetdienst anmelden, bietet Safari Ihnen an – sofern noch nicht geschehen –, Benutzernamen und Kennwort zu sichern, damit Sie es bei der nächsten Anmeldung nicht erneut eingeben müssen. Die Vorgehensweise ist dabei folgende:

1. Rufen Sie die Webseite auf und starten Sie die Anmeldung. Geben Sie alle erforderlichen Daten und den Benutzernamen ein. Unter Umständen können Sie dabei Namen und Adresse automatisch aus der Kontakte-App übernehmen. Die entsprechenden Funktionen finden Sie direkt über der Bildschirmtastatur.
2. Geben Sie das Kennwort ein, fragt Safari nach, ob Sie die Benutzerdaten speichern wollen. Stimmen Sie der Frage zu.

Kennwörter automatisch abrufen

Wenn Sie eine Webseite aufrufen, bei der Sie sich zuvor angemeldet haben (und bei der Sie es Safari erlaubt haben, das Kennwort zu sichern), müssen Sie es beim erneuten Besuch nicht wieder selbst eingeben – und es sich vor allem nicht merken. Safari unterstützt Sie dabei:

1. Rufen Sie die Webseite auf und geben Sie – falls erforderlich – den Benutzernamen ein.
2. Unten erscheint ein Schalter zur Verwendung des angemeldeten Benutzernamens und zum Einfügen des dazugehörigen Kennworts.
3. Tippen Sie auf diesen Schalter, werden diese Daten übernommen und Sie können sich anmelden.

4.2 Soziale Netzwerke

Die bekanntesten sozialen Netzwerke werden von iPadOS 13 unterstützt, in der Regel, indem Sie die entsprechende App im App Store herunterladen.

Twitter einrichten

Um Twitter nutzen zu können, laden Sie die Twitter-App aus dem App Store herunter und geben dann Ihre Benutzerdaten ein.

1. Öffnen Sie den App Store und suchen Sie dort nach *Twitter*. Tippen Sie auf *Laden*, um die Twitter-App herunterzuladen.
2. Starten Sie die App und geben Sie Ihre Benutzerdaten ein. Anschließend können Sie anfangen zu twittern.

Aus einer App heraus twittern

Haben Sie Ihr Twitter-Benutzerkonto angegeben, können Sie nicht nur über die Twitter-App selbst Nachrichten veröffentlichen.

1. Tippen Sie dazu in der entsprechenden App auf das Teilen-Feld rechts oben und wählen Sie *Twitter* aus.
2. Falls der Eintrag dort nicht zu finden ist, scrollen Sie in der ersten Reihe des Teilen-Felds ganz nach rechts, tippen auf *Bearbeiten* und anschließend auf den Plus-Schalter links, um Twitter in die Favoriten aufzunehmen.
3. Tippen Sie auf den Eintrag. Eine Voransicht des Tweets oder die einer Webseite bzw. einer Abbildung wird angezeigt. Veröffentlichen Sie den Eintrag über Ihren Twitter-Account.

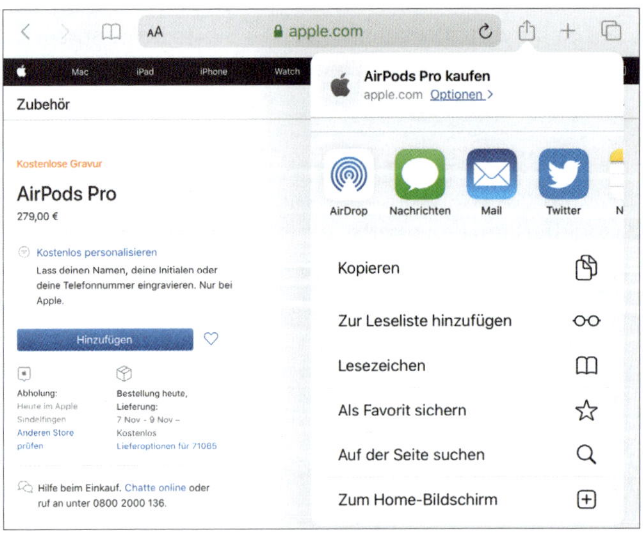

Facebook

1. Öffnen Sie den App Store und suchen Sie dort nach *Facebook*. Tippen Sie auf *Laden*, um die Facebook-App herunterzuladen.
2. Geben Sie Benutzername und Kennwort ein und melden Sie sich an.

Flickr und Vimeo

Falls Sie über Flickr oder Vimeo Fotos und Videos veröffentlichen wollen, können Sie auch diese Benutzerkonten – soweit vorhanden – aktivieren und dann aus den Apps heraus Ihre Fotos und Filme veröffentlichen.

1. Öffnen Sie den App Store und suchen Sie dort nach *Flickr* oder *Vimeo*. Tippen Sie zuerst auf *Laden*, um die Apps herunterzuladen.
2. Geben Sie jeweils Benutzername und Kennwort ein und melden Sie sich an.

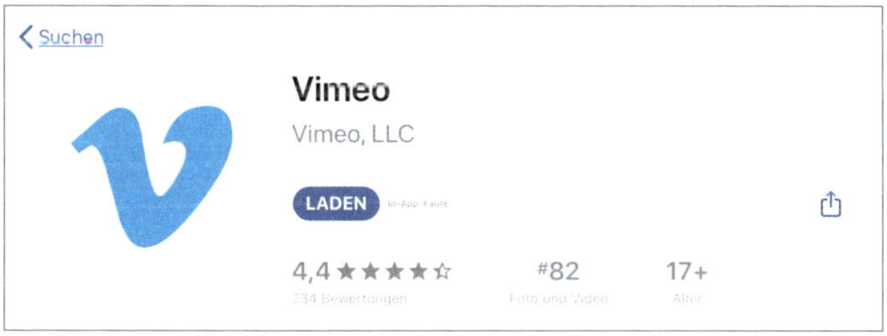

Soziale Netzwerke in Apps nutzen

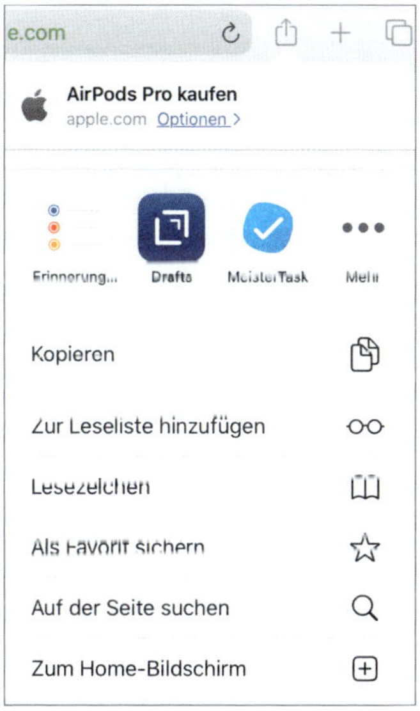

Wollen Sie aus Apps heraus auf die erwähnten sozialen Netzwerke zugreifen, sollten diese bereits eingerichtet sein – ansonsten müssen Sie die Anmeldung nachholen.

1. Tippen Sie in der jeweiligen App rechts oben auf das Teilen-Feld. Und wählen Sie dann in der ersten Reihe das soziale Netzwerk aus.
2. Wenn Sie den gewünschten Eintrag des sozialen Netzwerks dort nicht finden, scrollen Sie ganz nach rechts, tippen Sie auf die drei kleinen Punkte und fügen Sie den Eintrag den Favoriten hinzu, wie im Abschnitt 4.1 beschrieben.

4.3 iCloud

Die Konfiguration Ihres – neuen – iPad ist ohne die Einrichtung einer Apple-ID und damit auch eines iCloud-Kontos nicht möglich. Über die Apple-ID und das iCloud-Konto werden nicht nur Ihre Einkäufe im iTunes Store, Book Store und App Store abgewickelt, iCloud beinhaltet auch ein E-Mail-Konto und es ist für die Synchronisierung der Daten zwischen Ihren Macs, Windows-PCs und iOS-/iPadOS-Geräten zuständig. Des Weiteren können Sie ein Backup Ihres iPad über iCloud erstellen und sonstige Dateien jeglicher Art auf iCloud Drive sichern und mit anderen Geräten austauschen. In diesem Kapitel finden Sie die besten Tipps dazu.

Was kostet mehr Speicherplatz bei iCloud?

Je intensiver Sie iCloud nutzen, vor allem als Backup-Speicher oder auch, um dort Dokumente und Fotos abzulegen, desto schneller ist der kostenlose Speicherplatz von 5 GByte belegt. Besitzen Sie also ein iPad und vielleicht noch ein iPhone, dann reicht der Speicherplatz dort in der Regel nicht aus, um Backups von beiden Geräten auf iCloud zu erstellen. In diesem Fall benötigen Sie ebenso mehr Speicher, als wenn Sie dort Ihre Foto-Mediathek ablegen. Bei Apple können Sie zusätzlichen Speicher erwerben:

- 50 GByte kosten 0,99 Euro/Monat
- 200 GByte kosten 2,99 Euro/Monat
- 2 TByte kosten 9,99 Euro/Monat

Mehr Speicherplatz erwerben

Möchten Sie mehr Speicherplatz für iCloud erwerben, gehen Sie so vor:

1. Öffnen Sie die *Einstellungen* und tippen Sie dort auf Ihre Apple-ID (Ihren Namen) sowie anschließend in der zweiten Spalte auf *iCloud*.
2. Hier finden Sie ganz oben den Eintrag *Speicher verwalten*. Tippen Sie darauf.
3. Benötigen Sie mehr Speicher, dann tippen Sie auf *Speicherplan ändern* und wählen die gewünschte Größe aus. Die Bezahlung wird über die von Ihnen im iTunes Store hinterlegte Bezahlmethode abgewickelt. Den erweiterten Speicher können Sie umgehend nutzen.

Welche Apps verwenden iCloud?

Neben den in iPadOS 13 integrierten Apps nutzen auch andere Anwendungen iCloud, um dort ihre Daten abzulegen oder diese mit anderen Geräten abzugleichen. Welche dies sind, finden Sie leicht heraus:

1. Öffnen Sie die *Einstellungen* und tippen Sie dort auf Ihre Apple-ID (Ihren Namen) sowie anschließend in der zweiten Spalte auf *iCloud*.
2. Blättern Sie nach unten, erscheint die Liste aller *Apps, die iCloud verwenden*. Falls Sie dies einer bestimmten App untersagen wollen, tippen Sie auf den Schalter rechts und deaktivieren die Funktion.

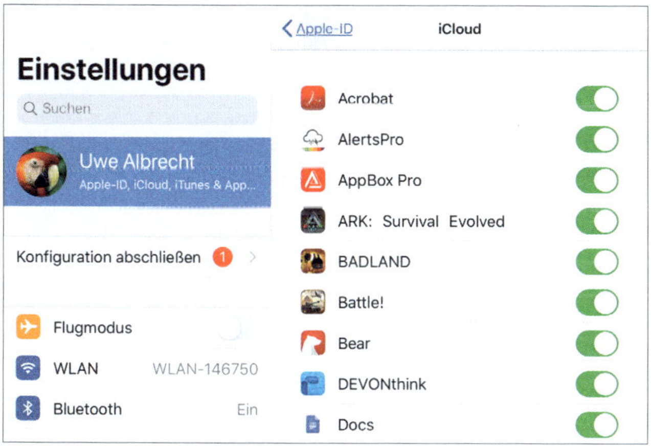

Wie viel Speicher von iCloud nutzen meine Apps?

1. Öffnen Sie die *Einstellungen* und tippen Sie dort auf Ihre Apple-ID (Ihren Namen) sowie anschließend in der zweiten Spalte auf *iCloud*.

2. Hier finden Sie ganz oben den Eintrag *Speicher verwalten*. Tippen Sie darauf.
3. Nun werden Ihre Apps aufgelistet und wie viel an iCloud-Speicher sie momentan nutzen. Die App mit dem höchsten Speicherverbrauch befindet sich oben.

Dateien auf iCloud Drive speichern

Einige Apps wie die Notizen-App, Pages oder auch Keynote speichern die Dokumente automatisch auf iCloud Drive. Apps anderer Hersteller nutzen ihre eigene Cloud und man muss ihnen erst »beibringen«, stattdessen iCloud Drive zu verwenden. Die entsprechenden Einstellungen sind von App zu App verschieden. Besitzt die App ein Teilen-Feld, können Sie dieses nutzen. Tippen Sie auf das Teilen-Feld und wählen Sie dort den Eintrag *iCloud* oder *Auf iCloud speichern*. Dessen Bezeichnung kann variieren.

Weitere Speicherorte neben iCloud aktivieren

Neben iCloud gibt es zahlreiche Cloud-Dienste weiterer Anbieter, wie OneDrive von Microsoft oder Google Drive, die Sie ebenfalls nutzen können. Allerdings müssen Sie diese erst aktivieren – und zwar in der Dateien-App.

1. Starten Sie die Dateien-App und tippen Sie bei Bedarf links oben auf den Eintrag *Speicherorte*.
2. Ebenfalls links oben tippen Sie zuerst auf die drei kleinen Punkte und dann auf *Bearbeiten*. Schalten Sie nun die gewünschten weiteren Speicherorte ein.
3. Möchten Sie deren Reihenfolge verschieben, ziehen Sie sie mit den drei kleinen Strichen rechts an die gewünschte Position.
4. Wollen Sie auf den jeweiligen Dienst zugreifen, müssen Sie sich zunächst über das dazugehörige Benutzerkonto anmelden.

4.4 Die Mail-App

Ebenso wie Safari steht die Mail-App seinen Pendants unter macOS oder Windows kaum nach. Ihre E-Mail-Korrespondenz können Sie damit fast ebenso gut bewältigen oder verwalten. Einerlei, ob es um das Schreiben oder Verwalten von E-Mails geht, um das Versenden und Empfangen von Anhängen und Abbildungen, das Programm lässt nichts zu wünschen übrig. Zudem ist die Mail-App eng mit den anderen Apps verzahnt und Sie können aus vielen Apps heraus auf die App *Mail* zugreifen und Dokumente oder Daten versenden.

Besitzen Sie ein iPad Pro und einen Apple Pencil, lassen sich Ihre E-Mails zudem handschriftlich markieren, und Sie können darin kleine Skizzen erstellen. Des Weiteren lassen sich Ihre E-Mails formatieren wie auf dem Mac oder Windows-PC – die Verwendung neuer Schriftarten eingeschlossen.

Standardkonto festlegen

Falls Sie auf Ihrem iPad mehrere E-Mail-Konten nutzen und verwalten, können Sie eines als Standardkonto festlegen. Dieses findet immer dann Verwendung, wenn Sie beispielsweise aus einer anderen App heraus eine E-Mail versenden wollen oder an eine auf einer Webseite befindliche E-Mail-Adresse antworten:

1. Öffnen Sie die *Einstellungen* und wählen Sie dort in der linken Spalte den Eintrag *Mail*.
2. Blättern Sie in der rechten Spalte ganz nach unten zum Eintrag *Standardaccount*. Tippen Sie darauf, können Sie anschließend das gewünschte Standardkonto festlegen.

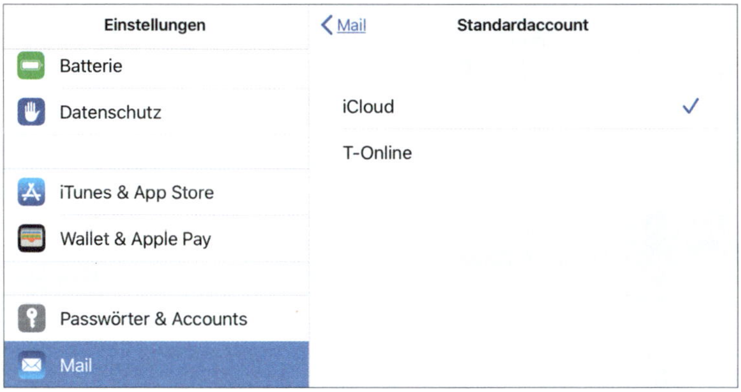

Drei Spalten für die Mail-App

Besitzen Sie ein iPad oder iPad Pro ab 9,7" und drehen Sie es ins Querformat, können Sie den Dreispaltenmodus der App *Mail* mit einer zusätzlichen Spalte für Ihre Postfächer nutzen.

1. Bringen Sie Ihr iPad ins Querformat. Tippen Sie nun links oben auf das Symbol für die Postfächer, werden diese in der ersten Spalte angezeigt.
2. Dort können Sie dann einfach und schnell per Fingertipp zwischen den oftmals zahlreichen Postfächern wechseln.

Signatur anlegen

Ihre E-Mails können Sie – bei Bedarf – mit einer sogenannten Signatur ausstatten. Dies dürfen Ihre Kontaktdaten ein, ein Zitat, das Ihnen gefällt, oder einfach ein kleiner Werbetext. Sobald Sie eine neue E-Mail erstellen, wird diese Signatur am Ende der E-Mail angefügt. Eine bestimmte Signatur ist Ihnen sicher schon einmal aufgefallen. So handelt es sich bei dem in manchen E-Mails enthaltenen Satz *Von meinem iPad gesendet* um eine Signatur. Sie können Ihre Signatur ganz einfach ändern:

1. Öffnen Sie die *Einstellungen* und tippen Sie in der linken Spalte auf den Eintrag *Mail*.
2. In der rechten Spalte finden Sie unten die Option *Signatur*. Tippen Sie darauf.
3. Nun entscheiden Sie, ob für alle E-Mail-Konten dieselbe Signatur verwendet wird (*Alle Accounts*) oder für jedes Konto eine andere (*Pro Account*).
4. Tippen Sie unten die Signatur oder Signaturen für die E-Mail-Konten ein. Erstellen Sie eine neue E-Mail, wird die jeweilige Signatur dann hinzugefügt.

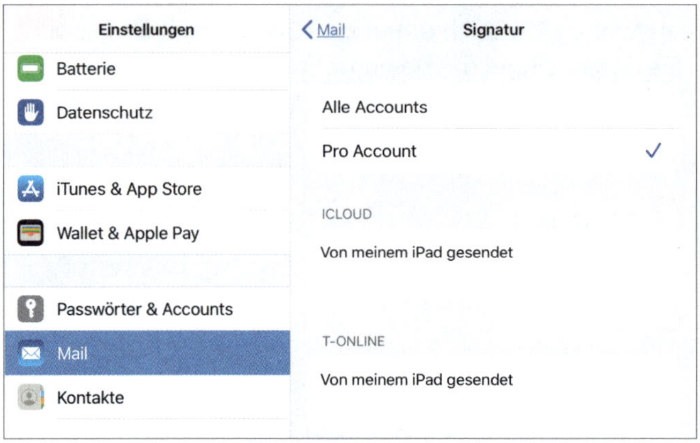

Absender auf die Schnelle wechseln

Vor dem Versenden einer E-Mail können Sie bei Bedarf noch schnell die E-Mail-Adresse ändern, die als Absender-Adresse angezeigt wird.

1. Schreiben Sie die E-Mail und tippen Sie vor dem Versenden zunächst auf die Zeile *Kopie/Blindkopie, Von*.
2. Nun erscheint eine neue Zeile mit der Bezeichnung *Account*. Dort tippen Sie etwas länger auf den Absender und wählen dann aus dem Menü die gewünschte andere E-Mail-Adresse aus. Versenden Sie die E-Mail dann wie gewohnt.

Blindkopie nutzen

Manchmal ist es erforderlich, dieselbe E-Mail nicht nur an den eigentlichen Adressaten, sondern noch an weitere Empfänger zu schicken, die aber nichts voneinander wissen sollen. In diesem Fall versenden Sie die Kopien als »Blindkopie« oder »Bcc«. Das heißt, der Adressat findet in der E-Mail nur seine E-Mail-Adresse und die des Absenders, aber nicht die der anderen Empfänger.

Hierzu gehen Sie wie folgt vor:

1. Wählen Sie den Empfänger aus und verfassen Sie die E-Mail. Tippen Sie vor dem Versenden zunächst auf die Zeile *Kopie/Blindkopie, Von*.

2. Geben Sie nun in das Feld *Blindkopie* alle anderen Empfänger ein. Oder wählen Sie diese über den Plus-Schalter rechts aus der Kontakte-App aus.
3. Haben Sie alle Empfänger hinzugefügt, tippen Sie auf *Senden*.

E-Mails formatieren

Wollen Sie mit *Mail* eine ansprechend gestaltete Einladung versenden oder einen formvollendeten Brief, können Sie Ihre E-Mail passend formatieren:

1. Erstellen Sie eine neue E-Mail über das Symbol rechts oben. Geben Sie den oder die Empfänger und den Betreff ein.
2. Alle Formatierungsmöglichkeiten finden Sie, wenn Sie links oben auf der Bildschirmtastatur auf die zwei kleinen Buchstaben tippen.
3. Sie können folgende Formatierungen vornehmen: fett, kursiv, unterstrichen, durchgestrichen, Standardschriftart und -größe, Schriftfarbe, Listen, Textausrichtung, Einrückungen.

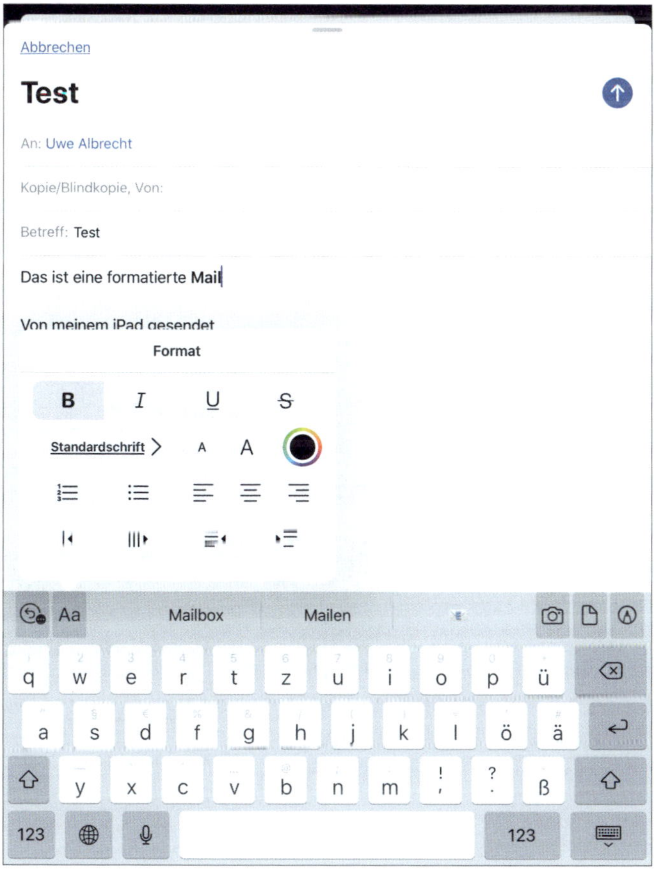

Zu weiteren E-Mail-Entwürfen wechseln

E-Mails, die Sie bearbeitet und gespeichert, aber noch nicht versandt haben, sind normalerweise im Postfach *Entwürfe* des verwendeten E-Mail-Kontos zu finden. Möchten Sie schnell zu einem dieser Entwürfe wechseln, genügt ein längerer Fingertipp auf das Symbol *Neue E-Mail*, und eine Liste vorhandener Entwürfe wird angezeigt. Wählen Sie dort den gewünschten Entwurf aus und bearbeiten Sie ihn weiter.

E-Mail teilweise zitieren

Beantworten Sie eine E-Mail, dann ist es nicht immer erforderlich, diese im Ganzen zu zitieren. Der besseren Übersichtlichkeit wegen beschränken Sie sich auf die relevanten Textpassagen:

1. Öffnen Sie die E-Mail und tippen Sie auf die gewünschte Textpassage, bis das Kontextmenü erscheint.
2. Ziehen Sie den linken und rechten Textbegrenzer an die gewünschte Stelle, bis die Textpassage markiert ist.
3. Tippen Sie als Nächstes zweimal hintereinander auf das jeweilige Symbol *Beantworten* (geschwungener Pfeil), wird als Antwort eine neue E-Mail erstellt, die den markierten Text als Zitat enthält. Geben Sie Ihren Kommentar oder Ihre Antwort ein und tippen Sie auf *Senden*.

E-Mails suchen

Wollen Sie in *Mail* Ihre E-Mails durchsuchen, vermissen Sie unter Umständen ein Suchfeld, in das Sie die Suchbegriffe eingeben. Natürlich hat Apple das nicht vergessen, es ist nur etwas versteckt.

Zur Suche gehen Sie auf die folgende Weise vor:

1. Nach dem Start von *Mail* wählen Sie zunächst das gewünschte Postfach aus.
2. Wischen Sie dann auf den angezeigten E-Mails von oben nach unten, um das Suchfeld anzuzeigen.
3. Bereits während der Eingabe werden die Suchergebnisse, strukturiert nach *Toptreffer*, *Personen*, *Betreff* und so weiter angezeigt. Oben tippen Sie auf *Alle Postfächer*, um in allen Postfächern zu suchen, oder *Aktuelles Postfach*, um nur im gewählten Postfach eine Suche durchzuführen.

E-Mails verschieben

Ab und zu kommt es vor, dass Sie E-Mails von einem Postfach in ein anderes verschieben wollen oder müssen, etwa weil Sie eine E-Mail aus Versehen gelöscht haben und sie wieder zurück in ihr altes Postfach soll. Zum Verschieben von E-Mails gehen Sie bei *Mail* auf die beschriebenen Arten vor:

1. Wählen Sie die E-Mail aus und tippen Sie so lange darauf, bis sie sich von der Liste löst.
2. Nun ziehen Sie diese E-Mail einfach in das gewünschte Postfach.
3. Eine weitere Möglichkeit eröffnet sich, wenn Sie etwas länger auf die E-Mail tippen und damit deren Kontextmenü öffnen. Hier können Sie über die Option *E-Mail bewegen* die E-Mail verschieben.

4. Alternativ wischen Sie in der E-Mail-Liste auf der besagten E-Mail von rechts nach links und tippen dann auf die drei weißen Punkte.
5. Hier wählen Sie den Befehl *E-Mail bewegen* und anschließend den Zielordner. Umgehend wird die E-Mail in den Zielordner verschoben.

E-Mails als Werbung kennzeichnen

Die Mail-App besitzt einen eingebauten und lernfähigen Spamfilter zum Erkennen von Werbe-E-Mails. Sie können ihm »beibringen«, weitere Werbe-E-Mails in das entsprechende Postfach einzusortieren:

1. Wischen Sie in der E-Mail-Liste auf der Werbe-E-Mail von rechts nach links und tippen Sie auf die drei weißen Punkte.
2. Hier wählen Sie den Befehl *Markieren* und anschließend *In „Spam" bewegen*. Die E-Mail wird anschließend in den Ordner *Werbung* des jeweiligen Postfachs verschoben.
3. Alternativ tippen Sie in der E-Mail-Liste etwas länger auf die E-Mail, bis deren Kontextmenü erscheint, aus dem Sie die Befehle *Markieren* und *In „Spam" bewegen* wählen.

Die Mail-App achtet zukünftig auf ähnliche E-Mails und ordnet diese ohne Ihr Zutun in den Ordner *Werbung* ein.

E-Mails markieren

Möchten Sie E-Mails markieren, um sie weiterzubearbeiten, dann gibt es dazu verschiedene Wege.

- Um mehrere E-Mails zu markieren, tippen Sie rechts oben an der E-Mail-Liste des entsprechenden Postfachs auf *Bearbeiten*. Nun können Sie links per Fingertipp die E-Mails auswählen.

- Bei einzelnen E-Mails wischen Sie auf der E-Mail-Liste von rechts nach links, tippen auf die drei kleinen Punkte und dann auf den Eintrag *Markieren* oder auch *Als ungelesen markieren*.
- Alternativ tippen Sie in der E-Mail-Liste etwas länger auf die E-Mail, bis deren Kontextmenü erscheint. Wählen Sie dann den Befehl *Markieren*.

E-Mails als wichtig kennzeichnen

Bei den vielen E-Mails, die tagtäglich eintreffen, ist es nicht immer einfach, den Überblick zu bewahren. Daher wäre es praktisch, wenn man wichtige E-Mails entsprechend kennzeichnen könnte. Bei *Mail* ist das auf die folgende Weise möglich:

1. Wischen Sie in der E-Mail-Liste auf der E-Mail von rechts nach links und tippen Sie dann auf das Fahnensymbol. Die E-Mail wird durch eine orange Fahne farblich markiert.
2. Alle auf diese Weise markierten E-Mails sind über das Postfach *Markiert* zu finden.

E-Mail-Absender als VIP markieren

Möchten Sie E-Mails bestimmter Absender immer im Blick haben, weisen Sie diesen einen besonderen Status, den VIP-Status, zu.

1. Wählen Sie eine E-Mail des Absenders aus. Tippen Sie auf die E-Mail-Adresse.
2. Nun erscheint ein Fenster, in dem Sie nach unten blättern und dort auf *Zu VIP hinzufügen* tippen.
3. Anschließend wird – sofern noch nicht geschehen – ein VIP-Postfach angelegt, in dem Sie auf die E-Mails aller VIP-Adressen zugreifen können.

E-Mail löschen oder archivieren?

Bevor Sie eine E-Mail löschen, haben Sie die Möglichkeit, sie stattdessen zu archivieren.

1. Wählen Sie die E-Mail aus und tippen Sie rechts oben am Fenster etwas länger auf das Papierkorbsymbol.
2. Im folgenden Fenster wählen Sie den Befehl *E-Mail archivieren*. Archivierte E-Mails finden Sie später im Unterordner *Archiv* des jeweiligen E-Mail-Kontos.

E-Mails verschieben

Wenn Sie eine E-Mail in einen anderen Ordner oder ein anderes Postfach verschieben wollen, erreichen Sie das auf diese Weise:

1. Tippen Sie in der E-Mail-Liste etwas länger auf die E-Mail, bis das Kontextmenü angezeigt wird.
2. Dort wählen Sie den Befehl *E-Mail bewegen* und suchen dann über *Accounts* links oben das gewünschte Postfach, in das die E-Mail verschoben werden soll.

Konversation anzeigen

Um eine gesamte Konversation anzuzeigen, tippen Sie rechts oben in der E-Mail auf den blauen Doppelpfeil. Umgehend wird die Konversation unterhalb dieser E-Mail eingeblendet und Sie können diese noch einmal nachvollziehen.

Konversationen mit neuester Nachricht oben anzeigen

Lassen Sie in der Mail-App eine Konversation anzeigen, dann findet sich normalerweise die aktuellste E-Mail immer unten. Um das so zu ändern, dass sie künftig oben angezeigt wird, gehen Sie wie folgt vor:

1. Öffnen Sie die *Einstellungen* und wählen Sie in der linken Spalte die Option *Mail* aus.
2. Um die aktuellste E-Mail einer Konversation oben anzuzeigen, aktivieren Sie die Einstellung *Neueste Nachricht ganz oben*.

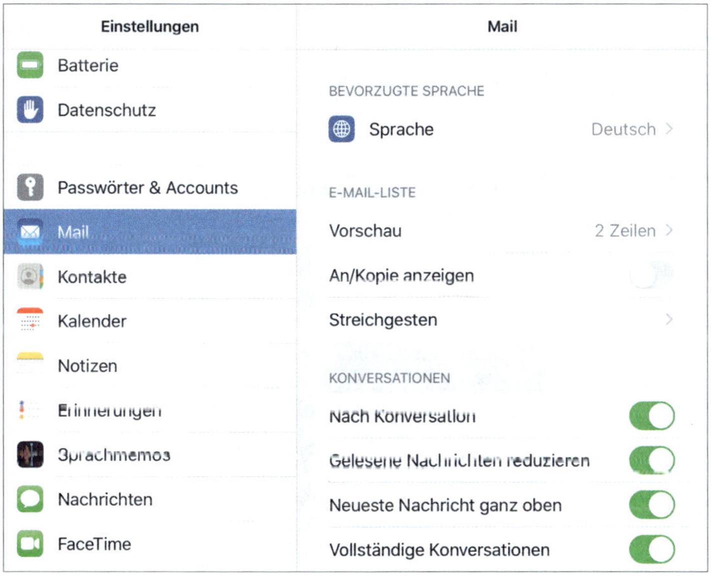

Vollständige Konversationen anzeigen

Um zu erreichen, dass die App *Mail* – bei der entsprechenden Funktion zum Anzeigen einer Konversation – tatsächlich alle E-Mails anzeigt, müssen Sie dies in den Einstellungen von *Mail* aktivieren:

1. Öffnen Sie die *Einstellungen* und wählen Sie in der linken Spalte *Mail*.
2. In der rechten Spalte schalten Sie die Funktion *Vollständige Konversationen* ein. Nun werden in der Konversation auch E-Mails angezeigt, die ggf. in einen anderen Ordner verschoben wurden.

Gesprächsverlauf einer Konversation zeigen

Wenn Sie auf die in der E-Mail-Liste angezeigte aktuellste E-Mail einer Konversation tippen, werden die dazugehörigen E-Mails darunter aufgelistet. Um diese zu lesen, blättern Sie einfach nach unten und tippen auf die entsprechende E-Mail.

Mit mehreren E-Mail-Fenstern arbeiten

Dank Split View und Slide Over können Sie auch in der App *Mail* mit mehreren E-Mail-Fenstern arbeiten.

1. Starten Sie die Mail-App, sofern noch nicht geschehen.
2. Nun wählen Sie links aus einem der Postfächer eine E-Mail aus, indem Sie etwas länger darauf tippen, sodass sie sich aus der Liste löst.
3. Ziehen Sie die E-Mail an die rechte oder linke Seite des Fensters, wird sie in einem zweiten Fenster geöffnet.

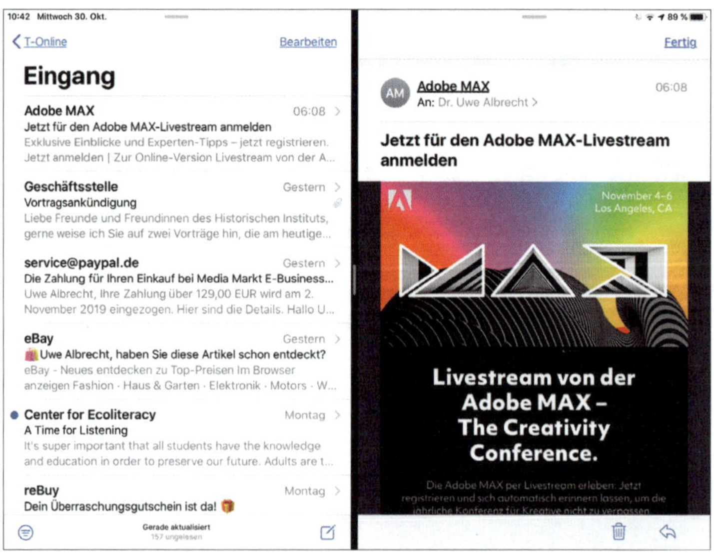

4. Möchten Sie die E-Mail stattdessen im Slide-Over-Modus anzeigen, wischen Sie – ausgehend von dem kleinen grauen Strich oben – nach unten und verschieben das verkleinerte Fenster an die gewünschte Stelle.
5. Für einen Überblick über alle geöffneten Fenster der Mail-App tippen Sie auf das Symbol im Dock und wählen den Befehl *Alle Fenster anzeigen*. Zum Löschen ziehen Sie die Fenster an den oberen Bildschirmrand.

E-Mail filtern und sortieren

Sie können die E-Mails in Ihren Postfächern sortieren oder filtern – nach unterschiedlichen Kriterien wie *Ungelesen*, *Markiert* oder auch *Nur E-Mails mit Anhang*:

1. Wählen Sie mit einem Fingertipp das gewünschte Postfach aus oder gleich das Postfach *Alle*.
2. Unterhalb der E-Mail-Liste finden Sie ein kleines Symbol, einen Kreis mit drei Strichen. Darauf tippen Sie. Nun werden die E-Mails nach dem gewählten Kriterium sortiert – dies ist normalerweise *Ungelesen*.
3. Um die E-Mails anders zu sortieren oder zu filtern, tippen Sie auf *Ungelesen* und wählen ein anderes oder weitere Kriterien aus, wie das Postfach, *Markiert* oder *Nur von VIP*.

E-Mail als PDF-Datei sichern

Nicht nur Webseiten können von Safari als PDF-Datei gespeichert werden, das geht auch mit E-Mails in der Mail-App. Dabei gehen Sie so vor:

1. Öffnen Sie *Mail* und wählen Sie die gewünschte E-Mail aus. Tippen Sie rechts unten auf den geschwungenen Pfeil, über den Sie die E-Mail üblicherweise beantworten.
2. Wählen Sie ganz unten den Befehl *Drucken* aus. Nun dürfen Sie die Datei nicht an den Drucker senden, sondern Sie ziehen auf der Vorschau Zeigefinger und Daumen auseinander, um die Vorschau zu vergrößern.
3. Tippen Sie rechts oben auf das Teilen-Feld und dann auf *In Dateien sichern*, um die Datei auf Ihrem iPad oder auf iCloud Drive zu speichern und zu archivieren.

Abbildungen nicht herunterladen

Enthält eine E-Mail zahlreiche Abbildungen – oft ist das sogar nur Werbung –, dann dauert die Ladezeit entsprechend länger und es besteht auch die Gefahr, Datenmüll oder Malware zu erhalten. Daher lässt sich die Anzeige von Abbildungen in E-Mails unterbinden.

1. Öffnen Sie die *Einstellungen* und wählen Sie in der linken Spalte *Mail*.
2. In der rechten Spalte schalten Sie die Funktion *Entfernte Bilder laden* aus. Diese werden nun nicht mehr automatisch angezeigt. Möchten Sie sie später dennoch betrachten, tippen Sie einfach in der E-Mail auf die entsprechende Funktion bzw. den Platzhalter.

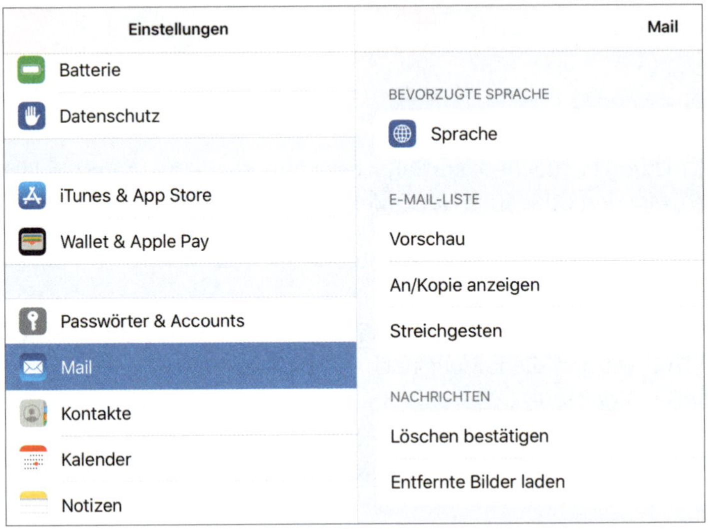

Dokument oder Foto scannen und versenden

Sofern Sie jemandem schnell mal ein vorliegendes Dokument oder Foto zukommen lassen möchten, das nur in Papierform vorliegt, unterstützt Sie *Mail* auch hierbei:

1. Erstellen Sie über das entsprechende Symbol oben rechts eine neue E-Mail.
2. Geben Sie Empfänger und Betreff an und verfassen Sie den Text.
3. Tippen Sie rechts oben an der Bildschirmtastatur auf das zweite Symbol von rechts.
4. Scannen Sie mit der Kamera Ihres iPad das Dokument oder das Foto ein und versenden Sie es.

Foto oder Video versenden

Mit Ihrem iPad lassen sich auch Fotos und Videos verschicken – direkt über *Mail* oder aus anderen Apps heraus.

1. Erstellen Sie eine neue E-Mail, indem Sie rechts oben auf das Symbol *Neue E-Mail* tippen. Geben Sie den Empfänger ein sowie den Betreff.
2. Verfassen Sie nun den Text mit der Bildschirmtastatur. Auf dieser befindet sich rechts ein Kamerasymbol.

3. Tippen Sie auf das Kamerasymbol, erhalten Sie Zugriff auf die mit der Fotos-App verwalteten Fotoalben. Wählen Sie das gewünschte Foto aus.
4. Alternativ können Sie auf das geöffnete E-Mail-Fenster tippen – das Textfenster –, bis das Kontextmenü erscheint. Dann wählen Sie den Befehl *Foto od. Video einfügen*.

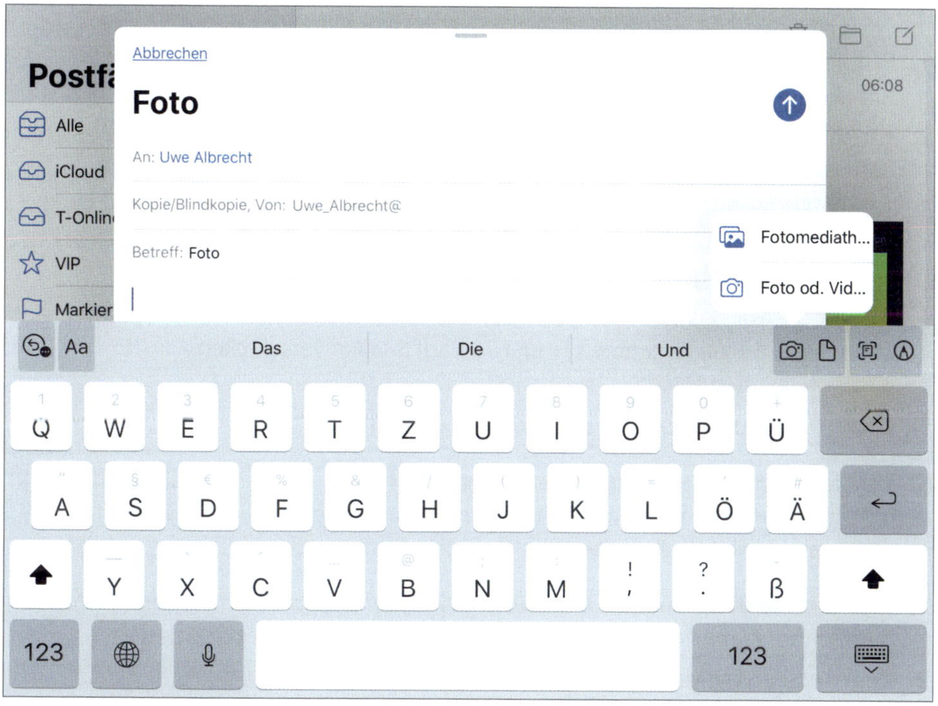

5. Das Foto wird nun als Vorschau angezeigt. Um es in die E-Mail zu übernehmen, tippen Sie auf *Verwenden*. Anschließend verschicken Sie es über einen Fingertipp auf *Senden*.

Dateigröße vor dem Versenden reduzieren

Fotos (und Videos) sind oft zu groß zum Versenden. In diesem Fall können Sie die Bildgröße selbst verringern.

1. Erstellen Sie eine E-Mail und fügen Sie, wie im vorherigen Tipp beschrieben, die Fotos hinzu.
2. Tippen Sie rechts oben in der Zeile für den Empfänger auf *Bilder: xxx KB*.
3. Nun können Sie die Bildgröße bestimmen – von *Klein* bis *Originalgröße*. Tippen Sie einfach auf die für Sie passende Bildgröße.

Andere Dateien versenden

Selbstverständlich können Sie mit *Mail* auch andere Dateien, etwa Textdokumente, Tabellenkalkulationen oder PDF-Dokumente, verschicken.

Hierbei ist die Vorgehensweise eine etwas andere:

1. Erstellen Sie eine neue E-Mail, indem Sie rechts oben auf das Symbol *Neue E-Mail* tippen. Geben Sie den Empfänger ein sowie den Betreff.
2. Verfassen Sie nun den Text mit der Bildschirmtastatur. Auf dieser befindet sich rechts das Dateisymbol.
3. Tippen Sie darauf, wird die Dateien-App geöffnet. Dort wählen Sie über *Verlauf* eine Datei aus oder tippen auf *Durchsuchen*, um sie in den unterschiedlichen Ordnern oder auch bei den integrierten Cloud-Diensten zu suchen.
4. Tippen Sie auf das Dateisymbol, wird die Datei in die E-Mail übernommen und Sie können die E-Mail über einen Fingertipp auf *Senden* verschicken.

Dateianhang betrachten und weitergeben

Haben Sie eine E-Mail mit einem Dateianhang erhalten, können Sie diesen nicht nur auf dem iPad betrachten, sondern auch sichern und ablegen sowie – eine kompatible App vorausgesetzt – weiterbearbeiten.

1. Möchten Sie den Anhang – etwa eine PDF-Datei – betrachten, tippen Sie doppelt auf das Symbol *Zum Laden tippen*. Warten Sie, bis das Dokument geladen ist.
2. Zum Anzeigen tippen Sie einfach auf das in der E-Mail eingebettete Symbol.
3. Soll der Anhang mit einer anderen App angezeigt oder bearbeitet werden, tippen Sie etwas länger auf das Symbol, bis das Kontextmenü der Datei erscheint.
4. Tippen Sie im Kontextmenü auf das Teilen-Symbol und wählen Sie die gewünschte App aus, mit der die Datei geöffnet werden soll.

Dateianhang per Ziehen & Ablegen sichern

Möchten Sie den erhaltenen Dateianhang sichern und aufbewahren, dann kopieren Sie ihn auf Ihr iPad oder auf iCloud Drive.

1. Starten Sie die App *Mail*, öffnen Sie die E-Mail mit dem Anhang und warten Sie ggf., bis der Anhang vollständig geladen ist.
2. Starten Sie parallel die Dateien-App, indem Sie diese vom Dock an den rechten Rand des Bildschirms bewegen.

3. Nun ziehen Sie den Anhang von der geöffneten E-Mail auf den passenden Ordner der Dateien-App.

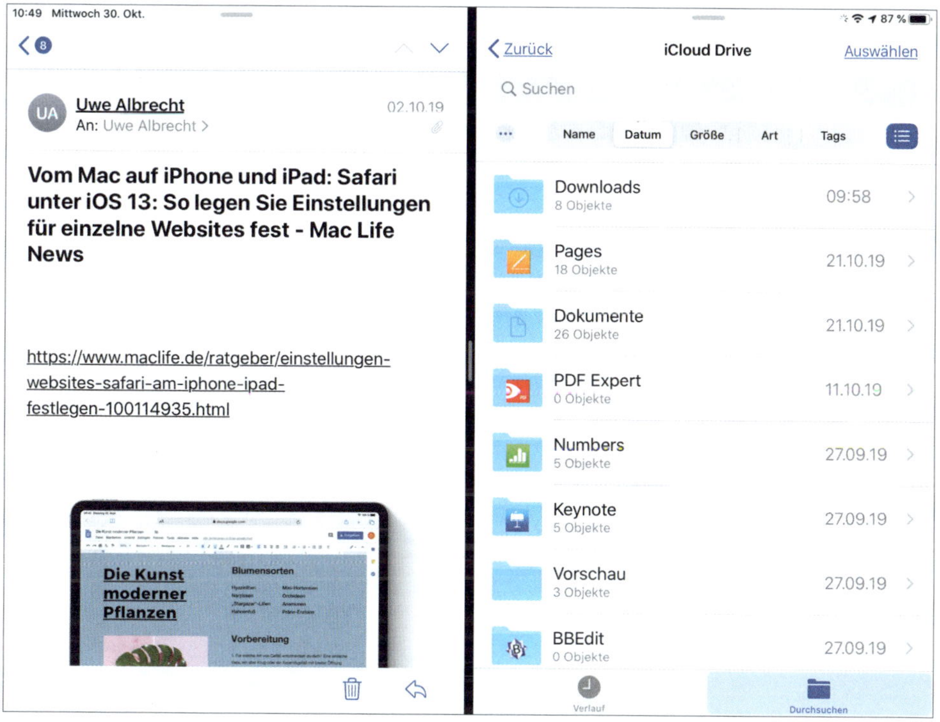

Dateianhang markieren und beschriften

Ein Dateianhang, wie ein Foto oder ein PDF-Dokument, kann auch markiert und beschriftet werden.

Hierfür sind ein mit dem Apple Pencil kompatibles iPad sowie natürlich der Apple Pencil erforderlich.

1. Tippen Sie auf das Symbol des Anhangs, bis er geladen und geöffnet ist. Tippen Sie rechts oben auf das Bleistiftsymbol.
2. Die Datei wird im Bearbeiten-Modus geöffnet. Zum Markieren tippen Sie unten auf das entsprechende Zeichenwerkzeug und auf die Farbe und nehmen die Markierungen vor. Dies können auch handschriftliche Kommentare sein.
3. Soll ein Textkommentar hinzugefügt werden, tippen Sie rechts auf das Plus-Symbol und wählen dort *Text* aus.
4. Über das Pfeilsymbol weisen Sie auf Textstellen hin. Und über *Unterschrift* können Sie sogar ein Dokument unterschreiben.

5. Mit *Fertig* versenden Sie das Dokument, über das Teilen-Feld rechts oben können Sie es sichern oder an eine andere App weitergeben.

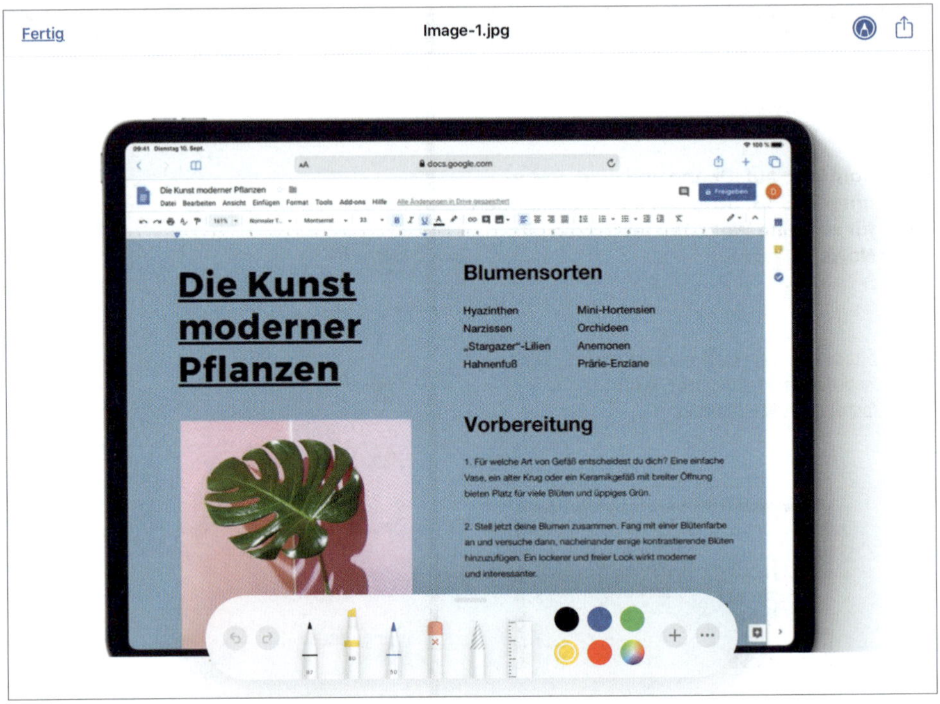

Archivdatei betrachten

Viele Dateianhänge werden auch – um Zeit und Datenvolumen zu sparen – als komprimiertes ZIP-Archiv versandt. Erhalten Sie eine derartige Datei, können Sie diese auch am iPad öffnen und weitergeben.

1. Öffnen Sie die E-Mail und warten Sie ggf., bis der Anhang vollständig geladen wurde.
2. Tippen Sie auf das Dateisymbol des Anhangs, wird die Größe der ZIP-Datei angezeigt und wie viele Dateien enthalten sind.
3. Über einen Fingertipp auf *Inhaltsvorschau* öffnen Sie die Archivdatei. Die erste darin befindliche Datei wird angezeigt.
4. Über das Teilen-Feld lassen Sie die Dateien mit der Dateien-App sichern oder an andere Apps weitergeben. Tippen Sie dazu auf die entsprechenden Symbole.

Mailinglisten abbestellen

Mit der Zeit verstopfen zahlreiche E-Mails von Mailing-Listen und Newslettern Ihr Postfach. Um die einzelnen Mailing-Listen abzumelden, müssen Sie normalerweise die dazugehörige Webseite besuchen und dort einige Fragen beantworten. Doch es geht unter Umständen auch schneller:

1. Wählen Sie die entsprechende E-Mail im Postfach aus und öffnen Sie sie.
2. Oberhalb der E-Mail finden Sie den Eintrag *Diese E-Mail ist von einer Mailing-Liste* und darunter *Abo beenden.*
3. Zum Abmelden tippen Sie darauf und bestätigen die Sicherheitsfrage.

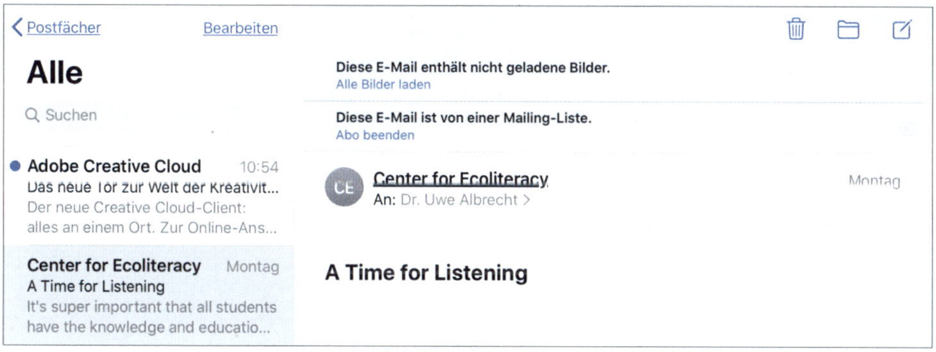

4.5 Nachrichten

Die Nachrichten-App dient dazu, mit anderen Mac- oder iPhone-/iPad-Anwendern schnell und kostenlos (Kurz-)Nachrichten auszutauschen oder auch – ein entsprechender Mobilfunkvertrag vorausgesetzt – SMS oder MMS zu versenden und zu empfangen. Wie Sie diese Funktionen nutzen und alles aus der Nachrichten-App herausholen, erfahren Sie auf den folgenden Seiten.

iMessage aktivieren

Um Nachrichten zwischen Apple-Geräten, wie Mac, iPad, iPhone und iPod touch, über eine Datenverbindung – WLAN oder Mobilfunk – austauschen zu können, müssen Sie die Funktion *iMessage* aktivieren. Ist iMessage nicht aktiviert, werden die Nachrichten als – kostenpflichtige – SMS oder MMS versandt. iMessage schalten Sie so ein:

1. Öffnen Sie die *Einstellungen* und tippen Sie dort in der linken Spalte auf *Nachrichten.*
2. Schalten Sie in der rechten Spalte *iMessage* ein. Als Adresse dient – sofern vorhanden – die Mobilfunknummer oder Ihre für die Apple-ID angegebene E-Mail-Adresse.

3. iMessage selbst ist kostenlos, allerdings benötigen Sie einen Internetzugang über WLAN oder unterwegs das Mobilfunknetz.

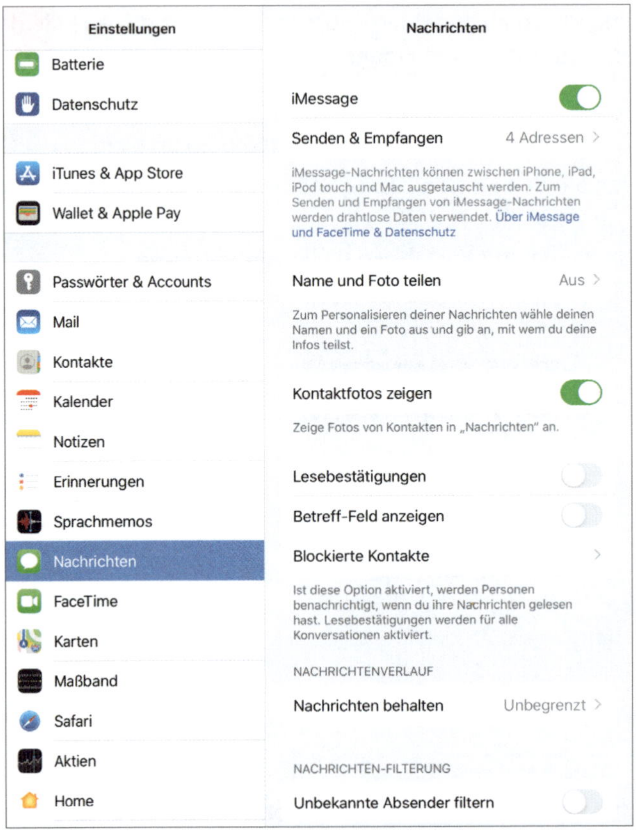

Nachrichten in iCloud

Nutzen Sie mehrere Geräte von Apple, etwa einen Mac, ein iPhone und iPad, dann werden die Nachrichtenverläufe zwischen diesen Geräten automatisch über iCloud abgeglichen. Damit bleiben Sie, auch was Ihre Nachrichten anbelangt, immer auf dem aktuellen Stand. Die Voraussetzung ist natürlich, dass Sie auf allen Geräten mit derselben Apple-ID angemeldet sind.

Persönliches Profil aktivieren

Auf Wunsch können Sie in der Nachrichten-App ein persönliches Profil erstellen, das Sie mit Ihren Kontakten teilen können:

1. Starten Sie die Nachrichten-App und tippen Sie links oben auf die drei kleinen Punkte.

2. Wählen Sie den Befehl *Name und Foto wählen* und folgen Sie den Anweisungen.
3. Wählen Sie ein Foto oder Emoji aus und tragen Sie Ihren Namen ein. Anschließend tippen Sie auf *Weiter* und *Fertig*.
4. Geben Sie an, wer dieses Profil sehen darf. Hier haben Sie die Wahl zwischen *Nur für Kontakte* und *Immer fragen*.
5. Ihr Profil können Sie später anpassen, dazu öffnen Sie die *Einstellungen*, wählen links die Nachrichten-App aus und tippen rechts auf *Name und Foto teilen*.

Gesamte Konversationen löschen

Sicherlich wollen Sie nicht alle Ihre Konversationen auf ewig behalten.

Bei Bedarf können Sie sie einfach löschen:

1. Wechseln Sie – falls erforderlich – mit dem Pfeil oben links in die oberste Ebene der Nachrichten-App, um einen Überblick über alle Konversationen zu erhalten.
2. Wischen Sie auf der zu löschenden Konversation von rechts nach links. Es erscheint der rote Schalter *Löschen*.
3. Tippen Sie auf *Löschen*, wird die Konversation umgehend entfernt.

Einzelne Nachrichten löschen

Einzelne Nachrichten können Sie ebenfalls löschen, auch wenn dies auf den ersten Blick nicht ersichtlich ist:

1. Drücken Sie so lange auf die Nachricht, die Sie löschen wollen, bis am unteren Rand des Bildschirms das Kontextmenü erscheint.
2. Dort tippen Sie auf *Mehr*, dann taucht links an den Nachrichten eine Checkliste auf, mit der Sie einzelne Nachrichten zum Löschen markieren.
3. Haben Sie alle gewünschten Nachrichten markiert, tippen Sie links unten auf das Papierkorbsymbol, um sie zu löschen.

Akustische Hinweise ausschalten

In der Regel werden Sie über neu eintreffende Nachrichten sofort akustisch informiert. Sie können dies für einzelne Absender abschalten.

1. Wählen Sie die gewünschte Konversation aus, tippen Sie rechts oben erst auf den Namen des Empfängers und dann auf kleine Informationen-Symbol *i*.
2. Um die akustischen Hinweise über neue Nachrichten dieses Absenders abzuschalten, aktivieren Sie den Schalter *Hinweise ausblenden*.

Abbildungen oder Anhänge aus den Nachrichten löschen

Abbildungen, die Sie mit der Nachrichten-App versenden oder empfangen, werden leider nicht automatisch gelöscht, sondern bleiben in der Konversation erhalten. Um diese später zu löschen, gehen Sie so vor:

1. Wählen Sie die gewünschte Konversation aus, tippen Sie rechts oben auf den Namen des Empfängers und anschließend auf das kleine Informationen-Symbol *i*.
2. Wollen Sie überprüfen, welche Abbildungen und Anhänge in der jeweiligen Konversation vorhanden sind, blättern Sie nach unten zu den entsprechenden Kategorien wie *Fotos*, *Links*, *Standorte*.
3. Um eine Abbildung oder einen Anhang zu löschen, tippen Sie etwas länger darauf, bis eine Voransicht und das Kontextmenü erscheinen. Darin wählen Sie *Löschen* und tippen dann bei der Sicherheitsabfrage erneut auf *Löschen*.

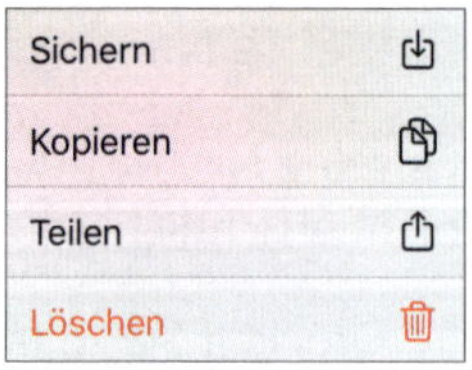

Nachricht auf dem Sperrbildschirm beantworten

Eingehende Nachrichten lassen sich übrigens gleich auf dem Sperrbildschirm beantworten. So können Sie schnell auf eine Nachricht reagieren, ohne sich erst anmelden zu müssen.

1. Tippen Sie etwas fester auf die eingegangene Nachricht. Diese wird angezeigt, und unter der Nachricht erscheint ein kleines Texteingabefeld.
2. Geben Sie in dieses Texteingabefeld Ihre Nachricht ein und versenden Sie sie.

Lesebestätigung für einzelne Empfänger abschalten

Falls Sie nicht möchten, dass bestimmte Empfänger nachvollziehen können, ob eine Nachricht von Ihnen gelesen wurde oder nicht, ist auch das möglich.

1. Wählen Sie die gewünschte Konversation aus und tippen Sie rechts oben auf den Namen des Empfängers und auf das kleine Informationen-Symbol *i*.
2. Schalten Sie rechts die Einstellung *Lesebestätigungen senden* mit einem Fingertipp ab.

Nachrichtendatum herausfinden

Auf den ersten Blick ist nicht ersichtlich, an welchem Datum und zu welcher Zeit eine Nachricht versandt oder empfangen wurde. Dies herauszufinden, ist eigentlich ganz einfach. Ziehen Sie die Nachrichten einfach so lange nach links, bis an der rechten Seite die Zeiten erscheinen, an denen sie verfasst oder empfangen wurden. Das Datum selbst ist jeweils in der Mitte oberhalb der Nachrichten eines Tages zu finden.

Nachrichten suchen

Die Suche nach Nachrichten in der Nachrichten-App gestaltete sich bislang etwas zäh. Sind viele Nachrichten vorhanden, ist die Nachrichten-App bei der Suche nicht selten eingefroren und hat einige Zeit nicht auf Eingaben reagiert.

Dies hat sich mit dem aktuellen Update auf iPadOS 13 geändert. Nun müssen Sie nur bei der allerersten Suche noch etwas warten, bis alle Fundstellen erscheinen, da die Nachrichten dabei erstmalig indiziert werden. Später geht die Suche dann viel schneller vonstatten.

1. Starten Sie die Nachrichten-App und wischen Sie unter dem Titel *Nachrichten* nach unten, um das Suchfeld anzuzeigen.
2. Geben Sie den Suchbegriff ein. Sie bekommen nun die ersten Suchtreffer angezeigt und die weiteren, wenn Ihre Nachrichten vollständig indiziert sind.

Standort teilen und versenden

Falls Sie Ihren Freunden und Bekannten mitteilen wollen, wo Sie sich während einer Konversation über die Nachrichten-App gerade befinden, erreichen Sie dies auf die folgende Weise:

1. Starten Sie die Nachrichten-App und wählen Sie den gewünschten Empfänger aus. Tippen Sie rechts oben erst auf dessen Namen und dann auf das kleine *i*.
2. Um den Standort mit diesem Empfänger zu teilen, tippen Sie auf den entsprechenden Eintrag und können sich für eine dieser Optionen entscheiden: *Standort 1 Std. teilen*, *Bis zum Ende des Tages* oder *Unbegrenzt*.
3. Wählen Sie die gewünschte Option aus. Sofern erforderlich, geben Sie noch an, ob der Standort des aktuellen Gerätes geteilt werden soll.
4. Zudem haben Sie über die entsprechende Einstellung die Möglichkeit, dem gewählten Empfänger Ihren aktuellen Standort mitzuteilen.

Internetadresse versenden

Um eine Internetadresse zu versenden, müssen Sie nicht immer die App *Mail* verwenden. Dies geht auch mit der Nachrichten-App. Der Empfänger erhält sogar eine kleine Seitenvorschau. Bei Adressen aus dem iTunes Store ist das Cover enthalten und der Titel lässt sich gleich anspielen.

1. Kopieren Sie zunächst die Internetadresse in die Zwischenablage. Tippen Sie dazu auf die Adresse im Adressfeld, bis das Kontextmenü erscheint. Dort tippen Sie auf *Kopieren*.

2. Wählen Sie in der Nachrichten-App den gewünschten Empfänger aus und tippen Sie auf das Texteingabefeld, bis dort das Kontextmenü erscheint.
3. Fügen Sie über den Befehl *Einsetzen* die Internetadresse in das Texteingabefeld ein und versenden Sie die Nachricht.
4. Noch einfacher funktioniert es über das Teilen-Feld, sofern Sie die entsprechende Internetseite gerade geöffnet haben. Tippen Sie in diesem Fall einfach auf das Teilen-Feld rechts oben und wählen Sie die Nachrichten-App und den Empfänger aus, um die Nachricht zu versenden.

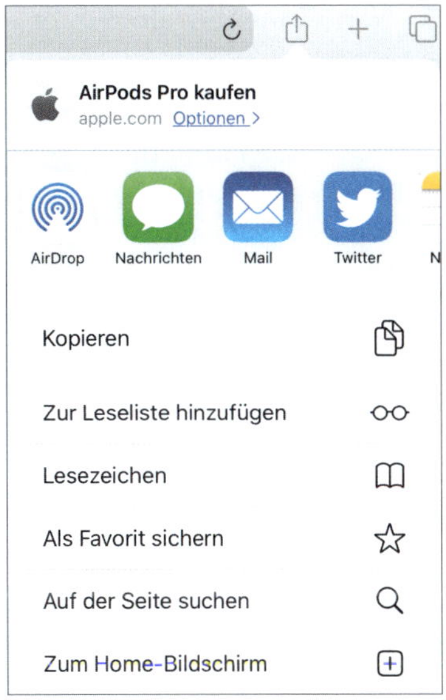

Internetadresse per Ziehen & Ablegen versenden

Eine Internetadresse können Sie sogar noch einfacher versenden. Starten Sie die Nachrichten-App und ziehen Sie das Symbol von Safari vom Dock an die rechte Seite des Bildschirms. Nun befinden sich beide Programmfenster nebeneinander. Wählen Sie im Adressfeld die Internetadresse aus, indem Sie länger darauf tippen, und ziehen Sie diese einfach auf das Texteingabefeld der Nachrichten-App. Zum Schluss versenden Sie die Nachricht.

Fotos und Videos verschicken

Um einem Empfänger Fotos und Videos zukommen zu lassen, benötigen Sie nicht in jedem Fall die Mail-App. Auch über die Nachrichten-App können Sie Abbildungen und Filme verschicken. Hier ist es jedoch ratsam, die Dateien möglichst nicht in der höchsten Auflösung zu verschicken, da Ihr Gegenüber unter Umständen nicht über WLAN, sondern über das Mobilfunknetz mit dem Internet verbunden ist.

1. Starten Sie die Nachrichten-App und wählen Sie eine bestehende Konversation aus oder erstellen Sie über das entsprechende Symbol rechts oben eine neue Nachricht.
2. Tippen Sie auf das Kamerasymbol unten links, dann wird die Kamera-App eingeblendet.
3. Sie können nun direkt ein Foto schießen oder ein Video aufnehmen und dieses versenden, indem Sie anschließend auf den blauen Pfeil zum Versenden tippen.
4. Um ein bereits vorhandenes Foto aus der Fotos-App zu verschicken, tippen Sie statt auf das Kamerasymbol auf das App-Symbol. Dort wählen Sie die Fotos-App aus.

5. Nun können Sie eines Ihrer Fotos aus der Fotos-App wählen und versenden.
6. Per Ziehen & Ablegen geht es noch komfortabler. Starten Sie die Nachrichten-App und ziehen Sie die Fotos-App vom Dock an die rechte Seite des Bildschirms. Jetzt befinden sich beide Programmfenster nebeneinander. Wählen Sie das Foto oder Video aus, indem Sie länger darauf tippen, und ziehen Sie es auf das Texteingabefeld der Nachrichten-App. Versenden Sie die Nachricht.

Fotos vor dem Versenden markieren und bearbeiten

Auf Wunsch können Sie ein Foto, das Sie versenden wollen, vorher bearbeiten und markieren:

1. Tippen Sie in der Nachrichten-App auf das App-Symbol unten links und dann auf die Fotos-App. Wählen Sie per Fingertipp ein Foto aus. Es erscheint im Texteingabefeld.
2. Zum Bearbeiten tippen Sie etwas länger auf das Foto. Möchten Sie das Foto markieren, tippen Sie links auf *Markieren*, und zum Bearbeiten rechts auf *Bearbeiten*. Zum Bestätigen tippen Sie auf den Haken.
3. Die Markierungen führen Sie mit dem Apple Pencil durch, indem Sie auf die Schreib- und Zeichenwerkzeuge tippen und auf die Farbpalette. Sind Sie damit fertig, tippen Sie auf *Sichern*.

Videobotschaft versenden

In manchen Fällen kann auch eine kurze Videonachricht – beispielsweise aus dem Urlaub, um Ihren Freunden und Verwandten einen Eindruck vom Urlaubsort zu verschaffen – sinnvoll sein.

Auch hierfür können Sie Ihr iPad und die Nachrichten-App verwenden.

1. Starten Sie die Nachrichten-App und wählen Sie die entsprechende Konversation aus oder erstellen Sie eine neue Nachricht. Sorgen Sie dafür, dass die Nachrichten-App im Vollbild dargestellt wird.
2. Tippen Sie zuerst links auf das Kamerasymbol und dann auf *Kamera*. Um die Videobotschaft mit der Frontkamera aufzunehmen, tippen Sie auf das entsprechende Symbol. Tippen Sie dann auf *Video*.
3. Zur Aufnahme und zum Beenden des Videos tippen Sie auf den Auslöser. Falls Sie das Video noch schneiden möchten (jeweils am Anfang oder am Ende), tippen Sie auf *Bearbeiten*.
4. Zum Abschluss tippen Sie zweimal hintereinander auf *Fertig*, schreiben eventuell einen kurzen Kommentar und versenden die Videobotschaft.

Videos und Fotos in geringerer Qualität verschicken

Um Ihre Fotos in etwas geringerer Auflösung und Qualität zu versenden, müssen Sie die Nachrichten-App entsprechend konfigurieren. Tippen Sie dazu auf die *Einstellungen* und dort in der linken Spalte auf *Nachrichten*. Hier aktivieren Sie in der rechten Spalte *Bildmodus: niedrige Qualität*.

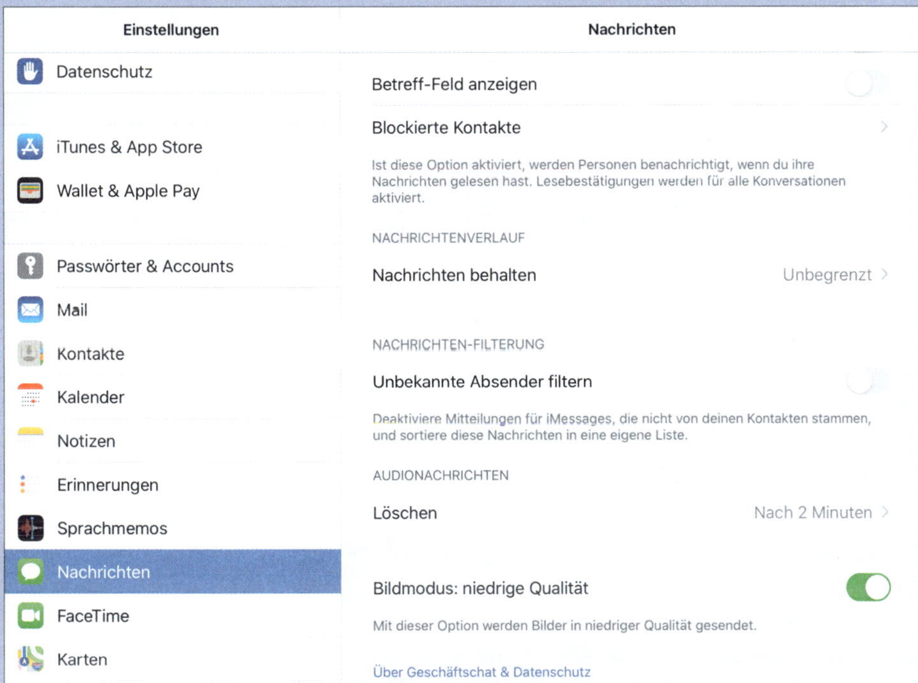

Audionachrichten versenden

Als Alternative zur Videobotschaft können Sie mit der Nachrichten-App auch eine Audionachricht verschicken. Hierbei gehen Sie auf diese Weise vor:

1. Starten Sie die Nachrichten-App und wählen Sie die entsprechende Konversation aus oder erstellen Sie eine neue Nachricht.
2. Tippen Sie rechts auf das Aufnahme-Symbol und lassen Sie den Finger auf dem Symbol, während Sie Ihre Audionachricht sprechen.
3. Zum Beenden der Audionachricht heben Sie Ihren Finger wieder an. Zum Verschicken tippen Sie auf *Senden*. Alternativ können Sie über die entsprechenden Symbole die Audionachricht löschen oder noch einmal anhören.

Audionachricht behalten statt löschen

Normalerweise werden Ihre Audionachrichten nach dem Versenden nach kurzer Zeit gelöscht. Möchten Sie das verhindern, tippen Sie dazu auf die *Einstellungen* und dort in der linken Spalte auf *Nachrichten*. Danach schalten Sie in der rechten Spalte die Option *Audionachrichten löschen: Nie* ein.

Handschriftliche Nachricht versenden

Um die Konversation persönlicher zu gestalten, können Sie mit der Nachrichten-App auch handschriftliche Nachrichten (als Abbildungen) versenden.

1. Starten Sie die Nachrichten-App und verfassen Sie eine neue Nachricht. Am unteren Rand des Bildschirms erscheint die Bildschirmtastatur.
2. Drehen Sie dazu Ihr iPad ins Querformat. Tippen Sie dann rechts unten an der Bildschirmtastatur auf das handgeschriebene Zeichen.
3. Nun können Sie mit dem Apple Pencil oder einem Finger den Text schreiben.
4. Alternativ wählen Sie links unten über das Uhrsymbol eine bereits vorhandene »handgeschriebene« Botschaft aus. Zum Versenden tippen Sie auf das entsprechende Symbol rechts im Texteingabefeld.

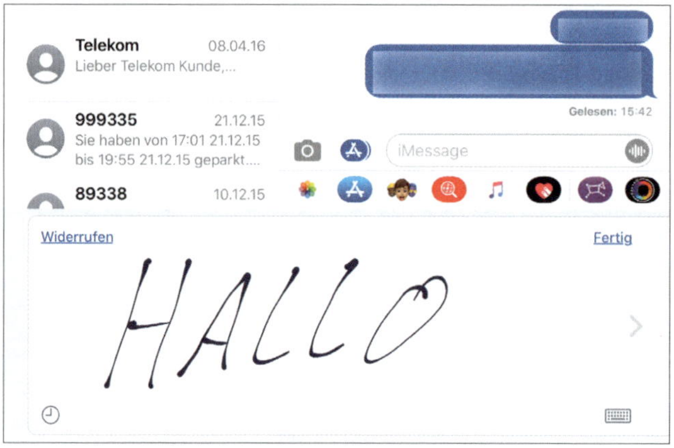

Nachricht mit einer Animation versehen

Falls Sie Ihren Nachrichten eine besondere Note geben möchten, versenden Sie diese doch mit einer Animation – in Form einer Sprechblase oder auch mit einem animierten Hintergrund:

1. Geben Sie Ihre Nachricht in das Texteingabefeld der Nachrichten-App ein. Tippen Sie nun rechts länger auf *Senden*.

2. Wollen Sie Ihre Nachricht als animierte Sprechblase verschicken, tippen Sie oben auf das Register *Sprechblase* und wählen rechts die passende Form der animierten Sprechblase aus. Eine Vorschau wird jeweils angezeigt.
3. Soll hingegen der Hintergrund Ihrer Nachricht animiert dargestellt werden, tippen Sie auf das Register *Hintergrund* und suchen per Wischgeste die gewünschte Animation wie *Ballons*, *Konfetti* oder *Feuerwerk*.
4. Möchten Sie die Wahl rückgängig machen, tippen Sie rechts auf das kleine Kreuz. Ansonsten tippen Sie auf *Senden*.

Mit Symbolen auf Nachrichten reagieren

Eingegangene Nachrichten können Sie mit Symbolen in einer Sprechblase kommentieren, indem Sie sich z. B. erfreut zeigen, überrascht, erheitert oder eher ablehnend:

1. Tippen Sie etwas länger auf eine Nachricht, bis die Sprechblase mit den Symbolen erscheint.
2. Wählen Sie in der Sprechblase das gewünschte Symbol aus und lassen Sie den Finger wieder los. Das Symbol wird der Nachricht hinzugefügt und erscheint sowohl beim Absender als auch beim Empfänger der Nachricht.

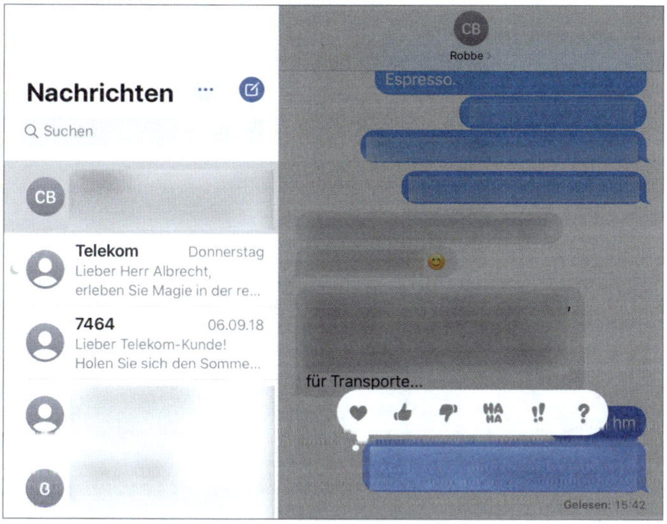

Emojis als Wortvorschläge

Verfassen Sie Nachrichten mit bestimmten Wörtern, z. B. »Löwe«, »Elefant« oder auch »iPhone«, dann können diese Wörter auf Wunsch durch Emojis ersetzt werden. Das entsprechende Emoji erscheint dann neben den Wortvorschlägen oberhalb der Bildschirmtastatur. Dort übernehmen Sie es mit einem Fingertipp in das Texteingabefeld.

Zeichnungen live versenden

Einerlei, ob es Strichmännchen sind, Herzen oder komplexere Zeichnungen, mit *Digital Touch* können Sie nicht nur Zeichnungen als solche verschicken, sondern sogar Zeichnungen, bei denen der Empfänger verfolgen kann, wie sie entstanden sind:

1. Erstellen Sie eine neue Nachricht. Tippen Sie unterhalb des Texteingabefeldes auf das kleine Herzsymbol mit der Bezeichnung *Digital Touch*.
2. Anschließend erscheint die Oberfläche von *Digital Touch*. Links wählen Sie die Farben aus, in der Mitte ist die Zeichenfläche, und rechts können Sie die Zeichnung noch mit einem Video unterlegen.
3. Erstellen Sie Ihre Zeichnung mit dem Finger oder mit dem Apple Pencil und versenden Sie sie.

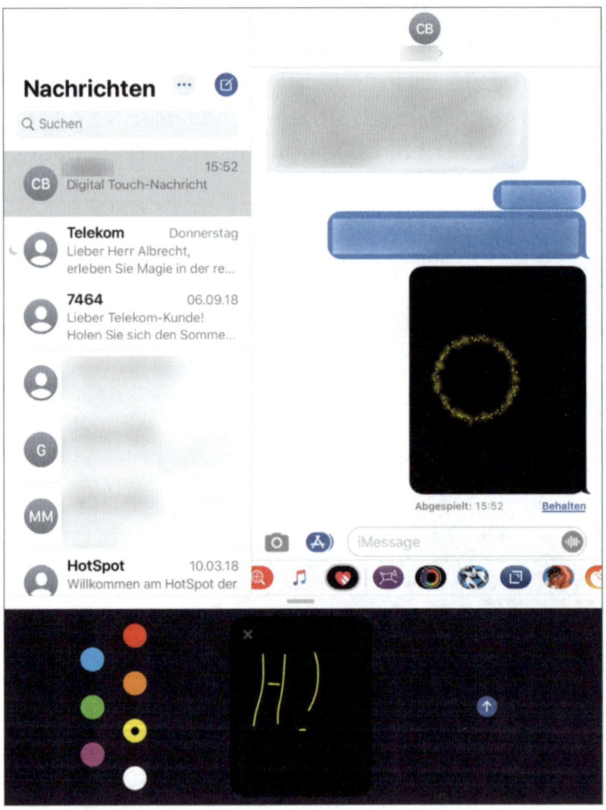

Apps und Sticker herunterladen

Neben Animationen und Zeichnungen können Sie Ihre Nachrichten mit Stickern verschönern. Sie laden diese entweder kostenlos oder kostenpflichtig im App Store für iMessage herunter:

1. Tippen Sie dazu links neben der Texteingabezeile auf das Symbol für den *App Store für iMessage*. Wählen Sie das erste Symbol für den App Store aus.
2. Tippen Sie auf *Store öffnen*. Hier können Sie nach Stickern unterschiedlicher Genres suchen. In der Kategorie *Gratis* finden Sie alle kostenlosen Sticker.
3. Bei einem kostenlosen Sticker tippen Sie auf *Laden*, bei einem kostenpflichtigen Sticker auf den Preis. Die Bezahlung erfolgt über die im iTunes Store angegebene Bezahlmethode.
4. Über einen Fingertipp auf das Symbol erhalten Sie zudem eine Vorschau des Inhalts der Sticker-Sammlung.
5. Nachdem Sie die Sticker heruntergeladen oder erworben haben, finden Sie sie in Ihrer Sammlung und können über die App- und Sticker-Leiste darauf zugreifen.

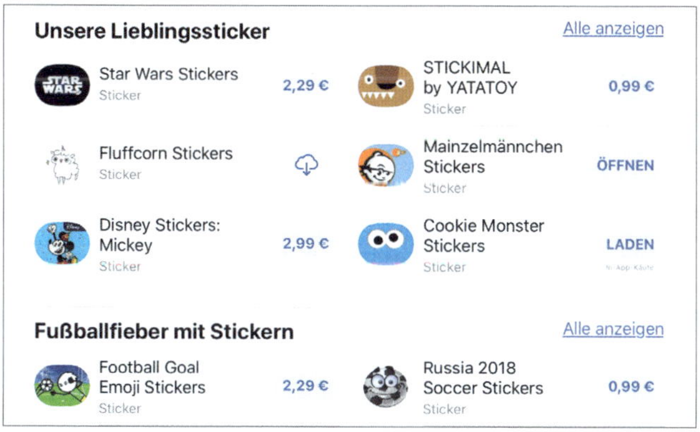

> **Sticker auf Android- oder Windows-Geräten**
>
> Senden Sie an Benutzer anderer Geräte mit Android- oder Windows-Betriebssystem eine Nachricht mit Sticker, wird diese – ggf. als kostenpflichtige – MMS (Multimedia-Message) verschickt. Wollen Sie dies unterbinden, müssen Sie die Funktion in den Einstellungen der Nachrichten-App deaktivieren.

Sticker versenden

Möchten Sie Ihre Nachrichten mit Stickern aufpeppen, gehen Sie so vor:

1. Wählen Sie die Konversation aus oder erstellen Sie eine neue Nachricht.
2. Wählen Sie unten in der App- und Sticker-Leiste die gewünschte Sticker-Sammlung aus. Wenn Sie auf die Leiste tippen, wird diese etwas vergrößert dargestellt. Um Ihre gesamten Sticker zu sehen, tippen Sie ganz rechts auf die drei kleinen Punkte.
3. Nachdem Sie eine Sticker-Sammlung gewählt haben, erscheinen oberhalb der Sticker-Leiste die enthaltenen Sticker.

4. Tippen Sie auf einen Sticker, wird dieser ins Texteingabefeld eingefügt. Über das kleine Kreuz rechts am Sticker entfernen Sie ihn wieder. Andernfalls geben Sie den Nachrichtentext ein und versenden ihn.

> **Apps in iMessage**
>
> Neben Stickern gibt es für iMessage auch kleine Apps, mit denen Sie beispielsweise mitteilen können, welche Musik Sie gerade hören, wo Sie sich aufhalten oder welche Filme in einem Kino in Ihrer Nähe laufen. Oft gehören diese iMessage-Apps zu den auf Ihrem iPad vorinstallierten Anwendungen oder Sie laden sie separat aus dem App Store für iMessage herunter. Die Apps befinden sich ebenfalls in der Sticker-Leiste, die Sie mit einem Fingertipp auf das *App Store für iMessage*-Symbol aufrufen. Neben Apps gibt es auch kleine Spiele für iMessage, die Sie dort ebenfalls beziehen können.

Stickerauswahl anpassen

Je mehr Sticker Sie installieren, desto unübersichtlicher wird die Sticker-Leiste. Daher können Sie selbst beeinflussen, welche Sticker (und Apps) dort erscheinen und welche Ihre Favoriten sind.

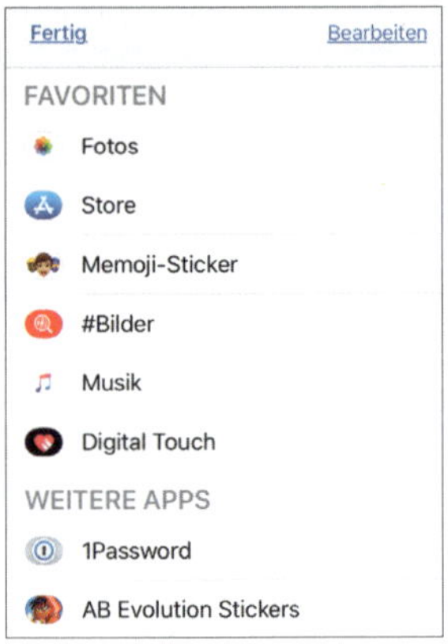

1. Um Ihre gesamten Sticker und Apps zu sehen, tippen Sie ganz rechts auf die drei kleinen Punkte. Oben finden Sie die Favoriten und unten die restlichen in alphabetischer Reihenfolge.
2. Um die Zusammensetzung der Favoriten und der Sticker-Leiste zu ändern, tippen Sie auf *Bearbeiten* rechts oben.
3. Möchten Sie Sticker und Apps ausblenden, tippen Sie rechts auf den dazugehörigen Schalter.
4. Wollen Sie hingegen Sticker zu den Favoriten hinzufügen, tippen Sie auf das Plus-Symbol, zum Entfernen auf das Minus-Symbol.
5. Zu guter Letzt können Sie auch noch die Reihenfolge der Favoriten ändern, indem Sie diese rechts an den drei kleinen Strichen in die passende Reihenfolge verschieben.

4.6 FaceTime

Mit Ihrem iPad ist – über FaceTime – auch Videotelefonie möglich, wenn Sie und Ihr Gegenüber bestimmte Voraussetzungen erfüllen. Zusätzliche Kosten fallen dafür in der Regel keine an. Damit Sie jemanden per FaceTime erreichen, muss dieser ebenfalls über ein iPad, ein iPhone oder einen Mac mit einer FaceTime-Kamera verfügen und selbstverständlich ebenfalls mit dem Internet verbunden sein.

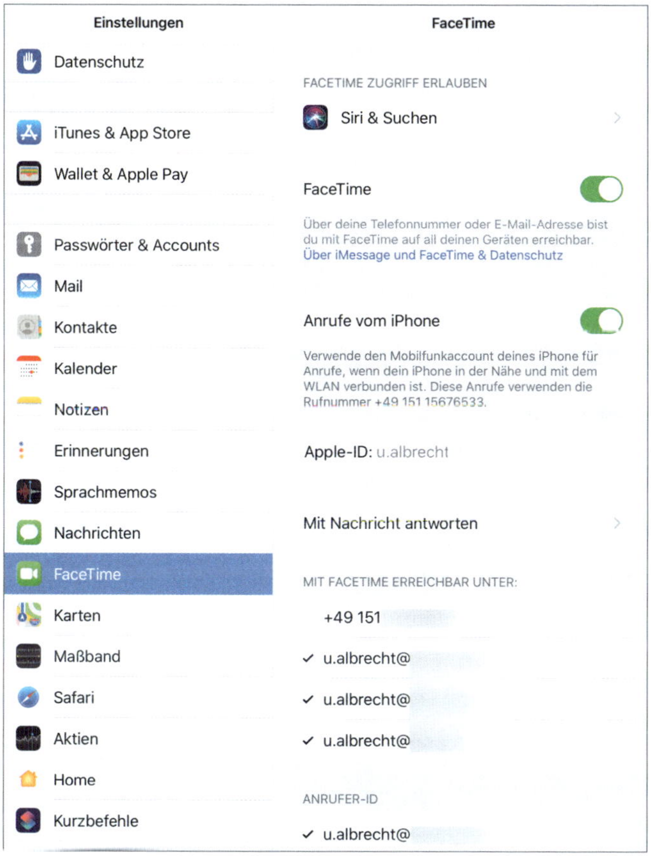

Telefonieren mit dem iPad über FaceTime

Besitzen Sie auch ein iPhone, dann können Sie sogar normale Telefongespräche über Ihr iPad führen. Hierfür wird zusätzlich noch Folgendes vorausgesetzt:

- Auf dem iPhone und dem iPad sind Sie mit derselben Apple-ID angemeldet.
- Ihr iPhone läuft mindestens unter iOS 8.
- Ihr iPad und iPhone befinden sich im selben WLAN-Netzwerk.

- In den FaceTime-Einstellungen auf Ihrem iPad schalten Sie die Funktion *Anrufe vom iPhone* ein.

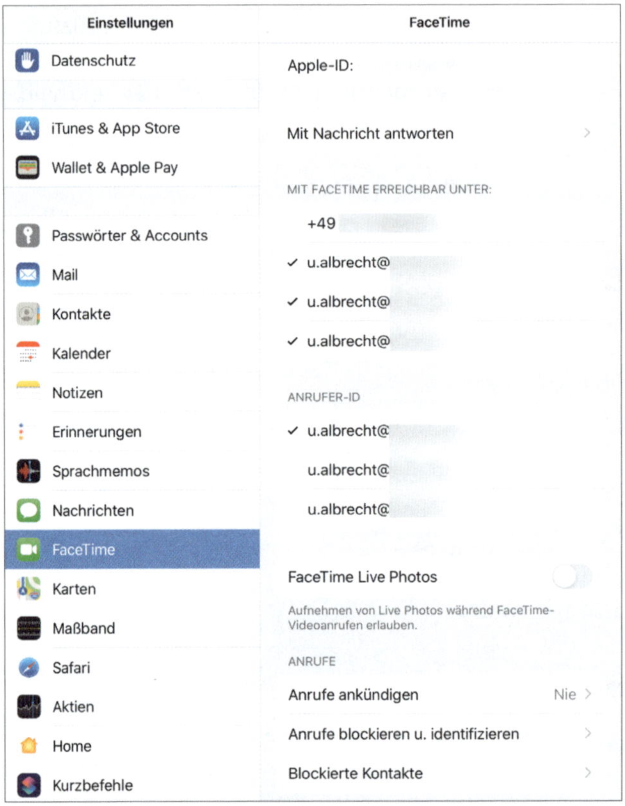

Live Photos über FaceTime

Verfügt Ihr FaceTime-Gesprächspartner ebenfalls über ein aktuelles iPad oder iPhone mit iPadOS 13 bzw. iOS 13, dann können Sie von ihm ein Live Photo erstellen. Tippen Sie dazu während des Gesprächs auf den Auslöser links unten auf dem Bildschirm. Der Ton wird dabei natürlich nicht mitgeschnitten. Die Live Photos werden in der Foto-Mediathek gespeichert.

Fotografieren verboten

Wollen Sie verhindern, dass jemand über FaceTime ein Live Photo von Ihnen macht, nehmen Sie folgende Einstellung vor:

1. Öffnen Sie die *Einstellungen* und wählen Sie in der linken Spalte den Eintrag *FaceTime*.
2. Nun schalten Sie in der rechten Spalte die Einstellung *FaceTime Live Photos* ab.

5. Mit dem iPad arbeiten

Auch wenn es auf den ersten Blick nicht so aussehen mag und viele Anwender mit dem iPad vor allem Surfen, Chatten, Musikhören, Filmeschauen oder Spiele in Verbindung bringen, können Sie mit Apples Tablet auch ganz prima arbeiten. Nicht nur die bereits installierten Apps ermöglichen dies, es gibt weitere Anwendungen anderer Hersteller, wie etwa Microsoft Office, mit denen das iPad zum Arbeiten genutzt werden kann.

Hierbei kann es – je nach Ansprüchen und Ausstattung – durchaus einen Klapprechner ersetzen. Vor allem das iPad Pro 11 Zoll oder das iPad Pro 12,9 Zoll wurden von Apple auch für professionelle Anwender konzipiert. Sie sind nicht nur schneller als mancher Laptop, dank iPadOS 13, das einige Funktionen beinhaltet, die man bei iOS schmerzlich vermisste, dem Apple Pencil und dem Smart Keyboard sowie Smart Keyboard Folio sind sie auch für Profianwender gut geeignet. Die in diesem Kapitel zusammengestellten Tipps unterstützen Sie bei Ihrer Arbeit am iPad zusätzlich.

5.1 Kalender

Mit der Kalender-App vergessen Sie nie wieder einen Termin, sie hilft Ihnen bei der Terminplanung ebenso wie bei der Erinnerung an wichtige Termine. Zudem bleiben Sie – dank iCloud – auf allen Ihren Geräten mit iOS oder macOS, ja sogar mit Windows immer auf dem aktuellen Stand.

Kalender importieren

Bei Bedarf können Sie mit der Kalender-App auf dem iPad bereits bestehende Kalender importieren, z. B. die Schulferien. In diesem Fall gehen Sie – beispielhaft – wie folgt vor:

1. Öffnen Sie die Webseite http://www.schulferien.org/deutschland/ical/ mit Safari. Wählen Sie das passende Bundesland aus und das Jahr.
2. Tippen Sie doppelt auf den Eintrag und nach der Sicherheitsabfrage auf *Downloadlink anfordern*.
3. Im nächsten Fenster tippen Sie auf *Download*, und der Kalender wird auf das iPad heruntergeladen.
4. Nachdem Sie per Fingertipp entschieden haben, welche Ferientermine und in welchen bereits bestehenden Kalender sie übernommen werden, fügen Sie diese über *Fertig* der Kalender-App hinzu.

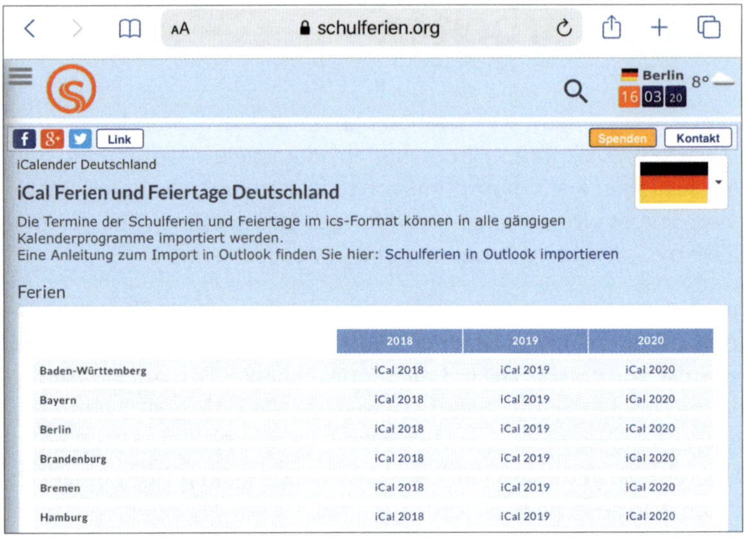

Kalender abonnieren

Im Gegensatz zum Import eines Kalenders, der auf Ihr iPad kopiert wird und nur von Ihnen selbst bearbeitet und geändert werden darf, können Sie einen Kalender auch abonnieren. Dies hat den Vorteil, dass etwaige Termine automatisch ohne Ihr Zutun angepasst und aktualisiert werden.

1. Öffnen Sie die *Einstellungen* und wählen Sie dort in der linken Spalte den Eintrag *Passwörter & Accounts*.

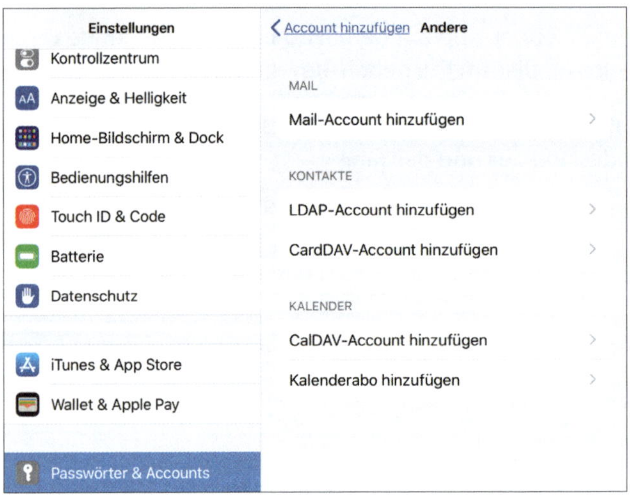

2. Hier tippen Sie auf *Account hinzufügen* sowie *Andere*.

3. Dort wählen Sie *Kalenderabo hinzufügen* und geben die dazugehörige Internetadresse des Kalenders ein.

Kalenderwochen anzeigen

Üblicherweise werden in der Kalender-App die praktischen Kalenderwochen nicht angezeigt. Um dies zu ändern, gehen Sie so vor:

1. Öffnen Sie die *Einstellungen* und tippen Sie in der linken Spalte auf *Kalender*.
2. In der rechten Spalte aktivieren Sie die Einstellung *Kalenderwochen*. Nun werden oben links die Kalenderwochen angezeigt.

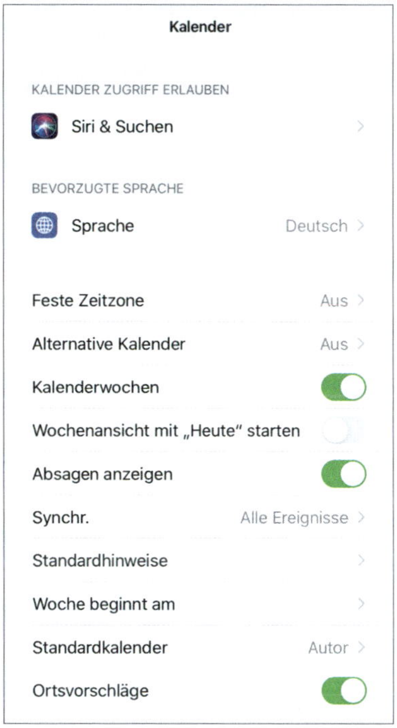

Alle Termine anzeigen

Benötigen Sie einen schnellen und kompletten Überblick über alle vor Ihnen liegenden Termine, dann hilft auch hier die Kalender-App weiter. Allerdings ist diese Funktion etwas versteckt. Tippen Sie auf das Lupensymbol rechts oben, wird eine Liste aller Termine angezeigt.

Schnell einen Termin eingeben

Wenn Sie in der Tages-, Wochen- oder Monatsansicht schnell einen neuen Termin eingeben möchten, genügt es, fest auf die Uhrzeit oder den Tag zu tippen und dann im folgenden Fenster die notwendigen Angaben und Einstellungen vorzunehmen. Der reguläre Weg zum Eintragen eines Termins über den Plus-Schalter rechts oben ist nicht immer notwendig. Haben Sie einen Termin irrtümlich eingetragen, wählen Sie ihn bei Bedarf neu aus, blättern in der rechten Spalte ganz nach unten zum Befehl *Ereignis löschen* und tippen darauf.

Datei an Termin anhängen

Falls erforderlich, können Sie eine Datei an einen Termin anhängen, beispielsweise ein Dokument, das Sie bei diesem speziellen Termin benötigen.

1. Wählen Sie den Termin mit einem Fingertipp aus. Tippen Sie dann rechts oben auf den Eintrag *Bearbeiten*.
2. Blättern Sie nach unten bis zur Option *Anhang hinzufügen ...*

3. Tippen Sie darauf und wählen Sie die gewünschte Datei aus – auf iCloud, Ihrem iPad oder einem anderen Speicherort – und bestätigen Sie mit *Fertig*.

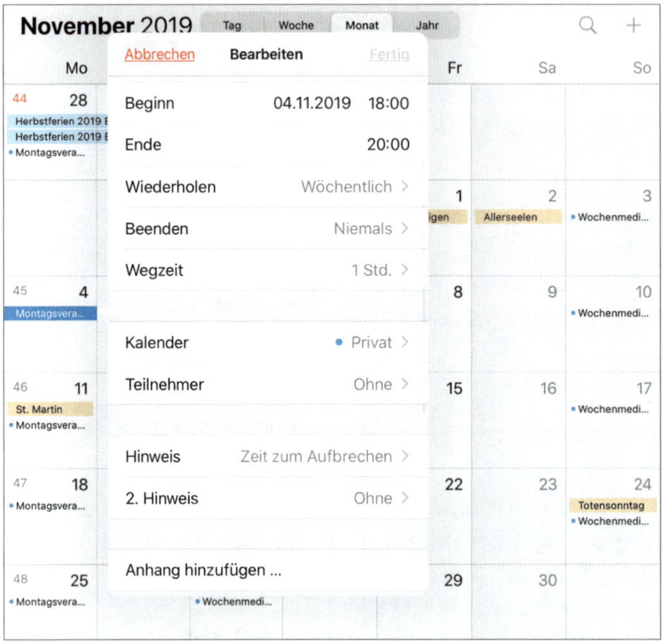

Kalender mit anderen Personen teilen

Falls Sie Ihre Termine mit anderen Personen abstimmen müssen oder wollen, beispielsweise mit Kollegen oder Familienmitgliedern und Freunden, gehen Sie folgendermaßen vor:

1. Starten Sie die Kalender-App und tippen Sie unten in der Mitte auf *Kalender*. Wählen Sie den gewünschten Kalender aus und tippen Sie auf das kleine *i*-Symbol rechts.
2. Um eine Person hinzuzufügen, tippen Sie auf *Neue Person* und wählen über das Plus-Symbol eine Person aus Ihrer Kontakte-App aus.
3. Wiederholen Sie dies mit allen Personen, mit denen der Kalender geteilt wird. Tippen Sie jeweils auf *Fertig*, um die Einrichtung abzuschließen.
4. Jede angegebene Person bekommt eine entsprechende Einladung, um auf den Kalender zugreifen und ihn seinen Kalendern hinzufügen zu können. Selbstverständlich muss derjenige auch über einen Mac mit macOS oder ein iOS- bzw. iPadOS-Gerät mit Kalender-App verfügen.

Bearbeitung des Kalenders zulassen

Sollen andere Personen den mit Ihnen geteilten Kalender auch bearbeiten können, müssen Sie das im Einzelnen erlauben.

1. Tippen Sie unten in der Mitte auf *Kalender*. Wählen Sie den gewünschten Kalender aus und tippen Sie auf das kleine *i*-Symbol rechts.
2. Tippen Sie nun auf die entsprechende Person sowie auf *Bearbeiten*.
3. Hier aktivieren Sie die Einstellung *Bearbeitung zulassen*. Nun kann die entsprechende Person Eintragungen in dem Kalender vornehmen.
4. Wollen Sie die Bearbeitung durch die entsprechende Person wieder beenden, tippen Sie auf *Freigabe stoppen*.

Kalender veröffentlichen

Wollen Sie einen Kalender nicht nur ausgewählten Personen verfügbar machen, sondern online veröffentlichen, sodass jeder ein Blick darauf werfen kann, erreichen Sie das auf die folgende Weise:

1. Tippen Sie unten in der Mitte auf *Kalender*. Wählen Sie den gewünschten Kalender aus und tippen Sie auf das kleine *i*-Symbol rechts.

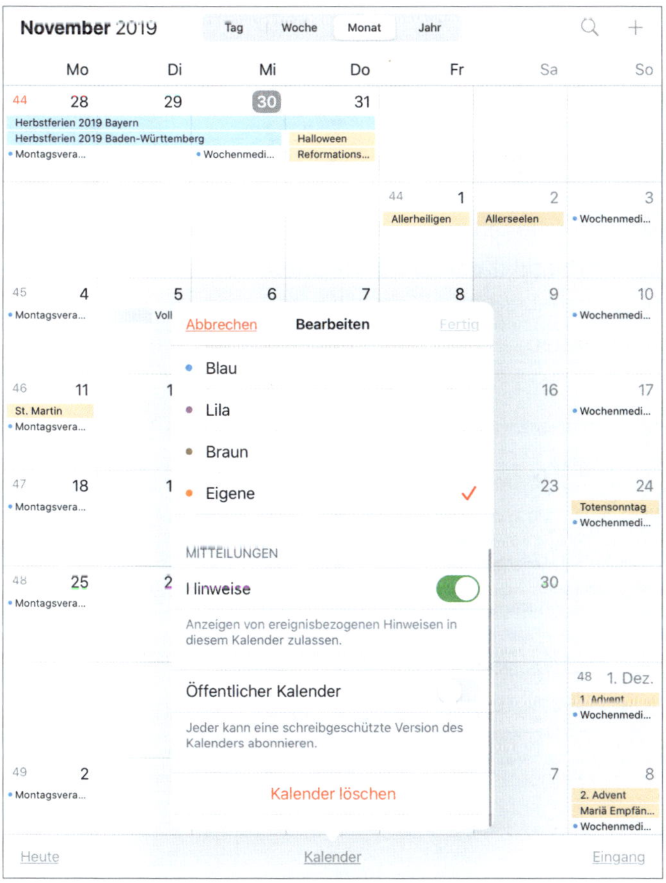

2. Blättern Sie nach unten, bis der Eintrag *Öffentlicher Kalender* erscheint. Diesen aktivieren Sie.
3. Um den Kalender öffentlich zu machen, tippen Sie auf *Link teilen* ...
4. Anschließend können Sie die Webadresse Ihres Kalenders in einem sozialen Netzwerk veröffentlichen, per E-Mail oder Nachrichten-App verschicken oder über die Zwischenablage einem anderen Dokument hinzufügen.

5.2 Kontakte

Mit der Kontakte-App verwalten Sie Ihr persönliches Adress- und Telefonbuch. Es ist ratsam, dieses sorgfältig zu pflegen und auf dem aktuellen Stand zu halten.

Zahlreiche Apps greifen auf die Kontakte-App zu, um dort beispielsweise Telefonnummern, Adressen oder E-Mail-Adressen zu übernehmen oder zu ergänzen.

Neue Kontakte übernehmen

Finden Sie in einer E-Mail oder auf einer Webseite Adress- oder Kontaktinformationen, können Sie diese per Mausklick in Ihre Kontakte-App übernehmen.

1. Tippen Sie fest auf die Kontaktinformationen, erscheint ein Kontextmenü mit den dazugehörigen Befehlen.
2. Möchten Sie die Kontaktinformationen übernehmen, tippen Sie auf *Zu Kontakten*.
3. Entscheiden Sie nun, ob die Kontaktinformation zu einem bestehenden Kontakt hinzugefügt werden soll oder ein neuer Kontakt erstellt wird.
4. Füllen Sie die etwaigen fehlenden Daten aus und tippen Sie auf *Fertig*. Der neue Kontakt ist angelegt.

Einen Kontakt anschreiben und anrufen

Falls Sie jemanden anrufen oder ihm eine Nachricht bzw. E-Mail schreiben möchten, können Sie das auch direkt aus der Kontakte-App heraus.

1. Starten Sie die Kontakte-App und wählen Sie den gewünschten Kontakt aus.
2. Unterhalb des Namens finden Sie mehrere Symbole, die Ihnen zeigen, auf welche Weise diejenige Person oder Firma kontaktiert werden kann:
   - *Nachricht:* eine Nachricht über die Nachrichten-App senden
   - *Anrufen/Mobil:* telefonieren
   - *Video:* über FaceTime anrufen
   - *E-Mail:* eine E-Mail schreiben
3. Wählen Sie die Kontaktmöglichkeit, die Ihnen zusagt, und tippen Sie auf das Symbol. Die dazugehörige App wird gestartet und die Person auf die gewählte Weise kontaktiert.

Adresse aus einem anderen Land eingeben

Falls Sie einmal eine Adresse aus einem anderen Land eingeben müssen, beispielsweise aus den USA, haben Sie ein kleines Problem. Die Adressfelder der Kontakte-App entsprechen bei einer deutschen Version von iPadOS den hiesigen Gepflogenheiten. In diesem Fall geben Sie bei der Eingabe der Daten einfach zuerst das Land, hier USA, ein. Dann passen sich die anderen Adressfelder automatisch an und Sie können die Adressdaten wie dort üblich angeben.

Wichtige Kontakte immer erlauben

Über die Einstellung *Nicht stören*, die Sie im Kontrollzentrum aktivieren können, lässt Sie Ihr iPad weitgehend in Ruhe. Das heißt, Sie hören keine Nachrichten und Klingeltöne, und zwar von keinem, der Sie kontaktieren möchte.

Um zu ermöglichen, dass Sie die Nachrichten und Anrufe Ihnen wichtiger Personen erreichen, gehen Sie so vor:

1. Öffnen Sie die Kontakte-App und wählen Sie den gewünschten Kontakt aus.
2. Tippen Sie auf *Bearbeiten* und suchen Sie die Einträge *Klingelton* sowie *Nachrichtenton*.

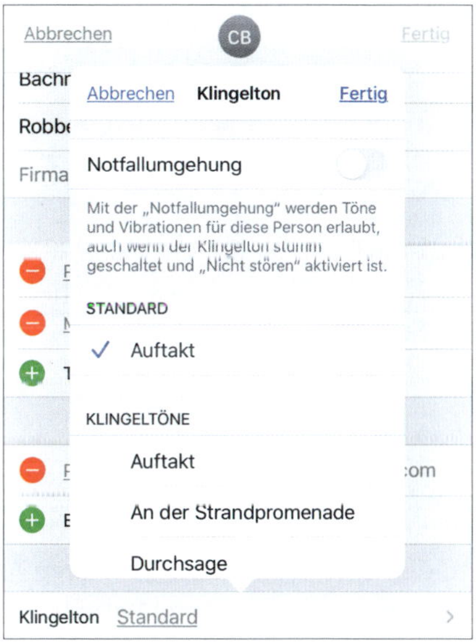

3. Dort schalten Sie jeweils die *Notfallumgehung* ein. In diesem Fall werden Sie über den Anruf bzw. die Nachricht der entsprechenden Person auch dann informiert, wenn *Nicht stören* eingeschaltet ist.

Spitznamen ergänzen

Familienmitgliedern, Freunden und Bekannten können Sie in der Kontakte-App auch einen Spitznamen geben, bzw. Sie können diesen dort eintragen.

1. Öffnen Sie die Kontakte-App und wählen Sie den gewünschten Kontakt aus.
2. Tippen Sie auf *Bearbeiten* und blättern Sie bis ganz nach unten. Dort tippen Sie auf *Feld hinzufügen*.
3. Wählen Sie als neues Feld *Spitzname* aus und fügen Sie dieses per Fingertipp hinzu. Es erscheint ganz oben unter dem Namen.
4. Geben Sie den Spitznamen ein und tippen Sie auf *Fertig*. Er erscheint nun in Anführungszeichen unterhalb des richtigen Namens.

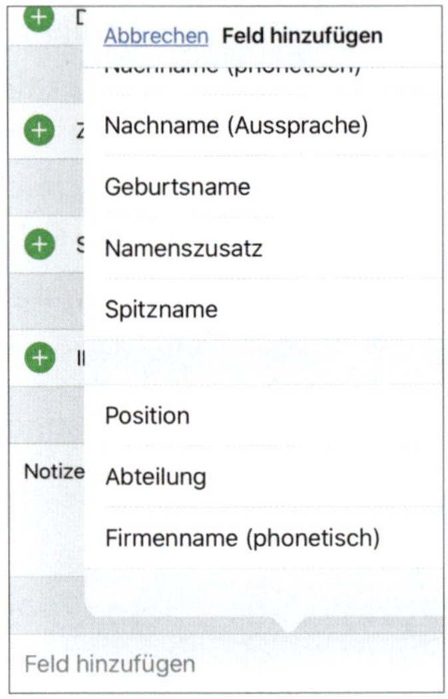

Geburtstag ergänzen

Kaum etwas ist so peinlich, wie den Geburtstag von Familienmitgliedern, Freunden, Bekannten oder Geschäftspartnern und Kollegen zu vergessen. Auch hierbei können Ihnen die Kontakte-App und die Kalender-App assistieren. Dazu müssen Sie allerdings erst einmal den Geburtstag desjenigen oder derjenigen eintragen:

1. Öffnen Sie die Kontakte-App und wählen Sie den gewünschten Kontakt aus.
2. Tippen Sie auf *Bearbeiten* und blättern Sie bis ganz nach unten, bis der Eintrag *Geburtstag* erscheint. Tippen Sie zunächst auf *Geburtstag* und wählen Sie den passenden Kalender aus.
3. Geben Sie nun den Geburtstag ein, indem Sie Tag, Monat und Jahr auswählen.
4. Falls das Feld *Geburtstag* nicht zu finden ist, ergänzen Sie es zuerst über den Befehl *Feld hinzufügen*.

5.3 Notizen

Nicht nur am Mac mit macOS, auch am iPad und iPhone unter iOS gehört die Notizen-App zu den am meisten unterschätzten Anwendungen. Besonders unter iPadOS 13, auf dem iPad Pro und in Zusammenarbeit mit dem Apple Pencil spielt sie ihre Stärken aus.

Aber Sie können nicht nur Checklisten und Notizen anlegen, diesen Abbildungen, PDF-Dokumente und Internetadressen hinzufügen. Es lassen sich mit der Notizen-App auch Zeichnungen erstellen und sogar Dokumente scannen.

Notizen in Ordnern organisieren

Wenn Sie viele Notizen unterschiedlicher Art haben, wird die App schnell unübersichtlich.

Daher können Sie auch Ordner anlegen und Ihre Notizen passend einordnen:

1. Starten Sie die Notizen-App und blenden Sie, soweit an Ihrem iPad verfügbar, über das Übersichtssymbol oben links die dreispaltige Ansicht ein. Andernfalls tippen Sie ebenfalls links oben auf *Ordner*.
2. Um zunächst einen neuen Ordner anzulegen, tippen Sie links unten auf *Neuer Ordner* und geben dem Ordner einen Namen wie *Privat*.
3. Nachdem Sie dem Ordner einen Namen gegeben haben, taucht er in der linken Spalte auf.
4. Tippen Sie nun auf die gewünschte Notiz in der zweiten Spalte und ziehen Sie diese in den Ordner.
5. Alternativ wischen Sie auf der Notiz (Titel der Notiz in der ersten oder zweiten Spalte) von rechts nach links und dann auf das Ordnersymbol. Anschließend wählen Sie den Ordner für die Notiz aus und diese wird dorthin verschoben.

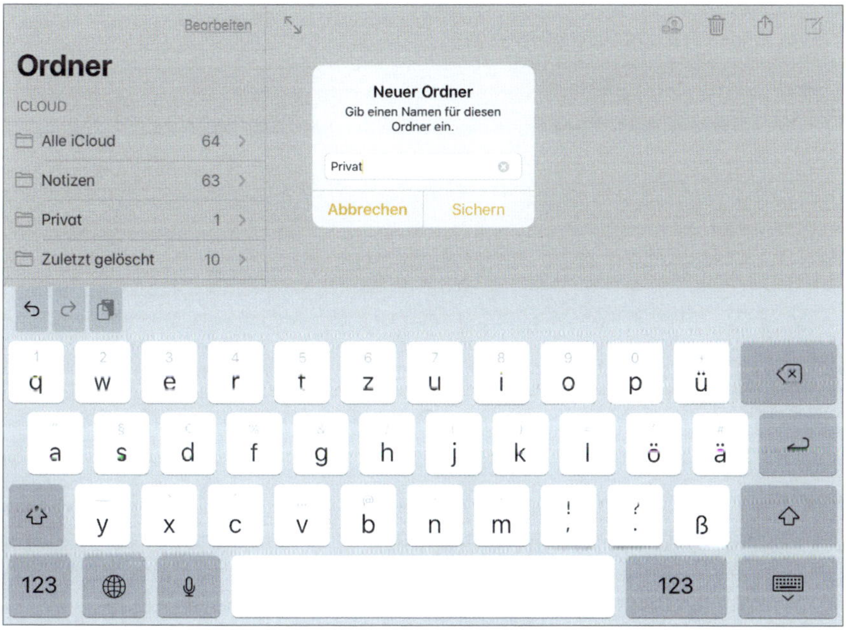

Texte formatieren

Der besseren Übersichtlichkeit wegen ist es sinnvoll, Ihre Notizen passend zu formatieren. Einfache Formatierungen sowie die Verwendung anderer Schriften sind auf unterschiedlichen Wegen möglich:

1. Legen Sie über das Symbol *Neue Notiz* erst eine neue Notiz an. Geben Sie Ihren Text wie gewohnt ein.
2. Tippen Sie auf den Text, um dessen Kontextmenü anzuzeigen. Dort wählen Sie den Text aus, der formatiert werden soll, indem Sie die Textbegrenzer links und rechts entsprechend verschieben.
3. Um den gewählten Text zu formatieren, tippen Sie im Kontextmenü auf *BIU* und wählen die gewünschte Formatierung aus.
4. Alternativ können Sie die Formatierung des Textes bereits während des Verfassens über das Symbol *Aa* links oberhalb der Bildschirmtastatur vornehmen, indem Sie die gewünschte Formatierung aus dem Menü auswählen.

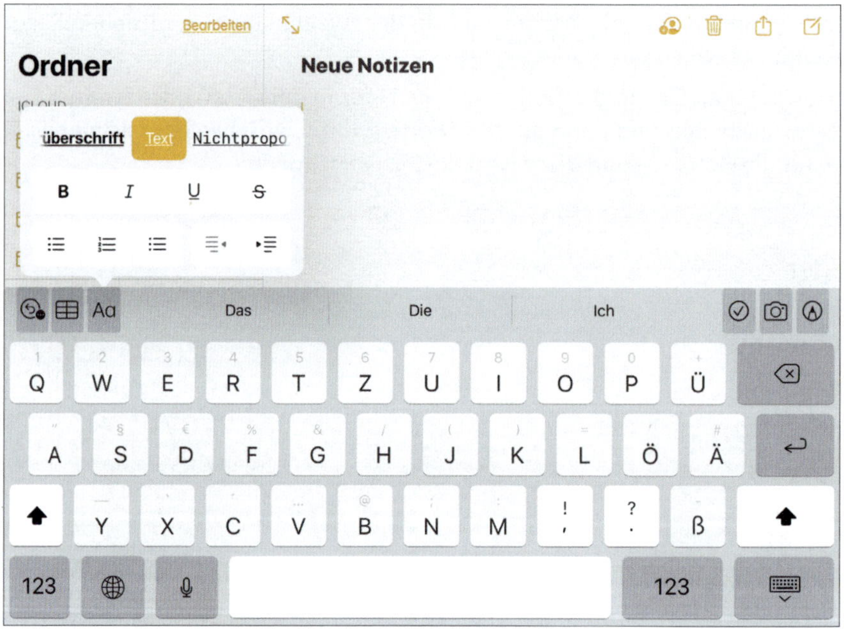

Andere Schriften verwenden?
Bislang ist es nicht möglich, mit der Notizen-App auf dem iPad andere Schriftarten und Schriftfarben zu verwenden. Allerdings ist es möglich, den Text am Mac entsprechend zu formatieren. Schriftarten, Schriftfarben und Formatierungen werden über iCloud auf dem iPad zumindest angezeigt.

Checklisten erstellen

Die Notizen-App ist auch für Einkaufslisten und andere Listen gut geeignet. Diese lassen sich entsprechend formatieren:

1. Legen Sie über das Symbol *Neue Notiz* eine neue Notiz an. Geben Sie die Liste ein und beenden Sie jeden Eintrag mit der [⏎]-Taste auf Ihrer Bildschirmtastatur.
2. Um eine Checkliste zu erstellen, bewegen Sie die Einfügemarke vor oder auf den Eintrag und tippen rechts unten auf das Symbol für die Checkliste.
3. Ist eine Aufgabe in Ihrer Checkliste erledigt, haken Sie sie ab, indem Sie auf das Checklistensymbol tippen.
4. Die erledigte Aufgabe wird automatisch an das Ende der Checkliste verschoben, sofern Sie die entsprechende Nachfrage der Notizen-App bestätigen.

Weitere Listen erstellen

Über die Textformatierungen können Sie weitere Listen, z. B. nummerierte, erstellen.

1. Legen Sie die Notiz an und wählen Sie gleich über das Symbol *Aa* links oberhalb der Bildschirmtastatur die gewünschte Formatierung, etwa *nummerierte Liste*.
2. Beginnen Sie mit dem ersten Punkt der Liste und drücken Sie dann die [⏎]-Taste. Der zweite sowie die weiteren Punkte der Liste werden nun automatisch erstellt.
3. Sie haben die Wahl zwischen einer Liste mit vorangestellten Zeichen oder Nummern.

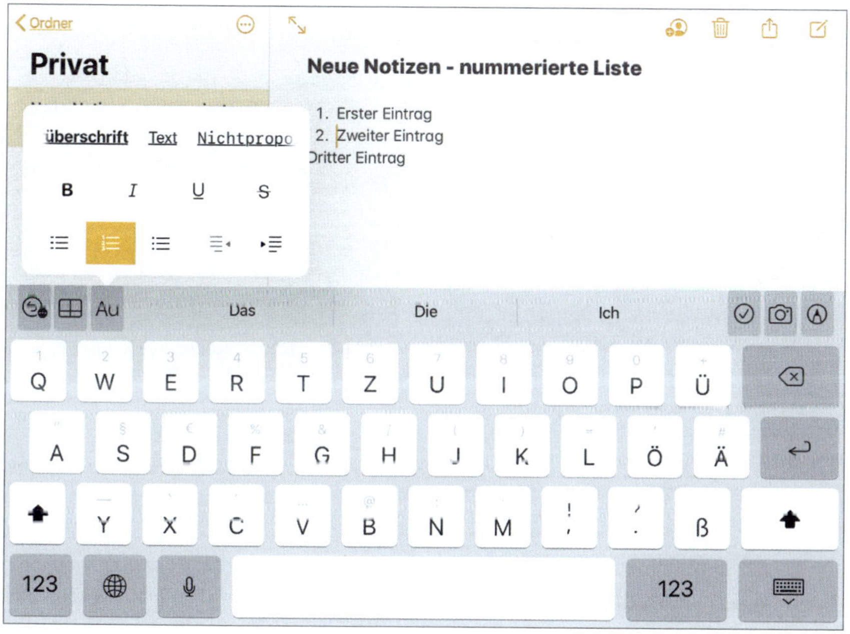

Tabellen anlegen

Mit der Notizen-App können Sie nun auch einfache Tabellen erstellen. Spalten und Zeilen lassen sich später einfach ergänzen, eine Formatierung der Tabelle oder gar die Verwendung von Funktionen zum Rechnen sind aber nicht möglich. Allerdings können Sie den enthaltenen Text formatieren.

1. Legen Sie über das Symbol *Neue Notiz* eine neue Notiz an. Um eine neue Tabelle zu erstellen, tippen Sie rechts unten auf das Tabellensymbol.
2. Es wird eine einfache Tabelle mit zwei Spalten und zwei Zeilen angelegt. Diese können Sie erweitern.
3. Tippen Sie zum Hinzufügen einer weiteren Spalte auf die drei kleinen Punkte links und zum Hinzufügen einer weiteren Linie auf die drei kleinen Punkte oben.
4. Geben Sie nun den Text in die Tabelle ein. Diesen können Sie über das Kontextmenü formatieren.
5. Zum Löschen einzelner Spalten oder Linien wählen Sie die Tabelle aus und tippen auf die drei kleinen Punkte links oder oben. Dort tippen Sie auf *Spalte löschen* oder *Zeile löschen*.
6. Möchten Sie die gesamte Tabelle löschen, tippen Sie rechts unten auf das Tabellensymbol und dann auf *Tabelle löschen*, soll der darin enthaltene Text erhalten bleiben, auf *In Text konvertieren*.

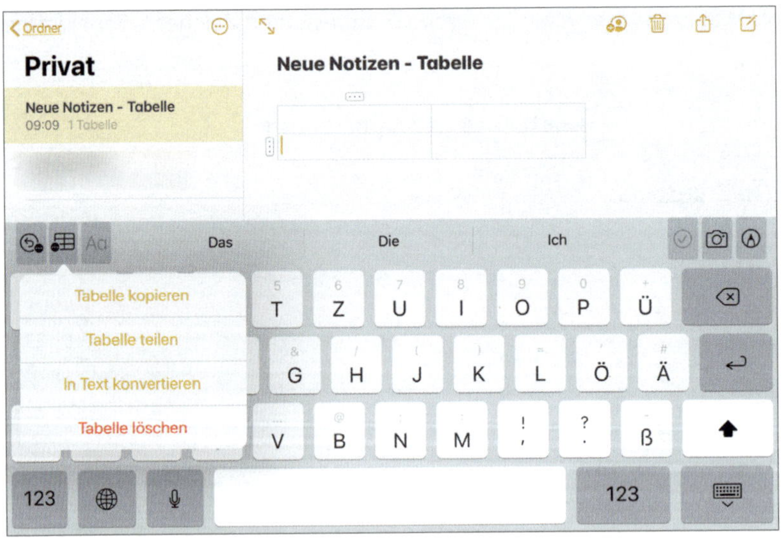

Medien einfügen

Ihren Notizen lassen sich unterschiedliche Medien wie Abbildungen, Fotos oder Videos hinzufügen.

1. Legen Sie über das Symbol *Neue Notiz* eine neue Notiz an. Um ein Medium einzufügen, tippen Sie auf das Plus-Symbol unten rechts.
2. Dort wählen Sie aus der Foto-Mediathek ein Foto bzw. Video aus oder nehmen eines mit der Kamera auf.
3. Fügen Sie das Foto über einen Fingertipp auf *Fertig* der Notiz hinzu.

Dokument scannen

Sie können auch direkt in der Notizen-App Dokumente scannen und einfügen – über die integrierte Kamera Ihres iPad.

1. Legen Sie über das Symbol *Neue Notiz* eine neue Notiz an. Um ein Dokument zu scannen, tippen Sie auf das Kamerasymbol unten rechts.
2. Wählen Sie dort den Befehl *Dokumente scannen*. Positionieren Sie das iPad und damit die Kamera so, dass das gewünschte Dokument erfasst wird.

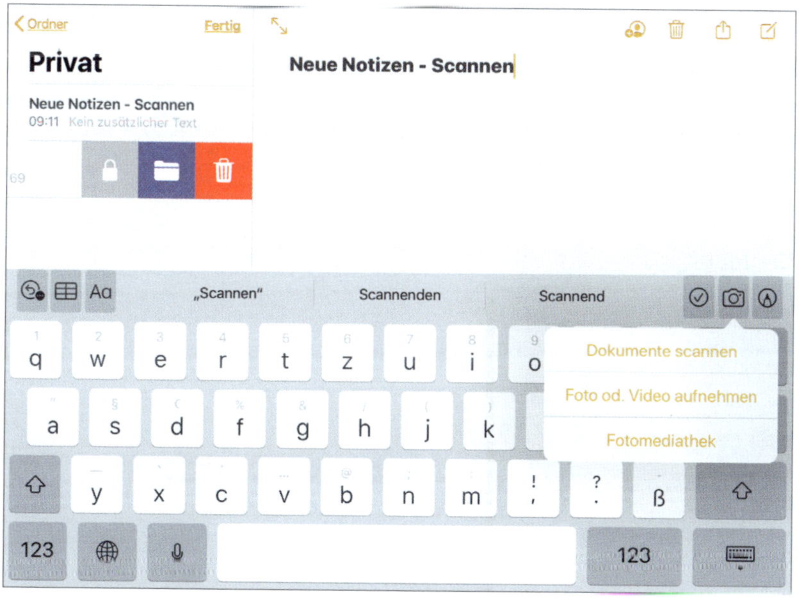

3. Tippen Sie auf den Auslöser. Anschließend ziehen Sie den Rahmen so auf, dass das Dokument oder der gewünschte Teil des Dokuments eingerahmt ist.
4. Über einen Fingertipp auf die Befehle *Scan behalten* und *Sichern* rechts unten wird der Scan gespeichert und in die Notiz übernommen.
5. Dort kann er per Doppeltipp geöffnet und weiterbearbeitet werden.
6. Der Scan kann zugeschnitten und gedreht werden, Sie können mehrere Filter anwenden und ihn beispielsweise in Graustufen umwandeln.

Webseiten einfügen

Webseiten können Sie auf unterschiedliche Weise einer Notiz hinzufügen, als reine URL oder als URL mit Voransicht.

1. Öffnen Sie Safari und rufen Sie die gewünschte Website auf. Tippen Sie auf das Teilen-Feld und wählen Sie die Notizen-App aus.
2. Für die Webseite wird eine neue Notiz erstellt. Ergänzen Sie ggf. Text sowie Titel und tippen Sie auf *Sichern*.
3. Alternativ ziehen Sie Safari vom Dock an die rechte Seite, sodass die Notizen-App und Safari nebeneinander zu sehen sind.
4. Tippen Sie in der Adressleiste auf die Webadresse oder auch auf einen Link auf der Webseite.
5. Ziehen Sie die Internetadresse oder den Link auf die Notiz. Er wird dort mit einer kleinen Vorschau eingefügt. Tippen Sie später darauf, wird Safari gestartet und die dazugehörige Seite aufgerufen.

Dateien hinzufügen

Ihren Notizen können Sie auch andere – kompatible – Dateien hinzufügen wie beispielsweise PDF-Dateien oder Pages-Dokumente.

1. Ziehen Sie die Dateien-App vom Dock an die rechte Seite, sodass die Notizen-App und die Dateien-App nebeneinander zu sehen sind.

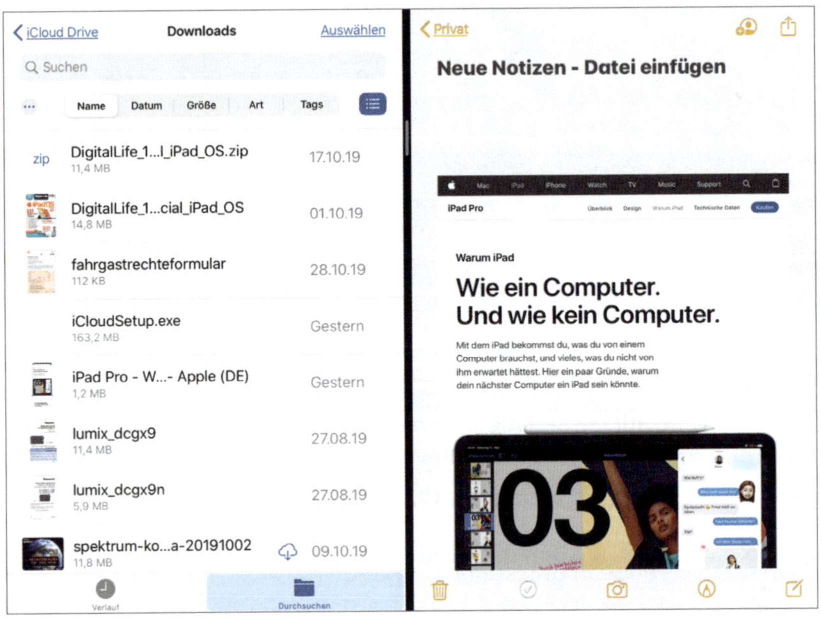

2. Suchen Sie in der Dateien-App die gewünschte Datei, beispielsweise im Ordner *Vorschau* oder *Pages*.
3. Tippen Sie auf diese Datei und ziehen Sie sie auf die Notiz. Die Datei wird umgehend eingefügt. Durch einen Doppeltipp kann sie vollständig geöffnet und ggf. markiert werden.

Kleine oder große Vorschau

Alle Dokumente, Abbildungen und Zeichnungen, die Sie eingefügt haben, können Sie als *Große Bilder* oder *Kleine Bilder* anzeigen lassen. Drücken Sie dazu auf die Vorschau der Datei in der Notizen-App, bis das Kontextmenü erscheint. Hier legen Sie die gewünschte Größe fest.

Notizen auf dem Sperrbildschirm erstellen

Als glücklicher Besitzer eines iPad Pro und Apple Pencil ist es möglich, das iPad auch dann als »Notizblock« zu verwenden, wenn es gesperrt ist. Wie das geht, erfahren Sie in Kapitel 10.4 unter den Tipps für den Apple Pencil.

Notizen freigeben

Sie können andere Personen einladen, um – ausgewählte – Notizen zu betrachten oder sogar daran mitzuarbeiten.

1. Wählen Sie in der linken Spalte die gewünschte Notiz aus und zeigen Sie sie an.
2. Tippen Sie rechts oben auf das kleine Personensymbol. Dort wählen Sie die App aus, über die die Einladung gesandt werden soll – z. B. die Nachrichten- oder die Mail-App.
3. Geben Sie den Empfänger ein oder suchen Sie ihn in der Kontakte-App aus.
4. Versenden Sie die E-Mail. Der Empfänger kann dann auf seinen Geräten auf die freigegebenen Notizen zugreifen und diese auch ändern.
5. Den freigegebenen Notizen wird jeweils das Personensymbol vorangestellt.

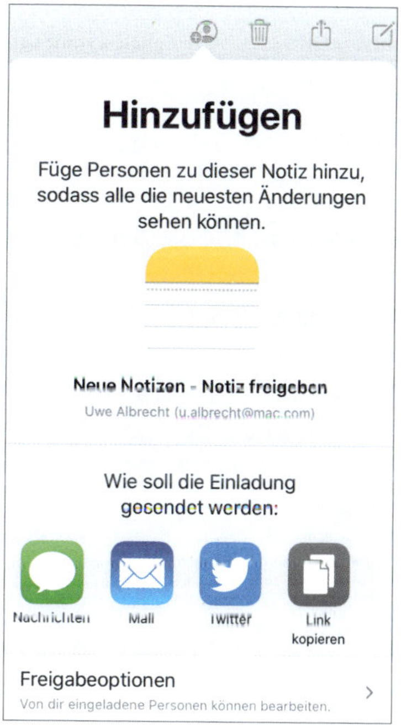

Notizen schreibgeschützt freigeben

Auf Wunsch können Sie die Notizen auch schreibgeschützt freigeben, ohne dass sie von anderen bearbeitet werden können:

1. Wählen Sie links die gewünschte Notiz aus und zeigen Sie diese an.
2. Tippen Sie rechts oben auf das kleine Personensymbol. Tippen Sie nun auf *Freigabeoptionen*.
3. Darin legen Sie fest, dass die Notiz nur angesehen werden kann.
4. Tippen Sie auf *Zurück* und fahren Sie wie oben beschrieben fort – mit der Wahl der gewünschten App und des Empfängers.

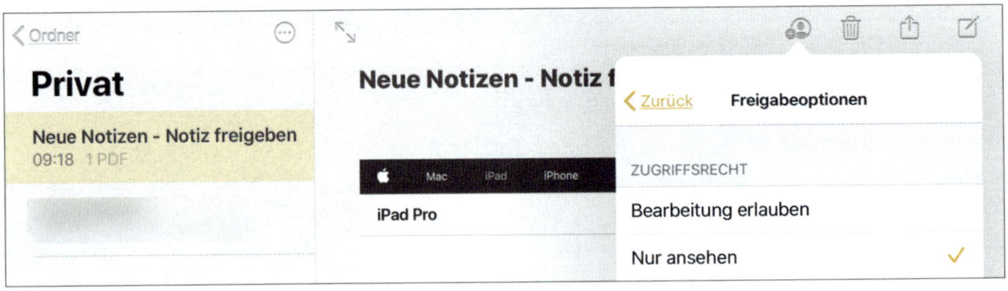

Notizen freigeben

Auch ganze Ordner mit Notizen können freigegeben werden.

In diesem Fall gehen Sie auf die folgende Weise vor:

1. Wählen Sie in der linken Spalte den Ordner aus und wischen Sie auf dessen Eintrag langsam von rechts nach links.
2. Tippen Sie auf das blaue Personensymbol. Bestimmen Sie im folgenden Fenster *Hinzufügen*, falls erforderlich, ebenfalls die *Freigabeoptionen* und wählen Sie dann die App, mit der die Einladung versandt werden soll.

Notizen verschlüsseln

Bei Bedarf lassen sich private oder »geheime« Notizen verschlüsseln oder sperren:

1. Wählen Sie die Notiz aus und wischen Sie auf dem Titel der Notiz von rechts nach links.
2. Nun erscheint unter anderem das Symbol eines Schlosses, auf das Sie tippen.
3. Geben Sie ein Kennwort ein, um die Notiz zu verschlüsseln. Wird diese Notiz später ausgewählt, wird statt der Notiz ein kleines Schloss eingeblendet und der Hinweis, dass Sie zum Öffnen ein Kennwort benötigen.
4. Alternativ können Sie rechts oben an der jeweiligen Notiz auf das Teilen-Feld tippen und dort in der unteren Reihe das Symbol *Notiz sperren* wählen.

Notizen anheften

Nicht immer ist es auf den ersten Blick ersichtlich, welche Ihrer Notizen wichtig sind und welche weniger wichtig. Die Notizen-App sortiert Ihre Aufzeichnungen nämlich ausschließlich nach dem Erstellungs- und Bearbeitungsdatum. Besonders wichtige Notizen lassen sich aber oberhalb der Liste in einem gesonderten Bereich anheften.

1. Wischen Sie dazu in der Notizenliste auf der gewünschten Notiz von links nach rechts.
2. Tippen Sie nun auf das Stecknadelsymbol, wird die Notiz oben angeheftet. Zum Entfernen der Notiz wischen Sie erneut von links nach rechts und tippen wieder auf das Stecknadelsymbol.

Anderen Hintergrund verwenden

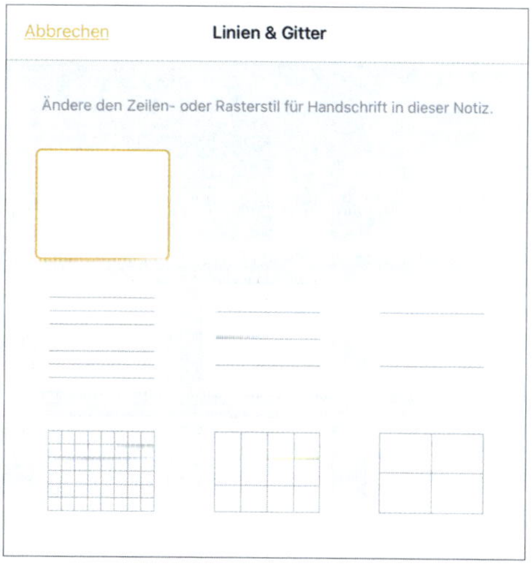

Ihre einzelnen Notizen lassen sich auch mit alternativen Hintergründen versehen, wie kariertem oder liniertem Papier.

1. Wählen Sie in der linken Spalte die Notiz aus und zeigen Sie diese an.
2. Tippen Sie rechts oben auf das Teilen-Feld und wählen Sie unten das Symbol *Linien & Gitter*. Der gewählte Hintergrund wird umgehend hinzugefügt.

Notieren und Skizzieren mit der Notizen-App

Mit der Notizen-App Ihres iPad können Sie nicht nur Notizen aller Art erstellen, PDF-Dateien hinzufügen, Internetadressen und Medien, sondern auch regelrechte Skizzen und Zeichnungen erstellen:

1. Tippen Sie rechts oben auf das Symbol *Neue Notiz* und zum Erstellen einer Zeichnung auf das Bleistiftsymbol rechts oberhalb der Bildschirmtastatur.
2. Anschließend erscheint die Palette mit den Zeichenwerkzeugen am unteren Bildschirmrand. Diese können Sie bei Bedarf nach oben oder an die Seite des Bildschirms ziehen.
3. Auf der Zeichenpalette finden Sie die verschiedenen Schreib- und Zeichenwerkzeuge sowie Lineal, Radierer und die Farbpalette.
4. Erstellen Sie die Zeichnung. Wenn Sie die Arbeit beendet haben, tippen Sie links oben auf *Fertig* und die Zeichnung wird der aktuellen Notiz hinzugefügt.
5. Wenn Sie später Änderungen daran vornehmen möchten, tippen Sie erneut auf die Zeichnung und arbeiten weiter.

Schnelles Notieren und Zeichnen

Mit dem Apple Pencil und einem kompatiblen iPad ist es möglich, Notizen und Zeichnungen noch schneller zu erstellen. Beginnen Sie dazu einfach, auf der geöffneten Notiz zu schreiben und zu zeichnen. Die Zeichnung und die handschriftliche Notiz werden der getippten Notiz dann hinzugefügt und angehängt.

Handschriftenerkennung in der Notizen-App

Die Notizen-App verfügt über eine automatische und lernfähige Handschriftenerkennung. Erstellen Sie eine handschriftliche Notiz, kann über das Suchfeld der App auch nach den dort notierten Begriffen gesucht werden.

Galerieansicht

Die Anhänge Ihrer Notizen können Sie in einer Galerieansicht betrachten:

1. Tippen Sie links oben auf die drei kleinen Punkte und wählen Sie die Option *Anhänge anzeigen*.
2. Wenn Sie im Folgenden auf *Alle anzeigen* tippen, werden diese vollständig aufgelistet. Zum Vergrößern tippen Sie auf den Anhang bzw. die Abbildung.

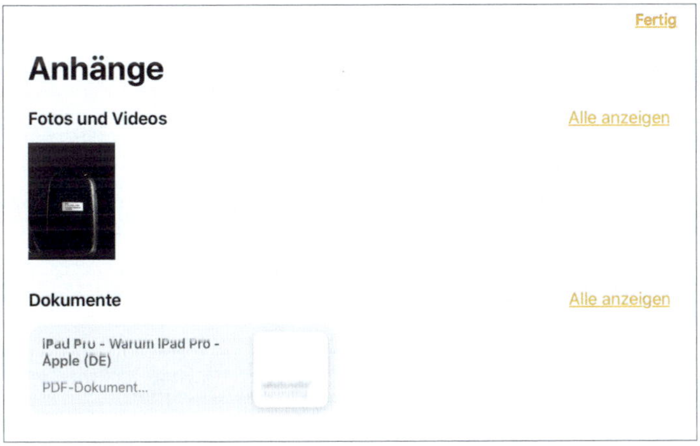

Notizen sortieren

Ihre Notizen sortieren Sie jeweils auf die folgende Weise:

1. Wählen Sie in der linken Spalte den gewünschten Ordner aus, z. B. *iCloud*. Ziehen Sie die Liste in der linken Spalte nach unten.

2. Zum Sortieren tippen Sie oberhalb der Liste auf die gewünschte Sortierung: *Standard*, *Bearbeitungsdatum*, *Erstellungsdatum* oder *Titel*.

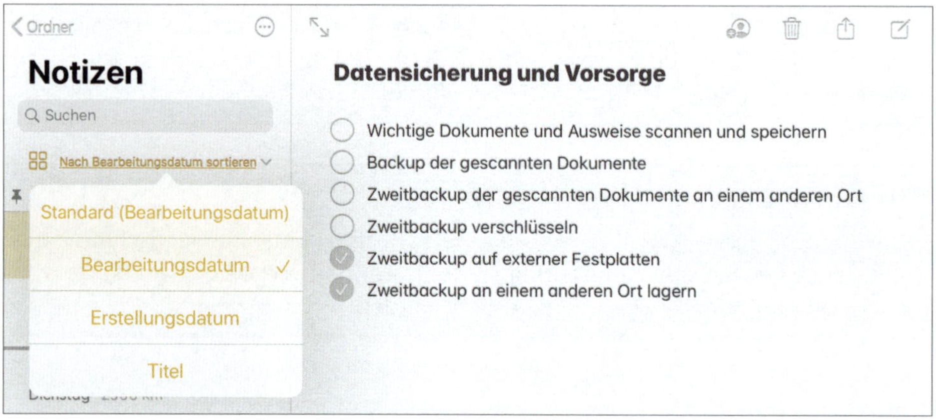

Voransicht Ihrer Notizen

Ihre gesammelten Notizen können Sie auch in einer verkleinerten Voransicht betrachten. Tippen Sie dazu in der linken Spalte oberhalb der Notizen auf die vier kleinen Quadrate. Nun wird eine verkleinerte Voransicht angezeigt.

5.4 Erinnerungen

Mit der Erinnerungen-App verwalten Sie Ihre Aufgaben und legen To-do-Listen an. Die App unterstützt Sie dabei, sich an Ihre Aufgaben am richtigen Ort und zur richtigen Zeit zu erinnern. Wie üblich werden die Erinnerungen über iCloud mit Ihren anderen Geräten abgeglichen.

Unter iPadOS 13 und iOS 13 wurde die Erinnerungen-App grundlegend überarbeitet. Sie ist nun leistungsfähiger und intuitiver nutzbar.

Regelmäßige Erinnerungen anlegen

Viele Aufgaben müssen in mehr oder weniger regelmäßigen Abständen erledigt und abgearbeitet werden, z. B. den Müll rausstellen, Rechnungen bezahlen und vieles andere mehr. Mit der Erinnerungen-App behalten Sie auch solche mehr oder minder lästigen Aufgaben im Blick.

1. Starten Sie die Erinnerungen-App und wählen Sie zunächst die passende Liste, z. B. *Meine Aufgaben*.

2. Erstellen Sie über den Plus-Schalter unten in der Mitte eine neue Erinnerung. Geben Sie die Bezeichnung ein, etwa »Hausmüll rausstellen«. Bestätigen Sie die Eingabe mit der [↵]-Taste.
3. Um die Zeit dafür einzutragen, tippen Sie auf das kleine *i*-Symbol rechts. Dort legen Sie über *An einem Tag erinnern* sowie *Wecker* das Datum und die Zeit fest.
4. Ist es ein wiederkehrender Termin, tippen Sie zudem auf *Wiederholen* und geben den Zeitraum ein, von *Stündlich* bis zu *Alle 6 Monate*.

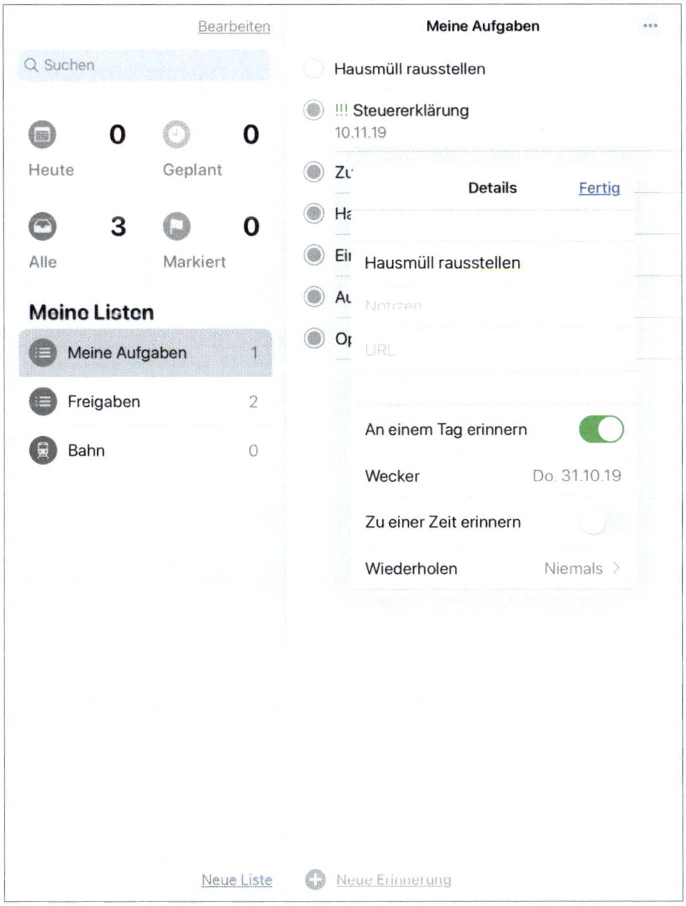

Erledigte Erinnerungen anzeigen

Um alle bereits erledigten Erinnerungen aufzulisten, tippen Sie rechts oben auf die drei kleinen Punkte und dann auf die Option *Erledigte Einträge einblenden*. Nun werden alle alten Erinnerungen aufgelistet, wobei die entsprechenden Datums- und Zeitangaben rot angezeigt werden.

Ortsbezogene Erinnerung erstellen

Sehr praktisch sind ortsbezogene Erinnerungen. In diesem Fall werden Sie immer dann von der Erinnerungen-App auf eine Aufgabe hingewiesen, wenn Sie sich an einem bestimmten Ort befinden.

1. Starten Sie die Erinnerungen-App und wählen Sie zunächst die passende Liste, wie z. B. *Meine Aufgaben*.
2. Erstellen Sie über den Plus-Schalter unten in der Mitte eine neue Erinnerung. Geben Sie die passende Bezeichnung ein und bestätigen Sie die Eingabe.
3. Sofern erforderlich, tragen Sie zunächst die richtige Zeit ein. Dazu tippen Sie auf das kleine *i*-Symbol rechts. Legen Sie das Datum und die Zeit fest.
4. Um einen ortsabhängigen Termin zu erstellen, schalten Sie die Option *An einem Ort erinnern* ein und wählen diesen über *Ort* aus.
5. Geben Sie die Adresse ins Suchfeld ein und legen Sie dann fest, ob Sie bei der Ankunft an diesem Ort oder vor der Abfahrt erinnert werden wollen. Tippen Sie auf *Fertig*.

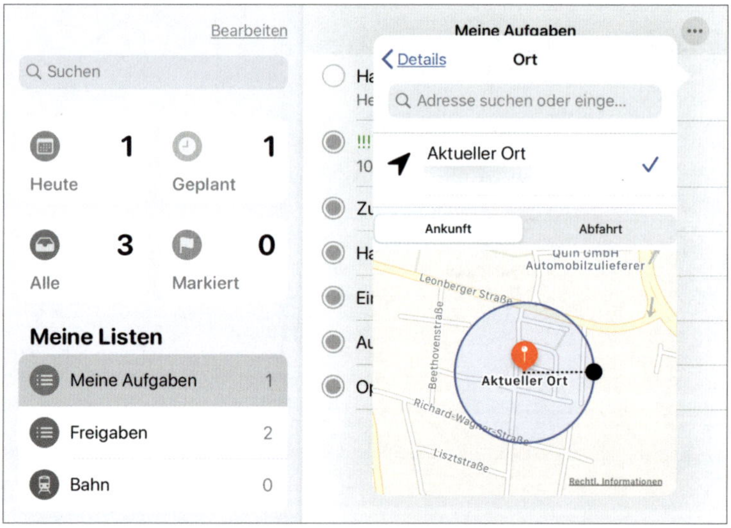

Den Erinnerungen Prioritäten zuweisen

Um wichtige von weniger wichtigen Aufgaben zu unterscheiden, können Sie diesen auch Prioritäten zuweisen.

In diesem Fall tippen Sie bei der gewählten Aufgabe auf das kleine *i* und blättern nach unten. Dort wählen Sie als Priorität *Gering*, *Mittel* oder *Hoch*. Die Priorität wird dann durch bis zu drei Ausrufezeichen angezeigt.

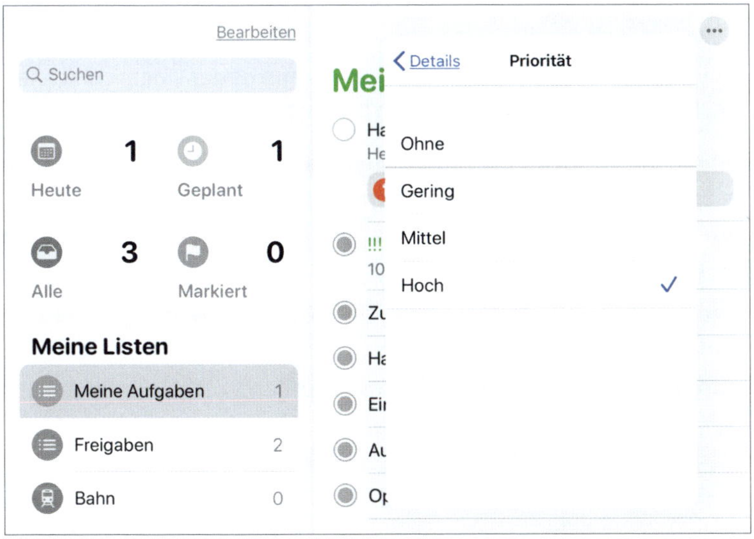

Erinnerungen mit Informationen ergänzen

Ihren Erinnerungen können Sie bei Bedarf weitere Informationen hinzufügen, etwa Abbildungen, Internetadressen und Notizen.

1. Wählen Sie die Erinnerung aus und tippen Sie auf das kleine *i*.
2. Tragen Sie unterhalb des Titels die dazugehörigen »Notizen« ein sowie bei Bedarf eine Internetadresse (*URL*).
3. Wollen Sie eine Abbildung hinzufügen, blättern Sie ganz nach unten und tippen auf den Eintrag *Bild hinzufügen*.

Bilder und Webseiten per Ziehen & Ablegen hinzufügen

Bilder oder Webseiten lassen sich auch einfach auf eine Erinnerung ziehen und dort ablegen.

Starten Sie die Erinnerungen-App und anschließend die zweite App – z. B. Safari – in der Split-View-Darstellung. Dazu ziehen Sie Safari vom Dock an die rechte oder linke Seite des Bildschirms. Öffnen Sie die Webseite und tippen Sie auf die Webadresse, verschieben Sie den Finger leicht, bis sich die Webadresse herauslöst. Ziehen Sie nun die Webadresse auf die gewünschte Erinnerung.

Möchten Sie eine Abbildung hinzufügen, öffnen Sie die Fotos-App und ziehen stattdessen die Abbildung auf die Erinnerung.

Erledigte Erinnerungen löschen

Je nachdem, wie intensiv Sie die Erinnerungen-App nutzen, kann es der Übersichtlichkeit wegen erforderlich sein, bereits erledigte Aufgaben zu löschen:

1. Um zunächst alle erledigten Erinnerungen anzuzeigen, tippen Sie rechts oben auf die drei kleinen Punkte und wählen den Eintrag *Erledigte Einträge einblenden*.
2. Um einen Eintrag zu entfernen, wischen Sie auf dem Eintrag von rechts nach links und tippen dann auf *Löschen*. Der Eintrag wird entfernt.
3. Möchten Sie mehrere Einträge auf einmal löschen, tippen Sie erneut auf die drei kleinen Punkte sowie auf *Erinnerungen auswählen ...*
4. Suchen Sie die Erinnerungen aus und tippen Sie anschließend rechts unten auf *Löschen*.

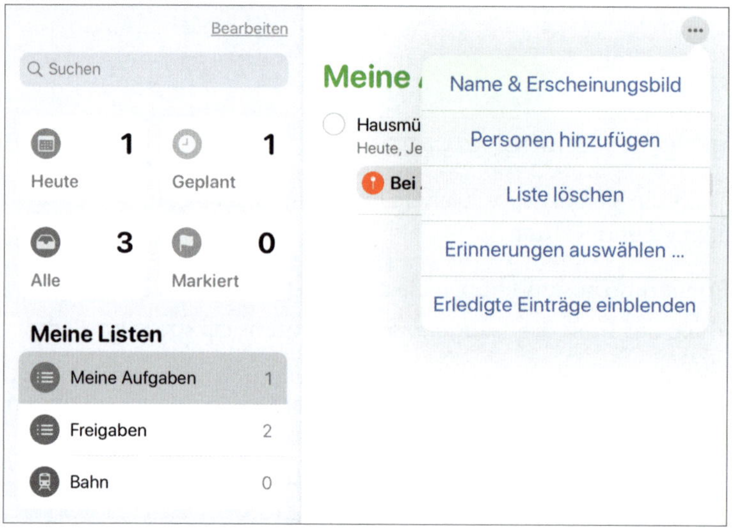

Erinnerungen freigeben

Ihre Erinnerungen – bzw. deren Listen – können Sie auch mit anderen Personen teilen und freigeben.

1. Wählen Sie auf der linken Seite die Liste *Freigaben* aus. Erstellen Sie ggf. eine neue Erinnerung.
2. Tippen Sie nun rechts oben auf die drei kleinen Punkte und wählen Sie den Eintrag *Personen hinzufügen*.
3. Bestimmen Sie die App, über die die Einladung versandt werden soll, und geben Sie deren Apple-ID (E-Mail-Adresse) ein. Selbstverständlich muss diese Person eine Apple-ID besitzen und die Erinnerungen-App auf dem iPad, iPhone oder Mac nutzen.

Personalisierte Listen erstellen

Um die Erinnerungen-App auf Ihre Bedürfnisse zuzuschneiden, können Sie auch eigene personalisierte Listen in verschiedenen Farben und mit passenden Symbolen erstellen.

1. Tippen Sie in der linken Spalte unterhalb Ihrer bereits vorhandenen Listen auf den Eintrag *Neue Liste*.
2. Geben Sie den Namen ein. Wählen Sie nun die Farbe und das gewünschte Symbol aus, beispielsweise eine Eisenbahn für Reisen mit der Bahn.
3. Tippen Sie auf *Fertig* rechts oben, wird die neue Liste unterhalb der bestehenden Listen hinzugefügt.

Reihenfolge der Erinnerungen anpassen

Die Reihenfolge der Erinnerungen und Listen lässt sich von Hand anpassen.

Und zwar auf diese Weise:

1. Wählen Sie links Ihre gewünschte Liste mit den Erinnerungen aus.
2. Rechts finden Sie die einzelnen Erinnerungen. Um diese zu verschieben, tippen Sie etwas länger auf einen Eintrag und bewegen ihn leicht, bis er sich aus der Liste herauslöst.
3. Ziehen Sie die Erinnerung nun an die gewünschte Position. Dies kann auch eine andere Liste sein.

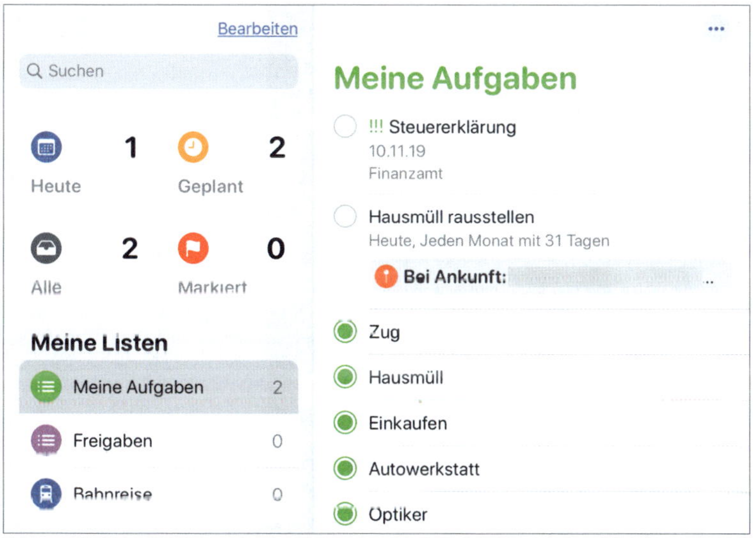

5.5 Suchen

Um schnell alle gewünschten Informationen auf Ihrem iPad – und darüber hinaus auch online – zu finden, nutzen Sie Spotlight, die intelligente Suchfunktion von iPadOS 13. Im Folgenden finden Sie Tipps und Tricks, um Ihre Suche einfacher und erfolgreicher zu gestalten.

Spotlight schnell aufrufen

Eine schnelle Suche mit Spotlight starten Sie wie folgt:

1. Wischen Sie auf dem Home-Bildschirm von der Mitte des Bildschirms nach unten.
2. Nun geben Sie den oder die Suchbegriffe in das Suchfeld ein und starten die Suche mit der [⏎]-Taste.
3. Bereits während Sie Ihre Suchbegriffe eingeben, werden die Suchergebnisse geordnet nach den unterschiedlichen Fundstellen aufgelistet.
4. Zum Betrachten tippen Sie die entsprechende Fundstelle an. Die dazu erforderliche App wird automatisch geöffnet.

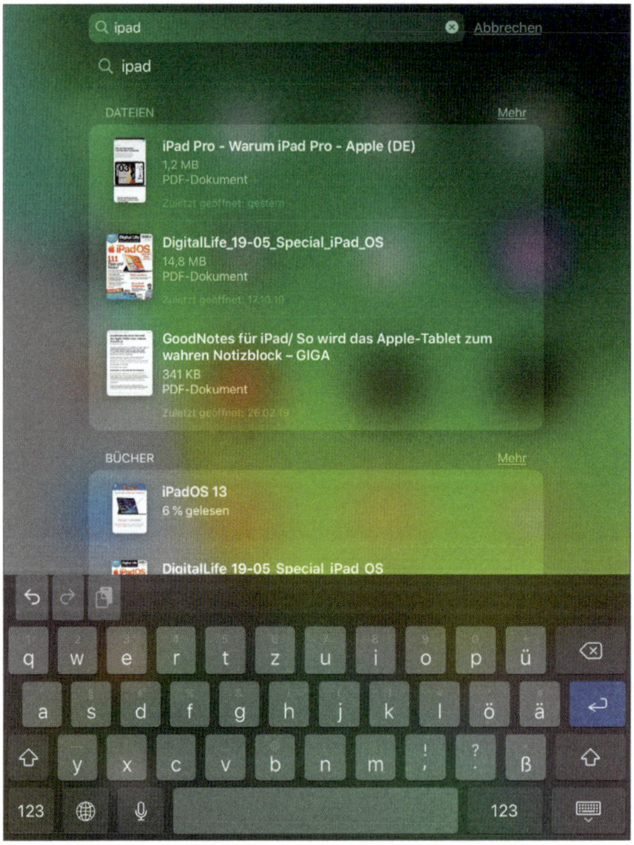

Siri-Vorschläge nutzen

Rufen Sie Spotlight auf, indem Sie von der Mitte des Bildschirms nach unten wischen. Dann finden Sie beispielsweise unter *Siri-Vorschläge* passende Apps, unter *Siri-Wissen* Einträge in Nachschlagewerken und unter *Siri-Website-Vorschläge* thematisch passende Webseiten.

Über die App suchen

Zahlreiche Apps besitzen ebenfalls eine Suchfunktion, z. B. die Apps *Notizen* und *Mail* oder Apps von Drittherstellern. Nutzen Sie diese, um innerhalb der Apps bzw. in den geöffneten Dateien und Dokumenten zu suchen. Die Suchfunktion finden Sie meistens oben am Bildschirm über das Lupensymbol. Bisweilen ist es auch erforderlich, auf den vorhandenen Einträgen nach unten zu wischen, um das Suchfeld anzuzeigen.

Eine App bei der Suche ausschließen

Wollen Sie eine App bzw. deren Inhalte bei der Suche ausschließen, erreichen Sie das auf die folgende Weise:

1. Öffnen Sie die *Einstellungen* und wählen Sie in der linken Spalte den Eintrag *Siri & Suchen*.
2. Blättern Sie nach unten, bis Sie die gewünschte App gefunden haben. Tippen Sie auf den Namen der App.
3. Schalten Sie hier die gewünschten Optionen ab, vor allem *In Suche anzeigen*.

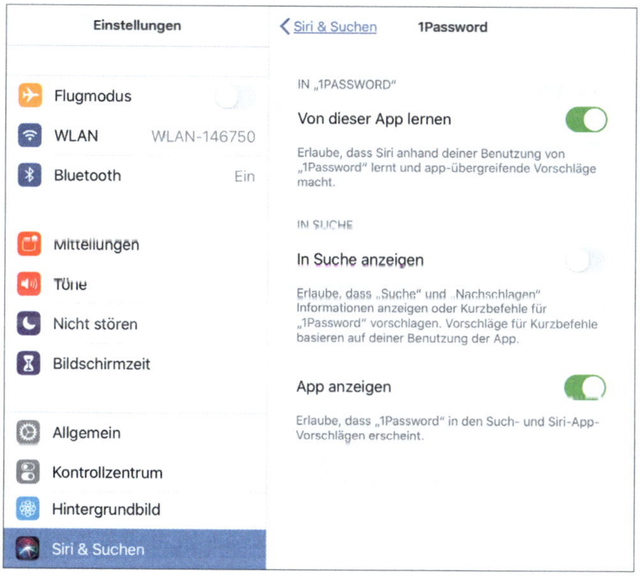

Keine Suche in Wikipedia oder App Store

Spotlight von iPadOS 13 führt bei jeder Suchanfrage auch online eine Suche im App Store und in Wikipedia durch. Um das zu verhindern oder diese auszuschließen, gehen Sie so vor:

1. Öffnen Sie die *Einstellungen* und wählen Sie in der linken Spalte den Eintrag *Siri & Suchen*.
2. Dort tippen Sie in der rechten Spalte auf *App Store* und schalten *In Suche anzeigen* ab.
3. Tippen Sie nun ebenfalls in der rechten Spalte auf *Wikipedia* und schalten Sie *In Suche anzeigen* auch dort ab.

Speicherorte durchsuchen

Über die Dateien-App können Sie gezielt nach Dateien suchen, sowohl direkt auf dem iPad als auch an den anderen Speicherorten, also Cloud-Diensten. Die Voraussetzung ist, dass Sie die dazu notwendige App installiert und sich mit dem dazugehörigen Benutzernamen und Kennwort angemeldet haben.

1. Starten Sie die Dateien-App und wählen Sie links zunächst den Speicherort aus, z. B. *iCloud Drive* oder *Auf meinem iPad*.
2. Geben Sie oben im Suchfeld den oder die Suchbegriffe ein. Die passenden Dateien werden im Hauptfenster blitzschnell aufgelistet.
3. Zudem können Sie zwischen dem *Verlauf* sowie dem gewählten Speicherort wählen.

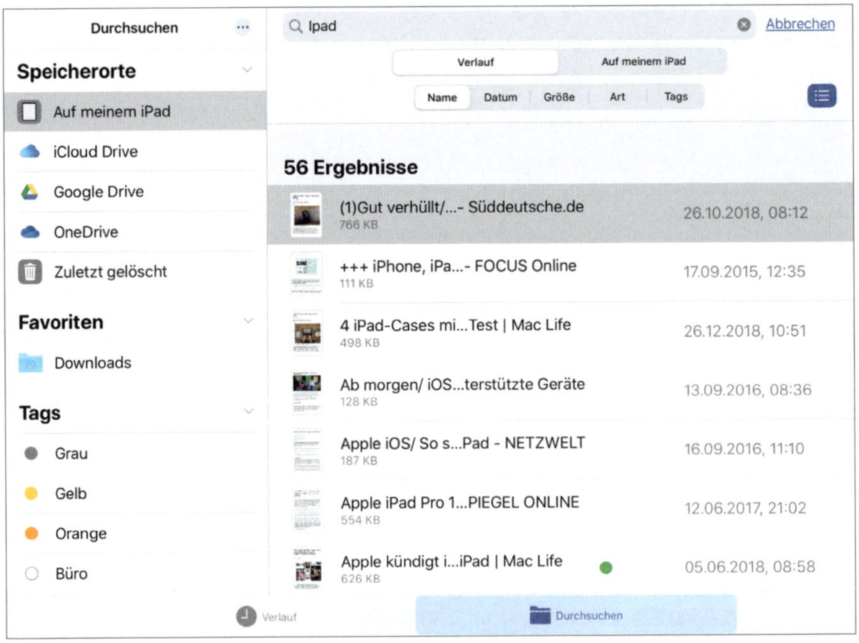

5.6 Diktieren

Sie haben keine Sekretärin, die Sie zum Diktat bitten könnten? Das stimmt so nicht, denn Sie besitzen ein iPad! Dank Siri, der passenden App und der Diktierfunktion ist es möglich, Texte zu diktieren. Wie Sie die Diktierfunktion Ihres iPad nutzen, zeigen Ihnen diese Tipps.

Diktierfunktion aktivieren

Damit das iPad Ihr Diktat entgegennehmen kann, muss die Diktierfunktion selbstverständlich aktiviert sein. Dies erreichen Sie auf die folgende Weise:

1. Achten Sie darauf, dass Siri aktiviert ist. Hierzu muss in den *Einstellungen* für *Siri & Suchen* die Funktion *Für Siri Home-Taste drücken* oder beim iPad Pro ab der dritten Generation die Option *Für Siri obere Taste drücken* eingeschaltet sein.
2. Über *Einstellungen/Allgemein* sowie *Tastaturen* müssen Sie die *Diktierfunktion aktivieren*.

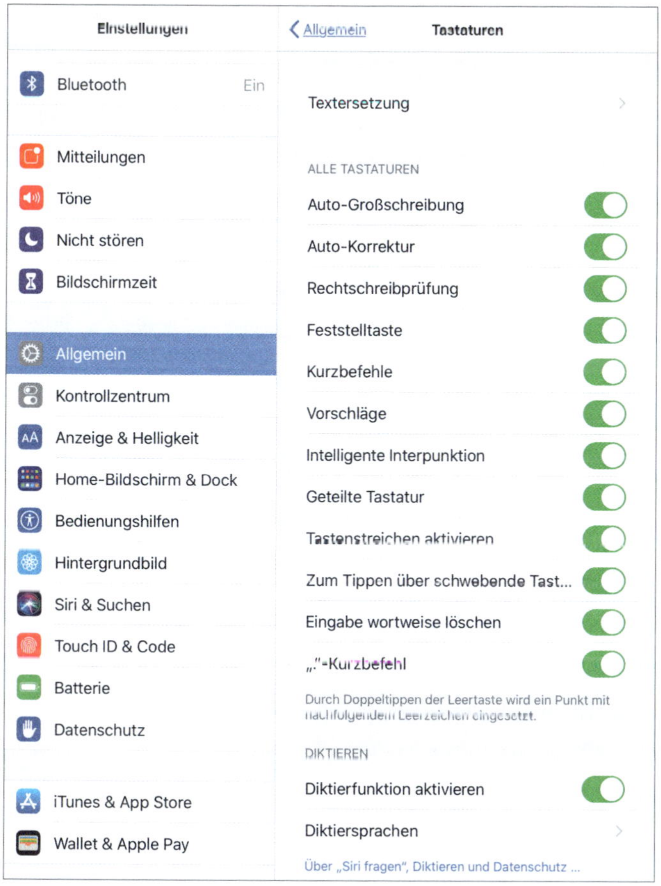

3. Wählen Sie unterhalb der Einstellung *Diktierfunktion aktivieren* die passende Diktiersprache aus.
4. Anschließend werden – falls noch nicht geschehen – die dazu notwendigen Dateien heruntergeladen, sodass Sie auch diktieren können, wenn Sie über keine Internetverbindung verfügen.

Diktat starten

Jedem Programm, das über eine Texteingabefunktion verfügt, wie die Nachrichten-App, *Mail*, die Notizen-App oder auch Pages und Programme von Drittanbietern, können Sie den Text diktieren:

1. Starten Sie das Diktat, indem Sie auf der Bildschirmtastatur unten links auf die Mikrofon-Taste tippen. Die Tastatur wird aus- und das Diktierfenster eingeblendet.
2. Wählen Sie über das Weltkugel-Symbol unten links die passende Sprache aus. Zur Auswahl stehen in der Standardeinstellung Deutsch und Englisch.
3. Sprechen Sie Ihren Text. In der Regel versteht Ihr iPad Sie gut. Korrekturen sind später meist nur wenige nötig.
4. Zu Beginn des Diktats ertönt ein Ton, beenden Sie das Diktat, hören Sie den Ton erneut. Um das Diktat zu beenden, tippen Sie rechts unten auf das Symbol *Tastatur einblenden*.

Neuen Absatz diktieren

Mit der Eingabe von Text ist es natürlich nicht getan. Sie möchten diesen ja sicher auch in Absätzen strukturieren und neue Zeilen anlegen. Dies sagen Sie Ihrem iPad ganz einfach auf die folgende Weise: »Neuer Absatz«.

Satzzeichen und Sonderzeichen eingeben

Bei der Eingabe von Satzzeichen und Sonderzeichen sprechen Sie diese vollständig aus, beispielsweise:

- Leerzeichen
- Komma
- Punkt
- Fragezeichen
- Bindestrich
- Gedankenstrich
- Zitat Anfang
- Zitat Ende
- Klammer auf
- Klammer zu
- Klammeraffe
- Eurosymbol
- Dollarzeichen
- Prozentzeichen
- Pluszeichen
- Minuszeichen

Emojis diktieren

Verfassen Sie eine Nachricht in der Nachrichten-App oder schreiben Sie eine E-Mail in *Mail*, dann wollen Sie diese vielleicht durch Emojis ergänzen. Auch diese lassen sich – jedenfalls die wichtigsten – diktieren. Sehen Sie die folgenden Beispiele:

- Lachendes Gesicht :-D
- Trauriges Gesicht :-(
- Zwinkerndes Gesicht ;-)

Eingaben löschen und korrigieren

Um beim Diktat die vorherige Eingabe wieder zu löschen, genügt es leider nicht, den Befehl *Löschen* zu sagen, denn das iPad übernimmt diesen dann wörtlich in den Text. Wollen Sie den zuletzt diktierten Text wieder löschen, müssen Sie selbst Hand anlegen.

1. Schütteln Sie das iPad kurz, wird die zuletzt vorgenommene Eingabe rückgängig gemacht. Eleganter geht es, indem Sie mit drei Fingern von links nach rechts über den Text auf dem Bildschirm wischen.
2. Andernfalls beenden Sie das Diktat und korrigieren die Eingaben mit der Bildschirmtastatur.

Sprachdateien fürs Diktat wieder entfernen

Möchten Sie die Diktierfunktion – offline – nicht mehr nutzen und die dazugehörigen Dateien wieder entfernen, gehen Sie wie folgt vor:

1. Über *Einstellungen/Allgemein* sowie *Tastaturen* schalten Sie die Funktion *Diktierfunktion aktivieren* wieder ab.
2. Die dazugehörigen Dateien sollten dabei wieder vom iPad entfernt werden, wodurch Sie etwas Speicherplatz (ca. 1 GByte) einsparen.

5.7 Drucken

Wer mit dem iPad arbeitet, möchte sicher ab und zu auch etwas zu Papier bringen – sprich drucken –, und das auch ohne dazu den Mac oder Windows-PC nutzen zu müssen. Dank AirPrint und einem kompatiblen Drucker ist das aus jeder mit einer Druckfunktion ausgestatteten App möglich. Diese Funktion finden Sie entweder in der App selbst, wie in den Microsoft-Office-Apps, oder über das Teilen-Feld. Im zweiten Fall gehen Sie so vor:

1. Tippen Sie auf das Teilen-Feld der verwendeten App. Dort blättern Sie nach unten, bis Sie den Befehl *Drucken* finden. Tippen Sie darauf.
2. Im folgenden Fenster legen Sie den Drucker fest, wie viele Kopien Sie benötigen und welche Seiten gedruckt werden sollen.
3. Die weiteren Einstellungen hängen von Ihrem Druckermodell und dessen Funktionen ab.
4. Haben Sie alle Einstellungen vorgenommen, tippen Sie auf *Drucken* und bringen das Dokument zu Papier.

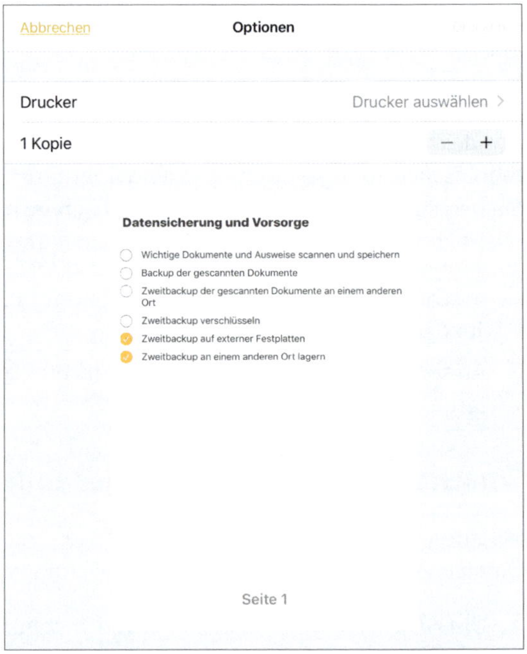

Drucken über AirPrint

Damit Sie mit dem iPad oder auch dem iPhone drucken können, müssen Sie über einen AirPrint-kompatiblen Drucker verfügen. Dieser wird über WLAN in das Netzwerk eingebunden und kann dann direkt vom iPad zum Drucken genutzt werden. Wie Sie einen entsprechenden Drucker installieren, finden Sie in Kapitel 10.5.

Kein Drucken über USB-Kabel möglich

Das iPad Pro ab der dritten Generation verfügt über einen USB-C-Anschluss. Daher liegt es nahe, mit einem passenden Adapter einen Drucker per USB-Kabel anzuschließen. Bevor Sie sich aber die Arbeit machen: Der Druck per USB-Kabel auf einem angeschlossenen Drucker ist am iPad bislang leider nicht möglich.

6. Kreativ am iPad

Ihr iPad ist nicht nur ein hervorragendes Gerät, um Fotos, Filme und andere Medien zu betrachten, Sie können damit auch selbst kreativ werden. Ob Sie Fotos schießen, filmen oder Fotos bearbeiten und Filme schneiden wollen, das iPad hat alle dazu notwendigen Funktionen und Apps mit an Bord. Besitzen Sie ein mit dem Apple Pencil kompatibles iPad, können Sie sogar Skizzen und Zeichnungen erstellen oder Fotos bearbeiten.

6.1 Fotos aufnehmen

Auch wenn man ein iPad, egal, ob es ein iPad Pro 12,9" oder ein iPad mini 7,9" ist, aufgrund seines Formfaktors und seiner Größe nicht gerade als handliche Kompaktkamera oder ergonomisch geformte Spiegelreflex- bzw. Systemkamera bezeichnen kann, ist es dank der eingebauten und mittlerweile recht guten Kamera möglich, schnell mal ein Foto oder Video zu schießen – und das in durchaus ansprechender Qualität.

Zudem bietet die Kamera-App Funktionen, die bei manchen richtigen Kameras fehlen, wie HDR-Aufnahmen, Live Photos, Panoramen oder Videos im Zeitraffer und in Zeitlupe. Und reichen Ihnen diese Funktionen immer noch nicht, sind im App Store unzählige Foto-Apps mit noch mehr ausgefeilten Funktionen erhältlich.

Kamera auf dem Sperrbildschirm aufrufen

Der Zugriff auf die Kamera des iPad ist schnell und problemlos möglich – und das auch direkt auf dem Sperrbildschirm, ohne sich am iPad anmelden zu müssen.

1. Wischen Sie auf dem Sperrbildschirm von rechts nach links und schon erscheint die Kamera-App.
2. Für einen Schnappschuss genügt es, das iPad auf das Motiv zu richten und den Auslöser zu drücken.

Schnell ein Foto schießen

Ist die Kamera-App gestartet, können Sie schnell ein Foto schießen, indem Sie eine der beiden Lautstärketasten Ihres iPad drücken. Diese funktionieren dann wie der Auslöser einer Kamera. Betätigen Sie die Lautstärketaste länger, wird eine ganze Serie geschossen, aus der Sie dann das gewünschte Foto auswählen können.

Kamera schnell wechseln

Falls erforderlich, zum Beispiel, wenn Sie ein Selfie aufnehmen möchten, tippen Sie in der Kamera-App auf das kleine Kamerasymbol. Die Kamera-App wechselt von der Rückkamera zur Frontkamera. Um wieder zur Rückkamera zurückzukehren, tippen Sie erneut auf das Symbol.

Fotoformat festlegen

Auf Wunsch können Sie gleich im Vorfeld das Format Ihres Fotos festlegen.

1. Starten Sie die Kamera-App und suchen Sie rechts nach den verschiedenen Möglichkeiten.
2. Wählen Sie das Fotoformat aus, wie *Foto* oder *Quadrat*. (Die weiteren Möglichkeiten finden Sie in den folgenden Tipps.)

Plattformkompatibles Fotoformat einstellen

Besitzen Sie ein aktuelles iPad mini der fünften Generation, ein iPad der sechsten Generation, ein iPad Air der dritten Generation oder iPad Pro ab der zweiten Generation, können Sie mit der integrierten Kamera Aufnahmen in den neuen Foto- und Videoformaten HEIF (**H**igh **E**fficiency **I**mage **F**ile Format H.265) sowie HEVC (**H**igh **E**fficiency **V**ideo **C**oding) erstellen. Diese benötigen nur halb so viel Speicherplatz. Ältere iPads sowie ältere Windows-PCs und Macs kommen mit diesen neuen Formaten nicht in jedem Fall zurecht. Daher lassen sich Fotos auch weiterhin im plattformkompatiblen JPEG-Format aufnehmen.

Dazu nehmen Sie die folgenden Einstellungen vor:

1. Öffnen Sie die *Einstellungen* und wählen Sie in der ersten Spalte *Kamera* aus.
2. Tippen Sie in der zweiten Spalte auf *Formate* und *Maximale Kompatibilität*.

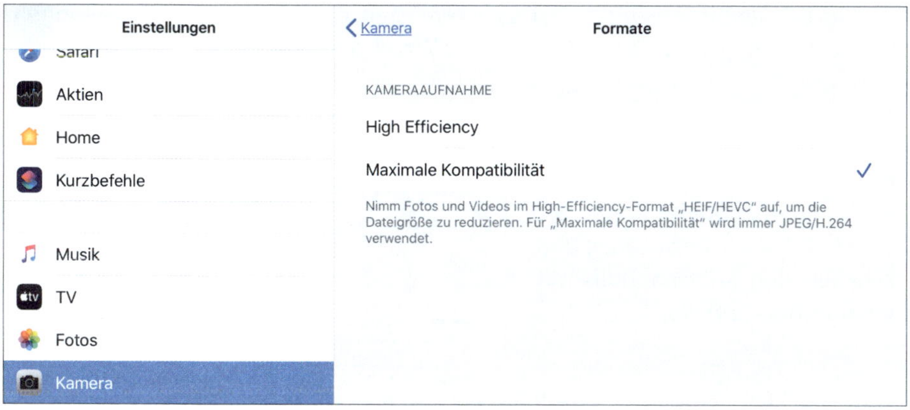

Raster einblenden

Nicht nur um schiefe Fotos zu verhindern, ist es sinnvoll, bei der Kamera-App ein Raster einzublenden. Dank dieses Rasters können Sie Ihre Aufnahmen auch besser komponieren, z. B. auf Basis des Goldenen Schnitts.

1. Öffnen Sie die *Einstellungen* und wählen Sie in der linken Spalte den Eintrag *Kamera*.
2. Rechts schalten Sie die Funktion *Raster* mit einem Fingertipp ein. Künftig wird in der Kamera-App das Raster eingeblendet.

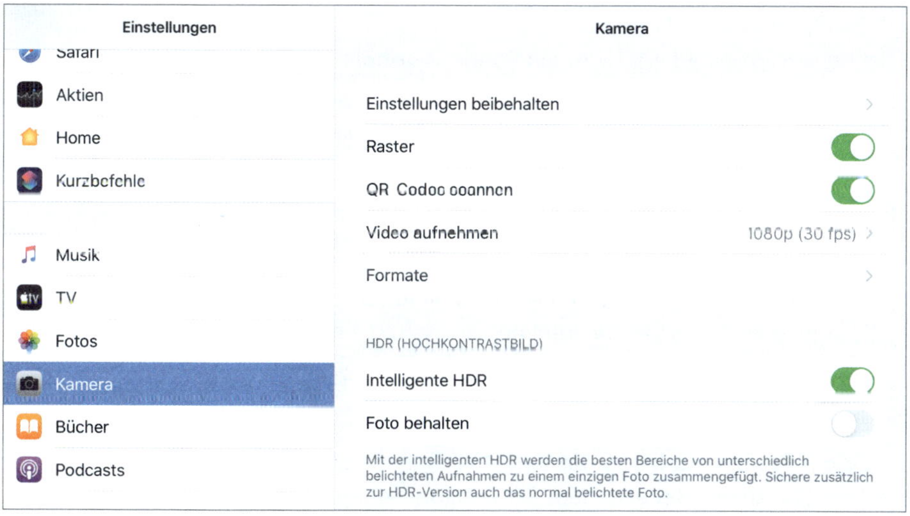

Vorherige Einstellungen beibehalten

Normalerweise wechselt die Kamera-App, nachdem sie beendet und wieder aufgerufen wurde, zu den Standardeinstellungen mit dem Format *Foto*.

Wollen Sie das verhindern und stattdessen erreichen, dass die eigenen Einstellungen beibehalten werden, gehen Sie auf die folgende Weise vor:

1. Öffnen Sie die *Einstellungen* und wählen Sie in der linken Spalte den Eintrag *Kamera*.
2. In der rechten Spalte tippen Sie auf *Einstellungen beibehalten* und schalten den *Kameramodus* mit einem Fingertipp ein.

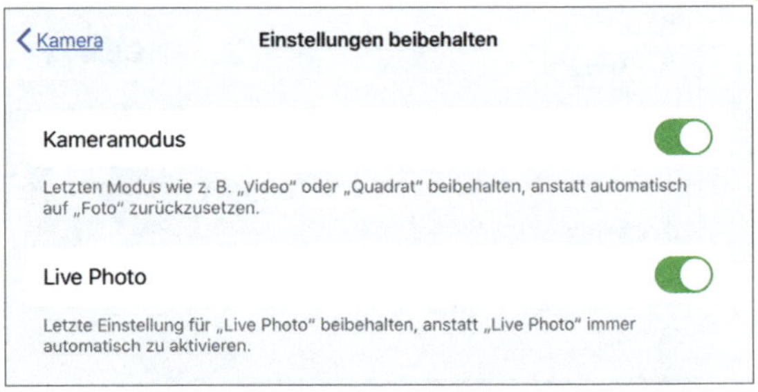

3. Um zusätzlich den Modus *Live Photo* beizubehalten, schalten Sie, soweit vorhanden, auch diesen Modus ein.

Belichtung anpassen

Die Kamera-App belichtet Ihr Foto normalerweise automatisch und zudem recht ausgewogen.

Sagt Ihnen die Belichtung dennoch nicht zu oder möchten Sie diese immer selbst – je nach Motiv – festlegen, dann gehen Sie wie folgt vor.

1. Richten Sie die Kamera auf das Motiv und tippen Sie zunächst auf die Stelle, auf die Sie fokussieren möchten.
2. Rechts am Fokusfeld erscheint ein Sonnensymbol mit einer Skala.
3. Zum Aufhellen wischen Sie nach oben und zum Abdunkeln nach unten. Sagt Ihnen die Belichtung zu, tippen Sie auf den Auslöser und nehmen das Foto auf.

Serienbilder aufnehmen

Um sich bewegende Motive einzufangen, ist die Serienbildfunktion der Kamera-App sehr praktisch. Auf den ersten Blick ist allerdings nicht zu sehen, wie Sie diese aktivieren können. Es ist aber einfacher, als Sie denken.

1. Richten Sie die Kamera auf das Motiv und tippen Sie auf dem Display zunächst auf die Stelle, auf die Sie fokussieren möchten.
2. Drücken Sie nun so lange auf den Auslöser, bis Sie genug Serienbilder angefertigt haben. Die Anzahl der erstellten Serienbilder sehen Sie rechts vom Auslöser.

Gezielt fokussieren

Die Kamera Ihres iPad verfügt über einen Autofokus. Dieser ist praktisch, fokussiert aber nicht immer auf die von Ihnen bevorzugte Stelle.

Möchten Sie selbst fokussieren, gehen Sie so vor:

1. Richten Sie die Kamera auf das Motiv und tippen Sie auf dem Display auf die Stelle, auf die Sie fokussieren möchten.
2. Um diese Stelle festzulegen (für Fotografen: die AE/AF-Sperre zu aktivieren), tippen Sie etwas länger auf diese Stelle, bis die entsprechende Meldung erscheint.
3. Falls gewünscht, können Sie nun die Kamera etwas anders ausrichten, zum Beispiel, wenn das Hauptmotiv nicht direkt in der Mitte liegen soll, und dann den Auslöser drücken. Der Fokus ändert sich dabei nicht.

Panorama erstellen

Mit Ihrem iPad können Sie auch Panoramaaufnahmen erstellen, und zwar weit einfacher, als das mit mancher Kompakt- oder Spiegelreflexkamera möglich ist:

1. Drehen Sie Ihr iPad ins Hochformat und richten Sie die Kamera auf das Motiv aus.
2. Wählen Sie rechts die Funktion *Pano* aus, indem Sie unterhalb des Auslösers nach unten wischen.

3. Nun tippen Sie auf den Auslöser und bewegen das iPad langsam, aber stetig von links nach rechts.
4. Achten Sie darauf, dass der Pfeil in der Mitte auf der Linie bleibt. Dazu müssen Sie unter Umständen das iPad nach vorne oder hinten neigen.
5. Um die Panoramaaufnahme zu beenden, tippen Sie erneut auf den Auslöser. Die Aufnahme wird in der Fotos-App unter *Panoramen* gespeichert. Um gute und weitgehend fehlerfreie Panoramaaufnahmen zu erstellen, ist allerdings etwas Übung erforderlich.

HDR-Aufnahme

Nicht immer ist die Lichtsituation optimal. Vor allem bei starken Kontrasten und Gegenlicht wird das Foto oft unter- oder überbelichtet. In diesem Fall hilft Ihnen die HDR-Funktion (**H**igh **D**ynamic **R**ange) der Kamera weiter. Diese sorgt dafür, dass mehrere Fotos – in der Regel drei – mit unterschiedlicher Belichtung aufgenommen und dann miteinander zum HDR-Foto kombiniert werden. Auf diese Weise wird eine Unter- oder Überbelichtung ausgeglichen. Auch mit dem iPad können Sie HDR-Aufnahmen erstellen.

1. Öffnen Sie die *Einstellungen* und wählen Sie in der linken Spalte *Kamera*. Schalten Sie rechts *Intelligente HDR* sowie *Foto behalten* ein.
2. Richten Sie wie gewohnt die Kamera auf das Motiv und tippen Sie auf dem Display auf die Stelle, auf die Sie fokussieren möchten. Um die Aufnahme zu erstellen, drücken Sie den Auslöser.
3. Hierbei wird die HDR-Aufnahme sowie zusätzlich ein Foto mit normaler unveränderter Belichtung erstellt. Beide Fotos finden Sie über die Fotos-App und Sie können die Unterschiede feststellen.
4. Haben Sie die Funktion *Intelligente HDR* abgeschaltet, können Sie jedes Mal selbst entscheiden, ob Sie eine HDR-Aufnahme erstellen möchten. Tippen Sie dazu vor der Aufnahme einfach auf den Eintrag *HDR*.

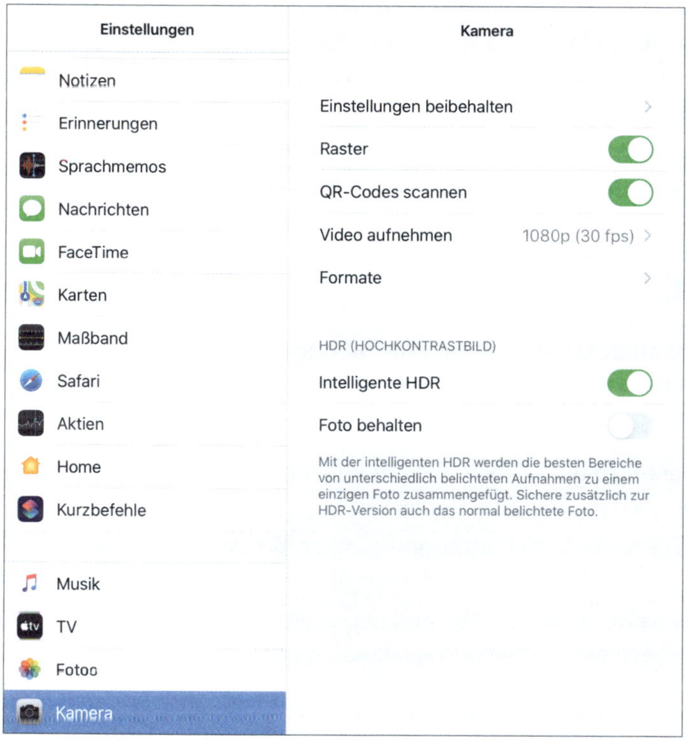

Kein normales Foto bei der HDR-Aufnahme behalten

Üblicherweise wird bei einer HDR-Aufnahme auch ein normal belichtetes Foto gespeichert – neben der HDR-Aufnahme. Nicht immer ist das notwendig. So können Sie dies unterbinden – auch um etwas Speicherplatz zu sparen.

1. Öffnen Sie die *Einstellungen* und wählen Sie in der linken Spalte den Eintrag *Kamera*.
2. Deaktivieren Sie unter *HDR (Hochkontrastbild)* die Einstellung *Foto behalten*, um die Funktion abzuschalten. In diesem Fall wird nur das HDR-Foto in der Fotos-App gespeichert.

Foto mit Selbstauslöser erstellen

Falls Sie sich gemeinsam mit anderen Personen in einem Gruppenfoto verewigen wollen oder verhindern, dass – bei wenig Licht – das Foto verwackelt ist, können Sie den Selbstauslöser der Kamera-App verwenden. Mit einem Stativ oder einer Halterung, auf dem/der Sie Ihr iPad arretieren können, erreichen Sie das beste Ergebnis. Zur Not können Sie es auch nur irgendwo anlehnen – ein fester Untergrund und Halt ist allerdings ratsam.

Dann gehen Sie so vor:

1. Richten Sie die Kamera auf das Motiv aus und tippen Sie auf dem Display auf die Stelle, auf die Sie fokussieren möchten.
2. Tippen Sie auf das Uhrsymbol und wählen Sie dann aus, wann das Foto erstellt werden soll – in 3 oder 10 Sekunden.
3. Tippen Sie auf den Auslöser und begeben Sie sich zu den anderen Personen. Nach 3 oder 10 Sekunden, die auf dem Bildschirm heruntergezählt werden, wird das Foto aufgenommen.

Porträts mit dem iPad Pro

Besitzen Sie ein iPad Pro ab der dritten Generation, können Sie mit der Frontkamera ein Porträt oder Selbstporträt aufnehmen, und zwar in dem vom iPhone 8 und höher bekannten Porträtmodus.

1. Starten Sie die Kamera-App und wählen Sie unterhalb des Auslösers den Modus *Porträt*. Dann wird sofort die Frontkamera aktiviert.
2. Wählen Sie links den gewünschten Porträtmodus aus, z. B. *Natürliches Licht*, *Studiolicht* oder *Bühnenlicht*.
3. Achten Sie darauf, den erforderlichen Abstand einzuhalten. Die Kamera-App weist Sie darauf hin. Erstellen Sie das Foto über den Auslöser.

Live Photo aufnehmen

Mi den aktuellen iPads (ab dem iPad Pro 9,7") können Sie auch sogenannte Live Photos erstellen. Hierbei handelt es sich im Grunde nicht um ein richtiges Foto, sondern um eine kleine Videosequenz von 1,5 Sekunden, die Bewegtbild und Ton beinhaltet. Ein Live Photo nehmen Sie wie folgt auf:

1. Starten Sie die Kamera-App, richten Sie die Kamera auf das Motiv und tippen Sie auf dem Bildschirm auf die Stelle, auf die Sie fokussieren möchten.
2. Tippen Sie nun auf das Symbol mit den drei ineinanderliegenden Kreisen und schalten Sie dort *Live* ein.
3. Tippen Sie auf den Auslöser, um das Live Photo zu erstellen. Bei der Aufnahme selbst werden Sie keinen Unterschied zu einem normalen Foto feststellen.
4. In der Fotos-App erkennen Sie an den drei kleinen Kreisen links am Bild, ob es sich um ein Live Photo handelt. Betrachten Sie es, wird es animiert angezeigt.

Live Photo bearbeiten

Mit der Fotos-App von iPadOS 13 können Sie die Live Photos auch bearbeiten:

1. Starten Sie die Fotos-App, tippen Sie auf *Alben* und öffnen Sie das Album *Live Photos* sowie das Live Photo, das bearbeitet werden soll.
2. Tippen Sie nun rechts oben auf *Bearbeiten*, um den Bearbeitungsmodus zu öffnen. Tippen Sie dort auf das Live-Photo-Symbol (Kreise).
3. Wählen Sie aus dem Filmstreifen das gewünschte Foto aus und tippen Sie dann auf *Als Schlüsselfoto festlegen*.

4. Über die entsprechenden Symbole können Sie das Format des Live Photos ändern, Belichtung und Farbe optimieren oder einen der vorhandenen Filter anwenden.

Live Photos mit Effekten verschönern

Ihre Live Photos lassen sich mit diversen Effekten aufwerten: *Live*, *Endlosschleife*, *Abpraller* und *Langzeitbelichtung*.

1. Starten Sie die Fotos-App und wählen Sie das Album *Live Photos* sowie das Live Photo, das bearbeitet werden soll.
2. Wischen Sie auf dem Live Photo nach oben, um die Effekte anzuzeigen.

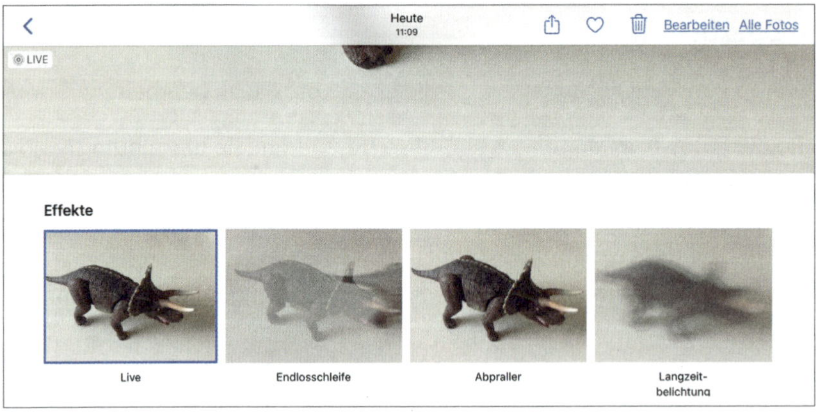

3. Um einen Effekt auf das Live Photo anzuwenden, tippen Sie auf die Vorschau.
4. Das Live Photo wird künftig mit dem gewählten Effekt angezeigt. Dieser kann später auf die gleiche Weise wieder geändert werden.

> **Digitalkamera mit iPad steuern**
> Ihr iPad kann nicht nur dazu genutzt werden, mit der integrierten Kamera Fotos oder Videos aufzunehmen, es kann auch Ihre Kompakt-, System- oder Spiegelreflexkamera steuern. Allerdings muss Ihre Kamera dazu erstens WLAN-fähig sein und zweitens muss im App Store eine App des Kameraherstellers verfügbar sein, die diese Funktion beinhaltet. Ist das der Fall, können Sie Ihre Kamera auf ein Stativ montieren und über das iPad fokussieren, Blende und Belichtungszeit einstellen sowie weitere Einstellungen vornehmen. Vor allem bei Aufnahmen im Studio, in der Nacht oder bei Langzeitbelichtungen kann das sehr praktisch sein.

Fotos von der Kamera importieren

Für Fotografen und Hobbyfotografen ist das iPad – vor allem das iPad Pro – als Werkzeug zum Sichten und Bearbeiten von Fotos unterwegs gut geeignet. Es besitzt einen hervorragenden Bildschirm, und mit dem Apple Pencil lassen sich Fotos hervorragend retuschieren. Außerdem sind im App Store zahlreiche weitere Apps vorhanden, die auch professionellen Ansprüchen genügen. Damit Ihre Fotos aufs iPad gelangen, müssen Sie diese natürlich importieren. Hierzu haben Sie drei Möglichkeiten:

- Über WLAN (WLAN-fähige Kamera und kompatible App vorausgesetzt).
- Über einen Lightning-auf-USB-3 Kamera Adapter.
- Über ein Lightning-auf-SD-Kartenlesegerät.

Das iPad Pro ab der dritten Generation verfügt statt des Lightning- über einen USB-C-Anschluss. In diesem Fall haben Sie zusätzlich folgende Optionen:

- USB-C-auf-USB-C-Kabel und der entsprechende Adapter für den Anschluss an die Kamera, falls diese noch über einen Micro-USB-Anschluss verfügt.
- USB-C-auf-SD-Kartenlesegerät.

Im Folgenden zeigen wir Ihnen, wie Sie Fotos über den Kamera-Adapter oder das SD-Kartenlesegerät von Apple auf das iPad importieren:

1. Schließen Sie die Kamera über das passende Kabel sowie einen Adapter an Ihr iPad an oder nutzen Sie das Lightning-/USB C auf SD Kartenlesegerät.
2. Starten Sie nun die Fotos-App, finden Sie rechts unten den Eintrag *Importieren*.
3. Tippen Sie rechts oben auf den Eintrag *Alle importieren* oder wählen Sie gezielt die Fotos aus, die Sie importieren möchten.

4. Auf Wunsch werden nach dem Import die Fotos von der Speicherkarte/Kamera gelöscht. Tippen Sie dazu einfach im entsprechenden Fenster auf *Löschen*. Ansonsten bleiben sie erhalten.
5. Ihre zuletzt importierten Fotos finden Sie immer im Album *Letzter Import*.

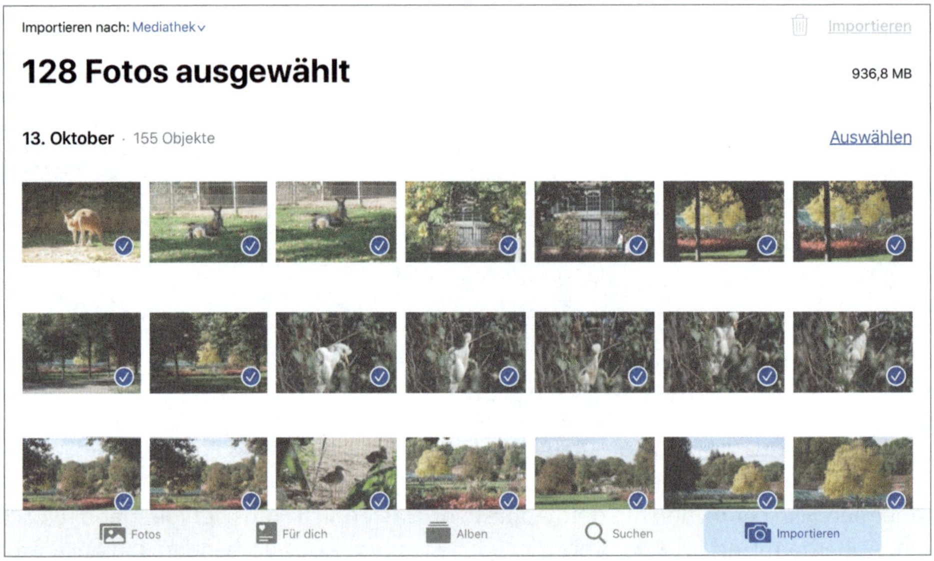

QR-Codes einlesen

Mit der Kamera Ihres iPad (und der Kamera-App) lassen sich nun auch die sogenannten QR-Codes (**Q**uick **R**esponse) einlesen, die Sie oft auf Produktverpackungen, auf Plakaten oder in Anzeigen finden:

1. Starten Sie die Kamera-App und halten Sie sie vor den QR-Code.
2. Auf dem Bildschirm erscheint die im QR-Code befindliche Information und mit einem Fingertipp öffnen Sie die entsprechende App.
3. Handelt es sich um eine Internetadresse, wird Safari und dann die dazugehörige Seite geöffnet.

6.2 Videos aufnehmen

Wie das Fotografieren mit dem iPad oder einem Tablet im Allgemeinen ist allein schon aufgrund der Größe und mangelnden Ergonomie auch das Filmen etwas gewöhnungsbedürftig. Für ein schnelles Video zwischendurch, wenn Sie das iPad gerade zur Hand haben und keine andere Kamera verfügbar ist, kann das iPad nützlich sein.

Videoaufnahme starten

1. Starten Sie die Kamera-App und richten Sie die Kamera auf das Motiv oder das Geschehen, das Sie filmen möchten.
2. Tippen Sie auf den Auslöser, um die Aufnahme zu starten. Oben auf dem Bildschirm wird die Aufnahmezeit angezeigt.
3. Zum Beenden der Aufnahme drücken Sie erneut den Auslöser. Die Aufnahme wird im Album *Videos* der Fotos-App gespeichert.

Slow Motion und Zeitrafferaufnahmen
Mit der Kamera Ihres iPad können Sie auch Slow-Motion- und Zeitrafferaufnahmen erstellen. Tippen Sie dazu einfach auf die entsprechenden Optionen unterhalb des Auslösers.

4K-Aufnahmen mit dem iPad Pro

Haben Sie ein iPad Pro, können Sie Ihre Filme auch in Ultra-HD- oder 4K-Auflösung aufnehmen. Beachten Sie aber, dass 4K-Aufnahmen viel mehr Speicherplatz als Full-HD-Aufnahmen benötigen! So sind für eine Minute Video bei 4K-Aufnahmen je nach Auflösung und Datenrate 135–400 MByte Speicherplatz erforderlich.

Verfügen Sie auf Ihrem iPad über ausreichend Platz, ändern Sie das Format auf diese Weise:

1. Öffnen Sie die *Einstellungen* und wählen Sie in der linken Spalte *Kamera* aus.
2. Tippen Sie rechts auf den Eintrag *Video aufnehmen* und wählen Sie dort das gewünschte Format aus – also hier 4K von 24 fps bis 60 fps. Je höher die Datenrate, desto flüssiger die Aufnahme.

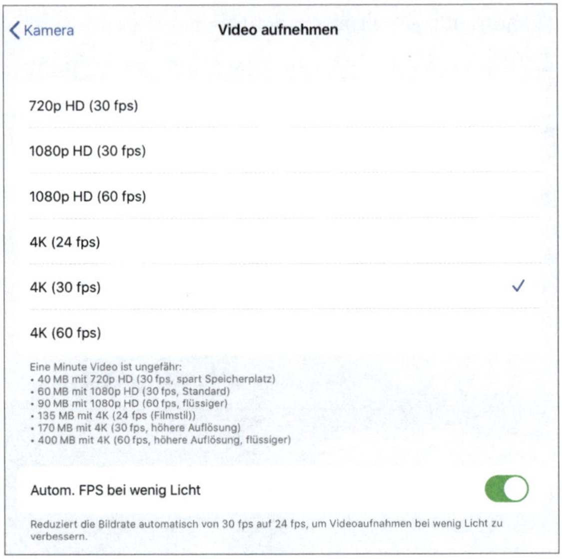

Videoformat anpassen

Für Ihre Videoaufnahmen können Sie noch weitere Anpassungen vornehmen. Alle Einstellungen finden Sie über den Eintrag *Kamera*.

- *Video aufnehmen:* Hier stellen Sie die Auflösung des Videos und die Datenrate ein.
- *Slo-Mo aufnehmen:* Legen Sie fest, ob die Aufnahme mit 120 oder 240 fps erfolgen soll.
- *Formate:* Falls Sie eine Aufnahme im HEVC-Format wünschen, bei dem die Dateigröße kleiner gehalten werden kann, schalten Sie dies hier ein. Die Einstellung gilt für Videos und Fotos.

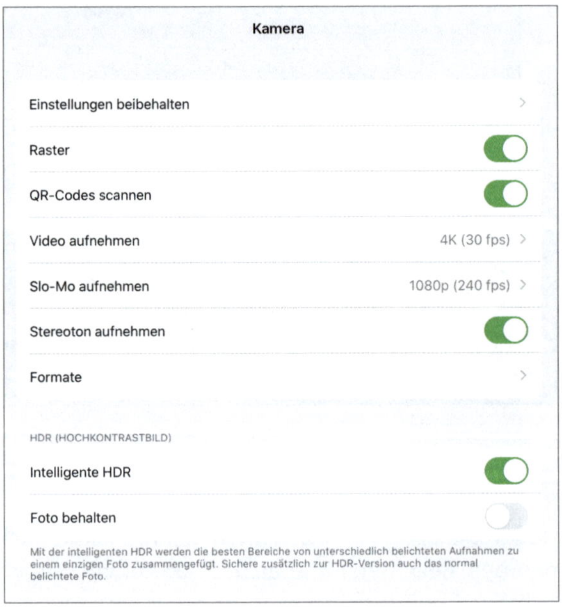

6.3 Fotos bearbeiten

Die Fotos-App von iPadOS 13 besitzt zahlreiche Funktionen, mit denen Sie die importierten oder mit der Kamera des iPad aufgenommenen Fotos bearbeiten können. Im Vergleich zu früheren iOS-Versionen wurden diese etwas umgestaltet und verfeinert. Für Gelegenheits- oder Amateurfotografen genügen diese vollauf. Anwender mit höheren Ansprüchen oder Profis finden im App Store entsprechende Apps, wie *Adobe Lightroom Mobile*, *Pixelmator* oder *Affinity Photo*.

Foto automatisch verbessern

Falls Sie nicht alles selbst anpassen wollen, wie Belichtung, Kontrast und so weiter, dann lassen Sie die Arbeit doch die Fotos-App machen.

1. Starten Sie die Fotos-App und öffnen Sie das gewünschte Album. Wählen Sie das Foto mit einem Fingertipp aus.
2. Zum Bearbeiten des Fotos tippen Sie rechts oben auf den gleichnamigen Eintrag.
3. Im Bearbeitungsfenster tippen Sie rechts auf *Auto* sowie auf den *Zauberstab*. Das Foto wird wie von »Zauberhand« automatisch verbessert.
4. Sagen Ihnen die automatisch vorgenommenen Änderungen zu, bestätigen Sie diese mit einem Fingertipp auf den gelben Haken. Ist das nicht der Fall, tippen Sie auf das kleine Kreuz links oben.

Fotos gezielt bearbeiten

Sofern Ihnen die automatische Bildbearbeitung der Fotos-App nicht zusagt oder Sie Ihre Fotos selbst bearbeiten möchten, ist auch das auf Ihrem iPad mit der Fotos-App von iPadOS 13 möglich.

1. Wählen Sie das Foto in der Fotos-App und dem betreffenden Album aus. Tippen Sie rechts oben auf *Bearbeiten*.
2. Links und rechts sind mehrere Symbole mit Bearbeitungsfunktionen zu finden. Die Symbole links stehen für die Anwendung von Filtern und zum Beschneiden, die Symbole rechts dienen zum Optimieren von Farbe, Belichtung, Schärfe etc.
3. Um die jeweilige Bearbeitungsfunktion zu nutzen, tippen Sie auf das gewünschte Symbol und nehmen die Einstellungen vor, indem Sie die Skala rechts nach oben oder unten bewegen.
4. Die genaue Einstellung entnehmen Sie den Anzeigen und Zahlenangaben auf dem Symbol.
5. Sind Sie mit der Bearbeitung fertig, tippen Sie auf den gelben Haken oben rechts. Zum Zurücksetzen der Bearbeitung tippen Sie auf das kleine Kreuz links.
6. Um das Foto in einer anderen App weiterzubearbeiten, tippen Sie auf die drei kleinen Punkte rechts oben und wählen die gewünschte App aus. Hier werden alle passenden Apps angezeigt, die auf Ihrem iPad installiert sind.

Bearbeitungen rückgängig machen

Falls Sie nicht ganz zufrieden sind, können Sie in der Fotos-App vorgenommene Bearbeitungen auch später noch rückgängig machen.

1. Wählen Sie dazu das bearbeitete Foto mit einem Fingertipp aus und zeigen Sie es an.
2. Tippen Sie auf *Bearbeiten*, wird das Foto im Bearbeitungsmodus geöffnet.
3. Nun sehen Sie in der rechten Ecke (unten oder oben) einen geschwungenen Pfeil. Tippen Sie darauf.
4. Es erscheint ein kleines Fenster, in dem Sie auf *Zurück zum Original* tippen. Das ursprüngliche Foto ohne die vorgenommenen Bearbeitungen wird wiederhergestellt und angezeigt.

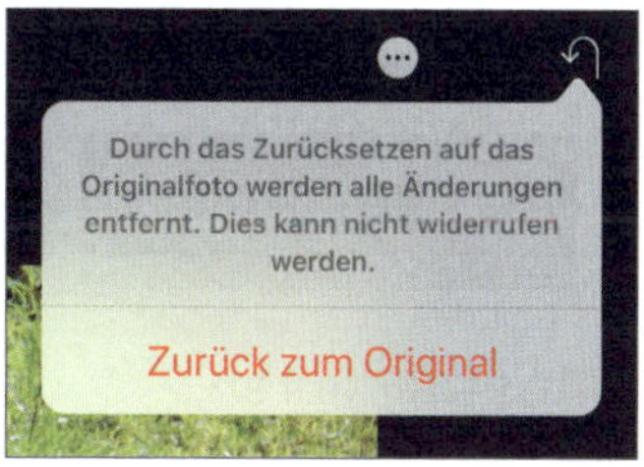

Fotofilter nachträglich anwenden

Falls Sie aus einem Farbfoto ein schwarz-weißes zaubern wollen oder eine wärmere oder kältere Farbdarstellung bevorzugen, kommen die Filter der Fotos-App ins Spiel.

1. Wählen Sie das zu bearbeitende Foto mit einem Fingertipp aus und zeigen Sie es an.
2. Tippen Sie auf *Bearbeiten*, wird das Foto im Bearbeitungsmodus geöffnet.
3. Um die vorhandenen Filter anzuzeigen, tippen Sie links auf das Symbol mit den drei Kreisen.
4. Wählen Sie nun den gewünschten Filter aus. Dieser wird sofort auf das Foto angewandt. Zudem können Sie über die Skala die Stärke des Filtereffekts bestimmen.
5. Sagt Ihnen der Filter zu, bestätigen Sie ihn mit einem Fingertipp auf den gelben Haken. Ist dies nicht der Fall, tippen Sie links oben auf das Kreuz und die Änderung wird rückgängig gemacht.

> **Fotos vergleichen**
>
> Wollen Sie Fotos vor und nach der Bearbeitung vergleichen, ist das recht einfach möglich: Tippen Sie dazu im Bearbeitungsmodus der Fotos-App nach der Bearbeitung auf das bearbeitete Bild, wird das »Original« angezeigt. Tippen Sie noch einmal, erscheint wieder das bearbeitete Foto.

Fotos markieren

Sie können Ihre Fotos nicht nur bearbeiten, sondern – bei Bedarf – auch markieren. Zum Beispiel, wenn Sie auf einem Foto etwas hervorheben möchten oder jemandem mitteilen wollen, was daran bearbeitet werden soll. In diesem Fall lassen Sie der Person selbstverständlich das markierte und unbearbeitete Foto zukommen!

1. Wählen Sie das entsprechende Foto mit einem Fingertipp aus.
2. Tippen Sie auf *Bearbeiten*. Das Foto wird im Bearbeitungsmodus geöffnet.
3. Tippen Sie auf den Kreis mit den drei kleinen Punkten. Dort finden Sie Apps, an die Sie das Foto weitergeben können, sowie – falls installiert – zusätzliche Funktionen und Filter.
4. Tippen Sie auf *Markierungen* und nehmen Sie die Markierungen mit den Schreib- und Zeichenwerkzeugen und dem Apple Pencil vor.
5. Tippen Sie auf *Fertig* und anschließend, um die Änderungen zu sichern, rechts oben auf den gelben Haken. Vergessen Sie nicht – soweit notwendig –, zuvor eine unbearbeitete Version des Fotos zu sichern oder zu versenden.

Foto an eine App weitergeben

Falls Sie ein in Ihrer Foto-Mediathek befindliches Foto mit einer anderen App, die mehr und professionellere Funktionen besitzt, weiterbearbeiten möchten, ist auch das möglich. Gehen Sie dabei auf die beschriebene Weise vor:

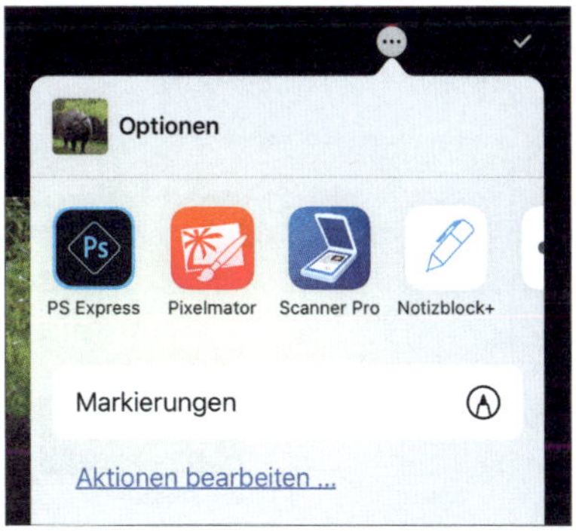

1. Wählen Sie das Foto mit einem Fingertipp aus dem entsprechenden Fotoalbum aus.
2. Tippen Sie auf *Bearbeiten*. Das Foto wird nun im Bearbeitungsmodus geöffnet.
3. Tippen Sie auf den Kreis mit den drei kleinen Punkten. Dort finden Sie Apps, an die Sie das Foto weitergeben können.
4. Tippen Sie auf den Namen der App und nehmen Sie die Änderungen dort vor.
5. Danach tippen Sie zuerst auf *Fertig* und anschließend in der Fotos-App, um die Änderungen zu sichern, auf den gelben Haken.

Die besten Serienbilder behalten

Die Serienbildfunktion ist zum Fotografieren bewegter Motive sehr praktisch, produziert aber unter Umständen viel Ausschuss. Daher können Sie aus einer Serienbildaufnahme auch die besten Fotos auswählen und die anderen löschen.

1. Wählen Sie in der Alben-Ansicht der Fotos-App das Album *Serien*.
2. Wählen Sie eine Serie aus und öffnen Sie diese mit einem Fingertipp.
3. Tippen Sie rechts oben auf *Auswählen*. Alle Fotos der Serie werden angezeigt.
4. Wählen Sie das oder die Fotos aus, die Ihnen am besten gefallen, und tippen Sie auf *Fertig*.
5. Zum Abschluss entscheiden Sie, ob Sie nur die gewählten Fotos oder alles behalten wollen.

Alben erstellen und löschen

Ihre Fotos werden von der Fotos-App anhand unterschiedlicher Kriterien geordnet und sortiert: nach dem Aufnahmedatum, nach Personen und Orten oder auch nach der Medienart. Falls Sie Ihre Fotos nach eigenen Kriterien ordnen wollen, erstellen Sie selbst neue Alben:

1. Starten Sie die Fotos-App und wählen Sie unten die Ansicht *Alben*.
2. Um ein neues Album zu erstellen, tippen Sie links oben auf den Plus-Schalter.

3. Geben Sie den Namen für das neue Album ein und tippen Sie auf *Sichern*. Fügen Sie nun die gewünschten Fotos hinzu.
4. Falls Sie ein Album wieder löschen möchten, tippen Sie in der Ansicht *Alben* zunächst rechts oben auf *Alle anzeigen* und anschließend auf *Bearbeiten*.
5. Tippen Sie als Nächstes auf das rote Minus-Symbol links am Album und bestätigen Sie die Sicherheitsabfrage. Hierbei werden die Fotos nicht gelöscht, sondern nur das von Ihnen erstellte Album

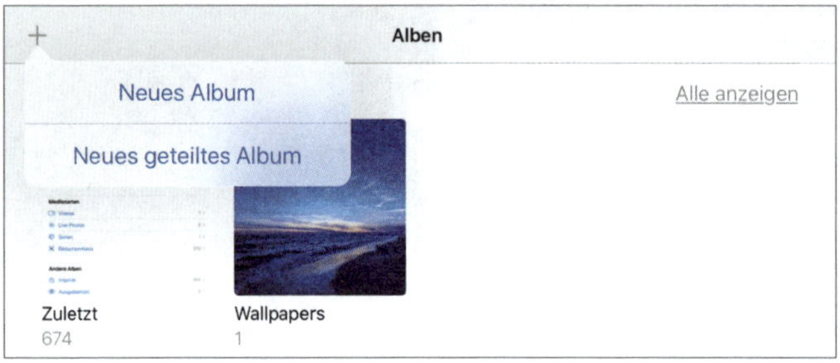

Versehentlich gelöschte Fotos wiederherstellen

Löschen Sie aus Versehen Fotos auf Ihrem iPad, die sich in der Foto-Mediathek der Fotos-App befinden, können diese unter Umständen wiederhergestellt werden. Das Datum, an dem Sie die Fotos gelöscht haben, darf allerdings nicht länger als 30 Tage zurückliegen.

1. Wählen Sie die Alben-Ansicht in der Fotos-App.
2. Wählen Sie dort das Album *Zuletzt gelöscht* aus.
3. Tippen Sie auf *Auswählen* und wählen Sie einzelne Fotos per Fingertipp aus, die wiederhergestellt werden sollen.
4. Alternativ können Sie auch auf *Alle wiederherstellen* tippen. Die gewählten Fotos werden wieder an ihrem vorherigen Ort abgelegt.

Fotos endgültig löschen

Löschen Sie Fotos auf dem iPad, werden diese zunächst für 30 Tage im Album *Zuletzt gelöscht* abgelegt, damit aus Versehen gelöschte Fotos bei Bedarf wiederhergestellt werden können. Dort belegen sie freilich wertvollen Speicherplatz. Aus diesem Grund können Sie sie auch vorzeitig löschen.

1. Wählen Sie die Alben-Ansicht in der Fotos-App.
2. Wählen Sie dort das Album *Zuletzt gelöscht* aus.
3. Tippen Sie auf *Auswählen* und wählen Sie dann einzelne Fotos per Fingertipp aus, die Sie löschen möchten.
4. Tippen Sie dann links oben auf *Löschen*, werden diese endgültig von Ihrem iPad entfernt.
5. Um alle Fotos endgültig zu entfernen, tippen Sie stattdessen auf *Alle löschen* und bestätigen die Sicherheitsabfrage.

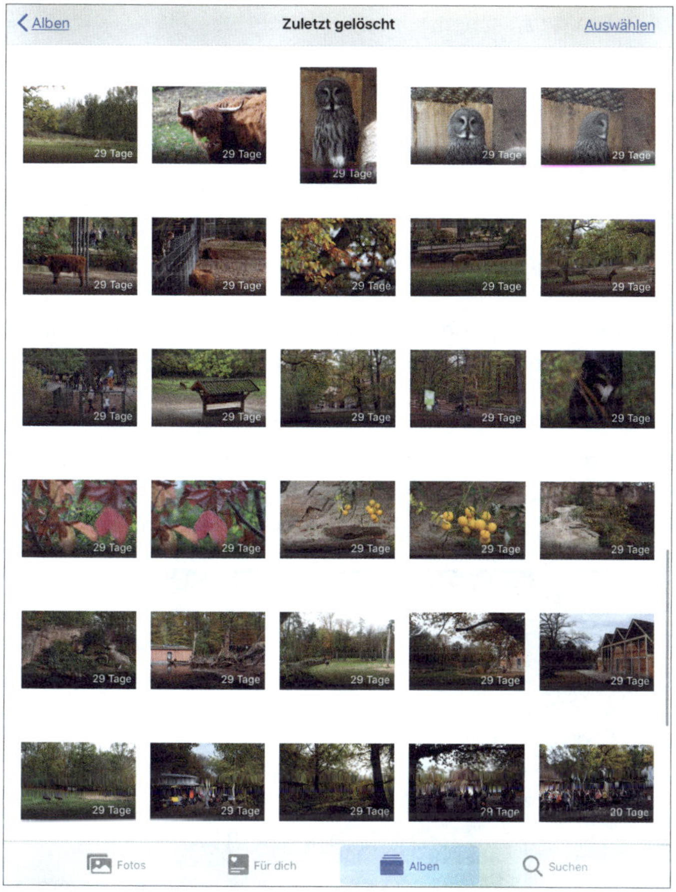

Fotos verstecken

In der Fotos-App finden Sie nahezu alle Fotos, die auf irgendeine Weise auf Ihr iPad gelangt sind, sei es als Aufnahme mit der integrierten Kamera, als Import oder zugesandt. Wollen Sie verhindern, dass fremde Personen diese Fotos sehen können, beispielsweise wenn Sie ihnen etwas auf dem iPad zeigen, dann verstecken Sie sie doch einfach:

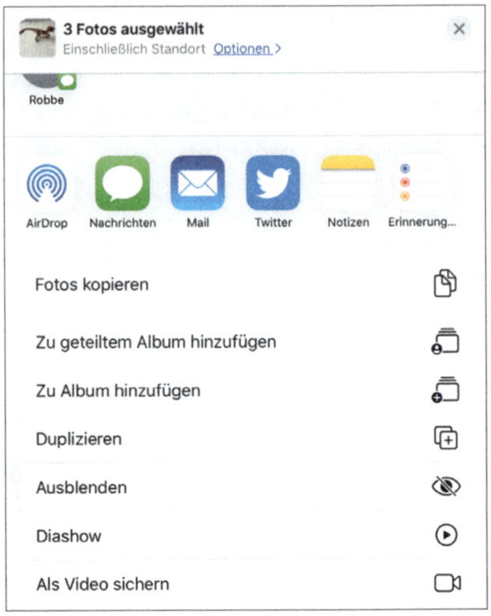

1. Starten Sie die Fotos-App und wählen Sie das entsprechende Album aus.
2. Tippen Sie auf *Auswählen*. Markieren Sie die Fotos mit einem Fingertipp.
3. Tippen Sie auf das Teilen-Feld und wählen Sie dann weiter unten den Befehl *Ausblenden*.
4. Das Foto wird nun in allen Alben, in denen es sich unter Umständen befindet, ausgeblendet, ist aber in einem speziellen Album mit dem Namen *Ausgeblendet* weiter zu sehen.
5. Um es wieder einzublenden, gehen Sie den umgekehrten Weg. Wählen Sie das Foto im Album *Ausgeblendet* aus, tippen Sie auf das Teilen-Feld und wählen Sie dort stattdessen den Befehl *Einblenden*.

Fotos per Drag-and-drop kopieren

Möchten Sie Fotos in einer anderen App weiterbearbeiten oder versenden, können Sie diese auch über »Ziehen & Ablegen« oder auch Drag-and-drop kopieren und übernehmen:

1. Starten Sie die Fotos-App und wählen Sie das gewünschte Foto aus.
2. Ziehen Sie nun das Symbol der zweiten App, in die Sie die Fotos kopieren wollen, vom Dock an den rechten Rand des Bildschirms. Dies kann beispielsweise die App *Mail* sein. Legen Sie dort ggf. ein neues Dokument an – bei *Mail* eine neue E-Mail.

3. In der Fotos-App tippen Sie rechts oben auf *Auswählen* und wählen dann das oder die Fotos per Fingertipp aus.
4. Ziehen Sie nun die Fotos auf das Fenster der zweiten App – also *Mail*. Ist die App kompatibel, erscheint rechts oben an den Fotos/Dateien ein grünes Pluszeichen. Legen Sie die Fotos dann im Fenster der App ab.

6.4 Videos bearbeiten

Ihre selbst aufgenommenen Videos können Sie auch direkt auf dem iPad bearbeiten. Einige einfache Möglichkeiten hierfür bietet bereits die Fotos-App. Haben Sie höhere Ansprüche, verwenden Sie iMovie, das ebenfalls auf Ihrem iPad vorinstalliert ist.

Videos in der Fotos-App schneiden

In der Fotos-App selbst ist es nur möglich, das Video am Beginn und am Ende zu schneiden. In diesem Fall gehen Sie so vor:

1. Starten Sie die Fotos-App und wählen Sie in der Album-Ansicht das Album *Videos* aus.
2. Um das gewünschte Video auszuwählen, tippen Sie auf die Vorschau. Wird das Video angezeigt, tippen Sie rechts oben auf *Bearbeiten*.
3. Möchten Sie das Video am Anfang schneiden, tippen Sie links auf den kleinen weißen Linkspfeil und ziehen diesen nach rechts.
4. Wollen Sie das Video rechts schneiden, tippen Sie rechts auf den kleinen weißen Rechtspfeil und ziehen diesen nach links.
5. In beiden Fällen wird ein gelber Rahmen, den Sie entsprechend nach rechts oder links ziehen, angezeigt.

6. Sind Sie fertig, spielen Sie das geschnittene Video ab und tippen dann rechts auf *Fertig*.
7. Nun entscheiden Sie, ob das Originalvideo gekürzt gespeichert wird oder als neuer Clip gesichert werden soll. Am besten behalten Sie das Original und speichern das bearbeitete Video als neuen Clip.

Videos auf die Seite drehen

Bislang war es nicht möglich, mit der Fotos-App auf iPad und iPhone ein Video vom Hochformat ins Querformat zu drehen – unter iPadOS 13 ist das nun ebenso möglich wie bislang schon bei Fotos:

1. Wählen Sie im Album *Videos* das gewünschte Video aus und tippen Sie rechts oben auf *Bearbeiten*.
2. An der linken Seite finden Sie das Symbol zum Drehen (kleines Quadrat mit Pfeilen).
3. Tippen Sie darauf und anschließend auf die Symbole links oben, mit denen Sie das Video vom Hoch- ins Querformat drehen oder auch spiegeln können. Zum Sichern tippen Sie auf den kleinen gelben Haken rechts oben.

Video automatisch verbessern

Die Funktion zum automatischen Verbessern von Fotos, also den *Zauberstab*, können Sie nun auch für Videos anwenden.

1. Nach Auswahl des gewünschten Videos im Album *Videos* tippen Sie rechts oben auf *Bearbeiten*.
2. Tippen Sie nun links auf das Symbol zum Bearbeiten oder Anpassen (Kreis mit Punkten).
3. Rechts erscheinen die verfügbaren Symbole zum Bearbeiten. Tippen Sie dort auf *Auto* und auf den *Zauberstab*.
4. Sind Sie mit dem Ergebnis zufrieden, tippen Sie auf den kleinen gelben Haken, um das bearbeitete Video zu sichern.

Video mit Filter verschönern

Mit den Filtern der Fotos-App, die bisher nur auf Fotos angewandt werden konnten, können Sie nun auch Ihre Videos verschönern.

1. Wählen Sie das Video im Album *Videos* aus und tippen Sie auf *Bearbeiten*.
2. Links und rechts erscheinen die Symbole zum Bearbeiten. Tippen Sie auf das Symbol mit den drei kleinen Kreisen, um die Filter aufzurufen.
3. Wählen Sie anschließend rechts den gewünschten Filter aus – von *Strahlend* bis *S/W Dunkel* und passen Sie ggf. die Wirkung des gewählten Filters über die Skala rechts an.
4. Sind Sie mit dem Ergebnis zufrieden, tippen Sie auf den kleinen gelben Haken rechts oben.

Video bearbeiten

Die neben der automatischen Verbesserung und der Anwendung von Filtern zusätzlich vorhandenen Bearbeitungsmöglichkeiten der Fotos-App halten sich zwar noch immer in Grenzen, entsprechen seit iPadOS 13 aber zumindest denen, die für Fotos angeboten werden. Um darauf zuzugreifen, gehen Sie wie folgt vor:

1. Wählen Sie das Video im Album *Videos* aus und tippen Sie auf *Bearbeiten*.
2. Links und rechts erscheinen die Symbole zum Bearbeiten. Tippen Sie zunächst auf das Symbol der Kamera, um das Video zu schneiden.

3. Um den Anfang und das Ende des Videos zu schneiden, ziehen Sie den kleinen Pfeil auf der linken Seite nach rechts und den auf der rechten Seite nach links.

4. Tippen Sie auf den kleinen gelben Haken oben rechts, wird das Video entsprechend gekürzt.
5. Des Weiteren können Sie die Belichtung, Farbe und Auflösung des Videos anpassen. Tippen Sie dazu links auf das Symbol mit der kleinen Uhr.
6. Wählen Sie nun rechts die einzelnen Bearbeitungsfunktionen aus und stellen Sie diese über die Skala ein. Auch hier tippen Sie auf den kleinen gelben Haken oben rechts, wenn Sie mit dem Ergebnis zufrieden sind.

Video an iMovie übergeben und bearbeiten

Mit iMovie ist auf Ihrem iPad zudem ein leistungsfähiges Programm zum Bearbeiten und Gestalten von Videos installiert, das jedenfalls für den Hausgebrauch kaum Wünsche offenlässt. Daher übergeben Sie Ihre Videos, die bearbeitet werden sollen, einfach aus der Fotos-App heraus an dieses Programm:

1. Starten Sie die Fotos-App und wählen Sie in der Album-Ansicht das Album *Videos* aus.
2. Um das gewünschte Video auszuwählen, tippen Sie auf die Vorschau. Wird das Video angezeigt, tippen Sie rechts oben auf *Bearbeiten*.
3. Befinden Sie sich im Bearbeitungsmodus, tippen Sie unten rechts auf die drei kleinen Punkte, um das Video an eine andere App zu übergeben.
4. Wählen Sie hier *iMovie*, wird das Video in iMovie geöffnet und Sie können es dort bearbeiten.

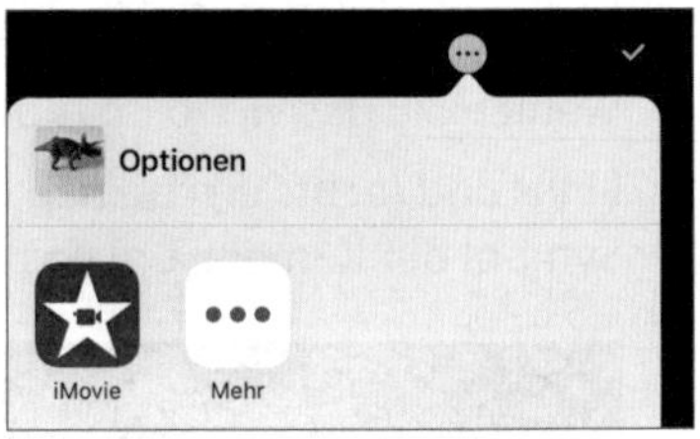

5. Sie haben dort folgende Möglichkeiten:
   - Schneiden: Tippen Sie dazu auf das Symbol mit der Schere und bewegen Sie die beiden gelben Begrenzungen links und rechts an die gewünschte Stelle.
   - Filter anwenden: Verleihen Sie Ihren Videos durch Farbfilter wie *Western*, *Explosion* oder *Stummfilm* einen individuellen Look.
   - Titel: Gestalten Sie einen passenden Titel.
   - Musik: Unterlegen Sie das Video mit passender Musik.
6. Haben Sie die Bearbeitung des Videos abgeschlossen, tippen Sie auf *Fertig*. Das Video wird nun bearbeitet in der Foto-Mediathek gesichert.

6.5 Fotos und Videos präsentieren

Die aus Ihren Schnappschüssen und Videos gezauberten Meisterwerke möchten Sie sicherlich Ihren Freunden und Bekannten zeigen. Das iPad und iPadOS 13 bieten Ihnen dafür zahlreiche Möglichkeiten.

Intelligente Fotovorschau

Bereits ohne Ihr Zutun präsentiert die Fotos-App Ihre fotografischen Meisterwerke oder auch nur Schnappschüsse in ansprechendem Rahmen. Die App ist dank künstlicher Intelligenz in der Lage, Ihre Fotos zu kuratieren, und präsentiert die besseren Bilder prominenter als die anderen. Allerdings liegt sie dabei nicht immer richtig.

1. Starten Sie die Fotos-App und tippen Sie oben auf *Jahre*, *Monate* oder *Tage*, um Ihre Fotos entsprechend geordnet anzuzeigen.
2. Sobald Sie eine entsprechende Ansicht gewählt haben, werden Ihre Fotos in ansprechender Weise präsentiert.
3. Um ein Foto vergrößert anzuzeigen, tippen Sie ein- oder zweimal auf das Foto. Um es wieder zu verkleinern, wischen Sie nach unten.
4. Zum nächsten Foto wischen Sie nach links und zum vorherigen nach rechts.

Fotos an bestimmten Orten anzeigen

Die mit Ihrem iPad oder auch iPhone aufgenommenen Fotos enthalten in der Regel Ortsinformationen, in denen vermerkt ist, wo sie aufgenommen wurden. Möchten Sie herausfinden, wo welche Fotos entstanden sind, gehen Sie auf die folgende Weise vor:

1. Starten Sie die Fotos-App und wählen Sie die Ansicht *Alben* aus.
2. Wählen Sie das Album *Orte* aus, erscheint eine Kartenansicht mit der Miniaturansicht Ihrer Fotos an den Orten, an denen Sie diese aufgenommen haben.
3. Tippen Sie auf eine dieser Ansichten, werden die entsprechenden Fotos aufgelistet, die Sie nun betrachten können.
4. Wählen Sie das Register *Gitter* oben, werden alle Fotos mit Ortsinformationen, sortiert nach dem Aufnahmedatum, aufgelistet.
5. Die Kartenansicht können Sie über das kleine *i*-Symbol unten rechts ändern, wie Sie das von der Karten-App gewohnt sind.

Mehrere Fotos auswählen

Möchten Sie Fotos auswählen, um diese zu präsentieren, an eine andere App zu übergeben oder auch online zu veröffentlichen, erreichen Sie das auf die folgende Weise:

1. Starten Sie die Fotos-App und entscheiden Sie sich für die passende Ansicht wie *Monate* oder *Tage*.
2. Wählen Sie das gewünschte Aufnahmedatum aus.

3. Um einzelne Fotos auszuwählen, tippen Sie zunächst rechts oben auf *Auswählen* und dann auf die Voransicht der Fotos.
4. Möchten Sie alle Fotos eines Datums wählen, tippen Sie zunächst auf *Auswählen* rechts oben und dann auf *Alle* links unten. Alle Fotos des Datums sind nun markiert und ausgewählt.

Fotos suchen

Die Suche nach Fotos in der Fotos-App gestaltet sich auf dem iPad mit iPadOS 13 besonders komfortabel, da die App »mitdenkt« und in der Lage ist, Fotos bzw. bestimmte Motive zu erkennen.

1. Öffnen Sie die Fotos-App und tippen Sie links unten auf das Lupensymbol.
2. Ohne dass Sie überhaupt einen Suchbegriff eingeben, werden die unterschiedlichen Kategorien aufgelistet, von denen Sie Fotos auf dem iPad haben, z. B. *Sonnenuntergang*, *Blumen* oder *Tiere*. Die App liegt bei der Wahl aber nicht in jedem Fall richtig.
3. Möchten Sie eine gezielte Suche durchführen, geben Sie einen Suchbegriff in das Suchfeld ein, etwa »Löwe« oder »Rose«.

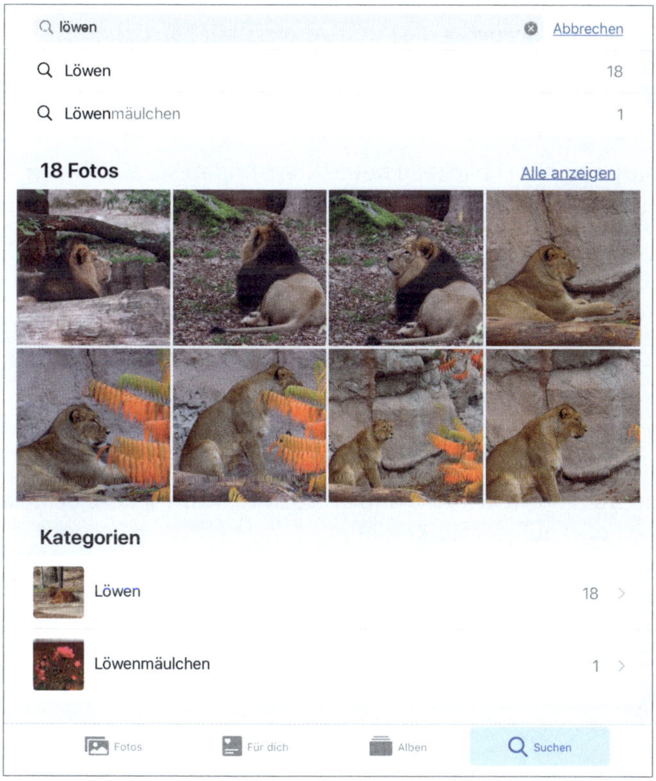

4. Bei der Eingabe des Suchbegriffs werden bereits die der App bekannten ähnlich lautenden Begriffe aufgelistet, von denen Sie dann einen per Fingertipp auswählen.
5. Alle von der Fotos-App erkannten Fotos mit dem gesuchten Motiv werden sofort aufgelistet. Allerdings ist die Auswahl der Suchbegriffe noch begrenzt. Sie können z. B. nach »Rose«, aber nicht nach »Seerose« suchen, nach »Blume«, aber nicht nach »Magnolie«.

Wo sind meine Bildschirmfotos

Suchen Sie die mit Ihrem iPad erstellten Bildschirmfotos, sind diese in der Fotos-App in einem gesonderten Album zu finden. Tippen Sie unten auf dem Bildschirm auf *Alben* und dann unter *Medienarten* auf *Bildschirmfotos*.

Für dich – Rückblicke

Mit den sogenannten Rückblicken bietet die Fotos-App auch eine Möglichkeit an, automatisch Diashows erstellen zu lassen. Die Fotos-App orientiert sich dabei am Ort und am Datum und kombiniert die passenden Fotos in einer Diashow.

Möchten Sie herausfinden, welche *Rückblicke* die Fotos-App erstellt hat, gehen Sie so vor:

1. Starten Sie die Fotos-App und tippen Sie unten am Bildschirm auf das Symbol *Für dich*.
2. Anschließend werden Ihre Rückblicke geordnet nach dem Datum aufgelistet.
3. Um die enthaltenen Fotos eines Rückblicks zu betrachten, tippen Sie auf dessen Titelbild und dann auf den Schalter *Abspielen* rechts unten am Titelbild.

Fotos aus Rückblicken entfernen

Nicht immer kombiniert die Fotos-App passende Fotos zu einem Rückblick, da die App sich hierbei in erster Linie am Datum und dem Ort orientiert. Daher ist es manchmal auch erforderlich, diese zu bearbeiten und unpassende Fotos zu entfernen.

1. Starten Sie die Fotos-App und tippen Sie unten am Bildschirm auf *Für dich*.
2. Wählen Sie den gewünschten Rückblick aus. Tippen Sie dort auf *Mehr anzeigen*, damit wirklich alle enthaltenen Fotos aufgelistet werden.
3. Anschließend tippen Sie rechts oben auf *Auswählen* und markieren die Fotos, die entfernt werden sollen.
4. Zum Löschen tippen Sie auf das Papierkorbsymbol links oben und bestätigen die Sicherheitsabfrage.

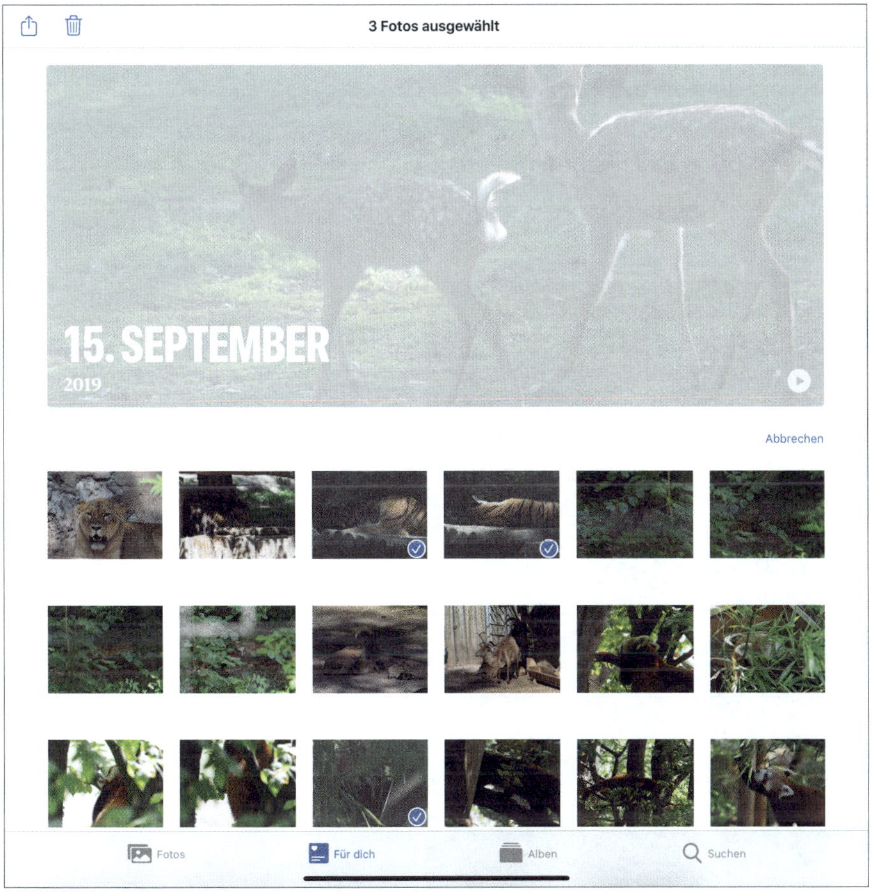

Rückblicke ändern

Ein Rückblick – genauer die Diashow eines Rückblicks – kann bei Bedarf angepasst werden.

1. Starten Sie die Fotos-App und tippen Sie unten am Bildschirm auf *Für dich*.
2. Wählen Sie den gewünschten Rückblick aus, und tippen Sie auf den Schalter *Abspielen* rechts unten oder auf das Titelbild.
3. Tippen Sie erneut auf das Titelbild, bis der Rückblick in einem Fenster und nicht mehr im Vollbild abgespielt wird. Dann tippen Sie rechts oben auf *Bearbeiten*.
4. Anschließend können Sie Folgendes ändern:
   - *Titel:* der Titelname des Videos und dessen Formatierung.
   - *Titelbild:* Tauschen Sie bei Bedarf das Titelbild aus.
   - *Fotos & Videos:* Löschen Sie einzelne Fotos und Videos oder fügen Sie welche hinzu.

- *Musik:* Wählen Sie die empfohlenen Musiktitel oder eigene Titel aus der iTunes-Mediathek.
- *Dauer:* Hier ändern Sie die Abspieldauer.

5. Spielen Sie das Video erneut zur Überprüfung ab. Um das Video zu speichern oder weiterzugeben, tippen Sie links unten auf das Teilen-Feld.
6. Wählen Sie in der ersten Reihe die gewünschte App oder unten den Eintrag *Video sichern* aus.

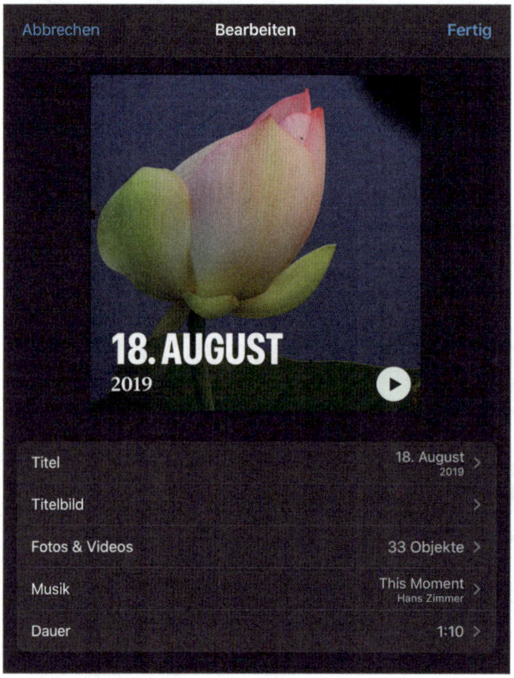

Einfache Diashow

Um Ihre Bilder schnell einmal vorzuzeigen, müssen Sie nicht gleich auf die »Rückblicke« zurückgreifen. Dies geht auch einfacher und vor allem gezielter, indem Sie ein einzelnes Album und dieses dann auf dem iPad oder dem TV-Gerät (über AirPlay und Apple TV) vorführen.

1. Starten Sie dazu die Fotos-App und wählen Sie das gewünschte Album oder ein Datum aus.
2. Bei einem Album tippen Sie oben auf den Eintrag *Diashow*. Als Titel erscheint der Name des Albums, und mit Musikuntermalung werden die Fotos vorgeführt.
3. Möchten Sie den Überblendeffekt zwischen den Fotos ändern, tippen Sie rechts unten auf *Optionen* und dann auf *Thema*.

4. Die Musik der Diashow passen Sie ebenfalls über *Optionen* und dann den Eintrag *Musik* an, die Geschwindigkeit mit dem Schieberegler.
5. Beim Vorführen eines Datums tippen Sie zuerst auf das Teilen-Feld und dann weiter unten auf *Diashow*.

iPad als digitalen Bilderrahmen verwenden

Ihr iPad lässt sich auch prima als digitaler Bilderrahmen nutzen. Entsprechend platziert auf einem Tisch, mit einem passenden Ständer oder in einem Dock, können Sie eine Diashow in Endlosschleife abspielen lassen.

1. Starten Sie die Fotos-App und wählen Sie das gewünschte Album in der Alben-Ansicht aus.
2. Tippen Sie oben auf den Eintrag *Diashow*. Als Titel erscheint der Name des Albums und mit Musikuntermalung werden die Fotos vorgeführt.
3. Über *Optionen* rechts unten ändern Sie das *Thema* (Überblendeffekt) sowie ggf. über *Musik* die Musikuntermalung.
4. Damit die Diashow immer wiederholt wird, aktivieren Sie in den *Optionen* noch die Einstellung *Wiederholen*.

iCloud-Fotos aktivieren

Damit Sie Ihre Fotos auf allen Ihren Geräten immer zur Verfügung haben, also auf dem PC, iPad und iPhone, können Sie diese in iCloud übertragen. Dies hat Vorteile, aber auch einige Nachteile. So haben Sie von jedem iPadOS- und iOS-Gerät, Mac oder Windows-PC Zugriff auf Ihre Fotos und Videos, können diese betrachten, präsentieren oder auch bearbeiten — und das an jedem Ort, an dem Sie einen Internetzugang haben.

Die Nachteile liegen ebenfalls auf der Hand. Um auf Ihre Fotos zuzugreifen, ist eben ein Internetzugang (am besten über WLAN) zwingend erforderlich. Zudem sind Fotosammlungen in der Regel sehr umfangreich und benötigen viel Speicherplatz. Apple stellt Ihnen jedoch – kostenlos – nur 5 GByte Speicherplatz zur Verfügung. Benötigen Sie mehr, müssen Sie dafür bis zu knapp 10 Euro pro Monat bezahlen. Hierfür erhalten Sie dann 1 TByte Speicherplatz bei iCloud. 1 TByte dürfte den meisten Amateur- und Gelegenheitsfotografen genügen.

1. Öffnen Sie die *Einstellungen* und tippen Sie in der linken Spalte auf Ihre Apple-ID (Ihren Benutzernamen).
2. In der rechten Spalte tippen Sie auf *iCloud* und dann unten auf *Fotos*.
3. Schalten Sie nun *iCloud-Fotos* ein. Ihre Fotos und Alben werden von nun an automatisch in iCloud hochgeladen.

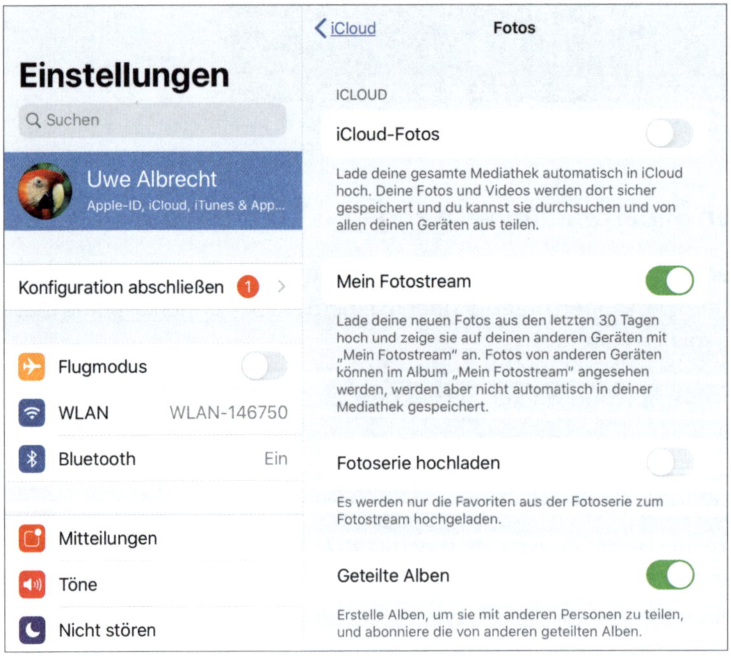

Fotos und Alben teilen

Wollen Sie Ihre Fotos, z. B. von Ihrer letzten Urlaubsreise, Freunden und Bekannten zeigen, müssen Sie diese nicht unbedingt zu sich einladen oder mit dem iPad bei ihnen vorbeikommen. Dies geht auch mit weniger Aufwand – und zwar über *Geteilte Alben*. Damit können Sie Fotoalben online präsentieren. Aber nicht nur das. Jeder Ihrer »Abonnenten« kann – je nachdem – Fotos bewerten, kommentieren oder eigene hinzufügen.

Geteilte Alben richten Sie wie folgt ein:

1. Öffnen Sie die Fotos-App und wählen Sie das gewünschte Album oder Datum aus. Dort tippen Sie rechts oben auf *Auswählen* und legen die Fotos fest.
2. Anschließen tippen Sie links oben auf das Teilen-Feld. Wählen Sie die Option *Zu geteiltem Album hinzufügen*.
3. Geben Sie als Nächstes den Namen des geteilten Albums ein und tippen Sie auf *Weiter*.
4. Geben Sie nun die E-Mail-Adressen der Personen an, die Zugriff darauf haben sollen.
5. Über *Erstellen* legen Sie ein neues geteiltes Fotoalbum an und verfassen, sofern Sie möchten, einen Kommentar dazu. Dann tippen Sie auf *Posten*.
6. Das Album wird online gestellt und die eingeladenen Personen werden benachrichtigt. Über *Personen* legen Sie zudem noch fest, ob diese Personen Mitteilungen senden können und ob das Fotoalbum über icloud.com öffentlich sichtbar sein soll.

»Mein Fotostream« einschalten

Damit alle in den letzten 30 Tagen neu aufgenommenen und importierten Fotos ebenfalls online betrachtet werden können, müssen Sie eine weitere Einstellung aktivieren, und zwar *Mein Fotostream*.

1. Öffnen Sie die *Einstellungen* und tippen Sie in der linken Spalte auf Ihre Apple-ID (Ihren Benutzernamen).
2. In der rechten Spalte tippen Sie auf *iCloud* und dann unten auf *Fotos*.
3. Schalten Sie nun *Mein Fotostream* ein. Achten Sie auch hier auf genügend Speicherplatz in iCloud, sodass Ihre Fotos auch zuverlässig und automatisch hochgeladen werden.

Videos betrachten

Ihre mit der Kamera des iPad aufgenommenen Videos werden ebenfalls über die Fotos-App verwaltet und abgespielt. Nicht über die TV-App, die in erster Linie für Kauf- und Leihfilme aus dem App Store oder andere über iTunes synchronisierte Filme zuständig ist.

Videos können Sie in der Fotos-App sehr einfach abspielen und betrachten:

1. Starten Sie die Fotos-App und wählen Sie dort in der Album-Ansicht das Album *Videos* aus.
2. Um das gewünschte Video abzuspielen, tippen Sie erst auf die Vorschau und dann auf den Schalter *Abspielen*, zum Pausieren auf den Schalter *Pause* rechts oben.
3. Um das Video auf Ihrem TV-Gerät (über Apple TV) anzuschauen, tippen Sie auf das Teilen-Feld – ebenso rechts oben – und dann auf den Eintrag *AirPlay* in der zweiten Reihe.

Animierte GIF-Dateien abspielen

Die Fotos-App ist nun in der Lage, animierte GIF-Dateien nicht nur anzuzeigen, sondern auch abzuspielen. Sie finden diese – soweit vorhanden – im Album *Animiert*.

7. Das iPad als Multimediatalent

Die meisten Anwender nutzen ihr Tablet neben dem Surfen und Chatten auch zum Medienkonsum. Kein Wunder, denn der helle, kontrastreiche und hochauflösende Bildschirm des iPad ist hervorragend dazu geeignet, Filme auf der Terrasse, im Garten oder unterwegs zu genießen. Wer ein iPad Pro besitzt, profitiert zudem vom Stereoklang aus den mittlerweile vier eingebauten Lautsprechern, die zumindest günstigere externe Lautsprecher weitgehend überflüssig machen. Daher ist das iPad natürlich ebenso gut dazu geeignet, Musik und Podcasts zu hören oder Internetradio.

Selbstverständlich können Sie es, entsprechende Apps von Drittherstellern vorausgesetzt, auch dazu verwenden, TV zu schauen oder Spiele zu spielen. Und zu guter Letzt ist es auch ein E-Book-Reader, mit dem Sie Zugriff auf den Book Store von Apple und den Kindle-Store von Amazon erhalten. Das ganze Potential des Multimediatalents Ihres iPad schöpfen Sie mit den Tipps und Tricks in diesem Kapitel aus.

7.1 iTunes Store

Um Medien für Ihr iPad oder Ihre anderen iOS-Geräte und Macs oder den Windows-PC zu beziehen, ist für viele Anwender der iTunes Store die erste Anlaufstelle. Dank der engen Integration von iPadOS, iOS, macOS und iTunes Store ist der Erwerb und das Herunterladen von Medien besonders komfortabel, einfach und schnell erledigt.

Die Bezahlung erfolgt über die Apple-ID und die dort hinterlegte Zahlungsmethode. Dies kann eine Kreditkarte sein, eine iTunes-Karte, die es zu unterschiedlichen Preisen an nahezu jeder Supermarktkasse oder auch Tankstelle zu kaufen gibt, oder auch die Mobilfunkrechnung und PayPal.

PayPal als Bezahlmethode nutzen

Seit einiger Zeit bietet Apple auch die Bezahlung über den beliebten Bezahldienst PayPal an. Dies können Sie in Ihrem iTunes Store Konto aktivieren. Allerdings müssen Sie dazu iTunes unter Windows bzw. älteren macOS-Versionen nutzen und ab macOS Catalina die Musik-App. Gehen Sie wie folgt vor:

1. Starten Sie iTunes auf dem Mac oder Windows-PC. Sofern Sie bereits einen Mac mit macOS Catalina haben, starten Sie die Musik-App. Dort wählen Sie in der Menüleiste die Befehle *Account* sowie *Meinen Account anzeigen*.
2. Dort klicken Sie neben *Zahlungsdaten* auf *Bearbeiten*. Wählen Sie hier *PayPal* aus.
3. Geben Sie die Benutzerdaten Ihres PayPal-Kontos ein und klicken Sie auf *Fertig*.

Nur mit Prepaid-Guthaben zahlen

Möchten Sie keine Kreditkarte, PayPal oder Mobilfunkrechnung als Bezahlmethode angeben, haben Sie die Möglichkeit, ein Prepaid-Guthaben einzuzahlen – und zwar über die im Handel nahezu überall erhältlichen iTunes-Karten.

In diesem Fall wählen Sie *Keine* Bezahlmethode:

1. Starten Sie iTunes auf dem Mac oder Windows-PC. Sofern Sie bereits einen Mac mit macOS Catalina haben, starten Sie die Musik-App. Wählen Sie in der Menüleiste die Befehle *Account/Meinen Account anzeigen*.
2. Dort klicken Sie neben *Zahlungsdaten* auf *Bearbeiten*. Wählen Sie anschließend als Bezahlmethode *Keine* aus.
3. Um Einkäufe tätigen zu können, müssen Sie über iTunes-Karten ein Guthaben einlösen, um im iTunes Store, im App Store oder im Book Store einkaufen zu können. Auch wenn Sie bei iCloud zusätzlichen Speicherplatz oder Apple Music abonniert haben, wird die Bezahlung über das Guthaben abgewickelt. In diesem Fall sollte es ausreichend hoch sein, damit das Abonnement nicht beendet wird.

Über die Mobilfunkrechnung zahlen

Alternativ können Sie auch über Ihre Mobilfunkrechnung bezahlen. Die entsprechenden Beträge werden dann monatlich zusammen mit den Mobilfunkgebühren von Ihrem Konto abgebucht. Zur Änderung der Bezahlmethode gehen Sie wie zuvor beschrieben vor, nur wählen Sie dort das Handy- und SIM-Karten-Symbol.

iTunes-Karten mit Kamera einlesen

Damit Sie die über eine Guthaben- oder auch Geschenkkarte erworbene Summe auf Ihr iTunes-Konto einzahlen können, müssen Sie normalerweise einen langen Code eingeben. Hierbei schleichen sich gern Tippfehler ein, die Sie dann wieder korrigieren müssen.

Dank der Kamera Ihres iPad geht es auch einfacher. Der Code und damit das Guthaben kann darüber eingelesen und eingelöst werden.

1. Rubbeln Sie zunächst mit einer Münze den Code auf der Rückseite der iTunes-Karte frei.
2. Starten Sie iTunes auf dem iPad und blättern Sie ganz nach unten. Dort tippen Sie auf den Schalter *Einlösen*.
3. Im folgenden Fenster tippen Sie auf den Eintrag *Kamera verwenden* und halten die iTunes-Karte mit der Rückseite und dem Code vor die Kamera auf der Rückseite Ihres iPad.

4. Der Code wird eingelesen und das dazugehörige Guthaben Ihrem iTunes-Konto gutgeschrieben.

Einkaufsstatistiken abrufen

Wollen Sie herausfinden, welche Einkäufe in letzter Zeit über Ihr iTunes-Konto getätigt wurden, benötigen Sie dazu auch iTunes auf dem Windows-PC oder Mac bzw. die App *Musik* ab macOS Catalina.

1. Starten Sie iTunes auf dem Mac oder Windows-PC. Sofern Sie bereits einen Mac mit macOS Catalina haben, starten Sie die Musik-App. Dort wählen Sie in der Menüleiste die Befehle *Account* sowie *Meinen Account anzeigen*.
2. Dort klicken Sie neben *Einkaufsstatistik* auf *Alle anzeigen*.
3. Wählen Sie nun über die Menüs den Zeitraum aus, über den Sie bezüglich Ihrer Einkäufe informiert werden wollen. Es werden nicht nur Käufe von Apps, Musik und Filmen aufgelistet, sondern auch die Gebühren für Abos wie Apple Music oder zusätzlichen iCloud-Speicherplatz.

Ein Album oder einen Film verschenken

Möchten Sie Ihren Lieben eine Freude machen, können Sie Ihnen auch Geschenke und Geschenkkarten für den iTunes Store zukommen lassen – und zwar ganz papierlos und online. Hierbei haben Sie die Wahl, entweder ein Medium selbst, wie einen Musiktitel, ein Musikalbum oder einen Film bzw. eine TV-Serie, zu verschenken oder eine Geschenkkarte mit einem bestimmten Betrag zur freien Verfügung zu nehmen. Der Empfänger muss natürlich über eine Apple-ID und ein iTunes-Konto verfügen, um das Geschenk einlösen zu können. Eine Bezahlmethode benötigt der Beschenkte aber nicht.

1. Wollen Sie ein Medium verschenken, tippen Sie auf dessen Cover und anschließend auf das Teilen-Feld, das sich rechts oben befindet.
2. Tippen Sie nun in der zweiten Reihe auf das Symbol *Geschenk*. Dort geben Sie die E-Mail-Adresse des Empfängers an und ggf. eine Nachricht.
3. Tippen Sie auf *Weiter* und folgen Sie den Anweisungen.

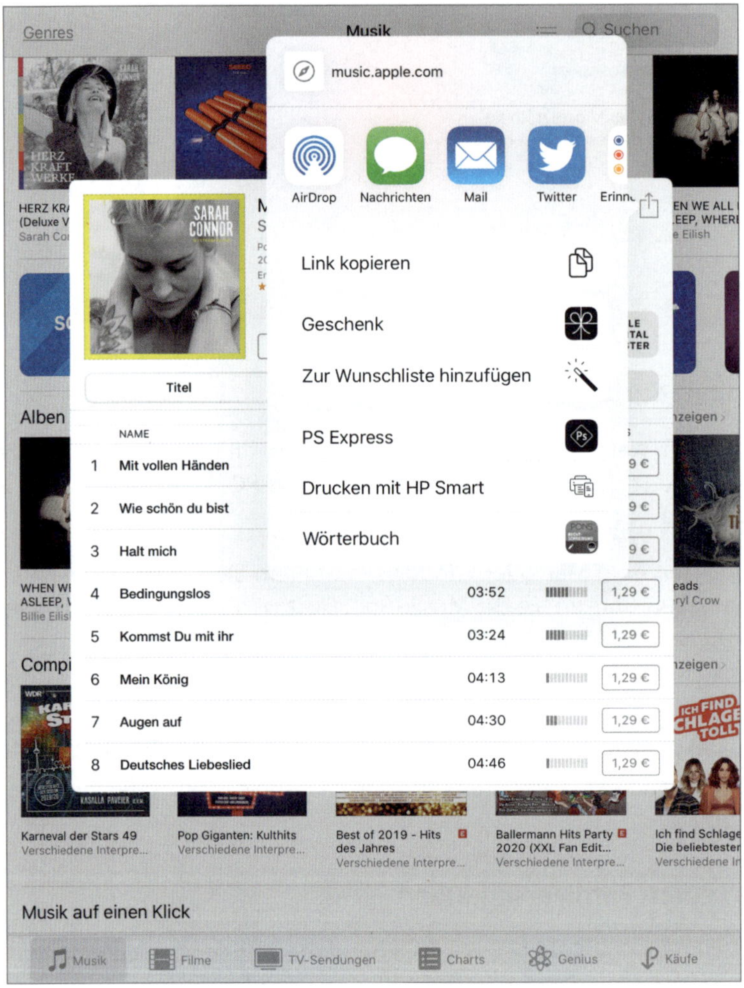

Eine Guthabenkarte verschenken

1. Zum Verschenken einer Guthaben- bzw. Geschenkkarte wischen Sie ganz nach unten und tippen auf den Schalter *Verschenken*.
2. Geben Sie den Empfänger an und eine kurze Nachricht.

3. Tippen Sie auf den Betrag und dann auf *Weiter*. Folgen Sie dann den Anweisungen.

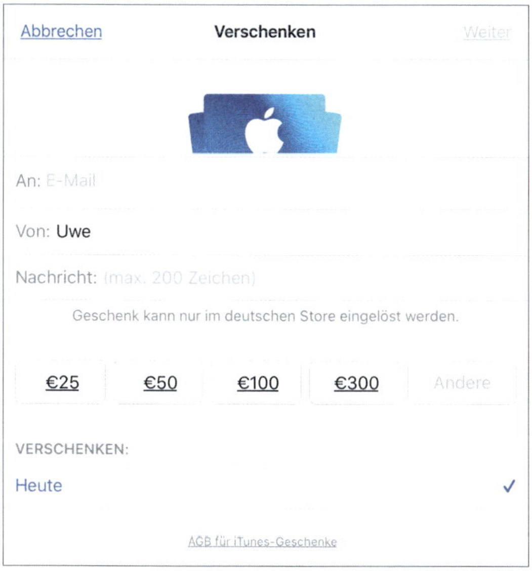

Wunschliste des iTunes Store verwenden

Sehr praktisch ist die Wunschliste im iTunes Store. Darin können Sie nicht nur alle Medien aufnehmen, die Sie erwerben wollen. Sie können sie auch dafür verwenden, Medien zu notieren, die Sie interessant finden und auf anderen Wegen erwerben möchten oder Bekannten oder Freunden weiterempfehlen.

1. Um ein Medium in die Wunschliste aufzunehmen, tippen Sie auf das Cover und dann auf das Teilen-Feld.
2. Möchten Sie später auf die Wunschliste zugreifen, tippen Sie in der iTunes-App auf die drei kleinen Striche und anschließend auf das Register *Wunschliste*.
3. Zum Löschen von Einträgen wischen Sie auf dem Eintrag von rechts nach links und tippen dann auf *Löschen*. Zum Erwerben tippen Sie auf das Preisschild und folgen den Anweisungen.

Album oder Titel empfehlen

Wenn Sie Freunden, Bekannten oder Kollegen Alben, Musiktitel oder auch andere Medien weiterempfehlen wollen, müssen Sie dazu nicht den Link kopieren, eine neue E-Mail oder Nachricht verfassen und den Link aus der Zwischenablage übernehmen. Das geht viel einfacher:

1. Um ein Medium zu empfehlen, tippen Sie auf das Cover und dann auf das Teilen-Feld.

2. Zum Versenden des Links tippen Sie in der ersten Reihe auf *Nachrichten* oder *Mail*. Nun müssen Sie nur noch Empfänger und Betreffzeile eingeben und können die Empfehlung versenden.
3. Falls gewünscht, können Sie diese auch auf Twitter posten. Wählen Sie *Twitter* aus, melden Sie sich bei Bedarf an, und tippen Sie auf *twittern*.

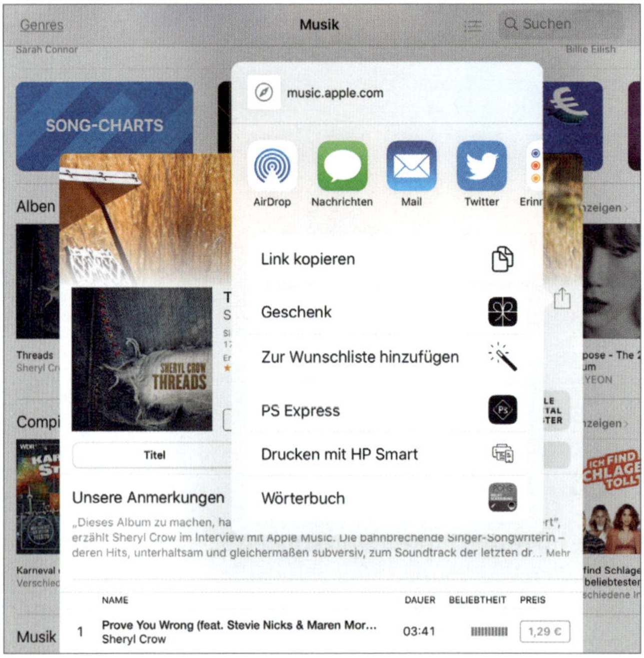

Alternativen zum iTunes Store

Beim Erwerb von Musik und anderen Medien sind Sie nicht unbedingt auf den iTunes Store angewiesen, auch wenn der Kauf und Download dort besonders bequem ist. Alternativen sind z. B. die Konkurrenten Google Play Store sowie Amazon Music. Sowohl im Google Play Store als auch bei Amazon Music erwerben Sie Ihre Musiktitel im MP3-Format, das nicht kopiergeschützt ist. MP3-Titel lassen sich problemlos in Ihre iTunes-Mediathek übernehmen. Zudem gibt es von beiden Anbietern Apps für das iPad, über die Sie die dort erworbene Musik ebenfalls genießen können.

7.2 Apple Music

Mit Apple Music ist der Hersteller von iPad, iPhone und Co. erst spät in den Markt für Musikstreaming eingestiegen, konnte aber auf Anhieb zahlreiche – auch zahlende – Musikfreunde überzeugen. Weitere Gründe dafür sind natürlich auch, dass es auf jedem iPad, iPhone sowie Mac und über iTunes auf dem Windows-PC verfügbar ist. Außerdem spielt der moderate Preis von 9,99 Euro im Monat eine Rolle und die dreimonatige kostenlose Testphase. Möchten Sie Apple Music ebenfalls testen oder nutzen Sie es bereits, dann finden Sie auf den folgenden Seiten eine Reihe nützlicher Tipps dazu.

Apple Music testen

Möchten Sie Apple Music testen, haben Sie drei Monate Zeit dazu, und zwar ohne jegliche Einschränkungen sowie auf allen Geräten, auf denen Sie mit Ihrer Apple-ID angemeldet sind.

1. Starten Sie iTunes und scrollen Sie auf der Startseite so weit nach unten, bis Sie einen Eintrag oder eine Anzeige mit *Apple Music* finden.
2. Tippen Sie auf den Eintrag und folgen Sie den Anweisungen zum Abschluss eines dreimonatigen Probeabonnements.

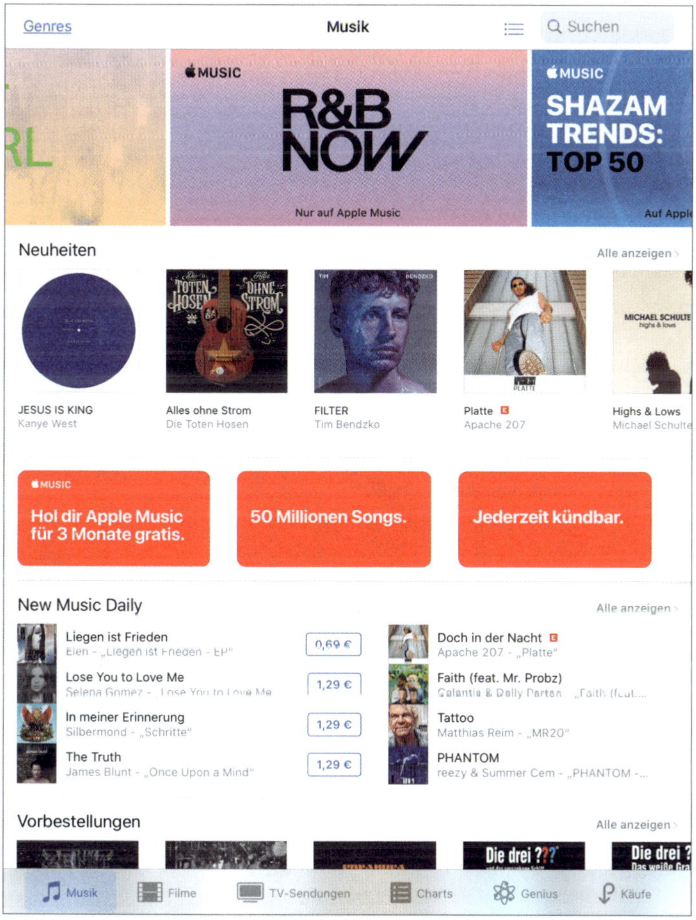

3. Auf dem iPad greifen Sie auf Apple Music über die Musik-App zu. Tippen Sie dort auf *Entdecken*, um Alben, die Ihnen gefallen, hinzuzufügen. Selbstverständlich können Sie auch eine gezielte Suche über das Lupensymbol durchführen.
4. Alle Ihre Alben und Titel finden Sie, wenn Sie in der Musik-App auf *Mediathek* links unten tippen. Ihre neuesten Alben und Titel finden Sie in der Wiedergabeliste *Zuletzt hinzugefügt*.
5. Sollte die Musik-App, trotz abgeschlossenem Abonnement oder Probeabonnement, die von Ihnen in Apple Music gewählten Alben und Titel nicht anzeigen, warten Sie einfach etwas, bis die Anzeige aktualisiert wurde.

Apple Music aktivieren

Ist es, trotz abgeschlossenem Abonnement oder Probeabonnement, nicht möglich, auf Ihrem iPad über die Musik-App auf Apple Music zuzugreifen, dann müssen Sie dieses unter Umständen erst anzeigen lassen.

1. Starten Sie die *Einstellungen* und wählen Sie in der linken Spalte den Eintrag *Musik*.
2. Schalten Sie nun in der rechten Spalte *Apple Music zeigen* ein.

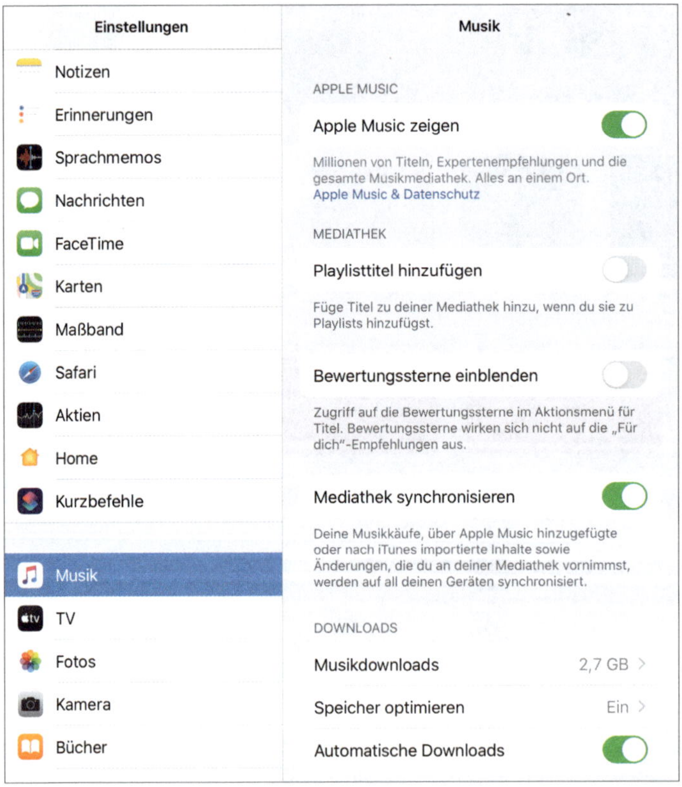

Neue Musik finden und hinzufügen

Wollen Sie aktuelle Alben oder auch ältere Musiktitel in Apple Music finden und Ihren Wiedergabelisten hinzufügen, nutzen Sie dazu nicht den iTunes Store, sondern die Musik-App.

1. Starten Sie die Musik-App und tippen Sie am unteren Bildschirmrand auf *Entdecken*.
2. Im Startfenster werden ausgewählte Neuerscheinungen aller Genres angezeigt. Suchen Sie Musik bestimmter Genres, tippen Sie links oben auf *Entdecken/Genres*.
3. Gefällt Ihnen ein Album, tippen Sie auf dessen Cover und dann rechts auf den Schalter *Hinzufügen*. Das Album wird in die Wiedergabeliste *Zuletzt hinzugefügt* Ihrer Mediathek übernommen.
4. Möchten Sie gezielt nach Interpreten, Albumname oder Musiktiteln suchen, tippen Sie unten am Bildschirm auf *Suchen* und geben die Suchbegriffe ein. Dann verfahren Sie weiter wie oben beschrieben.

Musiktitel herunterladen

Zwar ist Apple Music ein Dienst für Musikstreaming, dennoch lassen sich die Titel – bei Bedarf – auch auf Ihr iPad herunterladen, z. B. wenn Sie diese, ohne dass Sie mit dem Internet verbunden sind, anhören möchten. Beachten Sie aber, dass die heruntergeladenen Musiktitel weder kopiert noch auf CD gebrannt werden und nach Beendigung des Apple-Music-Abos nicht mehr genutzt werden können. Zum Herunterladen gehen Sie wie folgt vor:

1. Fügen Sie wie oben beschrieben das Album Ihrer Mediathek hinzu.
2. Tippen Sie dann unten auf *Mediathek* und anschließend auf das Cover des Albums.
3. Zum Herunterladen auf Ihr iPad tippen Sie auf das Wolkensymbol rechts oben oder – bei einzelnen Titeln – auf das Wolkensymbol rechts neben dem Titel.
4. Alle heruntergeladenen Titel finden Sie später über *Mediathek* sowie *Geladene Musik*.

Lieblingsalben und Musiktitel markieren

Musiktitel, die Ihnen gefallen, können Sie entsprechend markieren. Anhand dieser Titel unterbreitet Ihnen dann Apple Music weitere Musikvorschläge, die Sie über *Für dich* unten am Bildschirmrand finden.

1. Starten Sie die Musik-App und wählen Sie das gewünschte Album aus.
2. Tippen Sie auf die drei Punkte ganz rechts und anschließend auf das Herz-Symbol, falls Ihnen das ganze Album gefällt.
3. Wollen Sie nur einen Titel bewerten, spielen Sie diesen zunächst ab.

4. Tippen Sie dann rechts unten auf den Titelnamen oder das Cover, um den Player anzuzeigen.
5. Dort tippen Sie ebenfalls auf die drei kleinen Punkte rechts und auf das Herz-Symbol.

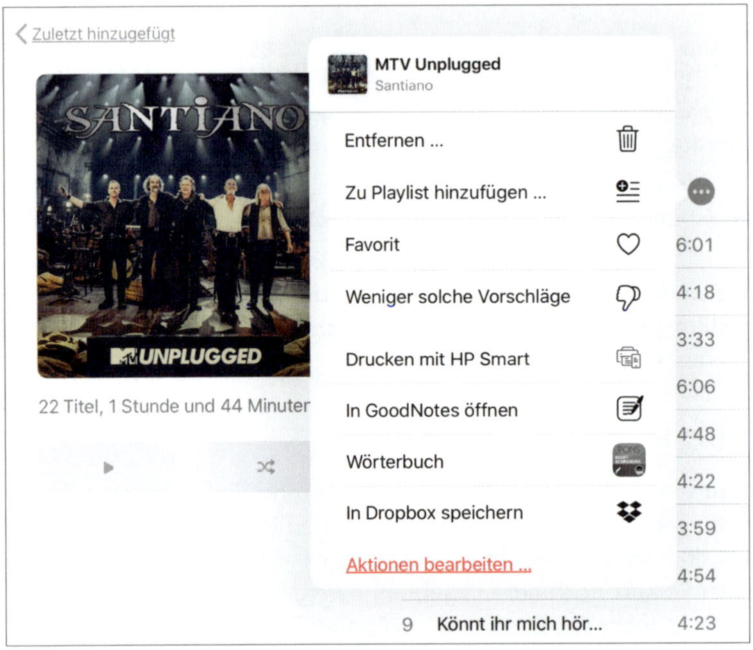

7.3 Musik hören

Wollen Sie auf Ihrem iPad Musik hören – einerlei ob über Apple Music oder aus Ihrer eigenen iCloud-Musikmediathek –, dann ist dafür immer die Musik-App zuständig. In diesem Kapitel finden Sie nützliche Tipps für den Musikgenuss mit dem iPad.

Musik im Zufallsmodus über das Kontrollzentrum hören

Um Musik zu hören, müssen Sie aber nicht in jedem Fall erst einmal die Musik-App starten, das gewünschte Album oder den Lieblingstitel wählen und dann abspielen. Es geht auch schneller, und zwar über das Kontrollzentrum:

1. Betätigen Sie zweimal schnell hintereinander die Home-Taste, um das Kontrollzentrum aufzurufen. Alternativ wischen Sie vom linken oberen Bildschirmrand nach unten.
2. Im Kontrollzentrum finden Sie die Steuerungselemente für die Musik-App. Heben Sie diese durch einen etwas längeren Fingertipp hervor.

3. Tippen Sie dann auf den Schalter *Abspielen*, wird Musik aus Ihrer iCloud-Mediathek im Zufallsmodus abgespielt.
4. Tippen Sie auf das AirPlay-Symbol rechts oben, können Sie auch noch festlegen, wo die Musik abgespielt werden soll, auf dem iPad selbst, auf externen Lautsprechern, drahtlosen Kopfhörern oder einer Musikanlage.

Musik auf dem Sperrbildschirm abspielen

Falls Sie die Musik-App auf Ihrem iPad gestartet haben und ein Album oder einen Musiktitel anhören, können Sie die Musikwiedergabe auch auf dem Sperrbildschirm steuern. Die entsprechenden Bedienelemente werden angezeigt.

1. Starten Sie die Musik-App und spielen Sie einen Titel ab. Warten Sie, bis der Sperrbildschirm angezeigt wird, oder drücken Sie die Stand-by-Taste oben am iPad.
2. Sobald der Sperrbildschirm angezeigt wird, können Sie über die entsprechenden Bedienelemente Musiktitel abspielen, pausieren, zum nächsten Titel oder zum vorherigen wechseln und natürlich auch die Lautstärke anpassen.
3. Daneben werden das Cover und der Name des Albums bzw. Musiktitels angezeigt.
4. Über das AirPlay-Symbol oben rechts können Sie festlegen, wo die Musik abgespielt werden soll.

Zufallsmodus nutzen

Möchten Sie in der Musik-App selbst den beliebten Zufallsmodus aktivieren, erreichen Sie das auf die folgende Weise:

1. Starten Sie die Musik-App und wählen Sie zunächst eine Wiedergabeliste aus.
2. Soll die Musik-App die Titel aus Ihrer gesamten iCloud-Musikmediathek auswählen, tippen Sie links oben auf *Mediathek* und wählen dann *Titel*.
3. Um nun den Zufallsmodus zu starten, tippen Sie rechts oben auf *Zufällig*.

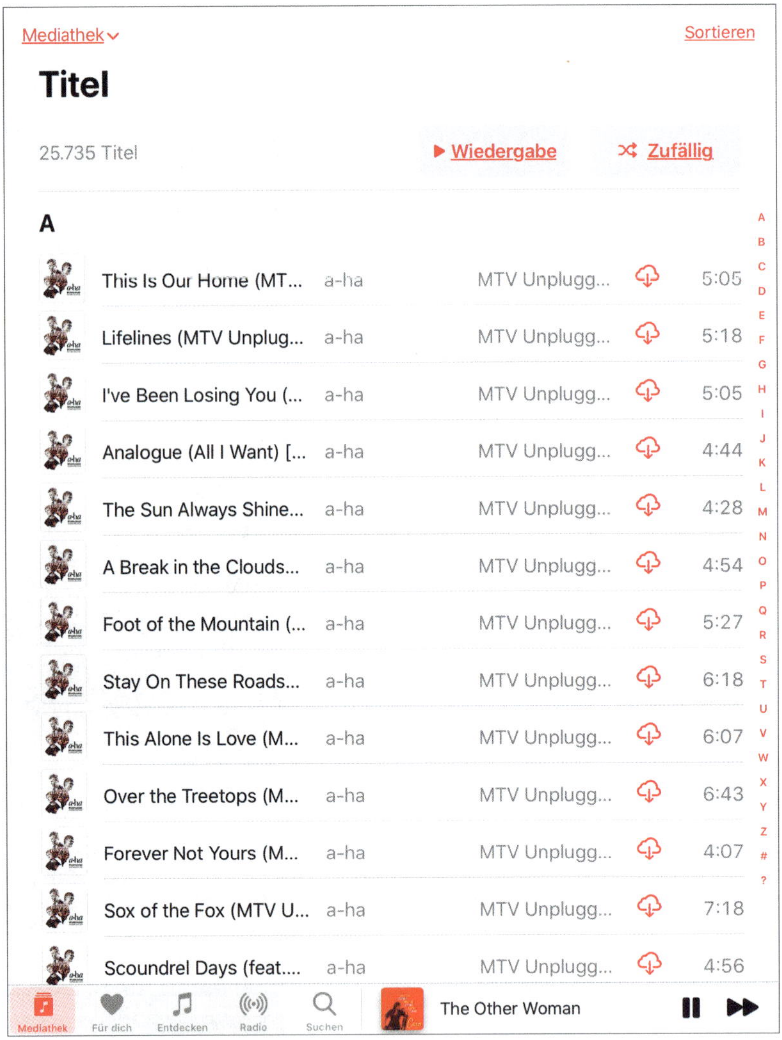

Nächsten Titel feststellen

Falls Sie während des Abspielens von Musik den nächsten Titel herausfinden wollen, ob im Zufallsmodus oder nicht, gehen Sie wie folgt vor:

1. Starten Sie die Musik-App und spielen Sie einen Titel ab.
2. Tippen Sie rechts unten auf den Titelnamen, um den Player anzuzeigen.
3. Rechts unten werden die Titel angezeigt, die nach dem aktuellen Titel abgespielt werden.

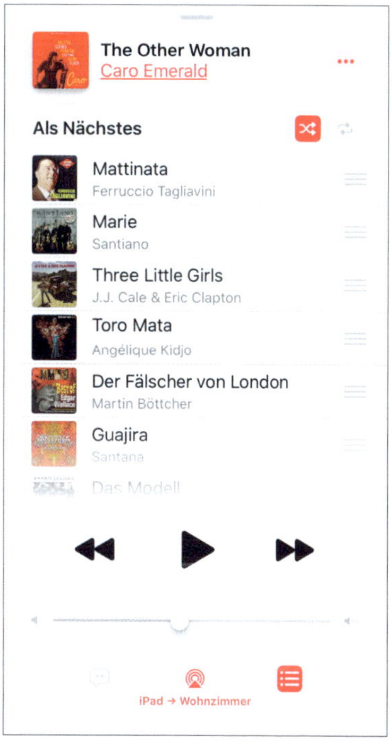

Songtexte anzeigen

Beim Abspielen von Musik mit der Musik-App können Sie – jedenfalls bei im iTunes Store erworbenen oder bei Apple Music gestreamten und heruntergeladenen Titeln – auch die Songtexte anzeigen.

1. Spielen Sie den Musiktitel ab, indem Sie zuerst auf das Cover und dann auf den Titel tippen.
2. Nun tippen Sie rechts unten auf den Titelnamen, um den Player einzublenden. Dort finden Sie das Cover sowie alle Wiedergabeelemente.
3. Darunter finden Sie – soweit ein Songtext vorhanden ist – eine kleine Sprechblase. Tippen Sie darauf, um den Songtext einzublenden.

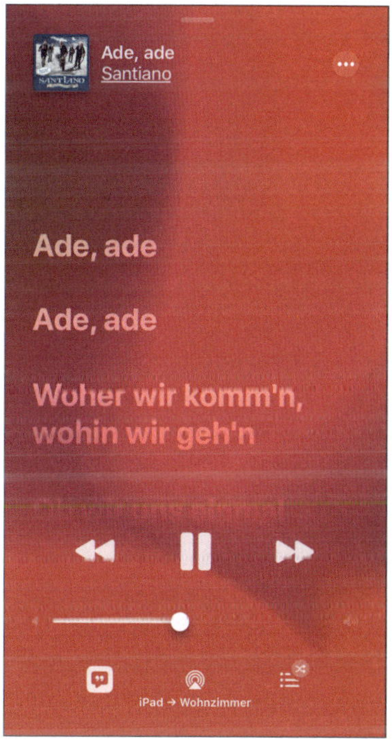

Wiedergabelisten der Musik-App anpassen

Falls Ihnen die vorhandene Auswahl der Wiedergabelisten in der Musik-App nicht zusagt, können Sie diese auch verändern und anpassen:

1. Starten Sie die Musik-App. Tippen Sie zunächst links oben auf *Mediathek* und dann auf *Bearbeiten*.
2. Wählen Sie die gewünschte Wiedergabeliste durch einen Fingertipp aus oder ab.
3. Falls Sie deren Reihenfolge verändern wollen, ziehen Sie diese an den drei kleinen Strichen rechts an die entsprechende Position.

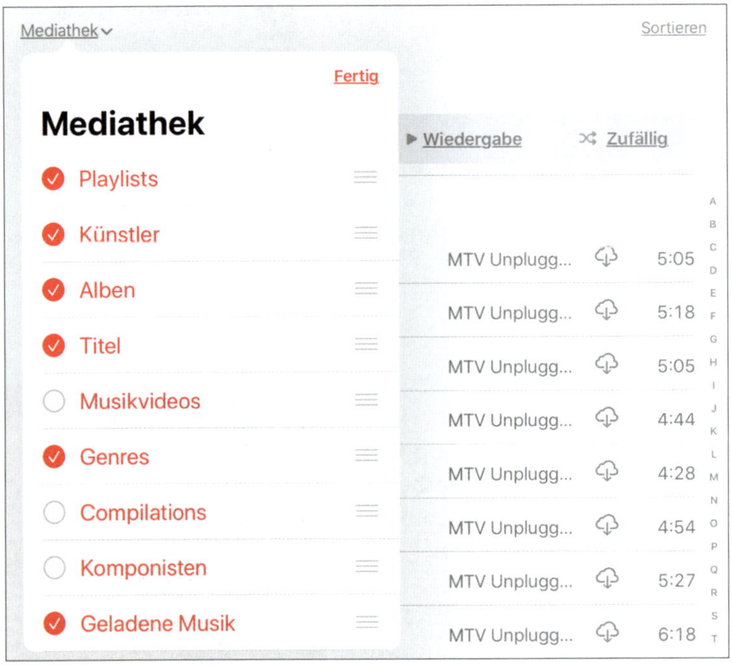

iCloud-Musikmediathek nutzen

Damit Sie auf allen Ihren Geräten immer Zugriff auf Ihre gesamten Musiktitel haben, egal, ob diese aus Apple Music sind, erworben im iTunes Store oder importiert von Audio-CD mit dem Mac oder Windows-PC, sollten Sie die iCloud-Musikmediathek aktivieren und nutzen.

Dann werden alle Ihre Musiktitel auf iCloud hochgeladen und Sie können diese mit jedem kompatiblen Gerät wie iPad, iPhone, Mac oder Windows-PC zu jeder Zeit und an jedem Ort anhören, vorausgesetzt, Sie haben einen Zugang ins Internet. Die iCloud-Musikmediathek muss dabei auf jedem Ihrer Geräte aktiviert sein.

Am iPad schalten Sie diese auf die folgende Weise ein:

1. Öffnen Sie die *Einstellungen* und wählen Sie in der linken Spalte den Eintrag *Musik*.
2. Schalten Sie nun rechts *Mediathek synchronisieren* ein.
3. Danach werden alle Änderungen an Ihrer Musikmediathek auf jedem Ihrer Geräte übernommen und abgeglichen.

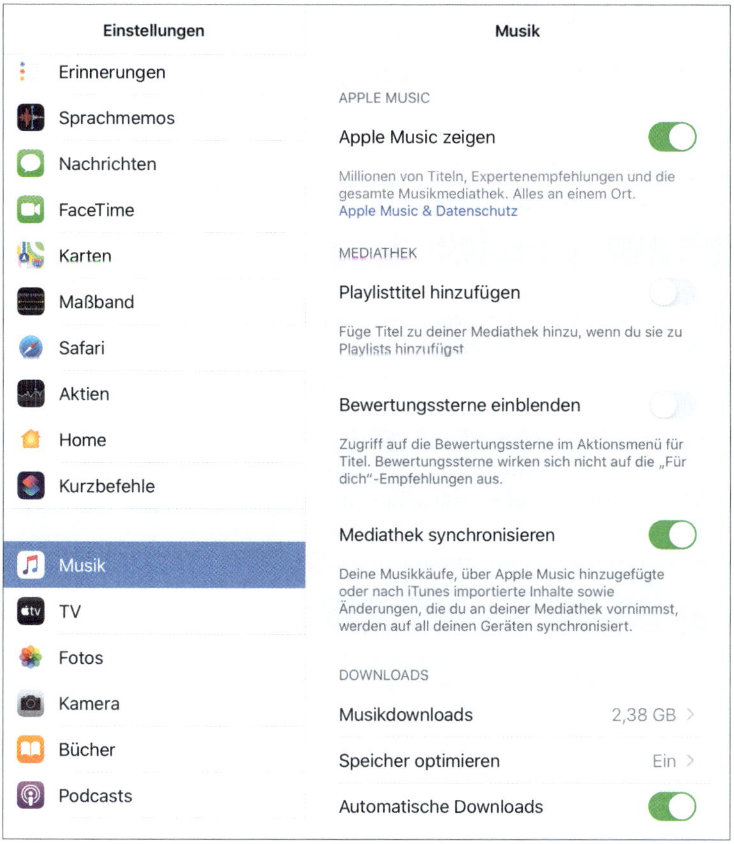

Käufe automatisch herunterladen

Erwerben Sie auf einem anderen Gerät, etwa dem Mac oder Windows-PC, neue Alben oder Musiktitel im iTunes Store, werden diese auf Wunsch automatisch auf Ihr iPad heruntergeladen, damit Sie sie auch dort hören können.

Dazu nehmen Sie bei Bedarf folgende Einstellung vor:

1. Öffnen Sie die *Einstellungen* und wählen Sie in der linken Spalte *iTunes & App Store*.

2. Unter *Automatische Downloads* in der rechten Spalte aktivieren Sie *Musik*. Sollen die anderen Medien ebenfalls automatisch auf dem iPad landen, schalten Sie auch dort die entsprechende Funktion ein.

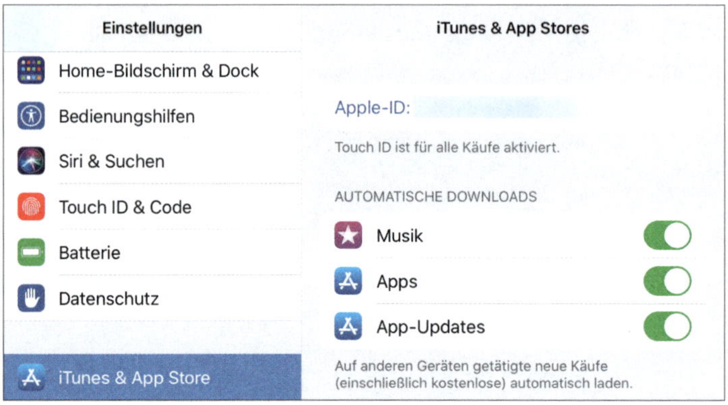

Automatische Downloads einschalten

Sollen alle Alben und Musiktitel, die Sie Ihrer iCloud-Musikmediathek hinzufügen – auch die von Audio-CD bzw. auf andere Weise importierten –, automatisch auf das iPad heruntergeladen werden, aktivieren Sie zusätzlich noch die Funktion *Automatische Downloads*. In diesem Fall können Sie die Musik auch offline hören.

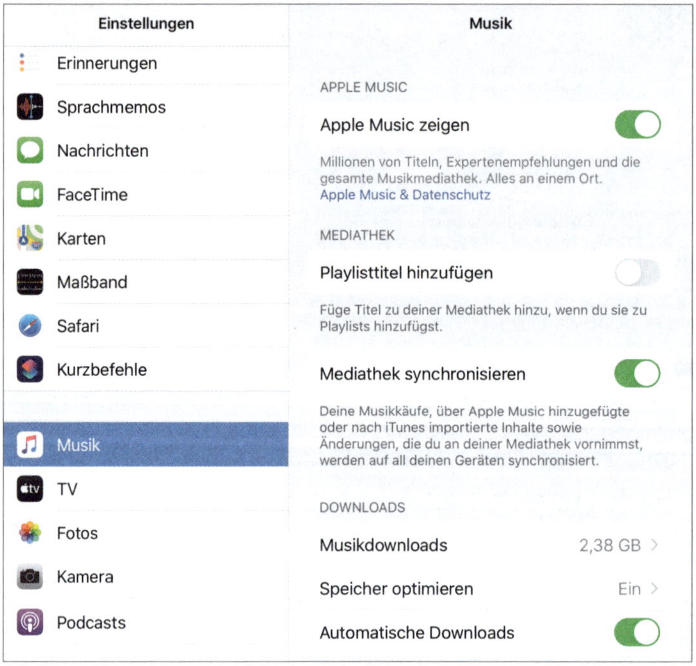

1. Öffnen Sie die *Einstellungen* und wählen Sie in der linken Spalte *Musik*. Anschließend aktivieren Sie rechts die Einstellung *Automatische Downloads*.
2. Bitte achten Sie darauf, dass in diesem Fall auf dem iPad genug Speicherplatz zur Verfügung steht. Allerdings lässt sich dieser auch begrenzen, siehe dazu den nächsten Tipp.

Alte Musiktitel automatisch entfernen

Damit der Speicherplatz auf Ihrem iPad aufgrund der heruntergeladenen Musiktitel nicht zu knapp wird, können Sie ältere, lange nicht gehörte Alben und Musiktitel automatisch vom iPad löschen lassen. Möchten Sie dies, gehen Sie so vor:

1. Öffnen Sie die *Einstellungen* und wählen Sie in der linken Spalte den Eintrag *Musik*.
2. Tippen Sie dann rechts auf *Speicher optimieren* und legen Sie die Einstellung fest.
3. Anschließend geben Sie an, wie viel Speicher für Ihre Musik auf dem iPad mindestens genutzt werden darf.

Nur geladene Alben und Musiktitel anzeigen

Ist die iCloud-Musikmediathek eingeschaltet (siehe den Abschnitt »iCloud-Musikmediathek nutzen«), werden in der Musik-App alle Alben und Musiktitel angezeigt, ob sich diese bereits auf Ihrem iPad befinden oder noch in der Cloud. Um nur alle heruntergeladenen Titel anzuzeigen, gehen Sie auf die beschriebene Weise vor:

1. Starten Sie die Musik-App und tippen Sie unten am Bildschirmrand auf *Mediathek*.
2. Tippen Sie anschließend links oben erneut auf *Mediathek* und dann auf die Wiedergabeliste *Geladene Musik*.
3. Hier werden alle auf dem iPad befindlichen Titel und Alben sortiert nach *Playlists*, *Künstler*, *Alben* und *Titel* angezeigt.

Musik-App in der geteilten Ansicht nutzen

Surfen Sie, schreiben Sie E-Mails oder arbeiten Sie mit einer Textverarbeitung am iPad, dann können Sie nebenbei auch Musik mit der Musik-App hören.

1. Starten Sie die erste App, z. B. *Safari*, mit einem Fingertipp auf das Symbol.
2. Nun öffnen Sie die Musik-App, um die beiden Fenster nebeneinander anzuzeigen (Split-View-Modus). Tippen Sie dazu auf das Symbol der Musik-App und ziehen Sie es an den rechten oder linken Bildrand.
3. Das Programmfenster der Musik-App wird etwas schmaler angezeigt. Um es zu vergrößern, ziehen Sie es über die Trennlinie in der Mitte nach links oder rechts.
4. Alternativ können Sie es an dem Strich oben nach unten ziehen, um ein schwebendes Fenster (Slide-View-Modus) zu erhalten, das Sie dann ebenfalls an dem oberen Strich an die gewünschte Stelle bewegen.
5. Der Zugriff auf Ihre Mediathek sowie das Abspielen von Musik findet auf die bekannte Weise statt.

Maximale Lautstärke festlegen

Wenn Sie Musik mit Kopfhörern genießen, kann es erforderlich sein, falls Sie Ihr Gehör nicht überbeanspruchen oder schädigen möchten, die maximale Lautstärke der Musik-App bzw. des iPad festzulegen:

1. Öffnen Sie die *Einstellungen* und wählen Sie dort die Einstellung *Musik* in der linken Spalte.

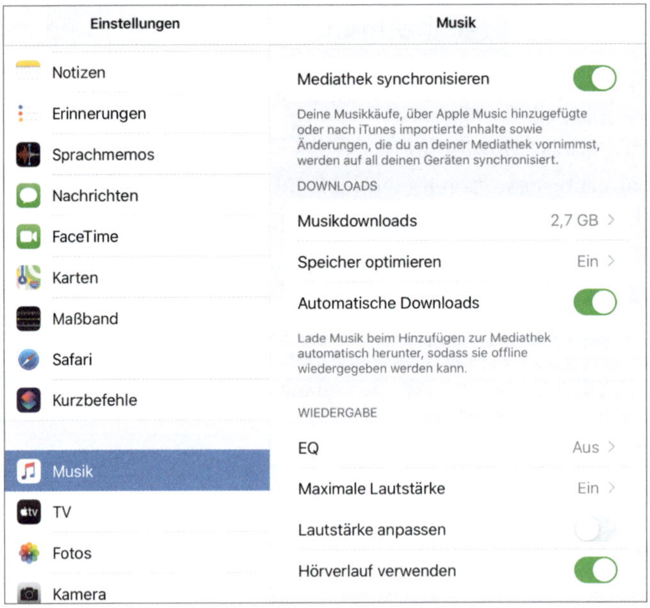

2. Tippen Sie rechts auf den Eintrag *Maximale Lautstärke* und stellen Sie diese über den Schieberegler ein.
3. Wollen Sie zudem, dass alle Musiktitel automatisch in derselben Lautstärke abgespielt werden, aktivieren Sie zusätzlich die Funktion *Lautstärke anpassen*.

Für Mutti :)

Die TV-App – Film und Fernsehen auf dem iPad

des hochauflösenden iPad-Bildschirms können Sie auch die neuesten Hollywood-)uster sowie aktuelle Serien und TV-Sendungen unterschiedlicher Anbieter und r genießen. Der erste Anlaufpunkt ist in jedem Fall die TV-App von iPadOS 13. Hier en Sie Zugriff auf Filme, die Sie bereits erworben haben, können im iTunes Store e erwerben und herunterladen sowie auf das TV-Programm und die Streaming-)ote anderer Sender und Anbieter zugreifen.

e und Serien betrachten

Sie bereits Filme oder TV-Serien im iTunes Store erworben haben, können Sie diese lie TV-App betrachten:

ırten Sie die TV-App und tippen Sie unten in der Symbolleiste auf *Mediathek*.

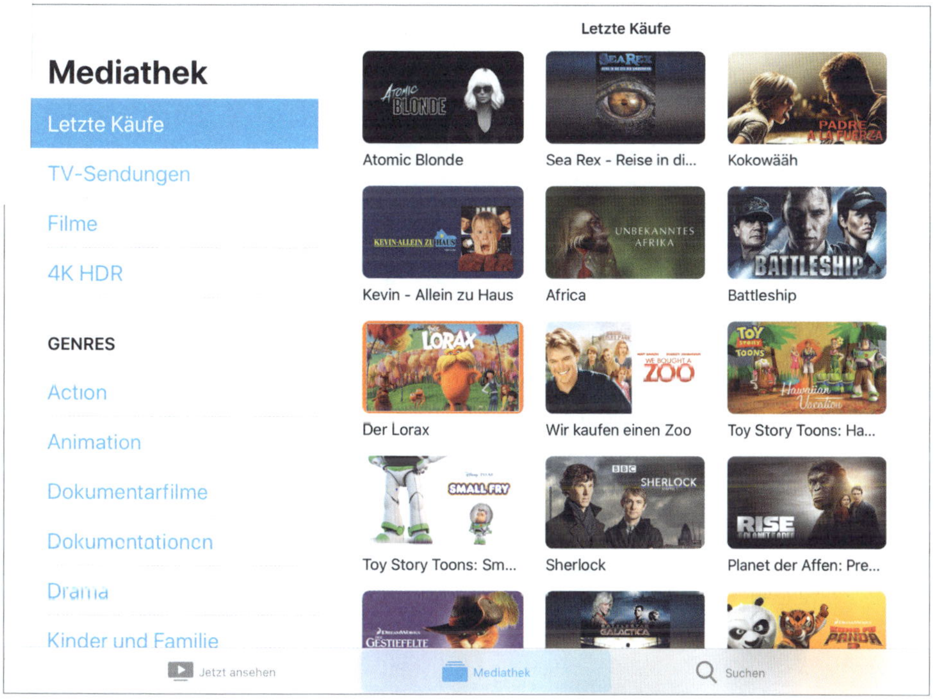

2. Links werden alle von Ihnen im iTunes Store erworbenen Filme und TV-Serien aufgelistet.
3. Zum Betrachten wählen Sie den gewünschten Film oder die Serienfolge aus und tippen auf *Wiedergeben*.

Filme im iTunes Store leihen statt kaufen

Falls Sie sicher sind, dass Sie einen bestimmten Film nur einmal anschauen möchten, leihen Sie ihn, statt ihn zu erwerben.

Damit sparen Sie nicht nur Geld, sondern unter Umständen auch Speicherplatz, da er, nachdem Sie ihn angeschaut haben, automatisch wieder gelöscht wird.

1. Starten Sie die iTunes-App und wählen Sie unten das Symbol *Filme*. Suchen Sie sich den gewünschten Film aus.
2. Falls Sie ausschließlich Filme suchen, die Sie ausleihen können, blättern Sie etwas nach unten zur Rubrik *Leihfilme* oder *Neue Filme zum Leihen*.
3. Tippen Sie auf das Cover. Schauen Sie den Trailer per Fingertipp an, um herauszufinden, ob der Film etwas für Sie ist.
4. Zum Leihen des Films tippen Sie auf das Preisschild und *Leihen*. Der Film wird auf Ihr iPad heruntergeladen.
5. Um ihn zu betrachten, öffnen Sie die TV-App und starten ihn. Sie haben bei einem Leihfilm 30 Tage Zeit, ihn zu schauen. Haben Sie begonnen, ihn anzuschauen, müssen Sie ihn allerdings binnen 48 Stunden zu Ende schauen.

Schnäppchen finden

Ab und zu sind im iTunes Store auch richtige Schnäppchen zu finden. So können Sie meist ältere Filme zu einem stark ermäßigten Preis erwerben, und zwar für 4–10 Euro. Das Leihen ist mit knapp einem Euro sogar noch günstiger.

Diese Filme finden Sie wie folgt:

1. Starten Sie die iTunes-App und tippen Sie unten auf das Symbol *Filme*. Wischen Sie ganz nach unten zu *Filme auf einen Klick*.
2. Tippen Sie dort auf die gewünschte Kategorie wie *Filme leihen für 0,99 €* oder *Bestseller für 7,99 €*. Die zu diesem Preis erhältlichen Filme werden, sortiert nach unterschiedlichen Genres, aufgelistet.
3. Um einen Film zu leihen oder auch zu erwerben, tippen Sie auf das entsprechende Preisschild. Nach dem Download können Sie den Film über die TV-App betrachten (die Filme finden Sie über einen Fingertipp auf *Mediathek* unten in der Symbolleiste der TV-App).

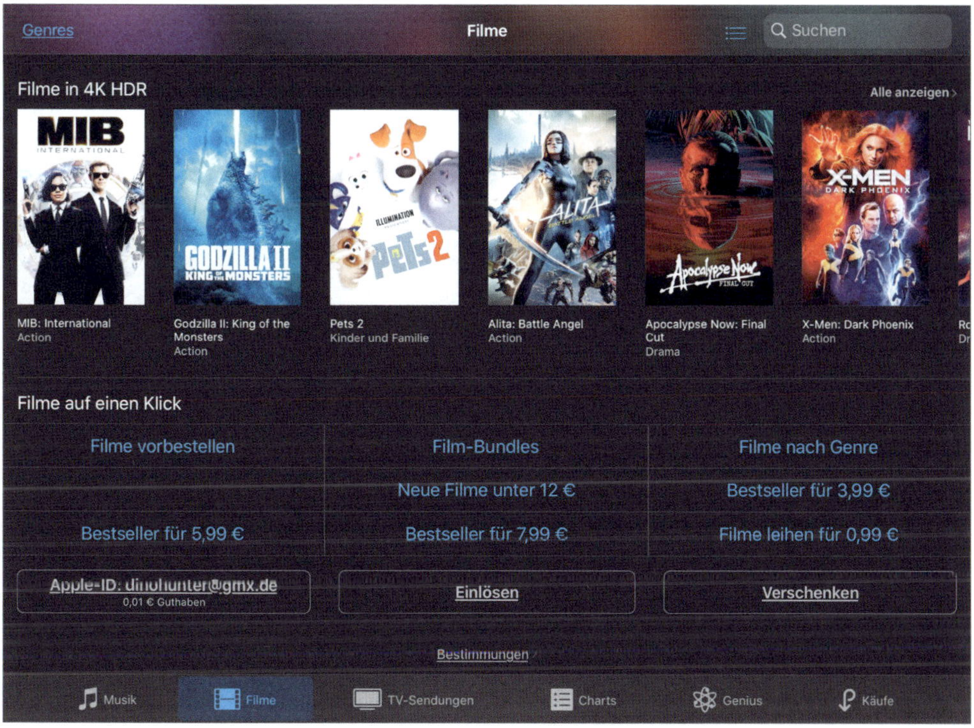

Filme mit Mehrwert – iTunes Extras

Was auf der DVD oder Blu-ray die »Specials« sind, das sind im iTunes Store die *iTunes Extras*. Diese enthalten unter anderem ergänzende Informationen zu Schauspielern, Regisseur oder Drehorten, ein Making-of, entfallene Filmszenen oder Dokumentationen.

Ob ein Film *iTunes Extras* enthält, erfahren Sie auf die folgende Weise:

1. Starten Sie die iTunes-App und wählen Sie unten das Symbol *Filme*. Suchen Sie sich den Film aus, den Sie anschauen möchten. iTunes Extras sind meist in aktuellen Produktionen sowie Blockbustern (nur in ihrer HD-Version) zu finden.
2. Tippen Sie auf das Cover, um alle vorhandenen Informationen zu dem Film anzuzeigen.
3. Blättern Sie etwas nach unten. Dort finden Sie ggf. den Eintrag *iTunes Extras*. Unter diesem Eintrag wird aufgezählt, über welche iTunes Extras der Film verfügt.

Tonspur und Untertitel anpassen

Manche Filme aus dem iTunes Store verfügen über mehrere Tonspuren und Untertitel. Diese können Sie während des Abspielens anpassen:

1. Öffnen Sie die TV-App und wählen Sie in der *Mediathek* den Film aus, den Sie sich anschauen wollen.
2. Starten Sie den Film. Besitzt er mehrere Tonspuren sowie Untertitel, finden Sie rechts unten das Symbol einer Sprechblase.
3. Tippen Sie auf das Symbol und wählen Sie die gewünschte Tonspur oder die Untertitel aus.

Wiedergabequalität der Filme verringern

Vor allem, wenn Sie mit Ihrem iPad unterwegs sind und online Filme anschauen wollen, kann es sinnvoll sein, die Qualität entsprechend anzupassen, um lange Ladezeiten und Ruckler zu verhindern.

1. Öffnen Sie die *Einstellungen* und wählen Sie dort in der linken Spalte den Eintrag *TV* (Einstellungen der TV-App) aus.
2. In der rechten Spalte tippen Sie zunächst auf *iTunes-Videos* und wählen dort unter *Wiedergabequalität* statt *Bestmöglich* die Einstellung *Gut* – falls gewünscht unter *WLAN/Mobile Daten*.

Film im Bild-in-Bild-Modus abspielen

Falls Sie gerade einen Film anschauen und schnell etwas anderes am iPad arbeiten oder eine E-Mail bzw. Nachricht beantworten wollen, müssen Sie die TV-App nicht verlassen und können den Film parallel in einem kleinen Fenster weiterlaufen lassen.

1. Starten Sie die TV-App und betrachten Sie den Film wie gewohnt im Vollbild.
2. Verkleinern Sie das Fenster der TV-App, indem Sie rechts unten auf die zwei kleinen Quadrate tippen.
3. Starten Sie die gewünschte App parallel und arbeiten Sie damit. Der Film läuft in der rechten unteren Ecke weiter.
4. Haben Sie Ihre Arbeit beendet, tippen Sie im verkleinerten Videofenster erneut auf die zwei kleinen Quadrate. Das Video wird wieder im Vollbild angezeigt.
5. Der Bild-in-Bild-Modus funktioniert auch bei anderen Videos, z. B. bei Videos auf Webseiten oder bei YouTube.

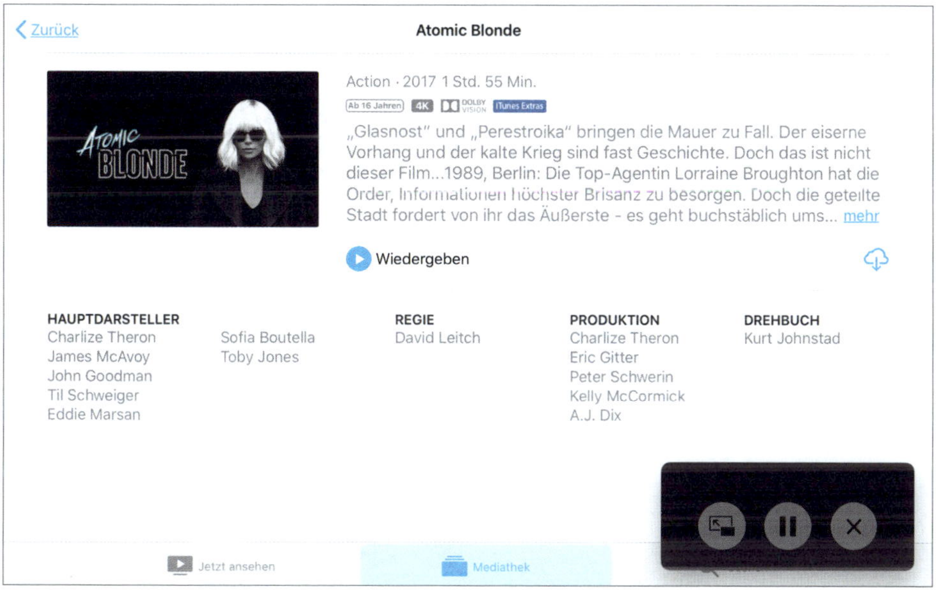

Streaming-Dienste nutzen

Über die TV-App greifen Sie nicht nur auf Ihre im iTunes Store erworbenen Filme und Serien zu, sondern auch auf die anderer kompatibler Streaming-Dienste.

1. Starten Sie die TV-App und blättern Sie nach unten, bis die Namen der weiteren Streaming-Dienste erscheinen, etwa ZDF, Sky, Prime Video etc.
2. Tippen Sie auf *Alle anzeigen*, um eine Auswahl der vorhandenen Filme und Sendungen anzuzeigen.
3. Wählen Sie einen Film oder eine Sendung aus und tippen Sie auf *Wiedergeben*. Die App des jeweiligen Anbieters wird gestartet und Sie können nach ein paar weiteren Fingertipps die Sendung oder den Film anschauen.

4. Falls es sich um einen kostenpflichtigen Streaming-Dienst wie Amazon Prime Video oder Sky handelt, melden Sie sich zuerst mit dem dazugehörigen Benutzernamen und Kennwort an, bevor Sie mit der entsprechenden App auf die Inhalte zugreifen.

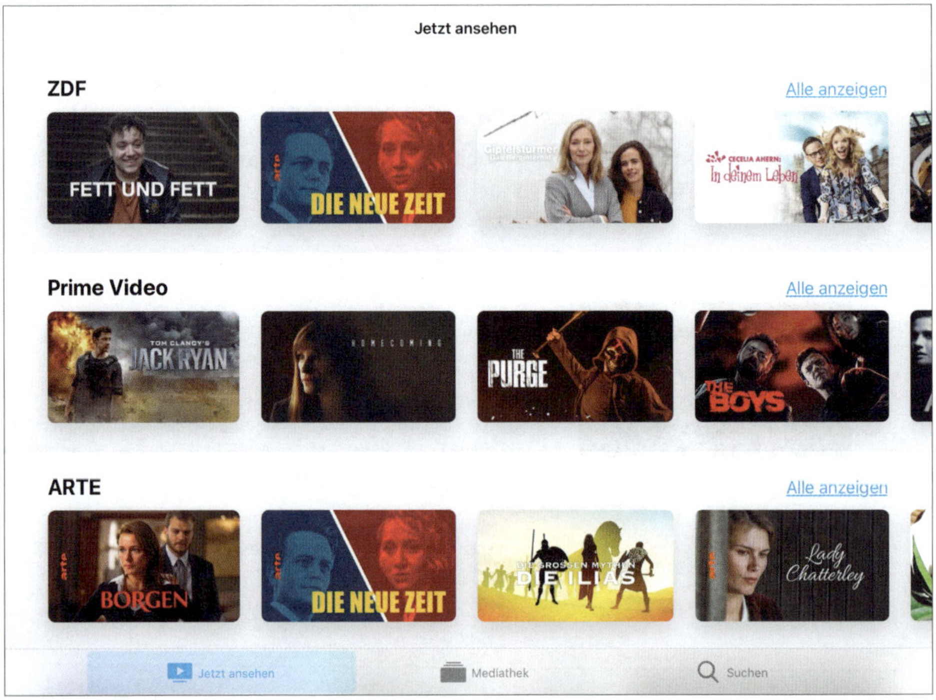

Apple TV+

Seit November 2019 bietet Apple mit AppleTV+ einen eigenen Streaming-Dienst mit Eigenproduktionen an und will damit Netflix, Sky und Co. Konkurrenz machen. AppleTV+ kann für 4,99 Euro im Monat abonniert werden.

Welche Streaming-Dienste sind verfügbar?

Welche Streaming-Dienste verfügbar sind, hängt davon ab, ob die entsprechende App im App Store zur Verfügung steht und ob Apple eine entsprechende Vereinbarung mit dem Streaming-Dienst getroffen hat. Welche das sind, finden Sie heraus, indem Sie in der TV-App rechts oben auf Ihr Profilbild tippen. Im folgenden Fenster wählen Sie *Verbundene Apps*. Dort finden Sie die Einträge der mit der TV-App verbundenen Dienste.

Fernsehen

Falls Sie am iPad das TV-Programm live verfolgen möchten, benötigen Sie Apps von Drittherstellern. Eine der bekanntesten und verbreitetsten Apps zum Fernsehen ist *Live TV Stream*. Damit können Sie die Live-Streams der im Internet empfangbaren TV-Sender anschauen. Beachten Sie aber, dass nicht alle TV-Sender online kostenlos zur Verfügung stehen. Auch die Live-TV-App ist kostenpflichtig und zudem nur im Abonnement (14,99 Euro/Jahr) erhältlich.

1. Öffnen Sie den App Store und tippen Sie dort auf *Suchen*. Geben Sie ins Suchfeld *Live TV* ein und führen Sie eine Suche durch.
2. Tippen Sie bei den Suchergebnissen auf *Live TV Stream* und dann auf *Laden*. Die App wird heruntergeladen und installiert.
3. Starten Sie die App. In der linken Spalte finden Sie die Sender, die online kostenlos zu empfangen sind. Die Prozentzahl vor dem Sendernamen zeigt die gegenwärtige Zuschauerquote in Echtzeit an.
4. Möchten Sie eine Sendung anschauen, tippen Sie auf den entsprechenden Eintrag. Die Sendung wird in der rechten Spalte samt der dazugehörigen Informationen angezeigt.
5. Möchten Sie die Sendung im Vollbild betrachten, tippen Sie auf den Doppelpfeil links oben. Um eine Sendung im Bild-in-Bild-Modus verkleinert anzuschauen, tippen Sie auf die zwei kleinen Quadrate ebenfalls links oben.
6. Um ein Abonnement von *Live TV Stream* abzuschließen, tippen Sie links oben auf die drei kleinen Striche und dann auf *Store*. Dort haben Sie die Wahl zwischen mehreren Abonnements mit unterschiedlichem Leistungsumfang.

Gratis fernsehen mit Zattoo FREE

Eine Alternative zum kostenpflichtigen *Live TV Stream* stellt *Zattoo FREE* dar. Damit können Sie die frei empfangbaren Streaming-Angebote aller öffentlich-rechtlichen und einiger privater Sender kostenlos anschauen, allerdings nur wenige in HD-Qualität. Zudem sind die bekanntesten Privatsender wie RTL, ProSieben etc. bei Zattoo FREE nicht empfangbar.

Mediatheken-Apps der TV-Sender

Vor allem die öffentlich-rechtlichen Sender verfügen über eigene TV- und Mediatheken-Apps für das iPad, über die Sie auf die dort archivierten Sendungen zugreifen können. Zwar sind einige Mediatheken auch in die TV-App von iPadOS integriert und deren Zahl wird sicher noch zunehmen, allerdings sind das längst nicht alle. Um die Apps weiterer TV-Mediatheken zu finden und zu installieren, gehen Sie wie folgt vor:

1. Öffnen Sie den App Store und tippen Sie dort auf *Suchen*. Geben Sie nun ins Suchfeld *Mediathek* ein und führen Sie eine Suche durch.
2. In den Suchergebnissen sind die Mediatheken-Apps der bekanntesten öffentlich-rechtlichen Sender zu finden. Um die entsprechende App zu installieren, tippen Sie auf *Laden*.
3. Die Bedienung der Apps unterscheidet sich, ist aber weitgehend selbsterklärend. Beachten Sie, dass TV-Sender Sendungen immer nur für eine gewisse Zeit in ihren Mediatheken vorhalten, meist nach der Erstausstrahlung noch 14 weitere Tage.

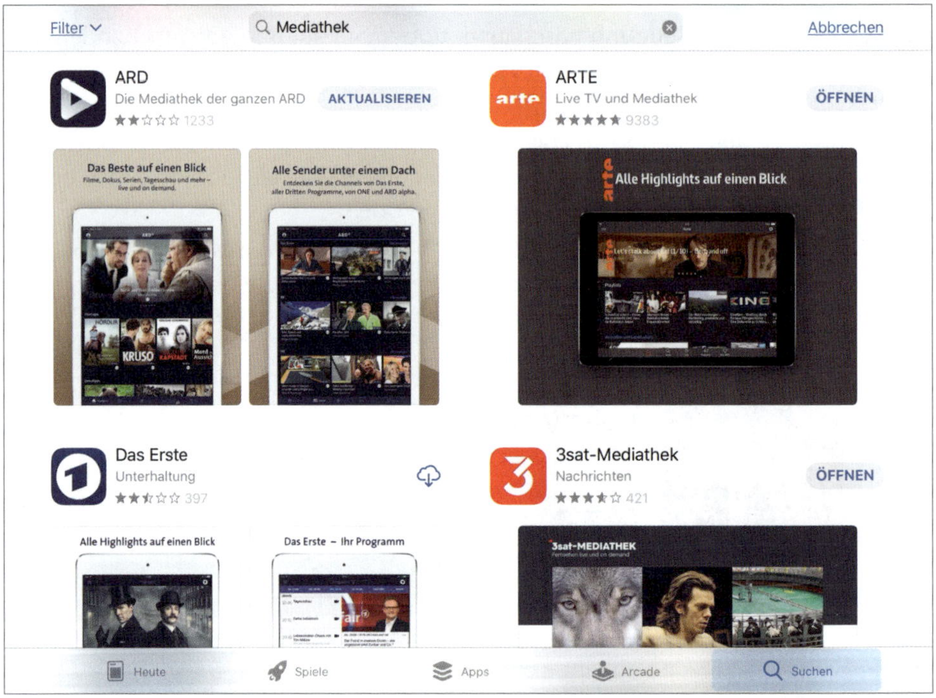

7.5 Podcasts

Für Video- und Audiopodcasts ist in iPadOS 13 eine gesonderte App zuständig, diese ermöglicht Ihnen den Zugriff auf die zahlreichen Beiträge mehr oder minder bekannter

Institutionen, Sender, Firmen oder Personen. Podcasts können Sie abonnieren, online anhören oder auch auf das iPad herunterladen.

Neue Podcasts finden

Die Podcast-App ist ähnlich aufgebaut wie die Musik-App, deshalb finden Sie neue Podcasts auf die gleiche Weise wie neue Alben und Musiktitel.

1. Starten Sie die Podcast-App und tippen Sie unten auf den Befehl *Entdecken*.
2. Orientieren Sie sich bei der Suche an den verschiedenen Kategorien wie *Highlights*, *Neu und beachtenswert* oder *Interviews*, *Anbieter* und *Hörspiel* etc.
3. Haben Sie einen Podcast gefunden, tippen Sie auf das Cover. Über einen Fingertipp lassen sich weiter unten die vorhandenen Podcasts online anhören, ohne dass Sie den Podcast abonnieren und herunterladen müssen.

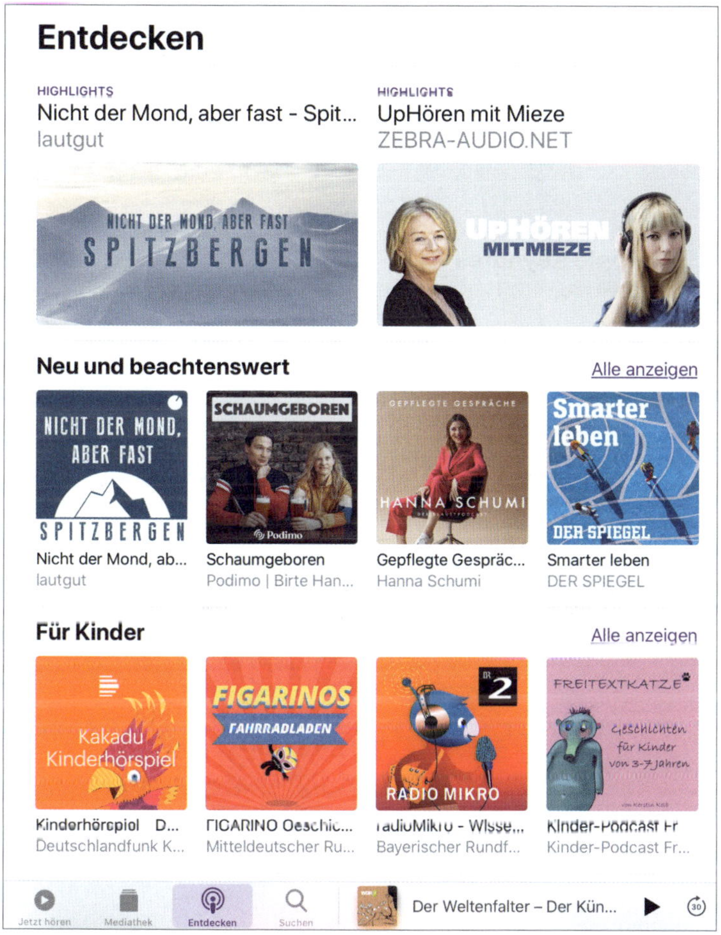

> **Apple Keynotes anschauen**
> Die von Apple mehrmals im Jahr abgehaltenen Keynotes, bei denen neue Hardware und Software vorgestellt wird, finden Sie ebenfalls über die Podcast-App. Dort können Sie diese abonnieren, online betrachten oder auch auf das iPad herunterladen. Falls sie nicht bereits auf der Startseite beworben werden, können Sie diese auch suchen, und zwar über den Befehl *Suchen* unten auf dem Bildschirm.

Podcasts abonnieren

Sagt Ihnen ein Podcast zu und möchten Sie ihn weiterhören und keine Folge verpassen, abonnieren Sie ihn einfach:

1. Starten Sie die Podcast-App und tippen Sie unten auf den Befehl *Entdecken*. Wählen Sie einen Podcast aus wie z. B. die *Apple Keynotes*.
2. Tippen Sie auf das Cover und anschließend auf den Schalter *Abonnieren*.
3. Erscheint eine neue Folge, wird diese in Ihrer Podcast-Mediathek angezeigt. So bleiben Sie bei einem Abonnement immer auf dem aktuellen Stand.

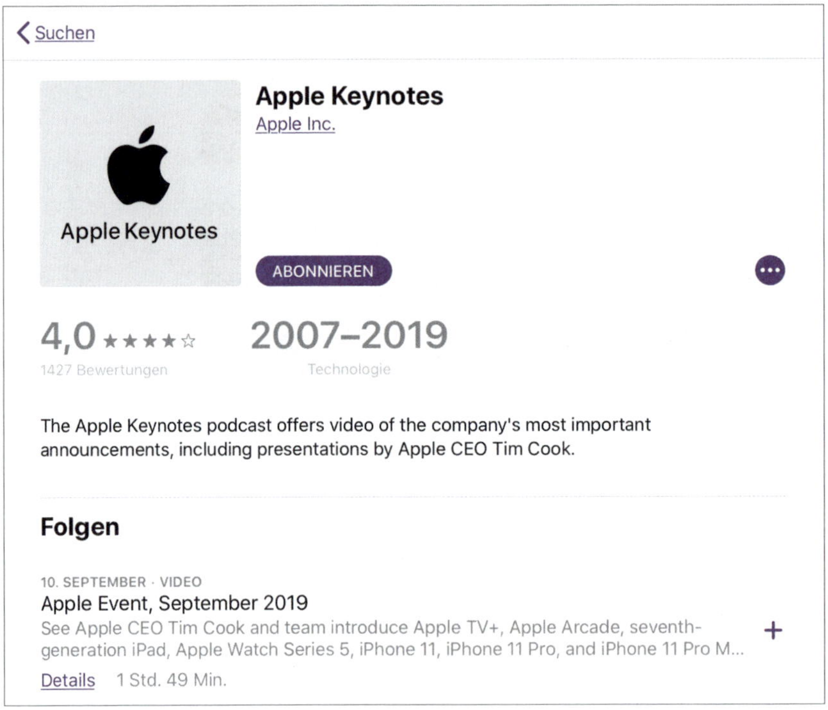

Abonnement abbestellen

1. Möchten Sie das Abonnement eines Podcasts beenden, wählen Sie unten *Mediathek* aus und anschließend links die Option *Sendungen*.
2. Tippen Sie auf das Cover des Podcasts und dann ganz rechts auf die drei kleinen Punkte.
3. Wählen Sie den Befehl *Abo beenden*. Wollen Sie die bereits heruntergeladenen Folgen entfernen, tippen Sie auf *Aus Mediathek löschen*.

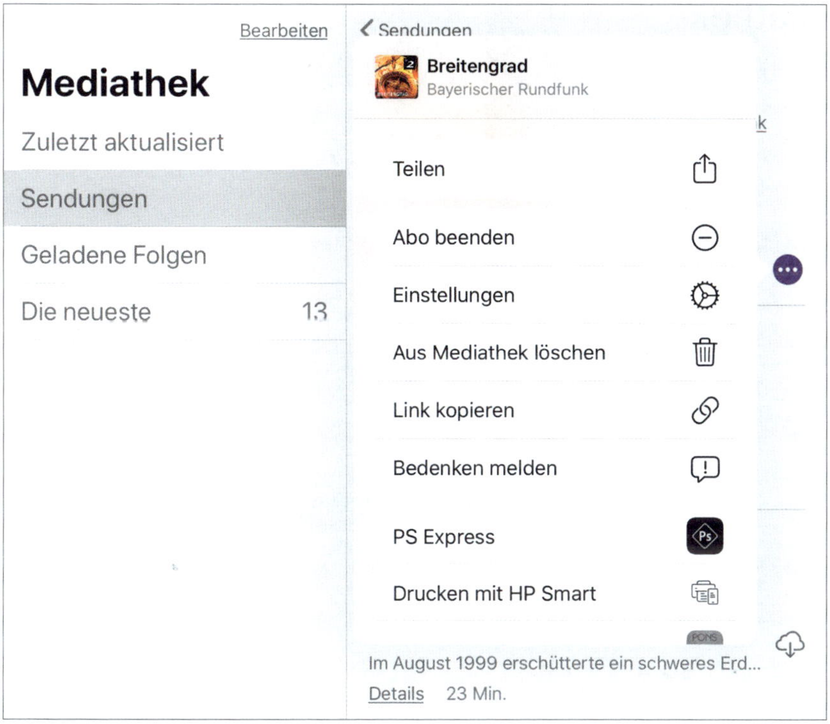

Podcasts nicht herunterladen

Wenn Sie viele Podcasts abonniert haben und nicht aufpassen, belegen diese unter Umständen zu viel von dem oftmals sehr knappen Speicherplatz auf Ihrem iPad. In diesem Fall können Sie das automatische Herunterladen einzelner oder aller Podcasts unterbinden.

1. Wählen Sie *Mediathek* aus und anschließend links den Eintrag *Sendungen*. Tippen Sie dort auf das Cover des Podcasts.
2. Tippen Sie als Nächstes auf die drei kleinen Punkte ganz rechts. Dort wählen Sie die Befehle *Einstellungen* sowie *Folgen laden* unterhalb des Eintrags *Eigene*.
3. Hier wählen Sie den Eintrag *Aus*. Nun wird keine Folge des entsprechenden Podcasts auf das iPad heruntergeladen.

4. Möchten Sie für alle Ihre abonnierten Podcasts festlegen, dass keine Folge automatisch heruntergeladen werden soll, wählen Sie zuerst in den *Einstellungen* von iPadOS den Eintrag *Podcasts*.
5. Hier aktivieren Sie ebenfalls nach einem Fingertipp auf den Eintrag *Folgen laden* unterhalb des Eintrags *Folgen-Downloads* die Option *Aus*.

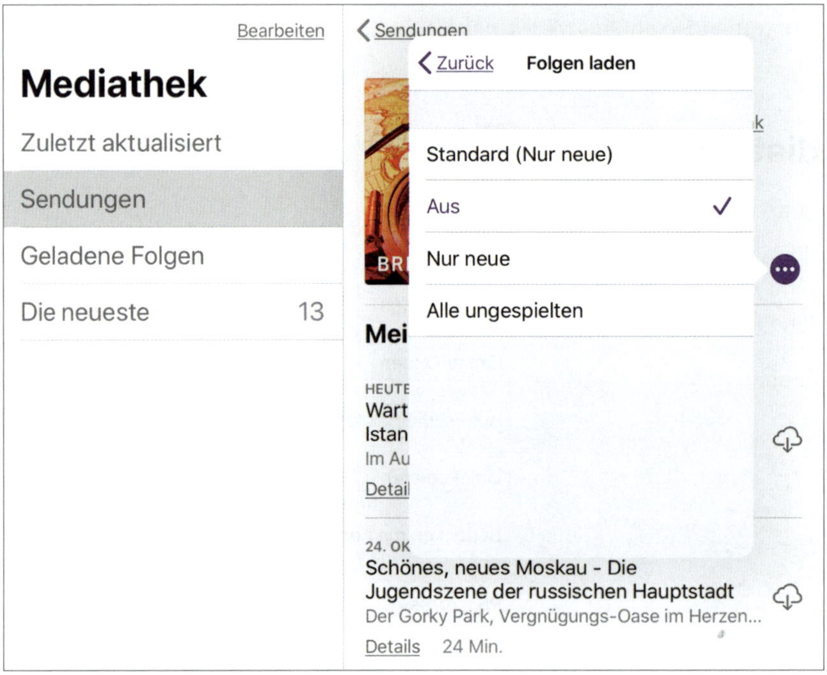

Fremde Podcasts abonnieren

Mit der Podcast-App lassen sich auch »fremde« Podcasts, das heißt Podcasts, die nicht von Apple in das Podcast-Verzeichnis aufgenommen wurden, abonnieren. Es gibt sogar einen speziellen Befehl, der allerdings etwas versteckt ist:

1. Starten Sie die Podcast-App und tippen Sie unten auf *Mediathek*.
2. Hier tippen Sie links oben auf *Bearbeiten*. Anschließend finden Sie ganz unten den Befehl *Per URL hinzufügen*.
3. Tippen Sie darauf, geben Sie die URL (Internetadresse) des Podcasts ein und tippen Sie auf *Abonnieren*.
4. Am einfachsten geht es, wenn Sie in Safari die Webadresse in die Zwischenablage kopieren und dann dort einfügen. Oder Sie öffnen die Podcast-App und Safari nebeneinander im Split-View-Modus und ziehen die Internetadresse aus der Adresszeile auf *Per URL hinzufügen*.

7.6 Radio hören

Neben dem TV-Programm zahlreicher Sender können Sie natürlich auch online Radio hören. Hier haben Sie die Wahl zwischen den bequem nur über die Musik-App empfangbaren Radiosendern und den normalen öffentlich-rechtlichen und privaten Radiosendern, die auch einen Live-Stream im Internet anbieten.

Radio mit der Musik-App hören

Mit der Musik-App selbst können Sie redaktionell von Apple betreute Radiosender oder andere ausgewählte Radiosender hören. Meist handelt es sich dabei um Spartenkanäle, die ein bestimmtes Musikgenre anbieten. Zum Anhören dieser Sender gehen Sie wie folgt vor:

1. Starten Sie die Musik-App und tippen Sie unten am Bildschirm auf *Radio*.
2. Tippen Sie auf das gewünschte Coverbild, um einen Sender anzuhören. Den beliebten Sender *Beats 1* von Apple finden Sie über den gleichnamigen Eintrag.

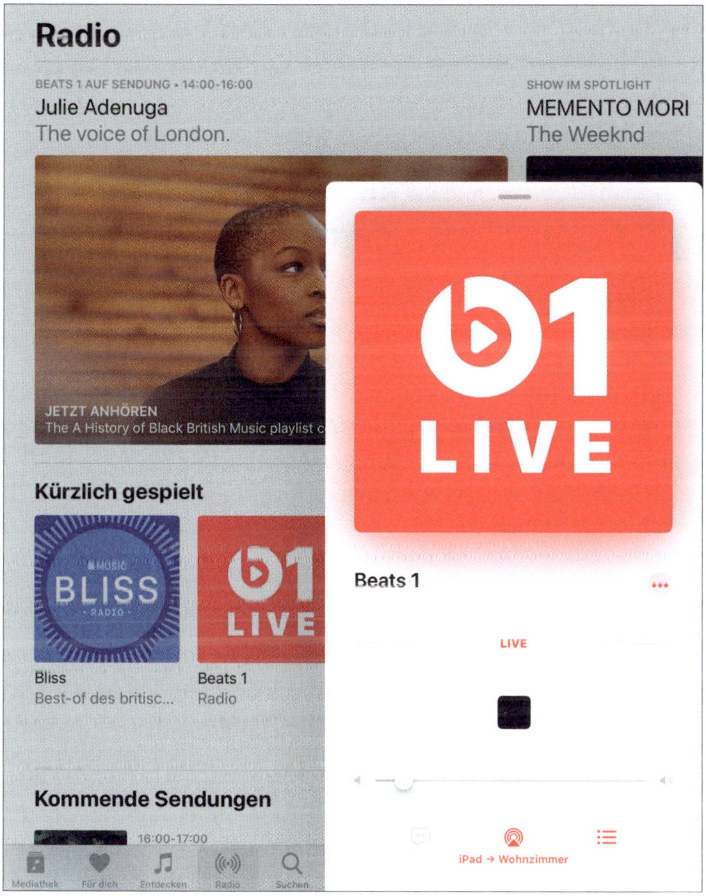

3. Den Zugriff auf weitere Radiostreams erhalten Sie unter anderem über weitere Einträge von *Rundfunksender* über *Apple Music Radio* bis *Genre*.
4. Wählen Sie den gesuchten Eintrag aus und starten Sie das Abspielen per Fingertipp. Die Bedienung des Players entspricht der bei Alben, Musiktiteln und Podcasts.

Fremde Radiosender anhören

Möchten Sie Radiosender anhören, die nicht in der Musik-App zu finden sind, ist dies über Safari und dessen Webseite möglich.

1. Starten Sie Safari und geben Sie die Internetadresse des Radiosenders ein.
2. Suchen Sie dort nach dem Eintrag für den Radiostream, wie *Webradio* oder *Radiostreams*.
3. Tippen Sie auf den Eintrag, um den Radiostream des Senders anzuhören.

Die komfortable Alternative: Radio-Apps
Weit praktischer und komfortabler, als Radiostreams über Safari und die Website des Radiosenders anzuhören, sind spezielle Radio-Apps fürs iPad. Diese finden Sie im App Store über eine Suche mit dem Suchbegriff »Radio«. Empfehlenswert sind unter anderem die App *TuneIn Radio* oder *radio.de – Der Radioplayer*. Über diese finden Sie Ihren Lieblingssender bestimmt – und darüber hinaus noch viel mehr Sender weltweit.

7.7 E-Books und Hörbücher

Als Multimediatalent dient Ihr iPad natürlich auch zum Schmökern von E-Books im EPUB- und PDF-Format sowie zum Anhören von Hörbüchern. Für Ihre E-Books und Hörbücher aus dem Apple-Book-Store, von nicht kopiergeschützten E-Books im EPUB-Format sowie von PDF-Dateien aus anderen Quellen ist die Bücher-App zuständig. Als Kunde von Amazon bleiben Sie aber auch nicht außen vor. Sowohl für Kindle-E-Books als auch für Hörbücher von Audible gibt es eine App.

E-Books herunterladen

Im Book Store finden Sie eine Menge Literatur der unterschiedlichsten Genres. Der Erwerb und das Herunterladen ist dort ebenso einfach wie bei Musik und Musikvideos im iTunes Store oder bei Apps im App Store. Sind Sie sich nicht sicher, dann studieren Sie vor dem Kauf die Leseprobe oder die Rezensionen.

1. Öffnen Sie die Bücher-App und tippen Sie unten auf *Book Store*. Anschließend können Sie sich über *Bereiche durchstöbern*, *Neu und angesagt*, *Charts* oder *Favoriten* einen Überblick über das Angebot verschaffen.

2. Schauen Sie sich das Buch genauer an, indem Sie auf das Cover tippen. Wünschen Sie zuerst eine Leseprobe, dann tippen Sie auf *Auszug*.
3. Zum Erwerben des Buches tippen Sie auf *Kaufen* sowie das Preisschild. Die Bezahlung erfolgt über Ihr iTunes-Konto und die dort angegebene Bezahlmethode. Sofern das Buch kostenlos ist, tippen Sie einfach auf *Laden*.
4. Die Leseprobe bzw. das heruntergeladene oder erworbene Buch finden Sie in Ihrer Bibliothek. Tippen Sie dazu links unten auf *Bibliothek*.

Apple-Handbücher herunterladen

Apple stellt für seine Produkte wie das iPad, iPhone, Macs und Software aktuelle Benutzerhandbücher bereit. Diese können Sie kostenlos herunterladen, um wirklich alles über Ihre Produkte von Apple zu erfahren. Sie finden diese, indem Sie rechts unten auf das Lupensymbol tippen und im Suchfeld den Suchbegriff »Apple« eingeben. Haben Sie das gewünschte Handbuch gefunden, tippen Sie zum Herunterladen auf *Laden*.

Kostenlose Bücher finden

Neben kostenpflichtigen Büchern, deren Preis oftmals nicht sehr viel niedriger ist als bei den gedruckten Ausgaben, finden Sie auch zahlreiche kostenlose Literatur unterschiedlicher Genres.

Um diese schnell zu finden, haben Sie folgende Möglichkeiten:

1. Starten Sie die Bücher-App und wählen Sie unten am Bildschirmrand die Option *Book Store*.
2. Blättern Sie ganz nach unten und tippen Sie dort auf den Eintrag *Angebote und Gratisbücher*. Wischen Sie nach links, bis Sie die Rubrik *Kostenlose Bücher* finden.
3. Tippen Sie auf diesen Eintrag, wird eine Auswahl aktueller kostenloser Bücher aufgelistet.

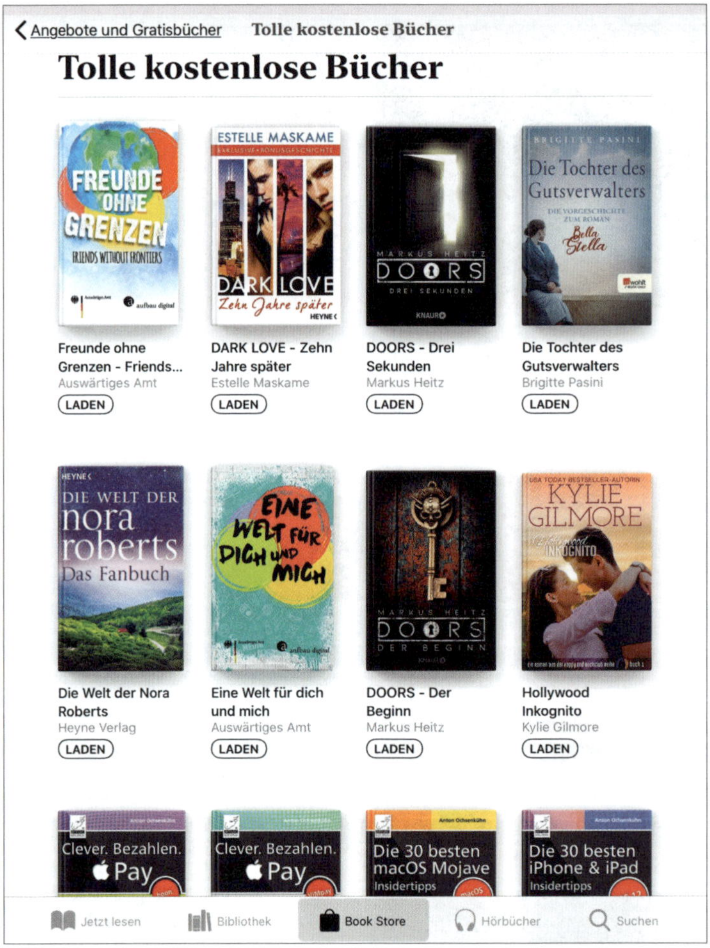

4. Andernfalls blättern Sie nach unten bis zum Eintrag *Charts*. Dort tippen Sie auf *Alle anzeigen*, um die Liste der kostenlosen Bücher einzusehen. Zum Herunterladen und späteren Lesen tippen Sie auf *Laden*.

Jetzt lesen – die Leseliste nutzen

Die Bücher-App besitzt mit *Jetzt lesen* eine gesonderte Kategorie für alle E-Books und PDF-Dokumente, die Sie gerade lesen oder in letzter Zeit mit der Bücher-App geöffnet hatten.

Ihre E-Books finden Sie dort in den folgenden Kategorien geordnet:

- *Aktuell:* das aktuell geöffnete und von Ihnen gelesene E-Book.
- *Zuletzt geöffnet:* Ihre zehn zuletzt geöffneten E-Books.
- *Leseliste:* Alle E-Books, die Sie aufgrund Ihrer Auswahl in nächster Zeit voraussichtlich lesen möchten.

Ihre Leseliste können Sie natürlich auch selbst verwalten und verändern:

1. Tippen Sie auf *Alle anzeigen* unterhalb der Leseliste. Anschließend werden Ihre in der Leseliste befindlichen E-Books mit Erläuterungen aufgelistet.
2. Um die Leseliste anzupassen, tippen Sie rechts oben auf *Bearbeiten*.
3. Wollen Sie die Reihenfolge ändern, verschieben Sie die Einträge, indem Sie diese über die drei kleinen Striche rechts nach oben oder unten verschieben.
4. Möchten Sie E-Books aus der Leseliste löschen, markieren Sie diese. Dann tippen Sie auf das Papierkorbsymbol links unten. Entscheiden Sie, ob das E-Book nur aus der Leseliste gelöscht, ausgeblendet oder der Download entfernt wird.

Endlich lesen – Leseziele anlegen

Haben Sie auch den Eindruck, dass Sie einfach nicht mehr zum Lesen kommen und kaum mehr Zeit dafür finden? Dann ist die Leseziel-Funktion genau richtig für Sie.

Über die Leseziele können Sie definieren, wie lange Sie pro Tag lesen möchten. Dies wird von der Bücher-App protokolliert, und Sie werden benachrichtigt, wenn Sie das Leseziel erreicht haben.

1. Starten Sie die Bücher-App und tippen Sie auf *Jetzt lesen* und dann auf *Heutige Leseaktivität*.
2. Um Ihr Leseziel zu definieren, tippen Sie auf *Ziel anpassen*. Dort geben Sie an, wie lange Sie täglich vorhaben zu lesen. Ist das Ziel erreicht, werden Sie von der Bücher-App benachrichtigt und ggf. angeregt, mehr zu lesen.

3. Ihren Leseerfolg entnehmen Sie weiter unten ebenfalls der Seite *Jetzt lesen*.

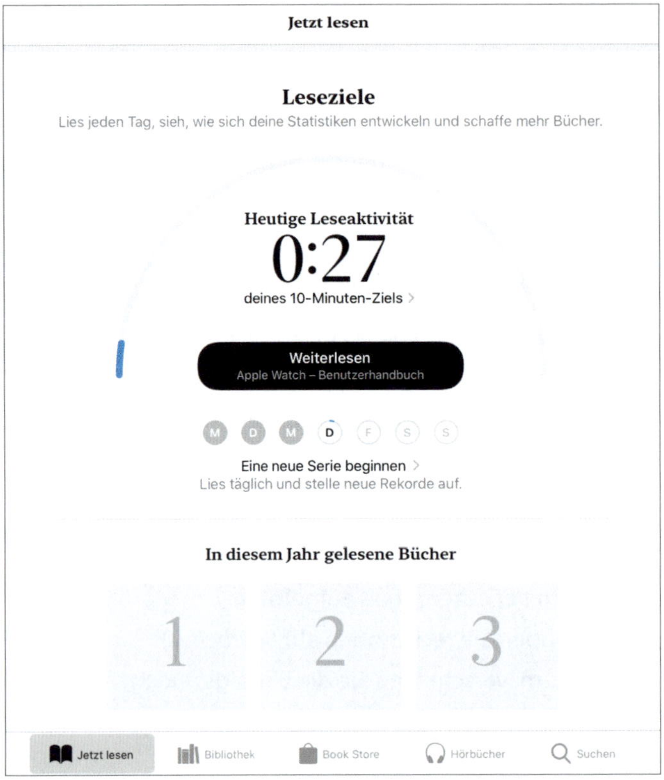

E-Books, Leseziele und Lesezeichen synchronisieren

Auf Wunsch hält iCloud Ihre Bibliothek auf all Ihren Geräten auf dem gleichen Stand, sodass Sie Ihre Bücher zu Hause am Mac ebenso schmökern können wie am iPhone oder iPad. Allerdings müssen Sie dazu unter Umständen erst eine Einstellung vornehmen. Am iPad geht das wie folgt:

1. Öffnen Sie die *Einstellungen* und wählen Sie in der linken Spalte den Eintrag *Bücher*.
2. In der rechten Spalte schalten Sie unter *Synchronisieren* die Optionen *Jetzt lesen* und *iCloud Drive* ein. Damit werden die Leseziele sowie die von Ihnen Ihrer Bibliothek hinzugefügten PDF-Dateien über iCloud abgeglichen.
3. Damit Ihre im Book Store erworbenen E-Books sowie Lesezeichen und Notizen abgeglichen werden, öffnen Sie die *Einstellungen*, tippen in der linken Spalte auf Ihre Apple-ID (Benutzername) sowie rechts auf *iCloud*.
4. Hier schalten Sie unter dem Eintrag *Apps, die iCloud verwenden* die Option *Bücher* ein. Haben Sie diese Einstellungen auch auf Ihren anderen Geräten vorgenommen, wird Ihre Bibliothek überall automatisch auf dem gleichen Stand gehalten.

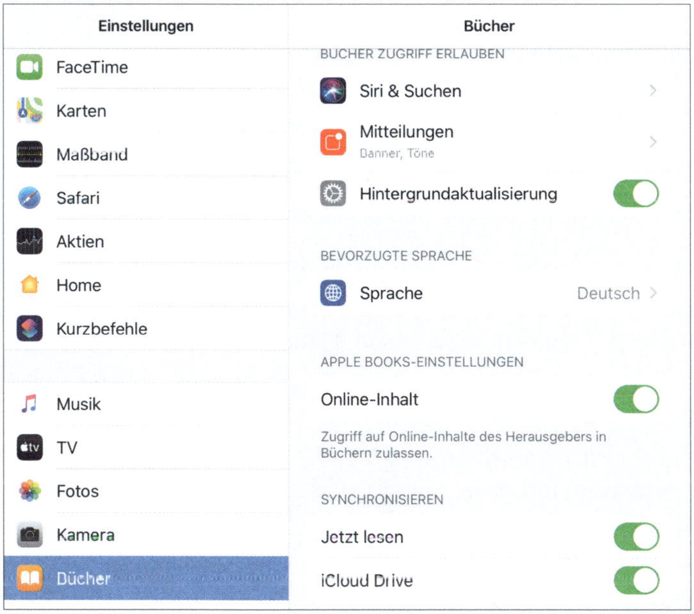

Neue E-Books automatisch laden

Sollen die von Ihnen erworbenen, gratis heruntergeladenen oder aus anderen Quellen stammenden E-Books immer automatisch auf das iPad heruntergeladen werden und damit nicht nur online verfügbar sein, gehen Sie so vor:

1. Öffnen Sie die *Einstellungen* und wählen Sie in der linken Spalte den Eintrag *iTunes & App Store*.

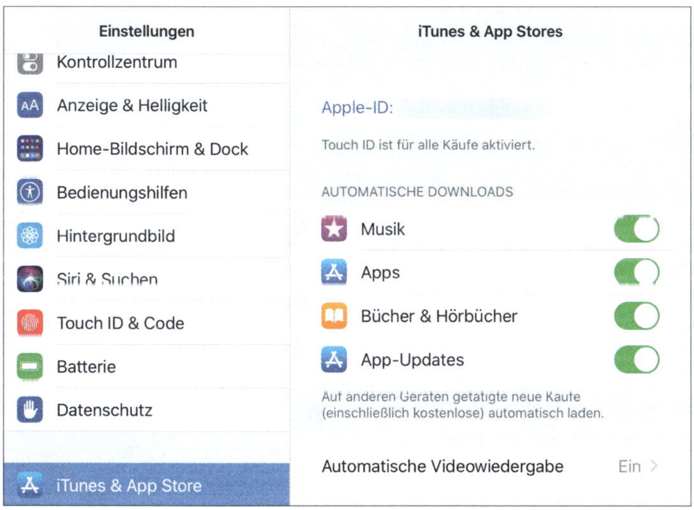

2. In der rechten Spalte schalten Sie unter dem Eintrag *Automatische Downloads* auch *Bücher & Hörbücher* ein. Natürlich sollte auf Ihrem iPad genug Speicherplatz frei sein, um diese Bücher zu übernehmen.

E-Books löschen

Möchten Sie E-Books löschen, haben Sie die folgenden zwei Möglichkeiten:

1. Starten Sie die Bücher-App und wählen Sie links unten Ihre *Bibliothek* aus.
2. Um die Bücher auszuwählen, die gelöscht werden sollen, tippen Sie zuerst rechts oben auf *Bearbeiten* und dann auf das Cover des jeweiligen Buches.
3. Haben Sie alle Bücher ausgewählt, die gelöscht werden sollen, tippen Sie links unten auf das Papierkorbsymbol.
4. Sollen diese Bücher von Ihrem iPad entfernt werden, tippen Sie auf *Download entfernen*.
5. Sollen sie aus iCloud und damit auch von allen Ihren Geräten, bei denen Sie mit Ihrer Apple-ID angemeldet sind, gelöscht werden, tippen Sie auf *Überall löschen*. Im Book Store erworbene Bücher lassen sich bei Bedarf allerdings neu herunterladen, und zwar kostenlos.

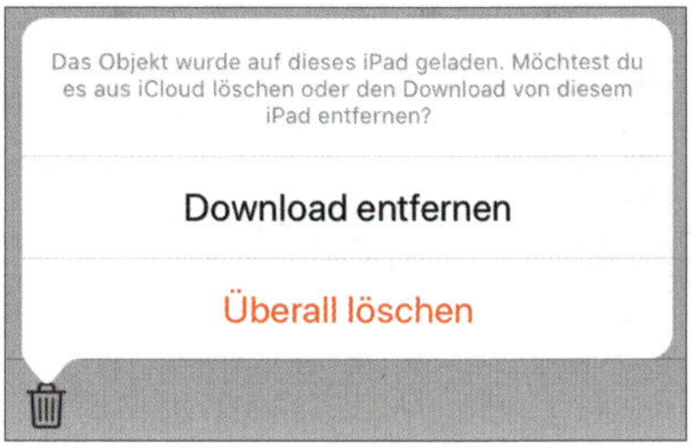

Fremde E-Books hinzufügen

Auch E-Books auf Ihrem iPad zu lesen, die nicht aus dem Book Store stammen, ist möglich. Diese fügen Sie einfach Ihrer Bibliothek hinzu. Beachten Sie, dass diese entweder im PDF- oder im EPUB-Format vorliegen müssen und nicht kopiergeschützt sein dürfen.

1. Starten Sie die Bücher-App und wählen Sie links unten Ihre *Bibliothek* aus. Ziehen Sie nun die Dateien-App vom Dock an den rechten Rand des Bildschirms.
2. Wählen Sie das Buch aus, das in Ihre Bibliothek übernommen werden soll, und ziehen Sie es mit dem Finger auf das geöffnete Book-Store-Fenster.
3. Das Buch wird importiert und kann anschließend mit der Bücher-App geöffnet und gelesen werden.

E-Books aus Safari importieren

Wenn Sie in Safari ein nicht kopiergeschütztes E-Book im PDF-Format öffnen und anzeigen, können Sie es auf die folgende Weise einfach in Ihre Bibliothek übernehmen.

1. Öffnen Sie das E-Book, z. B. ein Benutzerhandbuch zu einem technischen Gerät, und zeigen Sie es an.
2. Tippen Sie rechts oben auf das Teilen-Feld. Dort wischen Sie nach ganz rechts bis zum Eintrag *Mehr*. Tippen Sie auf den Eintrag und wählen Sie dann unten *In „Bücher" kopieren* aus.
3. Das E-Book wird in Ihre Bibliothek übernommen und umgehend von der Bücher-App geöffnet.

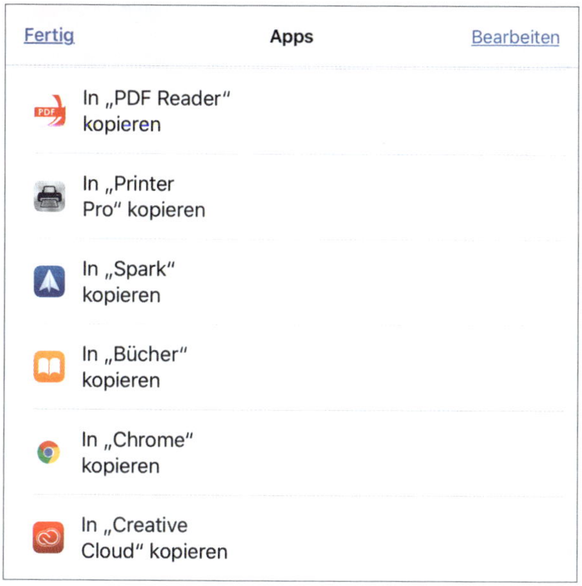

E-Books aus der Mail-App importieren

Wenn Ihnen jemand ein nicht kopiergeschütztes E-Book per E-Mail zusendet, können Sie dieses aus *Mail* heraus ebenso in Ihre Bibliothek kopieren.

1. Öffnen Sie die E-Mail und tippen Sie ggf. auf *Zum Laden tippen*, um das E-Book vollständig auf Ihr iPad herunterzuladen.
2. Tippen Sie zunächst auf das Dateisymbol, um das E-Book anzuzeigen, und dann rechts oben auf das Teilen-Feld.
3. Dann wischen Sie bis zu *Mehr* und wählen unten den Eintrag *In „Bücher" kopieren* aus. Das E-Book wird in Ihre Bibliothek übernommen und geöffnet.

Silbentrennung bei E-Books einschalten

Bei manchen E-Books (nur im EPUB-Format) lässt sich eine automatische Silbentrennung aktivieren. Dies ist allerdings nur möglich, wenn es der Herausgeber des E-Books erlaubt. Ist das der Fall, nehmen Sie diese Einstellungen vor:

1. Öffnen Sie die *Einstellungen* und wählen Sie in der linken Spalte den Eintrag *Bücher*.
2. Schalten Sie dann rechts zunächst *Blocksatz* und *Autom. Silbentrennung* ein. Falls Sie dennoch keine entsprechende Veränderung bei einem geöffneten E-Book bemerken, hat der Herausgeber das nicht vorgesehen.

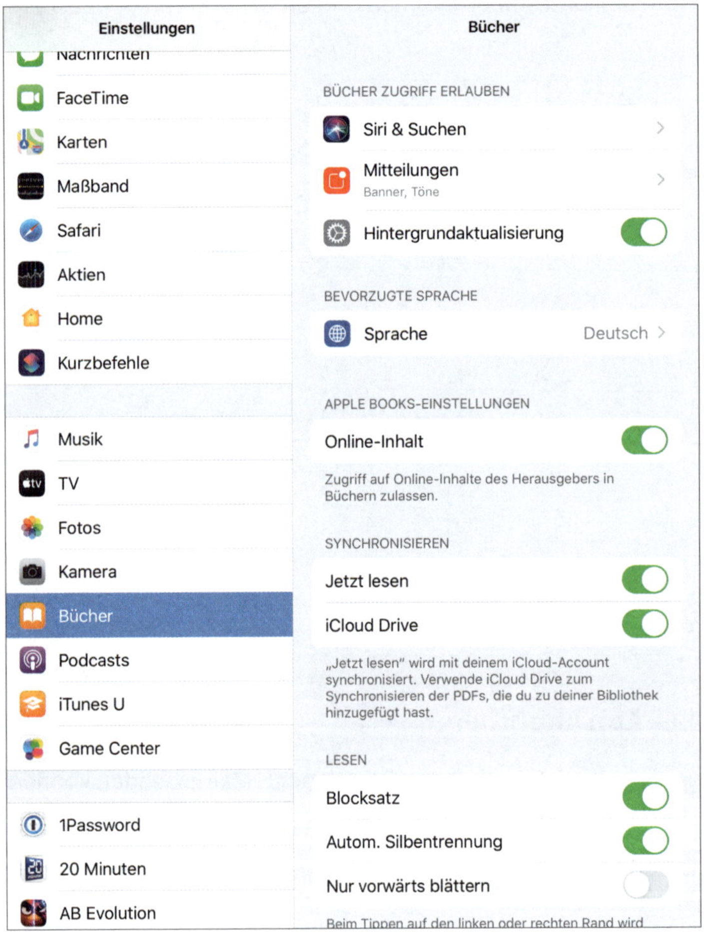

Lesezeichen hinzufügen

Damit Sie immer wissen, wo Sie aufgehört haben, ein E-Book zu lesen, oder welche Seite für Sie besonders interessant ist, können Sie ein Lesezeichen hinzufügen.

Sind die entsprechenden Einstellungen aktiviert (siehe den Abschnitt »E-Books, Leseziele und Lesezeichen synchronisieren«), werden diese auch mit all Ihren Geräten, auf denen Sie mit Ihrer Apple-ID angemeldet sind, abgeglichen.

1. Starten Sie Bücher-App und öffnen Sie das gewünschte E-Book. Blättern Sie zur gewünschten Seite.
2. Tippen Sie rechts oben auf das Lesezeichensymbol, um ein Lesezeichen – in roter Farbe – anzulegen.
3. Möchten Sie später zu den Seiten mit den Lesezeichen zurückkehren, tippen Sie im E-Book links oben auf das Kapitelsymbol (drei kleine Striche).
4. Tippen Sie anschließend auf das Register *Lesezeichen*, werden alle Lesezeichen aufgelistet. Wählen Sie dann das entsprechende Lesezeichen bzw. die gewünschte Stelle aus.

E-Books markieren

Bei E-Books im EPUB-Format können Sie interessante Textpassagen oder wichtige Begriffe markieren – fast genauso, wie Sie das mit einem Textmarker oder Stift bei einem gedruckten Buch, einer Zeitschrift oder einem Textdokument gewohnt sind:

1. Starten Sie die App *Bücher* und öffnen Sie das gewünschte E-Book. Blättern Sie zur gewünschten Seite und Textstelle.
2. Tippen Sie etwas länger auf das erste Wort der Textpassage. Wählen Sie die gesamte Textpassage aus, indem Sie die Textbegrenzungen entsprechend verschieben. Der ausgewählte Text wird dabei blau unterlegt.
3. Tippen Sie im Kontextmenü auf *Markieren*. Hier wählen Sie links die Farbe aus, mit der die Textstelle markiert werden soll. Tippen Sie anschließend auf eine nicht markierte Textstelle, sehen Sie die Markierungen.
4. Alternativ können Sie die Markierungen auch mit dem Apple Pencil vornehmen. Bewegen Sie dazu einfach den Apple Pencil über die Textpassage, wird diese markiert. Die Farbe der Markierung legen Sie fest, indem Sie mit dem Apple Pencil schnell auf die Textpassage doppelt tippen und damit das Kontextmenü öffnen.

5. Zum Entfernen der Markierungen tippen Sie ebenfalls auf die markierte Textpassage, um das Kontextmenü anzuzeigen. Dort wählen Sie zuerst den Eintrag *Markieren* und tippen dann auf das Papierkorbsymbol.

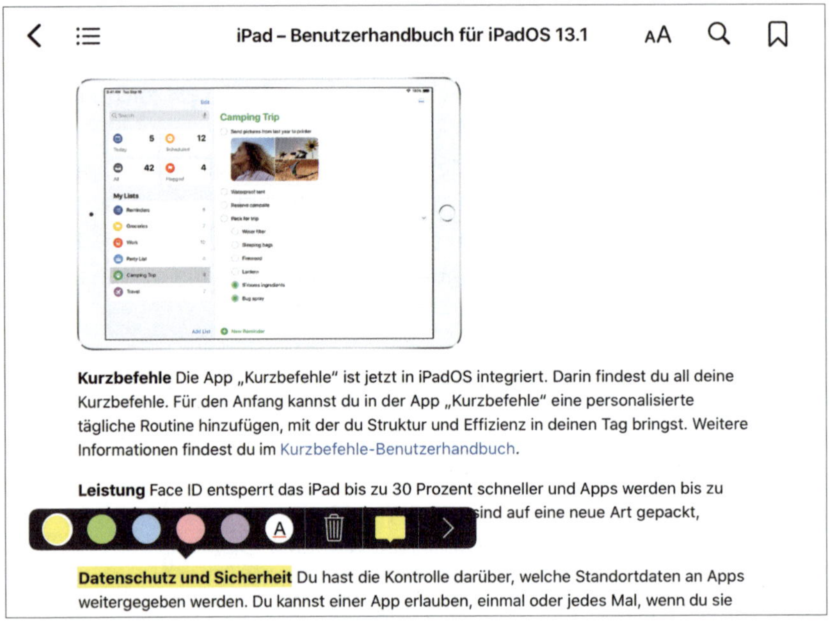

Notizen in E-Books erstellen

Wollen Sie einem E-Book Ihre Gedanken oder Kommentare hinzufügen, erreichen Sie das auf die folgende Weise:

1. Öffnen Sie das E-Book und blättern Sie zur gewünschten Seite und Textpassage. Tippen Sie auf die Textpassage, um das Kontextmenü anzuzeigen.
2. Tippen Sie im Kontextmenü auf *Notiz*. Eine Sprechblase erscheint, in die Sie Ihre Notiz mit der Bildschirmtastatur oder einer externen Tastatur eingeben.

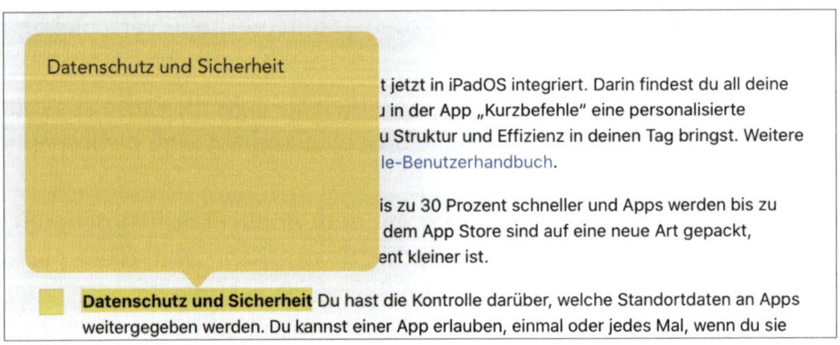

3. Die Stelle, an der die Notiz hinzugefügt wurde, erkennen Sie an der farbigen Markierung. Tippen Sie darauf, wird die dazugehörige Notiz geöffnet.
4. Um eine Liste aller Notizen anzuzeigen, tippen Sie links oben auf das Inhaltsverzeichnis (drei kleine Striche) und dann rechts auf das Register *Notizen*.

Notizen und Markierungen schneller löschen

Um die von Ihnen vorgenommenen Markierungen und Notizen schneller zu löschen, gehen Sie wie folgt vor:

1. Öffnen Sie das E-Book und tippen Sie links oben auf das Inhaltsverzeichnis (drei kleine Striche).
2. Tippen Sie auf das Register *Notizen*, werden alle Notizen und Markierungen in dem E-Book angezeigt.
3. Um eine oder alle Markierungen zu löschen, wischen Sie auf dem Eintrag von links nach rechts und tippen dann auf *Löschen*. Die Notiz oder Markierung wird gleich entfernt.

Automatischer Nachtmodus bei E-Books

Als iPad-Anwender benötigen Sie beim Lesen unter der Bettdecke nun wirklich keine Taschenlampe mehr. Aber dafür haben Sie unter Umständen ein anderes Problem: Der weiße Hintergrund eines E-Books leuchtet im Dunkeln sehr stark, er blendet geradezu. Aus diesem Grund gibt es den automatischen Nachtmodus in der Bücher-App.

1. Öffnen Sie das E-Book in der Bücher-App. Tippen Sie auf die zwei kleinen Buchstaben rechts oben.
2. Schalten Sie den *Autom. Nachtmodus* ein. Dieser wird von nun an immer dann automatisch aktiviert, wenn das Umgebungslicht zu schwach ist.

Hörbücher im Book Store erwerben

Möchten Sie einmal Ihre von der Bildschirmarbeit angestrengten Augen etwas entlasten oder Literatur auch dann genießen, wenn Sie Auto fahren, greifen Sie einfach auf die Hörbücher im Book Store zurück. Um diese zu erwerben, benötigen Sie nicht iTunes, sondern ebenfalls die Bücher-App.

1. Starten Sie die Bücher-App und tippen Sie zunächst unten auf *Hörbücher*.
2. Verschaffen Sie sich unter *Neu und angesagt* einen Überblick über die Neuerscheinungen oder wählen Sie die *Charts* bzw. unten das gesuchte Genre.

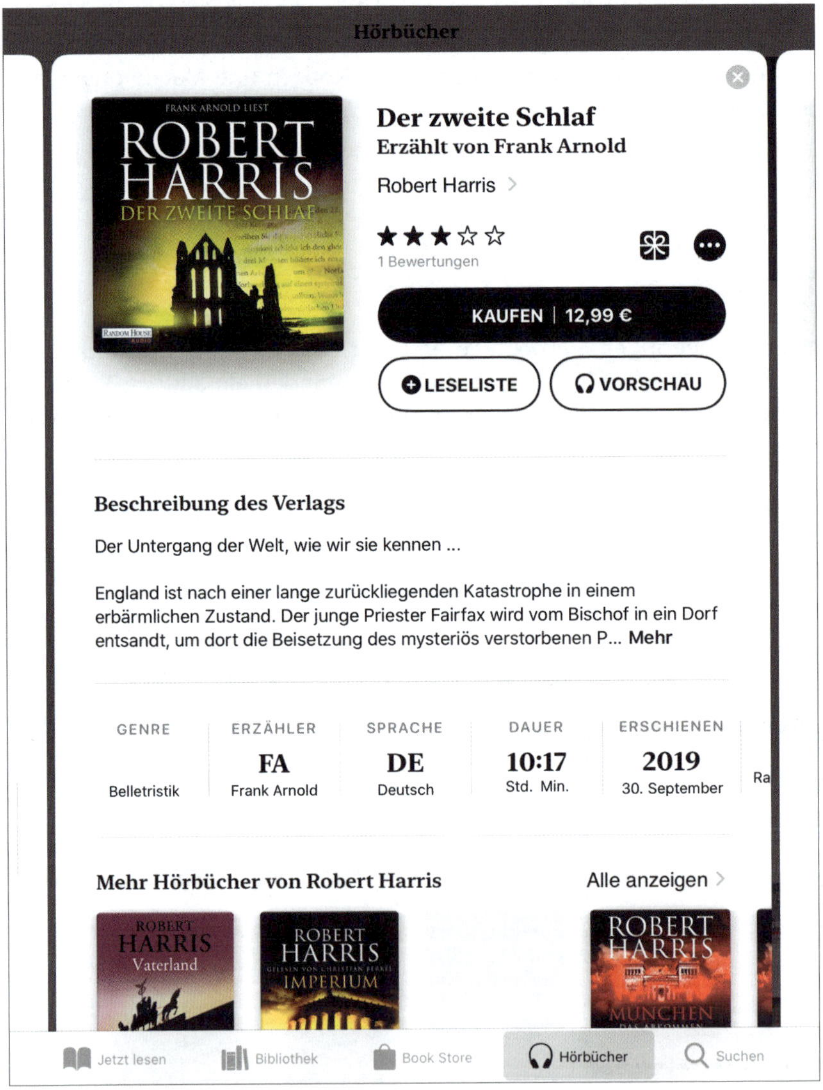

3. Um in ein Hörbuch hineinzuhören, tippen Sie auf das Cover und dann auf *Vorschau*. Zum Herunterladen tippen Sie auf das Preisschild. Die Bezahlung erfolgt über Ihr iTunes-Konto und die dort hinterlegte Bezahlmethode.

Hörbücher abspielen

Ihre Hörbücher spielen Sie nicht über die Musik-App ab, wie vielleicht zu vermuten wäre, sondern ebenfalls über die Bücher-App:

1. Starten Sie die Bücher-App und tippen Sie unten auf *Bibliothek*.
2. Anschließend tippen Sie links oben auf den Eintrag *Sammlungen* und wählen *Hörbücher* aus, um Ihre Hörbücher aufzulisten.
3. Zum Abspielen tippen Sie auf das Cover. Beim Abspielen haben Sie, neben den von der Musik-App bekannten Bedienelementen, zusätzlich folgende Möglichkeiten:
   - *15*: 15 Sekunden vor- oder zurückspringen.
   - *1x*: Die Abspielgeschwindigkeit von 0,75x bis 2x einstellen.

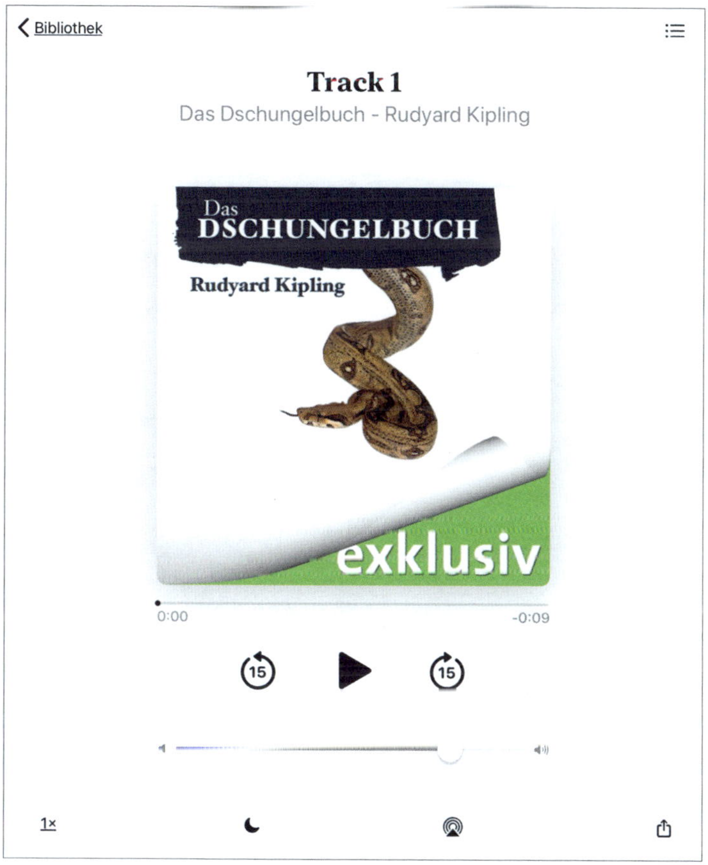

- *Mondsichel*: Timer für den Ruhezustand.
- *AirPlay*: Hörbücher über drahtlose Kopfhörer, Lautsprecher, Apple TV hören.
- *Inhaltsverzeichnis*: Greifen Sie, soweit vorhanden, auf die einzelnen Kapitel des Hörbuchs zu.

Hörbücher aus anderen Quellen

Sie sind nicht ausschließlich auf das Hörbuchangebot des Book Store von Apple angewiesen. Als weitere Quellen für Hörbücher sind z. B. der Buchhandel oder das zu Amazon gehörende Audible zu nennen. Während Sie im Buchhandel auf Audio-CD erworbene Hörbücher am Mac oder Windows-PC digitalisieren und dann mit dem iPad abgleichen, stehen Audible-Hörbücher nur online im Audible-Shop zur Verfügung und können über die Audible-App auf das iPad heruntergeladen und dort angehört werden. Sind Sie ein ausgesprochener Hörbuchfan, empfiehlt es sich, ein Audible-Abonnement für knapp 10 Euro im Monat abzuschließen, bei dem Sie jeden Monat ein Hörbuch Ihrer Wahl ohne zusätzliche Kosten herunterladen können. Der Preis des Hörbuchs kann dabei auch weit höher sein als der der monatlichen Abogebühr. Genießen Sie nur ab und zu ein Hörbuch, ist der Book Store oder der Buchhandel sicher die bessere Wahl, denn dann zahlen Sie nur einmal für das gewählte Hörbuch und müssen kein Abonnement abschließen.

8. Daten austauschen

Um Daten von Ihrem Computer, von externen Datenträgern oder einem Cloud-Dienst auf das iPad zu kopieren, gibt es unterschiedliche Wege und Möglichkeiten. Diese hängen erstens davon ab, was für einen Computer mit welchem Betriebssystem Sie nutzen und welches iPad Sie Ihr Eigen nennen. Sie können entweder das iPad mit dem passenden Kabel direkt an den Computer anschließen, die Dateien per iCloud, also die »Onlinefestplatte« von Apple übertragen oder über AirDrop drahtlos von Gerät zu Gerät kopieren. Dies ist aber nur bei einzelnen und kleineren Dateien sinnvoll. Nutzen Sie beispielsweise ein iPad mit iPadOS 13, können Sie auch einen externen Datenträger, z. B. eine externe Festplatte oder einen USB-Stick, anschließen (mit einem passenden USB-C- oder Lightning-auf-USB-Adapter) und die Dateien darüber tauschen. Für das berufliche Umfeld stellt Apple sogar noch eine weitere Möglichkeit zur Verfügung, und zwar können Sie mit Ihrem iPad mit einem Server Kontakt aufnehmen und darauf zugreifen.

Vertrauen Sie diesem Computer

Wenn Sie Ihr fertig eingerichtetes iPad das erste Mal an einen Mac oder Windows-PC anschließen, erscheint die Frage *Diesem Computer vertrauen?* auf dem Bildschirm. Handelt es sich um Ihren Computer und wollen Sie mit ihm künftig das iPad verwalten oder Daten übertragen, dann tippen Sie auf *Vertrauen* und entsperren das iPad vorher, falls noch nicht geschehen.

8.1 iTunes

Der noch vor einiger Zeit einzige Weg, Daten mit dem iPad auszutauschen, war der über einen Computer mit iTunes. Auch heute ist dieser Weg durchaus noch üblich, sofern Sie einen Windows-PC nutzen oder einen Mac, auf dem nur macOS Mojave oder eine frühere Version von macOS läuft. Im Folgenden wird zuerst dieser Weg aufgezeigt. Verbinden Sie dazu das iPad über das beiliegende USB-C- oder Lightning-auf-USB-Kabel mit dem Computer und folgen Sie den Anweisungen.

Ihre Daten über iTunes synchronisieren

Eine Einschränkung vorweg: Nutzen Sie Apple Music und die iCloud-Musikmediathek, dann müssen und können Sie Ihre Alben und Musiktitel nicht mehr über iTunes mit dem iPad abgleichen. Stattdessen geschieht das über iCloud. Bei anderen Medien wie Hörbüchern, Büchern, Filmen und TV-Sendungen sieht das noch anders aus. Vor allem dann, wenn es sich nicht um Medien aus dem iTunes- oder Book Store, sondern um importierte Medien handelt.

In diesem Fall gehen Sie immer nach der gleichen Methode vor:

1. Schließen Sie das iPad mit dem Lightning-auf-USB-Kabel oder USB-C-auf-USB-Kabel an den Computer an. Warten Sie, bis iTunes gestartet ist, oder starten Sie es selbst.
2. Links oben unterhalb der Titelleiste von iTunes erscheint ein kleines Symbol des iPad. Klicken Sie darauf.
3. Nun wählen Sie zuerst auf der linken Seite eine Kategorie aus, von der Medien und Inhalte synchronisiert werden sollen.
4. Im Hauptfenster markieren Sie die Medien, die auf das iPad kopiert werden.
5. Zum Schluss klicken Sie rechts unten auf *Synchronisieren*. Die Medien werden übertragen, und wenn der Kopiervorgang abgeschlossen ist, werden Sie benachrichtigt.
6. Je nachdem, um welche Medien es sich handelt, können Sie diese über die TV-App, die Podcast-App oder die Bücher-App auf dem iPad betrachten, anhören oder lesen.

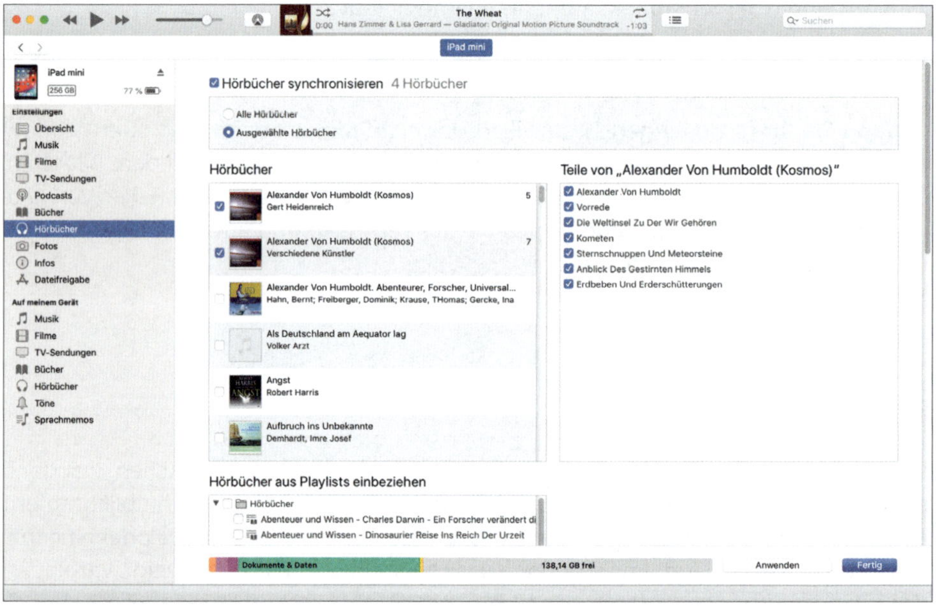

Dateifreigabe bei iTunes

Auch Dateien, die mit anderen Apps auf dem iPad geöffnet und bearbeitet werden sollen, z. B. Office-Dokumente, können über die Dateifreigabe von iTunes mit dem iPad ausgetauscht werden.

1. Wählen Sie in der Seitenleiste *Dateifreigabe*. Rechts im Hauptfenster erscheinen nun alle Apps auf dem iPad, für die Sie Dateien freigeben und übertragen können.

2. Klicken Sie auf das Symbol der App. Nun fügen Sie über den Schalter *Hinzufügen* rechts unten die gewünschten Dateien hinzu, etwa Word-Dokumente für die Word-App auf dem iPad.
3. Möchten Sie die Dateien auf das iPad kopieren, klicken Sie auf *Synchronisieren*. Auf dem iPad neu erstellte und bearbeitete Dokumente speichern Sie auf dem Computer über den Schalter *Sichern unter*.

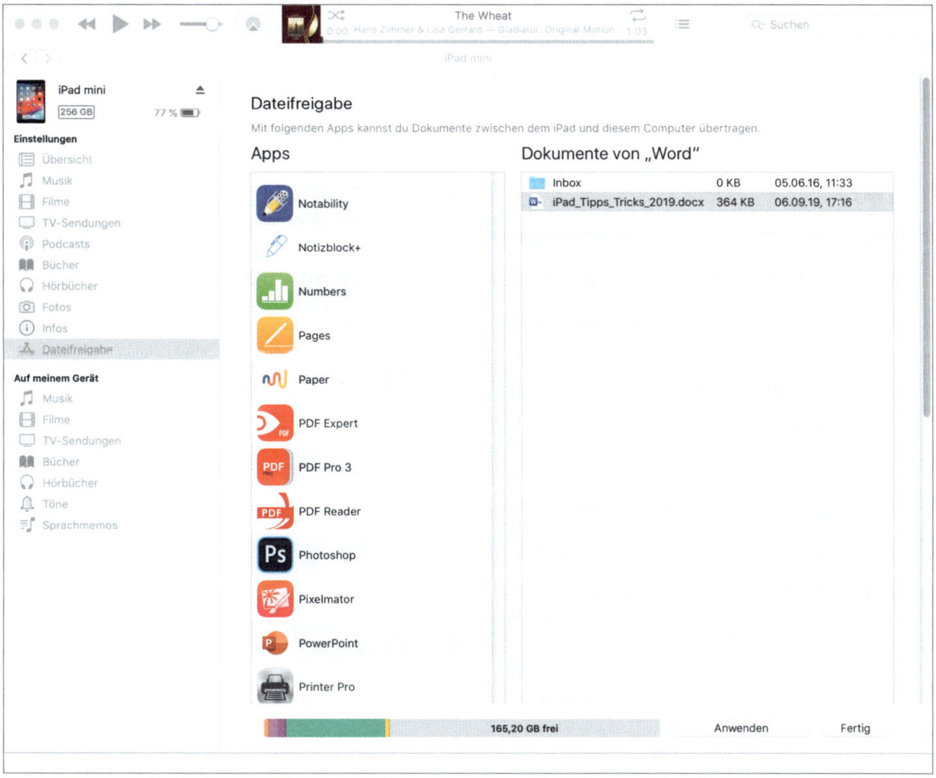

Fotos synchronisieren mit iTunes

Dank iCloud-Fotomediathek und iCloud-Fotostream können Sie – bei Bedarf – auch über das iPad auf alle Ihre Fotos zugreifen, bei sehr umfangreichen Fotosammlungen ist das aber nicht immer ratsam, da Sie hier tief in die Tasche greifen müssen, um genügend Speicherplatz bei iCloud zur Verfügung zu haben. Daher bevorzugen es zahlreiche Anwender, gezielt ausgewählte Fotos auf das iPad zu kopieren, um diese dort zu bearbeiten oder auch Freunden und Bekannten zu zeigen. Hierzu gehen Sie wie folgt vor:

1. Schließen Sie das iPad mit dem Lightning-auf-USB-Kabel oder USB-C-auf-USB-Kabel an den Computer an. Warten Sie, bis iTunes gestartet ist, oder starten Sie dieses selbst.

2. Links oben unterhalb der Titelleiste von iTunes erscheint ein kleines Symbol Ihres iPad. Klicken Sie darauf.
3. Nun wählen Sie auf der linken Seite die Kategorie *Fotos* aus und schalten rechts im Hauptfenster *Fotos synchronisieren* ein.
4. Unten geben Sie an, von welcher Foto-Mediathek die Fotos auf Ihr iPad kopiert werden sollen.
5. Anschließend legen Sie fest, welche Fotoalben oder welche Fotos dies genau sind. Bitte achten Sie darauf, dass der Speicherplatz auf Ihrem iPad dazu auch ausreicht.

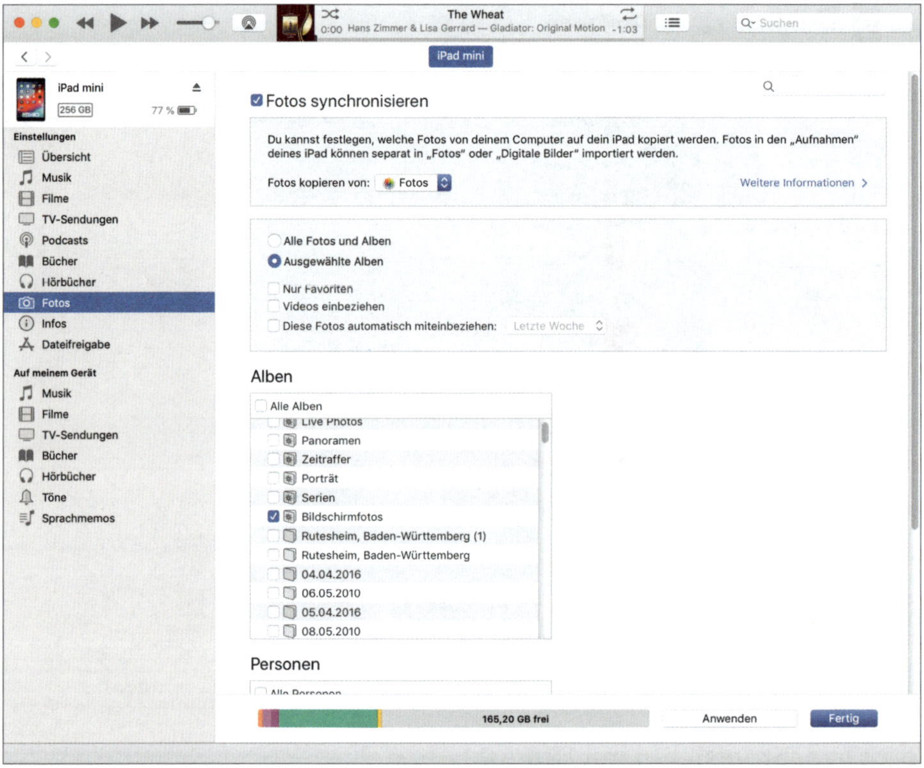

Über WLAN mit iTunes synchronisieren

Falls Sie es bevorzugen, Medien und Daten nicht über Kabel mit Ihrem iPad abzugleichen, sondern drahtlos über WLAN, müssen Sie iTunes entsprechend konfigurieren:

1. Schließen Sie das iPad zunächst mit dem Lightning-auf-USB-Kabel oder USB-C-auf-USB-Kabel an den Computer an. Warten Sie, bis iTunes gestartet ist, oder starten Sie es selbst.
2. Links oben unterhalb der Titelleiste von iTunes erscheint ein kleines Symbol des iPad. Klicken Sie darauf. Nun wählen Sie in der linken Seitenleiste die *Übersicht* aus.

3. Anschließend entscheiden Sie sich rechts im Hauptfenster unter *Optionen* für *Mit diesem iPad über WLAN synchronisieren*. Ihr Computer und Ihr iPad müssen sich dabei natürlich im gleichen WLAN-Netzwerk befinden – in der Regel wird das Ihr WLAN-Netzwerk zu Hause sein. Das Lightning-auf-USB-Kabel oder USB-C-auf-USB-Kabel können Sie dann natürlich entfernen.

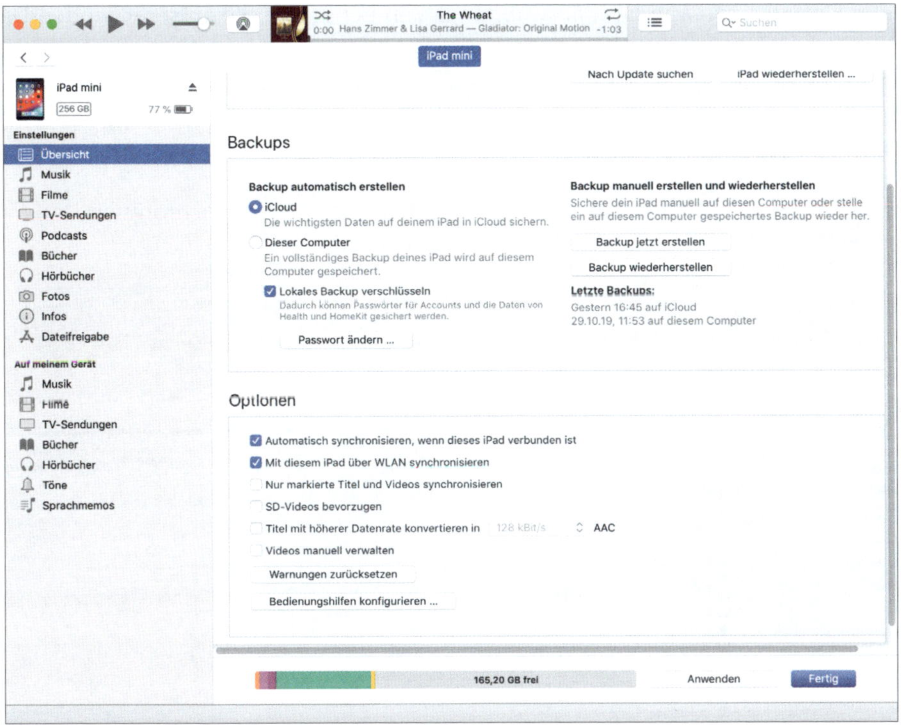

Keine Apps mehr mit iTunes abgleichen?

Seit iTunes 12.7 ist es nicht mehr möglich, Ihre Apps mit iTunes auf dem Computer abzugleichen oder auch Apps über iTunes auf dem Computer zu erwerben. Zum Erwerben und Herunterladen ist der App Store von iPadOS 13 zuständig. Außerdem können Sie über den App Store Updates installieren oder bereits erworbene, aber mittlerweile gelöschte Apps erneut auf Ihrem iPad installieren.

Dateien mit dem Finder synchronisieren

Seit macOS Catalina ist nicht mehr iTunes für das Übertragen von Daten zuständig, sondern der Finder.

1. Schließen Sie das iPad mit dem passenden USB-C- oder Lightning-Kabel, soweit erforderlich, an den Mac an.

2. Das iPad erscheint in der linken Seitenleiste unter *Orte*. Klicken Sie am Mac im Hauptfenster auf *Vertrauen* – falls es sich um Ihr iPad handelt und dieses zum ersten Mal angeschlossen ist.
3. Auch auf dem iPad tippen Sie auf *Vertrauen* und geben Ihren vierstelligen Code ein.
4. Um die gewünschten Daten zu synchronisieren, klicken Sie oben auf den entsprechenden Eintrag – von *Musik* bis *Info* – und wählen bei Bedarf die entsprechenden Daten aus.
5. Die Vorgehensweise der Auswahl entspricht dabei der bisherigen bei iTunes. Ist die Auswahl abgeschlossen, klicken Sie auch hier auf *Synchronisieren* – aber im Finder-Fenster rechts unten.

Bitte beachten Sie: Kalender und Kontakte werden über iCloud synchronisiert und Musik über die iCloud-Musikmediathek, sofern Sie diese nutzen.

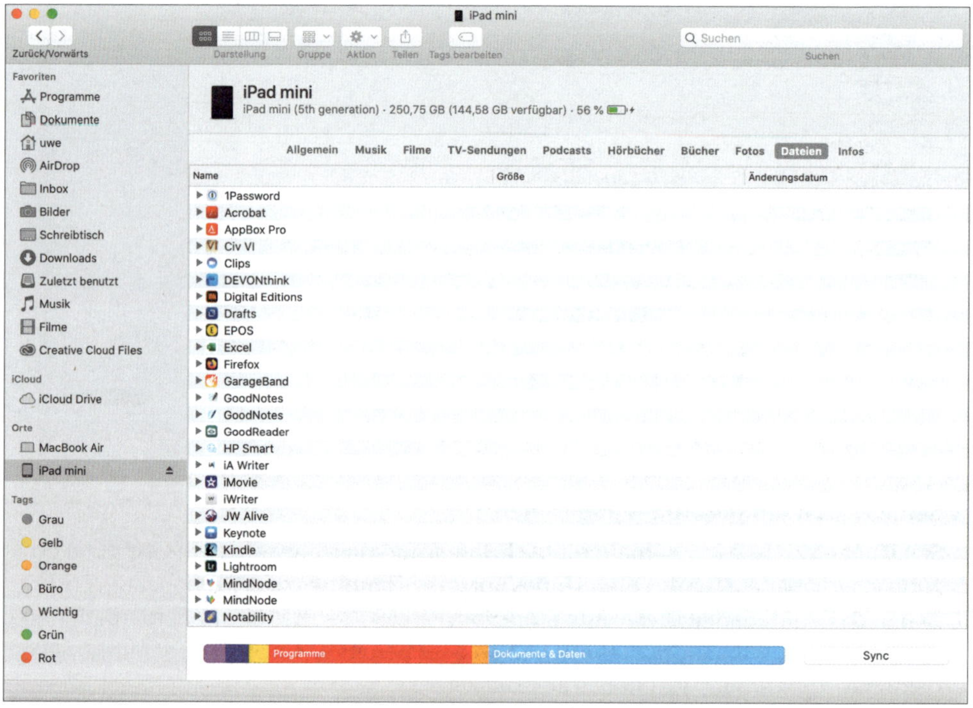

Daten mit einem Datenträger übertragen

Wie bereits erwähnt wurde, können Sie an ein iPad mit iPadOS 13 einen Datenträger anschließen, etwa einen USB-Stick oder eine USB-Festplatte. Je nachdem benötigen Sie dazu einen passenden Lightning- oder USB-C-auf-USB-Adapter. Wie das funktioniert, erfahren Sie im Abschnitt 8.6.

8.2 iCloud Drive

Am flexibelsten gestaltet sich der Datenaustausch mit Ihrem iPad über iCloud Drive, die Onlinefestplatte von Apple. Zahlreiche Apps auf dem Mac, ebenso wie auf dem iPad, sichern Ihre Daten und Dokumente automatisch auf iCloud Drive, sodass Sie, egal, ob Sie mit dem iPad oder dem Mac arbeiten, immer das aktuelle Dokument vor sich haben. Zudem können Sie natürlich auch eigene Ordner anlegen, um darin Ihre Dateien zu sichern und zwischen dem Mac bzw. einem Windows-PC und Ihrem iPad auszutauschen. Bitte denken Sie daran, dass Ihnen auf iCloud und iCloud Drive genügend Speicherplatz zur Verfügung steht. Gratis können Sie nur bis zu 5 GByte Speicherplatz nutzen.

Auf Dateien von iCloud Drive zugreifen

Um auf Dateien zuzugreifen, die auf iCloud Drive gespeichert sind, haben Sie zwei Möglichkeiten. Sie öffnen diese, sofern möglich, direkt mit der passenden App. Zahlreiche Apps für iPadOS 13 – ebenso wie für macOS – legen auf iCloud Drive Ordner an, in denen sie die Dateien sichern. Die zweite Möglichkeit ist die Dateien-App. Mit dieser können Sie auf iCloud Drive – und auf anderen Orten Dateien kopieren, öffnen sowie anzeigen und bei Bedarf an eine kompatible App weitergeben.

1. Starten Sie die App, beispielsweise *Pages* oder *Keynote*. Die mit der App erstellten Dateien werden im *Verlauf* sowie im Ordner *Pages* bzw. *Keynote* auf iCloud Drive angezeigt.

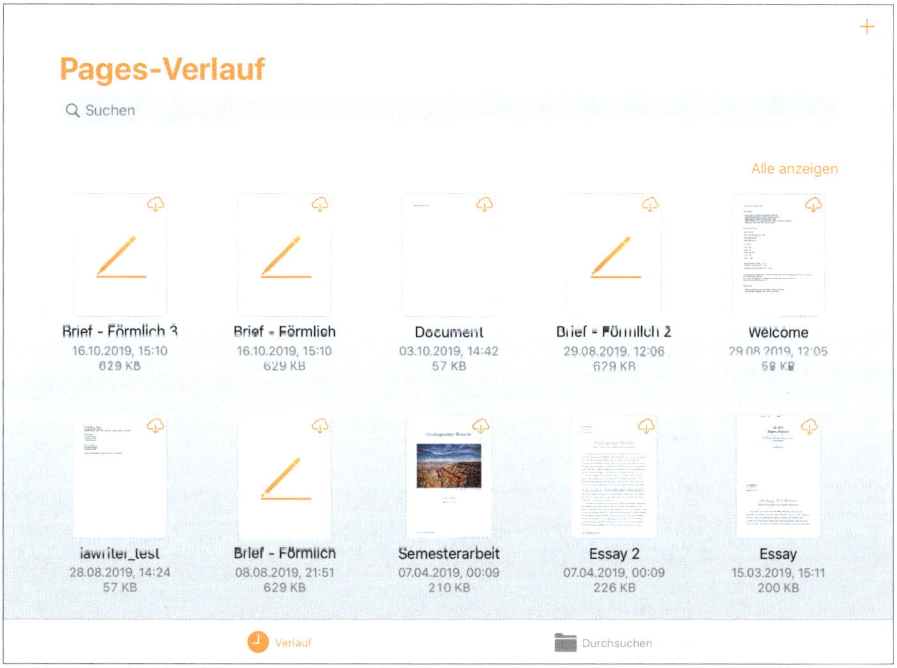

2. Tippen Sie auf die Datei, um sie ggf. herunterzuladen und zu öffnen.
3. Alternativ öffnen Sie die Dateien-App und wählen links den Speicherort *iCloud Drive* aus.
4. Tippen Sie auf den gewünschten Ordner und anschließend auf die Datei, um diese anzuzeigen und zu öffnen.
5. Um die Datei mit einer anderen App zu öffnen, tippen Sie auf das Teilen-Feld rechts oben und wählen dort die gewünschte App aus, mit der die Datei geöffnet werden soll.

Datei automatisch auf iCloud Drive sichern

Falls Sie eine Datei aus einer kompatiblen App heraus direkt auf iCloud Drive sichern wollen, erledigen Sie das auf die folgende Weise:

1. Starten Sie die App, etwa Pages oder Keynote, erstellen Sie ein neues Dokument und bearbeiten Sie es.
2. Das neue Dokument wird von der App in der Regel automatisch auf iCloud Drive im dazugehörigen Ordner gesichert, etwa *Keynote* oder *Pages*.
3. In der Dateien-App können Sie die Datei dann umbenennen, indem Sie auf die Datei tippen, warten, bis deren Kontextmenü angezeigt wird, und dort über *Umbenennen* den Dateinamen ändern.

Dateien fremder Apps auf iCloud Drive speichern

Um Dateien fremder Apps auf iCloud Drive zu sichern, nutzen Sie – sofern in der App verfügbar – den Weg über das Teilen-Feld. Nachdem Sie auf das Teilen-Feld getippt haben, wählen Sie in der zweiten Reihe das Symbol *In Dateien sichern* aus und anschließend den gewünschten Ordner. Über einen Fingertipp auf *Hinzufügen* wird die Datei dort gesichert.

Weitere Cloud-Dienste verwenden

Neben iCloud können Sie natürlich auch einen anderen Cloud-Dienst nutzen. Hier ist allerdings zu beachten, dass der automatische Dateiabgleich nur mit den jeweils unterstützten Apps funktioniert, wie beispielsweise bei OneDrive mit Microsoft-Office-Apps oder bei Google Drive mit Google-Apps. Um die Dateien zwischen Ihrem Computer und dem iPad hin und her zu kopieren, können Sie auch diese Dienste nutzen. Beachten Sie, dass Sie, um einen fremden Cloud-Dienst zu nutzen, über ein entsprechendes Benutzerkonto verfügen müssen und dieser Dienst von iPadOS unterstützt werden muss. Ist das der Fall, aktivieren Sie diesen auf die folgende Weise:

1. Öffnen Sie die Dateien-App und tippen Sie oberhalb der linken Spalte auf die drei kleinen Punkte und anschließend auf *Bearbeiten*.
2. Nun werden alle kompatiblen Cloud-Dienste angezeigt, für die Sie eine App auf dem iPad installiert haben.

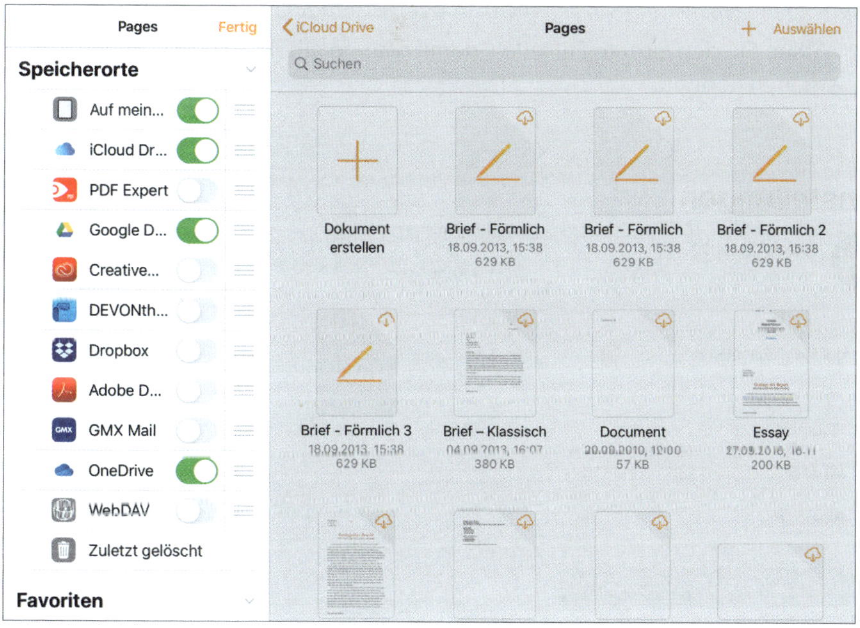

3. Um den gewünschten Cloud-Dienst zu nutzen, schalten Sie diesen ein und tippen auf *Fertig*. Der neue Cloud-Dienst erscheint nun in der linken Spalte.
4. Tippen Sie auf den Namen und geben Sie Ihre Benutzerdaten ein. Anschließend werden die bei dem Cloud-Dienst vorhandenen Ordner und Dateien angezeigt und Sie können diese öffnen.

8.3 AirDrop

Der Datenaustausch über iTunes und iCloud Drive ist dann, wenn man nur schnell einmal eine Datei zwischen Mac und iPad oder zwischen iPadOS- und iOS-Geräten hin und her kopieren möchte, etwas aufwendig und umständlich. Viel schneller geht es über AirDrop. AirDrop ist auch die Methode der Wahl, wenn Sie mit jemand anderem eine oder mehrere kleinere Dateien austauschen. Damit das funktioniert, müssen allerdings einige Voraussetzungen erfüllt sein. An allen Geräten, ob Mac oder iOS-Gerät, müssen WLAN sowie Bluetooth aktiviert sein. Außerdem benötigen Sie mindestens einen Mac ab OS X Yosemite und ein iOS-Gerät ab iOS 8, damit der schnelle Datenaustausch zwischen allen Geräten reibungslos klappt.

AirDrop für jeden aktivieren

Um etwaige Probleme zu umgehen und es jedem zu ermöglichen, Ihnen per AirDrop eine Datei zukommen zu lassen, gehen Sie so vor:

1. Öffnen Sie die *Einstellungen/Allgemein*. In der rechten Spalte tippen Sie auf *AirDrop*.
2. Dort wählen Sie den Eintrag *Für jeden*, damit Sie von allen Personen Dateien über AirDrop erhalten können.

AirDrop absichern

Wollen Sie den Empfang von Dateien über AirDrop einschränken, nehmen Sie diese Einstellungen vor:

1. Öffnen Sie die *Einstellungen* und wählen Sie links *Allgemein*. In der rechten Spalte tippen Sie auf *AirDrop*.
2. Dort wählen Sie den Eintrag *Nur für Kontakte*, falls Sie nur von den Personen, die in Ihrem Adressbuch stehen, Dateien empfangen möchten.
3. Um den Empfang von Dateien via AirDrop ganz abzuschalten, tippen Sie stattdessen auf *Empfangen aus*.

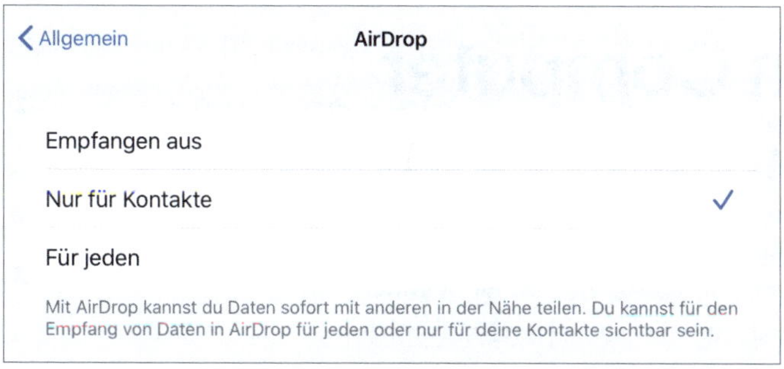

Dateien mit AirDrop zwischen Mac und iPad austauschen

Der Dateitausch zwischen Mac und iPad über AirDrop ist unkompliziert und schnell erledigt.

1. Schalten Sie bei beiden Geräten sowohl WLAN als auch Bluetooth ein.
2. Klicken Sie am Mac in der linken Seitenleiste eines Finder-Fensters auf *AirDrop*. Befinden sich weitere AirDrop-kompatible Geräte in Ihrer Nähe, bei denen die entsprechenden Einstellungen vorgenommen wurden, werden deren Symbole dort ebenfalls angezeigt.
3. Erscheint das iPad nicht, schalten Sie dort – sofern WLAN und Bluetooth aktiviert sind – für diese Übertragung kurzzeitig den Dateiempfang für jeden ein. Rufen Sie dazu das Kontrollzentrum auf und tippen Sie auf das AirDrop-Symbol und dann auf *Für jeden*.
4. Nachdem das Symbol des iPad im Finder-Fenster auf dem Mac erscheint, genügt es, die Datei auf dieses Symbol zu ziehen.
5. Auf dem iPad erscheint ein Menü, aus dem Sie die App wählen, mit der die Datei geöffnet und angezeigt werden soll.
6. Umgekehrt vom iPad zum Mac ist es noch einfacher. Öffnen Sie die Datei mit der passenden App und tippen Sie dann auf das Teilen-Feld. Dort tippen Sie auf das Air-

Drop-Symbol. Die Datei wird an den Mac gesandt und dort im Ordner *Downloads* abgelegt.

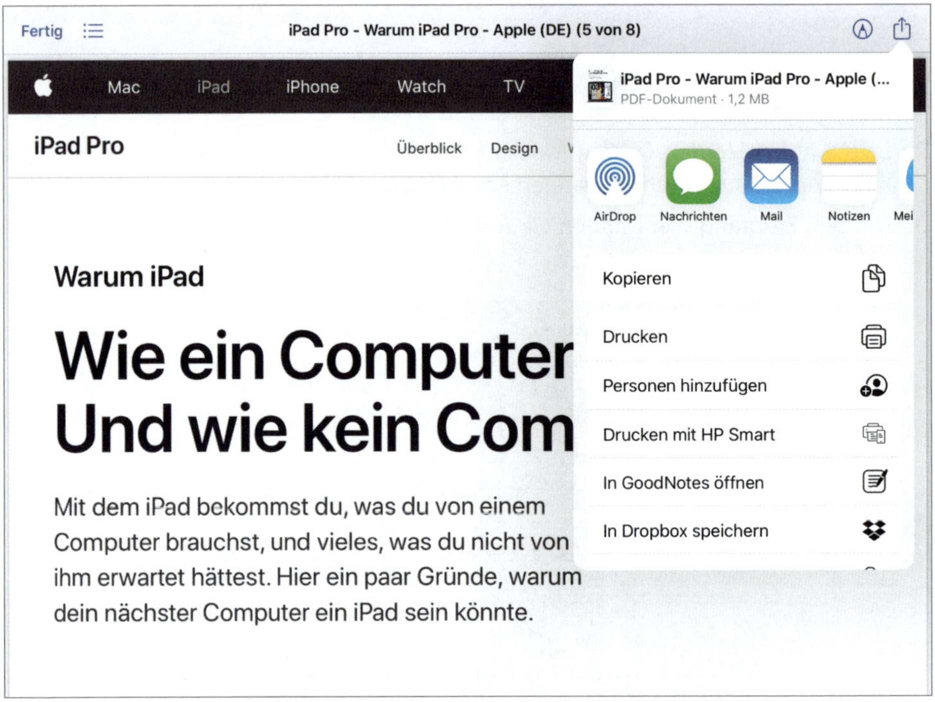

8.4 Universelle Zwischenablage

Noch ein Stückchen raffinierter als der Dateiaustausch über AirDrop ist die »universelle Zwischenablage« von macOS und iPadOS bzw. iOS. Diese funktioniert wie die normale Zwischenablage am Mac oder Windows-PC, nur eben nicht nur zwischen den Apps eines Gerätes, sondern auch zwischen mehreren Macs und iOS-Geräten. Allerdings müssen Sie, um diese zu nutzen, die von Apple *Handoff* genannte Funktion auf allen Geräten einschalten. Diese ist eigentlich dafür zuständig, die Arbeit mit einer App, etwa Safari, an einem Gerät am anderen Gerät nahtlos fortsetzen zu können, indem dort automatisch die gleiche Webseite aufgerufen wird.

Wie bei AirDrop benötigen Sie auch hier mindestens OS X Yosemite auf dem Mac und iOS 8 auf dem iOS-Gerät. Außerdem müssen Sie an Ihren Geräten unter derselben Apple-ID angemeldet sein, um in den Genuss der universellen Zwischenablage zu kommen. Zu guter Letzt müssen WLAN sowie Bluetooth aktiviert sein und sich die Geräte im gleichen WLAN-Netzwerk befinden.

Handoff einschalten

1. Öffnen Sie auf dem iPad die *Einstellungen*, tippen Sie in der linken Spalte auf *Allgemein* und dann rechts auf *AirPlay & Handoff*. Schalten Sie dort *Handoff* ein.
2. Wechseln Sie zum Mac und öffnen Sie dort die Systemeinstellungen. Klicken Sie dort auf das Symbol *Allgemein* und aktivieren Sie die Option *Handoff zwischen diesem Mac und deinen iCloud-Geräten erlauben*.

Text über die universelle Zwischenablage kopieren

Wollen Sie die universelle Zwischenablage verwenden, um damit einen Text vom Mac auf das iPad zu kopieren oder umgekehrt, gehen Sie wie folgt vor:

1. Starten Sie ein Textverarbeitungsprogramm auf dem Mac und geben Sie den Text ein oder öffnen Sie die Datei.
2. Wählen Sie den Text aus und kopieren Sie ihn mit der Tastenkombination cmd ⌘+C in die Zwischenablage.
3. Öffnen Sie nun auf dem iPad eine App, in der Sie den Text einfügen können, wie die Notizen-App oder ebenfalls eine Textverarbeitung.
4. Tippen Sie auf eine freie Stelle des Dokuments, um das Kontextmenü anzuzeigen. Wählen Sie dort den Befehl *Einsetzen*, wird der Inhalt der Zwischenablage in Ihr Dokument übernommen.
5. Um eine Textpassage vom iPad auf den Mac zu übernehmen, tippen Sie auf den Text, um das Kontextmenü anzuzeigen. Wählen Sie dort den Befehl *Auswählen* und ziehen Sie die Textbegrenzer an die gewünschten Stellen. Danach tippen Sie auf *Kopieren*.

6. Am Mac öffnen Sie ebenfalls ein Textverarbeitungsprogramm oder TextEdit und fügen dort den Text mit der Tastenkombination cmd ⌘+V ein.

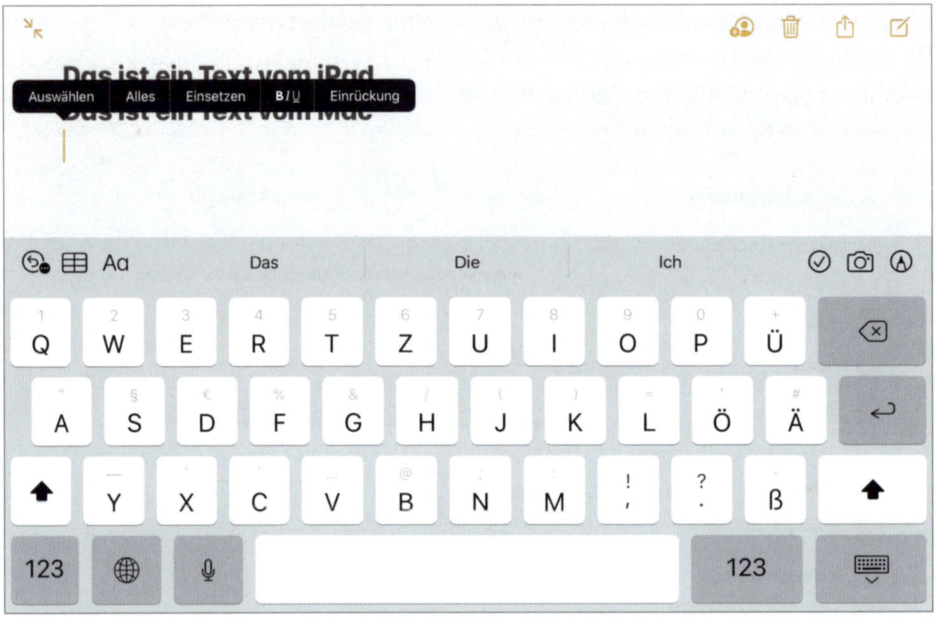

8.5 Das Teilen-Feld

In diesem Buch ist Ihnen das sogenannte Teilen-Feld schon mehrfach begegnet. Es kommt immer dann zum Einsatz, wenn Daten oder Informationen in irgendeiner Form an eine andere App weitergegeben werden, ob dies die Dateien-App ist, die Mail- oder Nachrichten-App. Das Teilen-Feld ist zudem zuständig, falls Sie etwas aus einer App heraus in einem sozialen Netzwerk veröffentlichen wollen, und nicht zuletzt können Sie über das Teilen-Feld auf app-spezifische oder auch allgemeine Befehle zugreifen. Das Teilen-Feld ist kontextsensitiv. Welche Funktionen es beinhaltet, hängt immer von der verwendeten App ab und von den Apps, die auf Ihrem iPad installiert sind.

Das Teilen-Feld konfigurieren

Das Teilen-Feld ist in drei Bereiche gegliedert: Im ersten finden Sie das AirDrop-Symbol sowie weitere Apps, an die Sie ggf. Daten weiterleiten können. Im zweiten Bereich können Sie Favoriten aufnehmen, hierbei handelt es sich um Befehle, die Sie öfter benötigen. Im dritten Bereich finden Sie weitere systemweite Befehle, die Sie je nach Bedarf aktivieren und ebenfalls in die Favoriten übernehmen können.

Das Teilen-Feld konfigurieren Sie auf die folgende Weise:

1. Tippen Sie auf das Teilen-Feld, um es anzuzeigen. Möchten Sie die in der zweiten Reihe befindlichen Apps anpassen, tippen Sie rechts auf *Mehr*.
2. Tippen Sie rechts oben auf *Bearbeiten* und aktivieren oder deaktivieren Sie die gewünschten Apps, die in der ersten Reihe erscheinen sollen. Außerdem können Sie deren Reihenfolge anpassen, indem Sie diese an den drei kleinen Strichen rechts zur gewünschten Position verschieben.
3. Wollen Sie die Funktionen oder auch Aktionen anpassen, wischen Sie ganz nach unten und tippen auf *Aktionen bearbeiten*. Dort gehen Sie ebenso vor: Sie schalten die gewünschten Aktionen ein oder aus, fügen diese über den Plus-Schalter dem Teilen-Menü hinzu und ändern deren Reihenfolge, indem Sie sie verschieben.

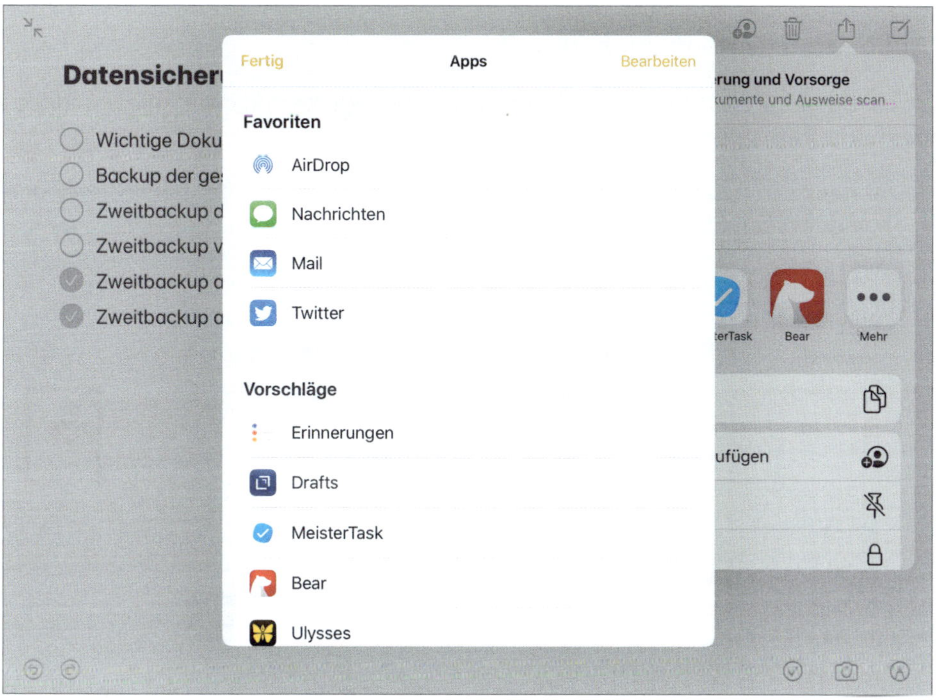

8.6 Dateiverwaltung mit der Dateien-App

Von vielen Anwendern herbeigesehnt, ist die Dateien-App von iPadOS und iOS 13 nun endlich in der Lage, Dateien und Dokumente sowohl auf dem iPad als auch bei diversen Cloud-Diensten und vor allem auf externen Datenträgern und Servern verwalten zu können.

Datenträger anschließen

Um einen externen Datenträger wie einen USB-Stick oder eine USB-Festplatte anzuschließen, müssen verschiedene Voraussetzungen erfüllt sein:

- Bei einem iPad mit Lightning-Schnittstelle wie dem iPad, iPad Air, iPad mini und dem iPad Pro bis zur zweiten Generation benötigen Sie einen Lightning-auf-USB-Adapter.
- Ab einem iPad Pro der dritten Generation ist ein USB-3-auf-USB-C-Kabel erforderlich oder ein USB-3-auf-USB-C-Adapter.

Des Weiteren kann es notwendig sein, einen aktiven USB-Hub zwischenzuschalten, damit die Festplatte mit ausreichend Strom versorgt wird. Dies müssen Sie einfach ausprobieren. Bei USB-Sticks ist dies nicht erforderlich.

Auf externe Datenträger zugreifen

Ist der Datenträger angeschlossen, greifen Sie wie folgt auf den Datenträger und die dort gespeicherten Daten zu:

1. Starten Sie die Dateien-App, erscheint in der linken Spalte unter *Durchsuchen* der Eintrag des Datenträgers. Tippen Sie darauf.

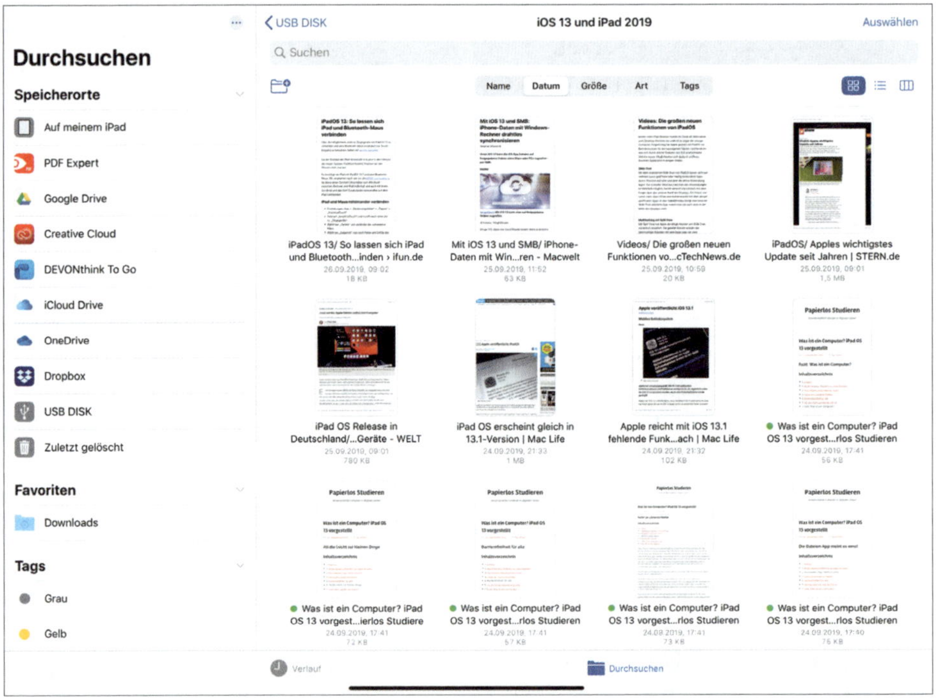

2. Im Hauptfenster rechts wird der Inhalt aufgelistet. Zur Auswahl der Dateien und Ordner tippen Sie rechts oben auf *Auswählen*, unten auf *Bewegen* oder auf *Mehr* und dann auf *Kopieren*.
3. Bei *Bewegen* wählen Sie den Speicherort sowie Ordner, in den die gewählten Dateien oder Ordner verschoben werden sollen. Bei *Kopieren* wählen Sie zuerst den Speicherort und den Ordner aus, tippen auf eine freie Stelle und wählen im Kontextmenü *Einsetzen*.

Dateien per Drag-and-drop kopieren

Alternativ können Sie die Dateien oder Ordner auch per Drag-and-drop kopieren. In diesem Fall ist es am bequemsten, mit zwei Fenstern zu arbeiten.

1. Starten Sie die Dateien-App und suchen Sie die gewünschte Datei oder den Ordner aus.
2. Ziehen Sie die zweite Dateien-App vom Dock auf die rechte Seite des Bildschirms und navigieren Sie zu dem Ordner, in dem die Datei gesichert werden soll.
3. Tippen Sie im linken Fenster auf die Datei, bis ein grünes Pluszeichen erscheint. Dann ziehen Sie die Datei in den gewünschten Ordner der Dateien-App rechts und legen sie dort ab.

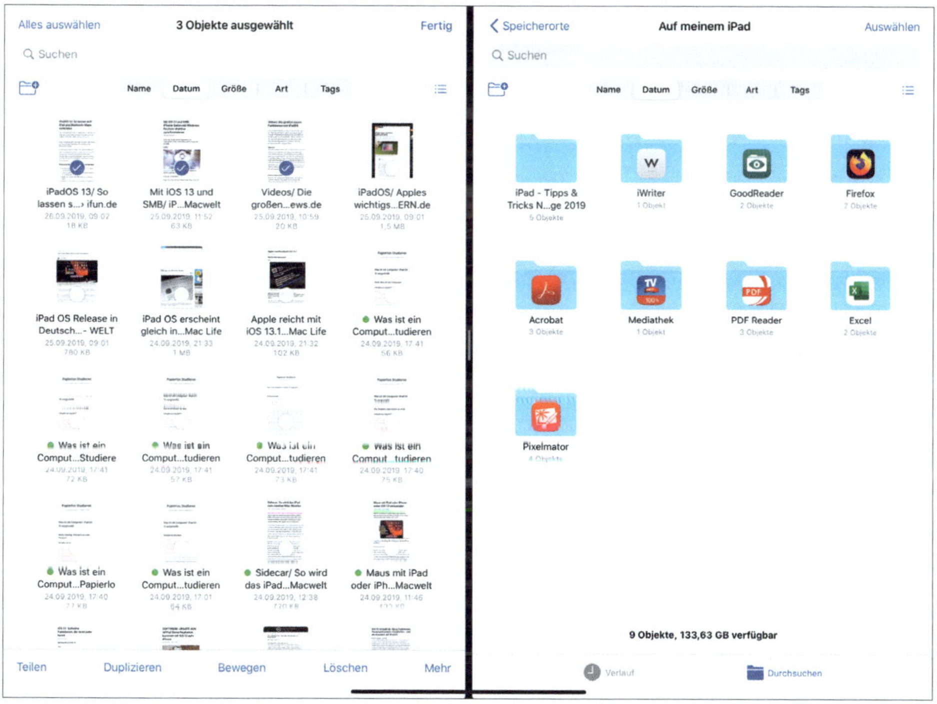

Mehrere Dateien auswählen

In der Dateien-App können Sie auch mehrere Dateien auswählen und verschieben oder kopieren:

1. Starten Sie die Dateien-App und wählen Sie einen beliebigen Ordner aus. Tippen Sie auf diesen Ordner, um ihn zu öffnen.
2. Tippen Sie rechts oben auf *Auswählen*, markieren Sie alle gewünschten Dateien mit einem Fingertipp und tippen Sie auf *Fertig*.
3. Wollen Sie die Dateien in einen anderen Ordner verschieben, tippen Sie auf den Eintrag *Bewegen* unten rechts und wählen den gewünschten Ordner aus.

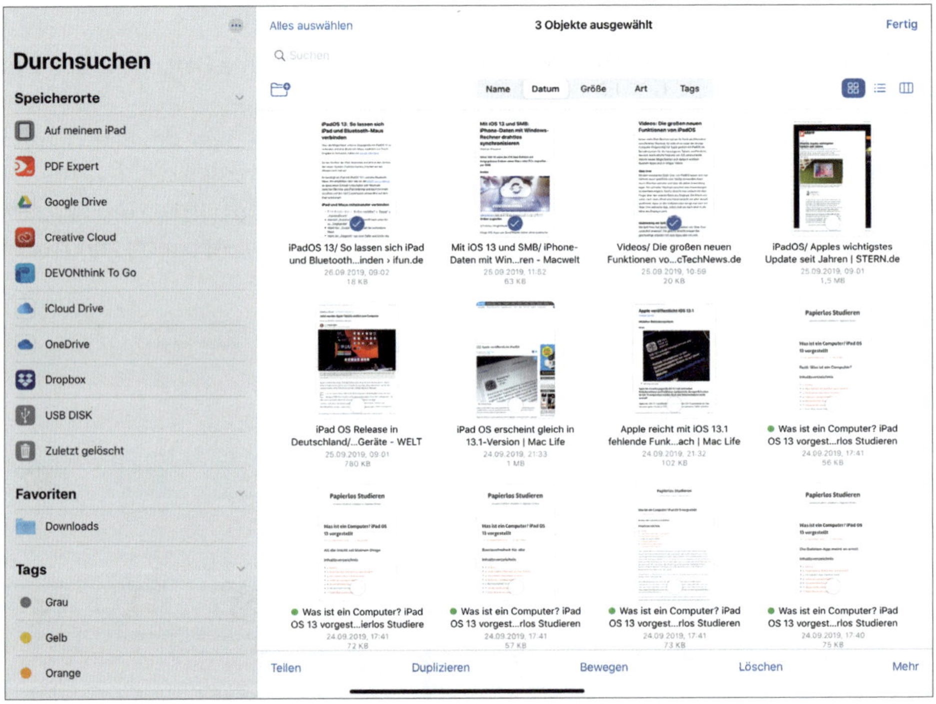

Mehrere Dateien über Gesten auswählen

Alternativ zu den bekannten Befehlen von iPadOS wie im vorherigen Tipp können Sie Dateien auch mit Gesten auswählen:

1. Starten Sie die Dateien-App und wählen Sie einen Ordner aus. Tippen Sie auf den Ordner, um ihn zu öffnen.
2. Tippen Sie mit dem Zeigefinger auf die erste Datei, die ausgewählt werden soll. Halten Sie den Finger gedrückt und bewegen Sie die Datei wenige Millimeter. Die Datei hebt sich etwas von der Oberfläche ab.

3. Tippen Sie mit dem zweiten Finger auf die weiteren Dateien, um diese hinzuzufügen. Wie viele Dateien Sie ausgewählt haben, erkennen Sie an der kleinen Zahl oben rechts.
4. Halten Sie den einen Zeigefinger weiter gedrückt und wählen Sie mit dem anderen den Ordner aus, in den die Dateien kopiert werden sollen. Ziehen Sie die Dateien in den gewählten Ordner und lassen Sie den Finger los.

Ordner auswählen

Die Auswahl von Ordnern ist in der Dateien-App ebenfalls möglich:

1. Starten Sie die Dateien-App und wählen Sie den gewünschten Speicherort aus.
2. Tippen Sie rechts oben auf *Auswählen*, markieren Sie den gewünschten Ordner mit einem Fingertipp und tippen Sie zum Schluss auf *Fertig*.
3. Zum *Löschen*, *Duplizieren* oder *Bewegen* tippen Sie auf den entsprechenden Eintrag unten. Löschen Sie bitte keinen von einer App angelegten Ordner.

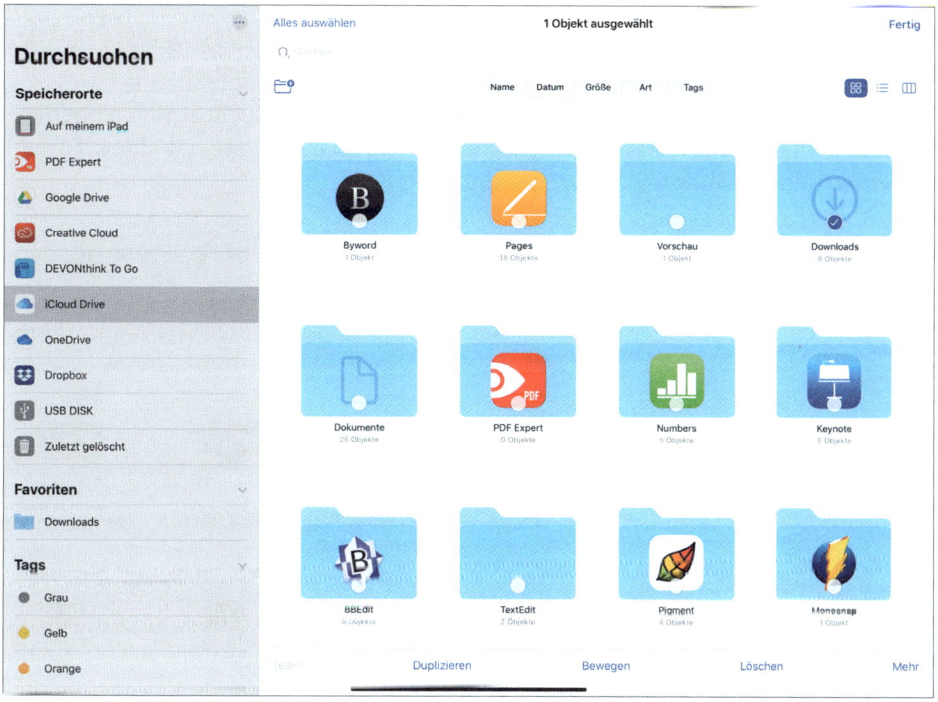

Neuen Ordner erstellen

Auf iCloud Drive sowie *Auf meinem iPad* können Sie – zusätzlich zu den bereits bestehenden – jederzeit weitere Ordner anlegen, in denen Sie Ihre Dateien organisieren:

1. Starten Sie die Dateien-App und tippen Sie links auf den Speicherort.

2. Tippen Sie nun links oben auf das kleine Ordnersymbol. Unter Umständen müssen Sie etwas nach unten wischen, um dieses zu sehen.
3. Geben Sie nun den Ordnernamen ein und tippen Sie auf *Fertig*. Der Ordner wird angelegt.

Dateien suchen

Zum Suchen und Finden von Dateien haben Sie zwei Möglichkeiten: die Suche über das Suchfeld oder über den Verlauf:

1. Starten Sie die Dateien-App und tippen Sie unten auf *Verlauf*. Nun werden alle Dateien aufgelistet, die Sie in der letzten Zeit erstellt und bearbeitet haben.
2. Alternativ können Sie oben in das Suchfeld den oder die Suchbegriffe eingeben. Die gefundenen Dateien werden aufgelistet und Sie können diese mit einem Fingertipp öffnen und anzeigen.

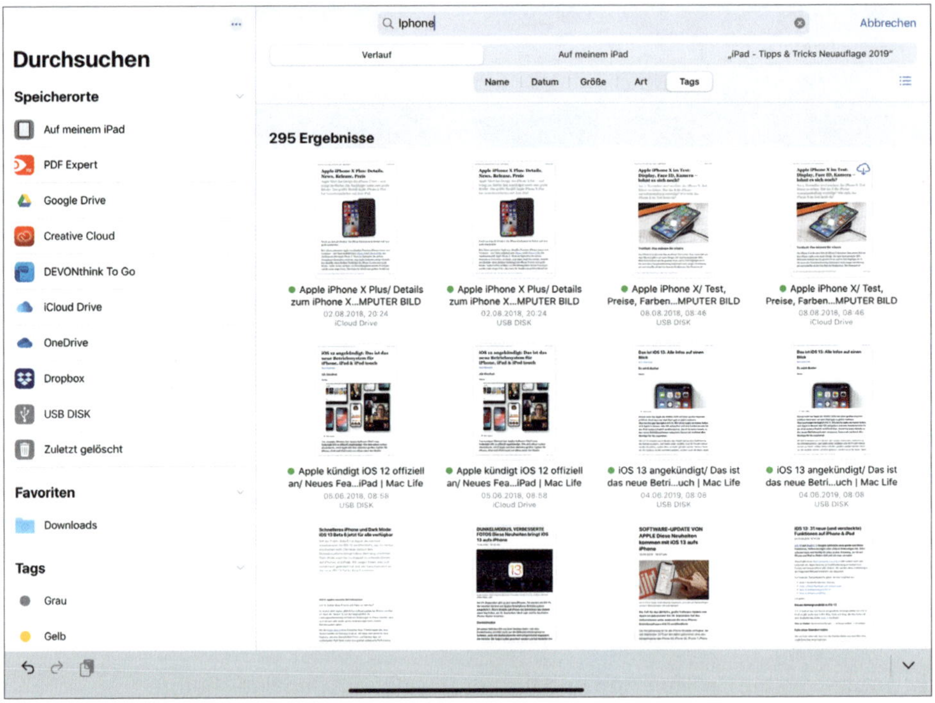

Ordner und Dateien sortieren

Ihre Ordner und Ihre Dateien können Sie in der Dateien-App nach unterschiedlichen Kriterien ordnen und sortieren:

1. Starten Sie die Dateien-App und tippen Sie auf den gewünschten Speicherort.
2. Oberhalb der Ordner finden Sie fünf Register/Einträge, nach denen Sie die Ordner und Dateien sortieren können: *Name*, *Datum*, *Größe*, *Art* und *Tags* (Markierungen).
3. Tippen Sie auf den entsprechenden Eintrag, werden die Ordner und Dateien danach sortiert.

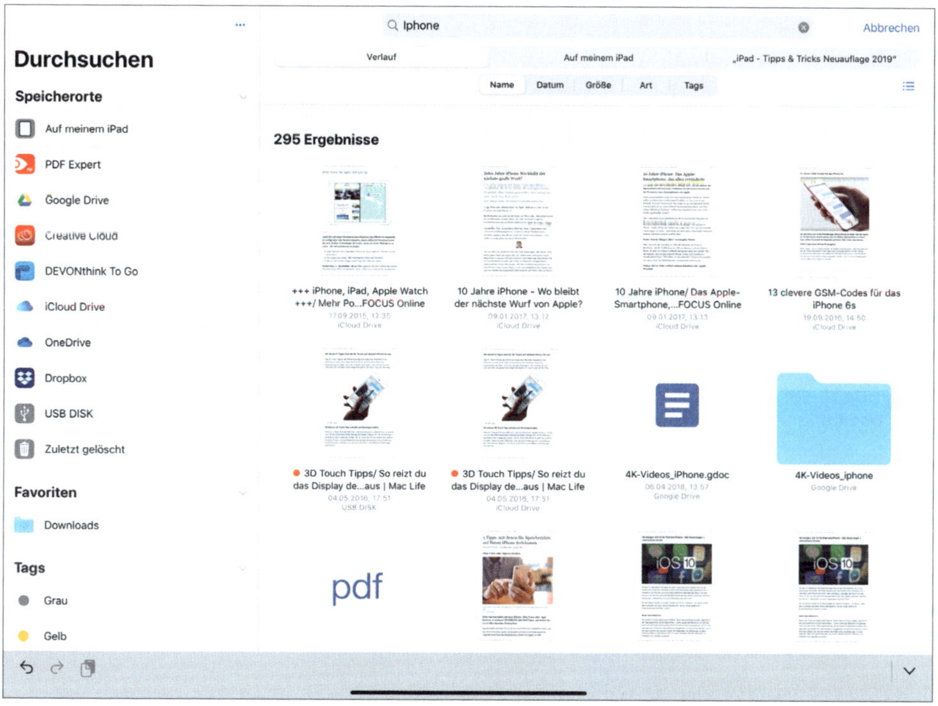

Dateien und Ordner markieren

Möchten Sie einen besseren Überblick über Ihre Dateien erhalten, wichtige von unwichtigen trennen, sie nach unterschiedlichen Kategorien ordnen, dann markieren Sie diese mit der Dateien-App:

1. Starten Sie die Dateien-App und tippen Sie auf den gewünschten Speicherort.
2. Wählen Sie den Ordner oder die Dateien aus und drücken Sie so lange auf das Symbol, bis das Kontextmenü erscheint.

3. Dort wählen Sie den Befehl *Tags* aus und das entsprechende Tag, z. B. *Orange* für wichtige Dateien in Arbeit.
4. Über den gleichnamigen Befehl können Sie zudem ein *Neues Tag hinzufügen*.
5. Später zeigen Sie in der Dateien-App die markierten Dateien an, indem Sie in der linken Spalte auf das entsprechende Tag tippen.
6. Wollen Sie überzählige Tags löschen, wischen Sie in der Liste von rechts nach links und tippen dann auf *Löschen*.

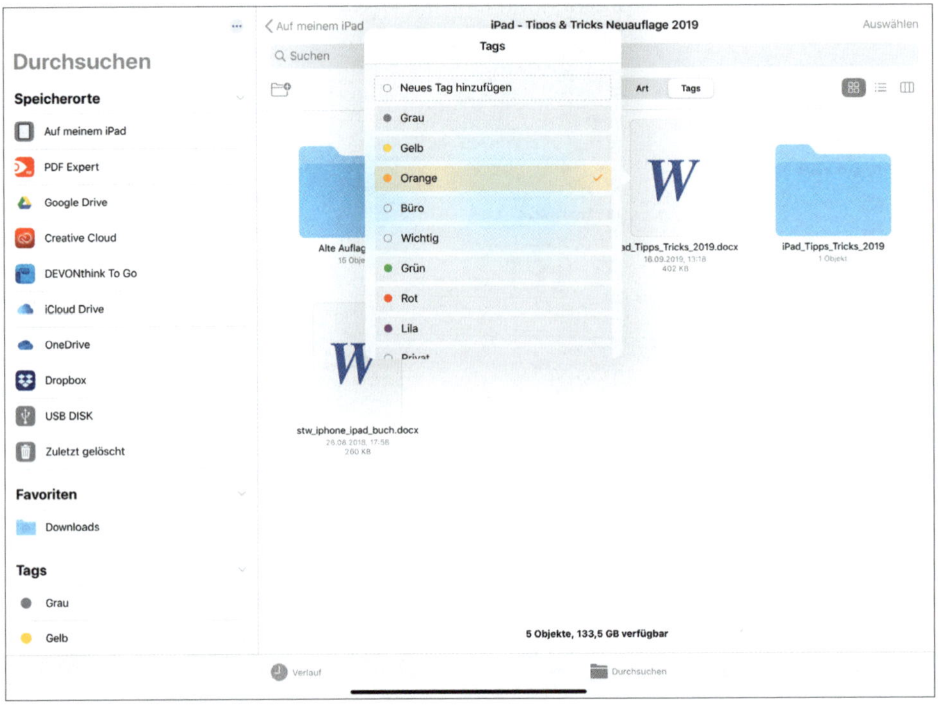

Dateien betrachten und markieren

Mit der Dateien-App ist es natürlich auch möglich, Dateien zu betrachten und zu markieren – vorausgesetzt, es handelt sich um Dateien, deren Formate von iPadOS erkannt und unterstützt werden. Bei gängigen Dateiformaten wie JPEG, PDF oder auch DOC-Dateien ist das natürlich der Fall.

1. Starten Sie die Dateien-App und tippen Sie auf den betreffenden Speicherort.
2. Wählen Sie den Ordner und die Datei aus. Zum Betrachten tippen Sie einfach kurz auf die Datei, um diese anzuzeigen.
3. Um das Kontextmenü der Datei einzublenden, tippen Sie etwas länger auf die Datei. Hier wählen Sie den Befehl *Übersicht*, um diese anzuzeigen.

4. Zum Markieren – z. B. mit dem Apple Pencil – tippen Sie stattdessen auf das Symbol *Markierung*, nehmen über die Zeichenwerkzeuge die Markierung vor und tippen dann links oben auf *Fertig*.

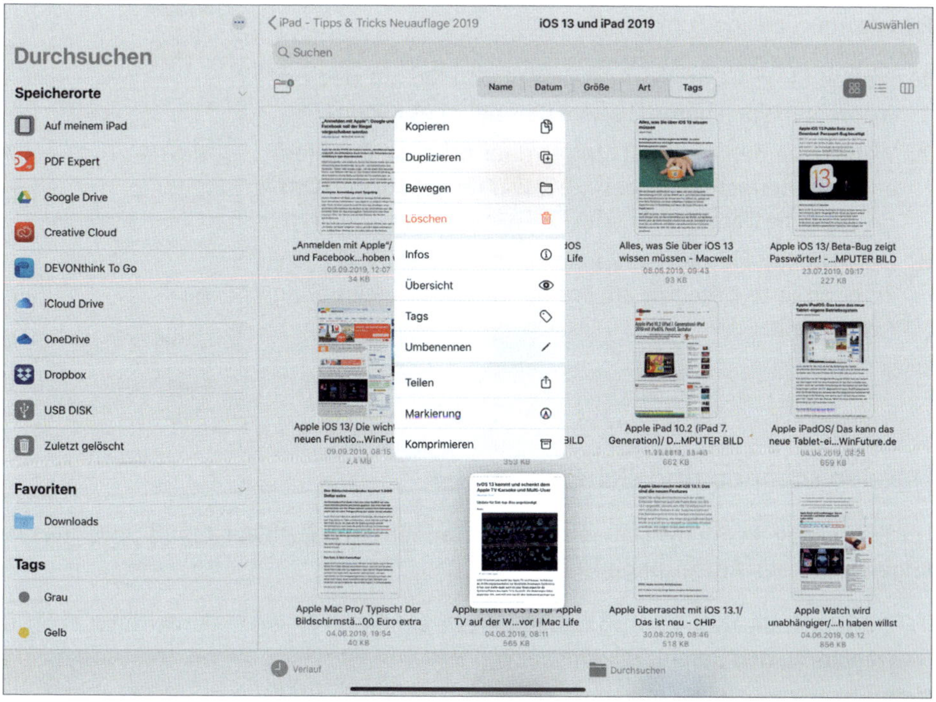

Komprimierte Dateien öffnen

Die Dateien-App erlaubt es auch, komprimierte Dateien zu öffnen.

1. Starten Sie die Dateien-App und tippen Sie auf den gewünschten Speicherort – im Beispiel ist es *iCloud Drive*.
2. Wählen Sie den Ordner und die Datei aus. Zum Betrachten tippen Sie etwas länger auf die Datei, bis das Kontextmenü erscheint.
3. Dort wählen Sie den Befehl *Übersicht* und dann *Inhaltsvorschau*, um zu sehen, was in der komprimierten Datei enthalten ist.
4. Um die Datei zu entpacken, wählen Sie den Befehl *Dekomprimieren*. Die Datei wird entpackt und im selben Ordner gespeichert.

Komprimierte Dateien erstellen

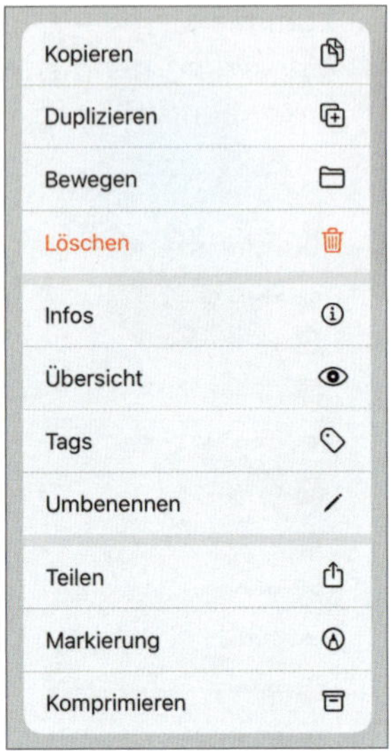

Das Erstellen komprimierter Dateien ist ebenfalls möglich. Damit beherrscht das iPad auch diese für den professionellen Einsatz erforderliche Funktion.

1. Starten Sie die Dateien-App und tippen Sie auf den gewünschten Speicherort, hier im Beispiel ist es *iCloud Drive*.
2. Wählen Sie den gewünschten Ordner oder die Datei(en) aus. Zum Betrachten tippen Sie etwas länger auf den Ordner oder die Datei(en), bis das Kontextmenü erscheint.
3. Dort wählen Sie den Befehl *Komprimieren*. Nun wird die komprimierte Datei im ZIP-Format mit der Dateiendung **.zip* erstellt.

Dateien scannen und sichern

Um Dateien direkt mit der Dateien-App zu scannen und gleich auf iCloud Drive zu sichern, folgen Sie diesen Anweisungen:

1. Starten Sie die Dateien-App und tippen Sie auf die drei kleinen Punkte links oben. Dort wählen Sie den Befehl *Dokumente scannen*.
2. Positionieren Sie das iPad und damit die Kamera so, dass das gewünschte Dokument erfasst wird.
3. Tippen Sie auf den Auslöser. Anschließend ziehen Sie den Rahmen so auf, dass das Dokument oder der gewünschte Teil des Dokuments eingerahmt ist.
4. Über einen Fingertipp auf die Befehle *Scan behalten* und *Sichern* rechts unten wird der Scan auf iCloud Drive gespeichert.

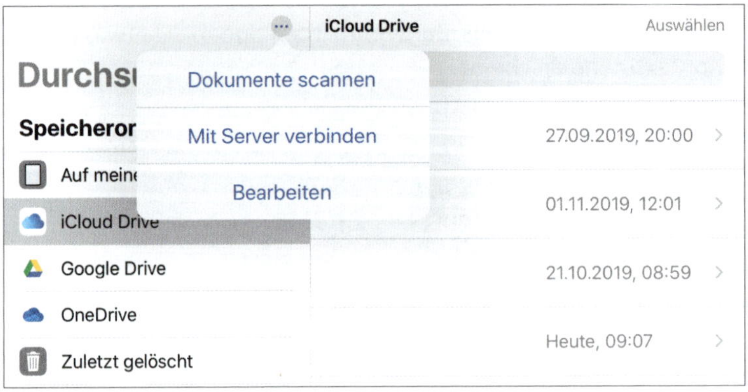

Dateien freigeben und gemeinsam bearbeiten

Mit der Dateien-App können Sie Ihre auf iCloud Drive oder auf Ihrem iPad befindlichen Dateien für andere Personen freigeben.

1. Starten Sie die Dateien-App und wählen Sie *Auf meinem iPad* oder *iCloud Drive* aus.
2. Bestimmen Sie einen Ordner und öffnen Sie diesen mit einem Fingertipp.
3. Um die Dateien auszuwählen, tippen Sie etwas länger auf diese, bis das Kontextmenü angezeigt wird. Dort tippen Sie auf den Befehl *Teilen*.
4. Im folgenden Fenster wählen Sie *Personen hinzufügen* weiter unten. Anschließend wählen Sie den Weg, über den diese Personen benachrichtigt werden sollen, etwa über die App *Mail* oder *Nachrichten*.
5. Über *Freigabeoptionen* legen Sie zudem fest, wer genau Zugriff auf die Dateien erhalten soll und ob derjenige sie *Nur ansehen* darf oder ob Sie die *Bearbeitung erlauben*.

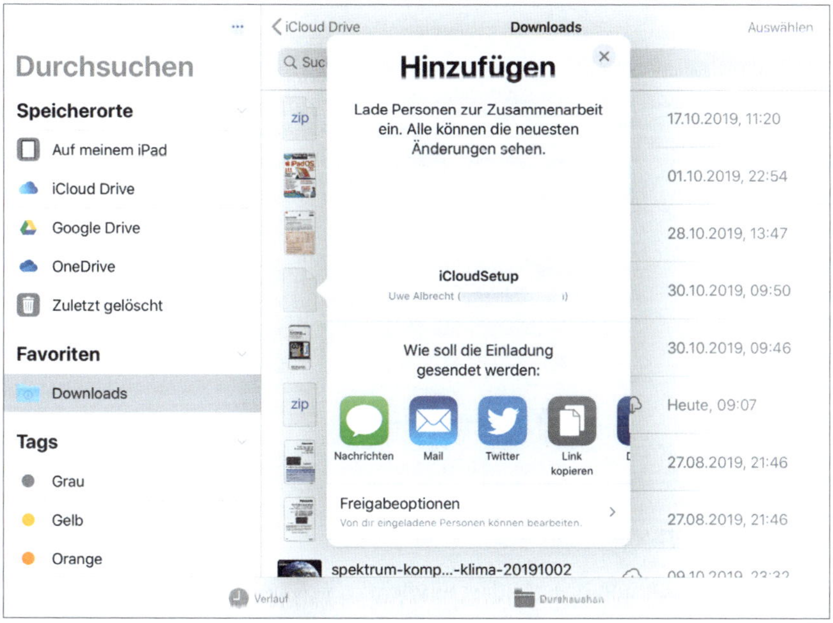

> **Dateispeicherorte hinzufügen**
>
> Wollen Sie neben iCloud Drive weitere Dateispeicherorte, sprich Cloud-Dienste hinzufügen, installieren Sie einfach – soweit vorhanden – die entsprechende App. Ist diese mit der Dateien-App kompatibel, taucht der dazugehörige Dienst links unter den Dateispeicherorten auf. Es ist möglich, dass dieser noch nicht alle Funktionen der Dateien-App unterstützt, etwa die Auswahl von Dateien mittels Gesten. Diese Funktionen werden vom Anbieter eventuell später noch ergänzt.

Dateispeicherorte bearbeiten

Die Dateispeicherorte in der Dateien-App können Sie auch anpassen und bearbeiten, indem Sie die vorhandenen aus- oder einblenden und die Reihenfolge ändern.

1. Starten Sie die Dateien-App und tippen Sie in der linken Spalte oben auf *Bearbeiten*.
2. Über einen Fingertipp aktivieren Sie die Speicherorte oder blenden diese aus.
3. Über die drei kleinen Striche rechts verändern Sie deren Reihenfolge.

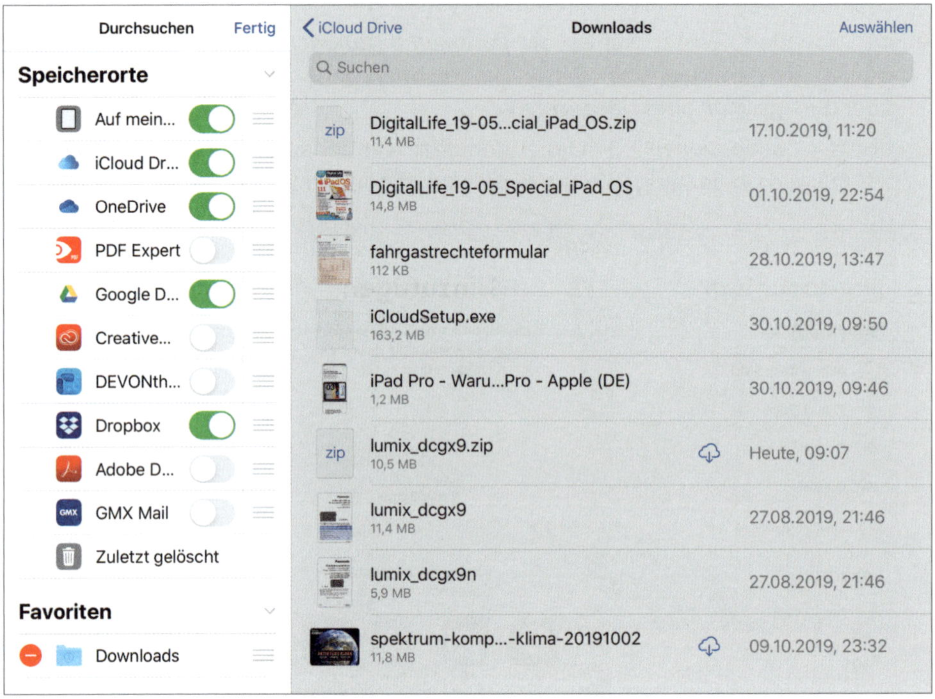

Auf Server zugreifen

Für Anwender im professionellen Umfeld ist es wichtig, sich beispielsweise auch an einem Firmenserver anmelden zu können. Das ist ebenfalls mit der Dateien-App möglich:

1. Starten Sie die Dateien-App und tippen Sie auf die drei kleinen Punkte links oben. Dort wählen Sie den Befehl *Mit Server verbinden*.
2. Geben Sie nun die URL oder IP (Netzwerkadresse) des Servers ein und tippen Sie auf *Verbinden*.
3. Melden Sie sich mit Ihrem Benutzernamen und dem dazugehörigen Kennwort an. Bitte beachten Sie: Gegenwärtig wird die Anmeldung an einem SMB-Server (**S**erver **M**essage **B**lock) unterstützt. Als Dateisysteme werden Apple File System (APFS), Mac OS Extended, MS-DOS (FAT) und exFAT unterstützt.

Dateien löschen

Wollen Sie in der Dateien-App Dateien löschen, haben Sie dazu drei Möglichkeiten:

- Starten Sie die Dateien-App, wählen Sie den Ordner *Auf dem iPad* oder auf *iCloud Drive* aus und tippen Sie darauf, um ihn zu öffnen. Tippen Sie rechts oben auf *Auswählen*, markieren Sie alle gewünschten Dateien mit einem Fingertipp und tippen Sie auf *Löschen* rechts unten.
- Alternativ tippen Sie fest auf die Datei und öffnen das Kontextmenü. Dort wählen Sie den Eintrag *Löschen*.
- Außerdem ist es möglich, die Datei auf den Ordner *Zuletzt gelöscht* zu ziehen.

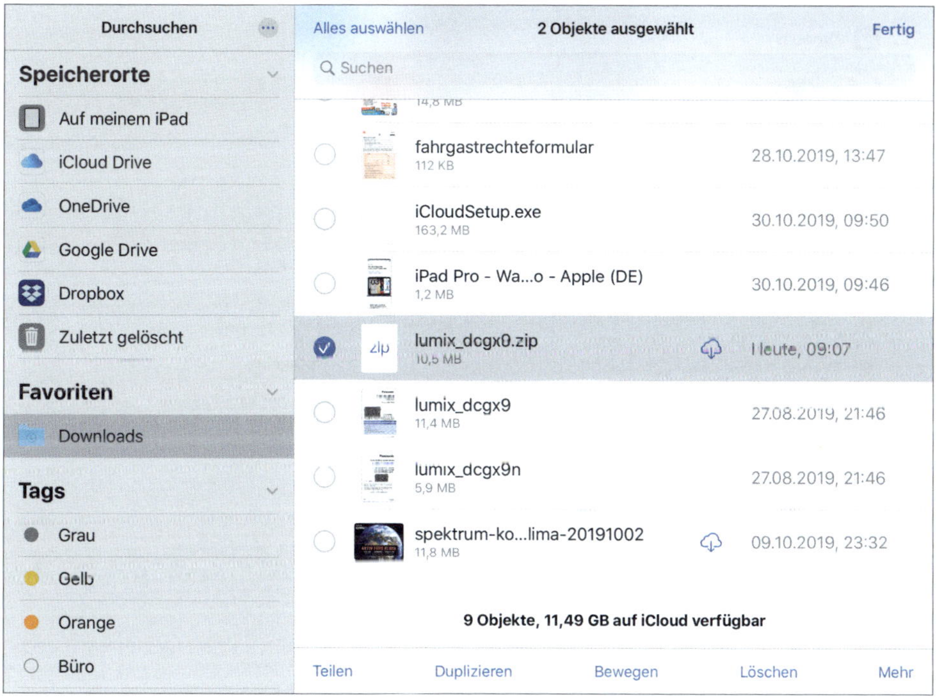

Gelöschte Dateien wiederherstellen oder ganz löschen

Solange eine Datei vom jeweiligen Cloud-Dienst noch nicht entfernt wurde, können Sie sie nach dem Löschen wiederherstellen. Für Dateien auf dem iPad gilt auf jeden Fall, dass sie in der Regel jederzeit wiederhergestellt werden können, sofern sie nicht endgültig gelöscht wurden:

1. Tippen Sie in der linken Spalte der Dateien-App auf den Eintrag *Zuletzt gelöscht*.
2. In der rechten Spalte werden alle vorläufig gelöschten Dateien aufgelistet.
3. Zum Wiederherstellen drücken Sie so lange auf die Datei, bis das Kontextmenü erscheint, in dem Sie den Befehl *Wiederherstellen* wählen. Die Datei wird wieder an ihren bisherigen Platz verschoben.
4. Ziehen Sie es hingegen vor, die Datei nun doch endgültig zu löschen, tippen Sie auf *Jetzt löschen*.

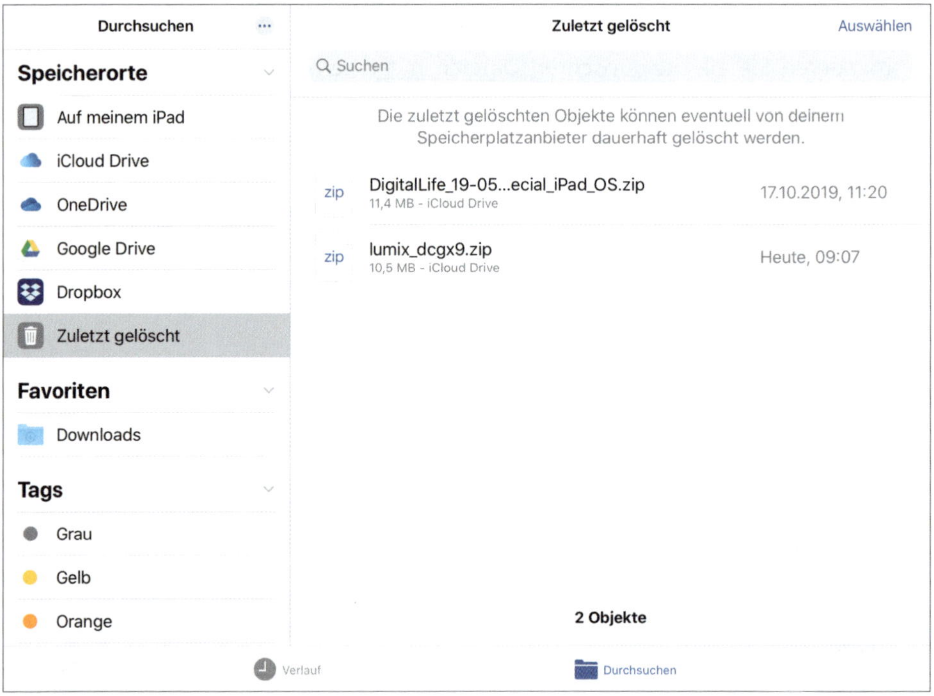

9. Sicherheit und Datenschutz

Aufgrund der Flexibilität des iPad und der dauernden Verbindung mit dem Internet sollten Sicherheit und Datenschutz großgeschrieben werden. Weil Sie das iPad oft mit sich führen, kann es zudem schnell abhandenkommen, in einem unbedachten Augenblick könnte jemand Unbefugtes darauf zugreifen oder Sie über eingeschleuste Schadsoftware ausspionieren bzw. Kennwörter klauen. Gegen all dies hat iPadOS Einstellungen und Funktionen an Bord, die Sie nur aktivieren und einrichten müssen. Das neue Betriebssystem iPadOS 13 bietet sogar noch mehr, es unterstützt Sie dabei, sich auf Webseiten anonym anmelden zu können – eine Voraussetzung ist natürlich auch in diesem Fall eine Apple-ID. Wie Sie all diese Einstellungen und Funktionen nutzen und einsetzen, erfahren Sie mit den Tipps und Tricks in diesem Kapitel.

9.1 iPad absichern

Damit niemand Fremdes auf Ihr iPad zugreifen kann, entweder direkt oder auch von außen über eine drahtlose Netzwerkverbindung, sollten Sie dieses so gut wie möglich absichern. Eine hundertprozentige Sicherheit kann zwar niemand gewährleisten – nicht mal Apple selbst –, aber mit den folgenden Tipps machen Sie es allzu neugierigen Personen in Ihrer Umgebung oder auch Zeitgenossen, die Böses vorhaben, viel schwerer, Zugriff auf Ihr iPad zu erhalten.

Bluetooth- und WLAN-Verbindungen unterbrechen

Bluetooth- und WLAN-Verbindungen können, ohne dass Sie diese wirklich benötigen, durchaus ein Sicherheitsrisiko darstellen. Daher unterbrechen Sie Verbindungen, die Sie nicht wirklich benötigen:

1. Öffnen Sie das Kontrollzentrum, indem Sie vom oberen rechten Rand des Bildschirms nach unten wischen. Tippen Sie dort auf das WLAN- und das Bluetooth-Symbol, um diese Verbindungen zu unterbrechen.
2. Bluetooth und WLAN werden damit aber keinesfalls ganz abgeschaltet. Verbindungen zu bestimmten Geräten, wie dem Apple Pencil, bleiben erhalten. Wollen Sie diese ganz abschalten, berücksichtigen Sie bitte noch den folgenden Tipp.

Bluetooth und WLAN richtig abschalten

Möchten Sie die Bluetooth- und WLAN-Verbindungen nicht nur trennen, sondern ganz abschalten, erreichen Sie das wie folgt:

1. Öffnen Sie das Kontrollzentrum, indem Sie vom oberen rechten Rand des Bildschirms nach unten wischen. Schalten Sie dort über das Flugzeugsymbol den *Flugmodus* ein. Damit werden alle drahtlosen Netzwerkverbindungen gekappt.
2. Alternativ können Sie, um die drahtlosen Netzwerkverbindungen selektiv abzuschalten, die *Einstellungen* öffnen.
3. Dort tippen Sie in der rechten Spalte auf *WLAN*, *Bluetooth* oder auch *Mobiles Netz* und schalten die jeweilige Verbindung komplett ab.

AirDrop absichern

AirDrop ist eine feine Sache, um schnell einmal Dateien vom Mac oder iPhone auf das iPad zu kopieren und umgekehrt. Je nach Einstellung kann es aber passieren, dass Ihnen jemand Fremdes eine Datei auf das iPad senden kann. Wollen Sie das auf jeden Fall unterbinden, sollten Sie folgende Einstellungen vornehmen:

1. Öffnen Sie das Kontrollzentrum, indem Sie vom oberen rechten Rand des Bildschirms nach unten wischen. Tippen Sie dort auf das AirDrop-Symbol (ineinanderliegende Kreise).
2. Wollen Sie den Dateiempfang via AirDrop ganz abschalten, entscheiden Sie sich für *Empfangen aus*.
3. Möchten Sie nur ausgewählten Personen erlauben, Ihnen über AirDrop Dateien zu schicken, tippen Sie auf *Nur für Kontakte*.
4. Falls erforderlich, tragen Sie den entsprechenden – sicheren – Kontakt in Ihre Kontakte-App ein.

Zugang beschränken

Als mobiles Gerät befindet sich Ihr iPad sicherlich auch einmal an einem Ort, ob zu Hause oder im Büro, an dem zumindest theoretisch andere Personen darauf zugreifen könnten. Um das zu verhindern, sollten Sie es entsprechend absichern, und zwar nicht nur aus Gründen der Datensicherheit, sondern auch um erheblichen finanziellen Schaden abzuwenden.

So kann jeder, der Zugriff auf Ihr iPad hat, über die dort unter Umständen gespeicherten Benutzer- und Kreditkartendaten online einkaufen oder auf Ihre Kosten über das Mobilfunknetz im Internet surfen, sofern Sie ein iPad Wi-Fi + Cellular nutzen. Daher sollten Sie Ihr iPad auf jeden Fall per Zahlencode und Fingerabdruck verschlüsseln. Dies erreichen Sie, sollte es nicht bereits bei der Einrichtung erfolgt sein, auf diese Weise:

1. Öffnen Sie die *Einstellungen* und tippen Sie in der linken Spalte auf den Eintrag *Touch ID & Code* oder *Face ID & Code* beim iPad Pro ab der dritten Generation.
2. Geben Sie über den Befehl *Code aktivieren* einen Zugangscode ein und merken Sie sich diesen gut. Unter *Codeoptionen* legen Sie fest, ob Sie einen vierstelligen, sechsstelligen oder einen alphanumerischen Code, also ein Passwort, verwenden.
3. Schalten Sie zudem, soweit auf Ihrem iPad verfügbar *Touch ID* oder *Face ID* ein. Über *Fingerabdruck hinzufügen* lernt Ihr iPad Ihren Fingerabdruck, sodass Sie später nur per Fingertipp auf der Home-Taste das iPad entsperren können. Dasselbe gilt für die Gesichtserkennung per Face ID, für die Sie Ihr Gesicht einscannen lassen müssen.
4. Wollen Sie das iPad per Touch ID oder Face ID entsperren und außerdem im iTunes und App Store einkaufen, aktivieren Sie die entsprechenden Optionen.
5. Über *Code anfordern* legen Sie zudem fest, dass, sobald Ihr iPad aus dem Ruhezustand geweckt oder neu gestartet wird, der Zugangscode abgefragt wird – sofern der Zugang über Touch ID oder Face ID nicht möglich ist.

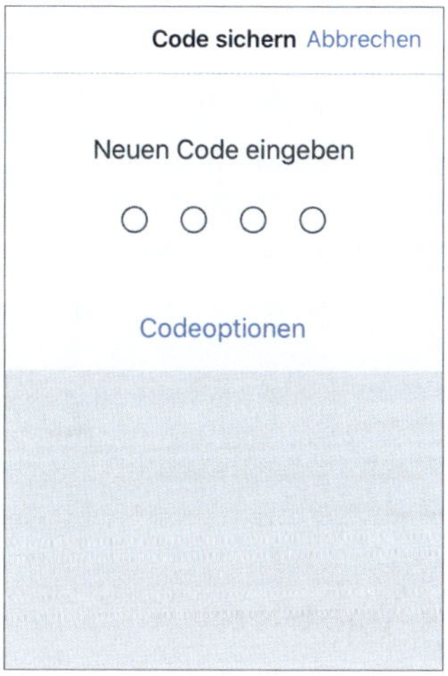

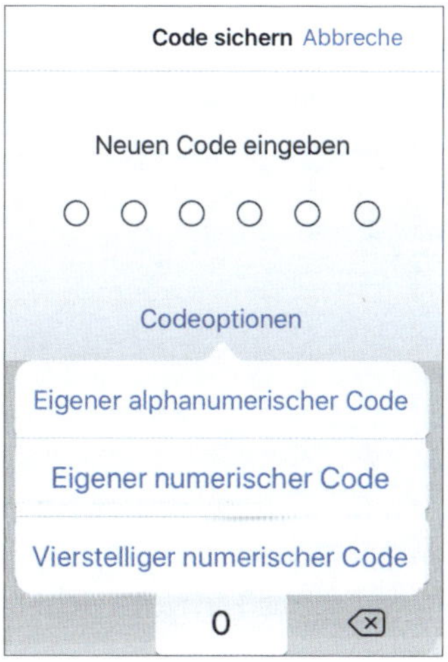

Längeren Zugangscode nutzen

Es ist ratsam, einen längeren Zugangscode zu verwenden. Zwar ist es möglich, über *Codeoptionen* auch einen vierstelligen Code einzugeben, ein Code über sechs oder mehr Stellen ist allerdings sicherer, auch wenn sich dieser vielleicht weniger gut merken lässt.

Zugang per Face ID – zweites Gesicht registrieren

Ändern Sie Ihr Aussehen des Öfteren grundlegend oder soll Ihr iPad von zwei Personen genutzt werden – allerdings nur unter derselben Apple-ID – können Sie für die Face ID auch ein zweites Gesicht registrieren.

1. Öffnen Sie die *Einstellungen* und wählen Sie in der linken Spalte den Eintrag *Face ID & Code*. Tippen Sie nun Ihren Code ein.
2. Um ein zweites Gesicht zu registrieren, tippen Sie auf *Alternatives Erscheinungsbild konfigurieren* und folgen den Anweisungen.

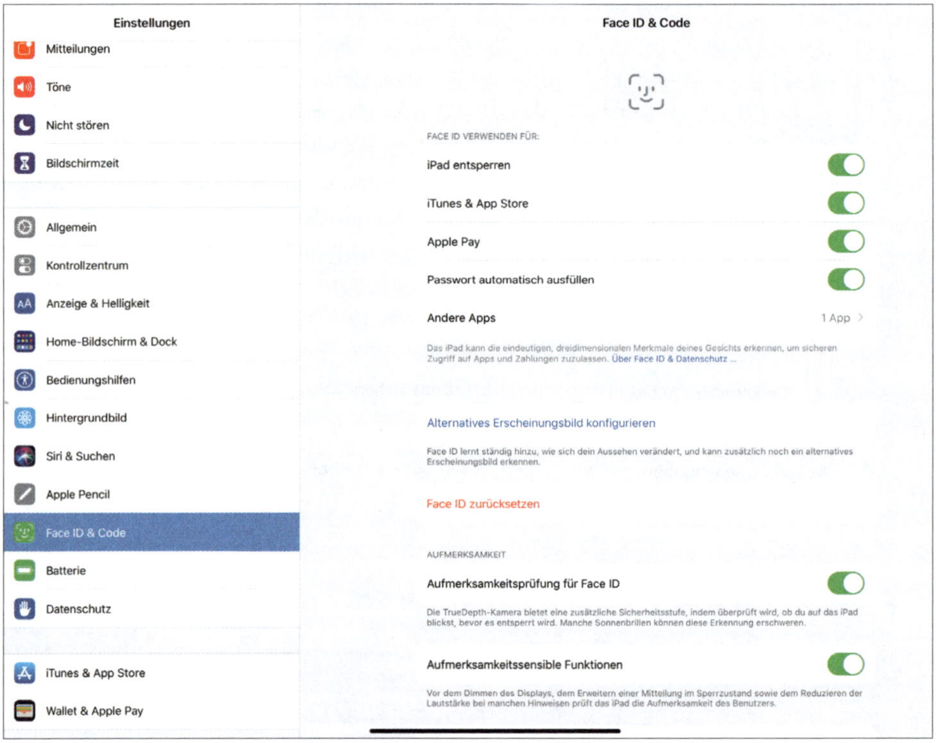

Zugang per Touch ID – weitere Fingerabdrücke registrieren

Falls Sie ein iPad mit Touch ID verwenden, ist es möglich, mehrere Fingerabdrücke zu registrieren.

Beispielsweise von der linken und rechten Hand oder auch, um einer anderen Person den Zugriff auf das iPad zu gewähren:

1. Öffnen Sie die *Einstellungen* und wählen Sie den Eintrag *Touch ID & Code*. Tippen Sie dann Ihren Code ein.

2. Um weitere Fingerabrücke zu registrieren, tippen Sie auf *Fingerabdruck hinzufügen* und folgen den Anweisungen.

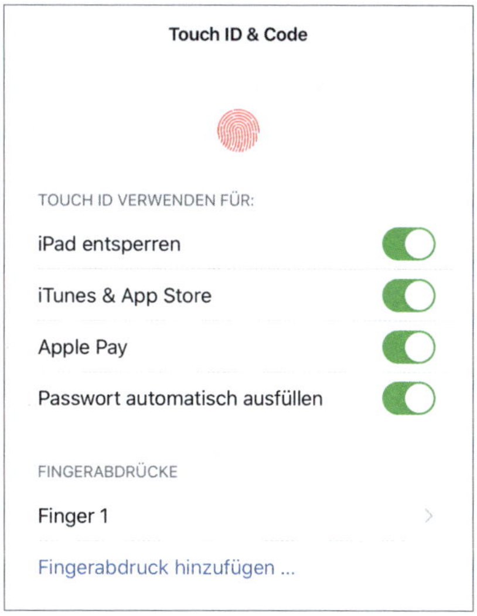

Die automatische Sperre aktivieren

Ist Ihr iPad bisweilen unbeaufsichtigt, können Sie eine automatische Sperre einrichten, damit niemand Unbefugtes darauf zugreifen kann. Nur Sie selbst können es dann wieder per Touch ID, Face ID oder Zugangscode entsperren.

1. Öffnen Sie die *Einstellungen* und tippen Sie links auf *Anzeige & Helligkeit*.
2. Schalten Sie nun rechts die *Automatische Sperre* ein und legen Sie den Zeitraum fest, nach dem die *Automatische Sperre* in Kraft tritt.

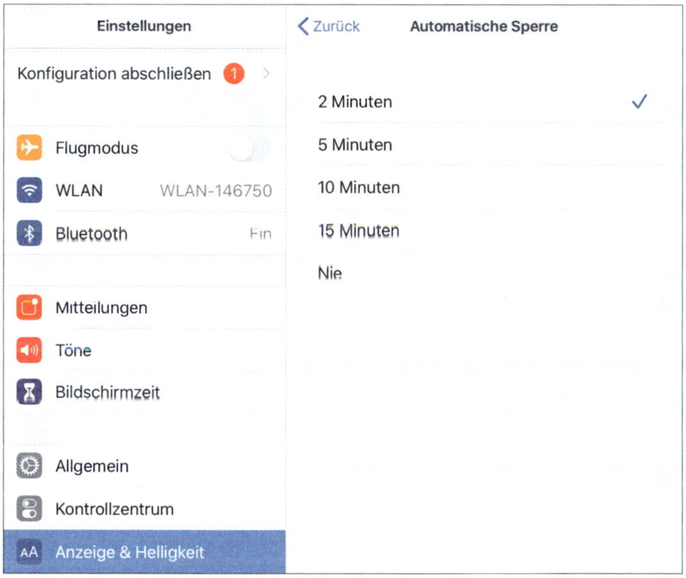

Zugriff auf wichtige Funktionen unterbinden

Wollen Sie den Zugriff auf die Kamera Ihres iPad sowie andere grundlegende Funktionen unterbinden, müssen Sie diese komplett abschalten:

1. Öffnen Sie die *Einstellungen* und tippen Sie in der linken Spalte auf *Touch ID & Code* oder *Face ID & Code*.
2. Geben Sie Ihren Zugangscode für das iPad ein, um den Zugriff auf die Einstellungen zu erhalten.

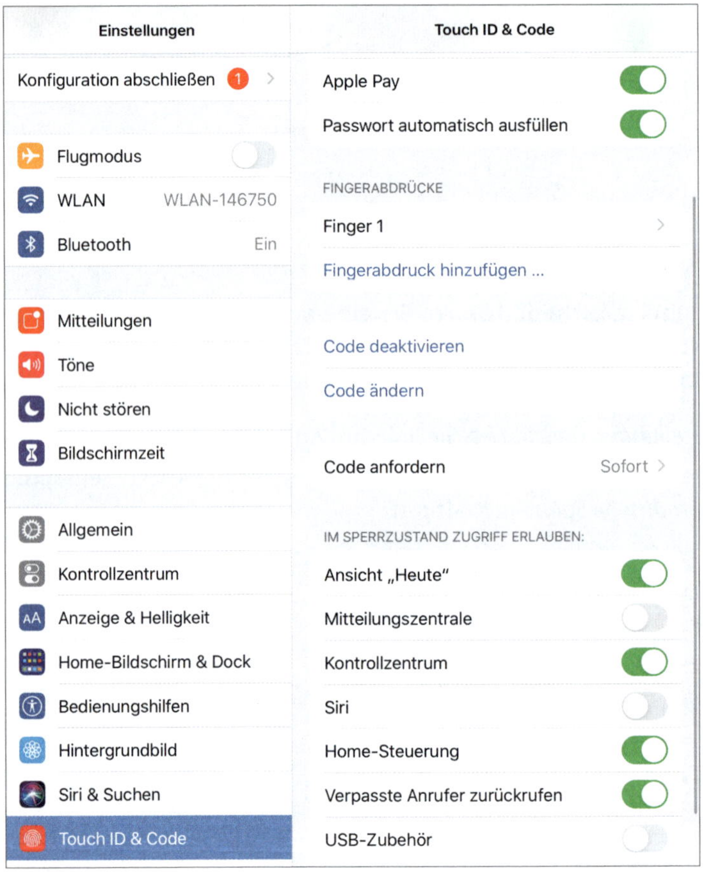

3. Unter *Im Sperrzustand Zugriff erlauben* können Sie die folgenden Funktionen deaktivieren – ganz einfach per Fingertipp.
   - *Ansicht „Heute“*
   - *Mitteilungszentrale*
   - *Kontrollzentrum*
   - *Siri*

- *Home-Steuerung* (Steuerung der Home-App, soweit verfügbar)
- *Verpasste Anrufer zurückrufen*
- *USB-Zubehör* (um USB-Zubehör nutzen zu können, muss das iPad entsperrt werden)

4. Zum erneuten Einschalten gehen Sie ebenso vor, allerdings tippen Sie dann auf *Einschränkungen deaktivieren* und schalten die Funktionen wieder ein.

Einzelne Widgets abschalten

Wie Sie wissen, erhalten Sie bereits auf dem Sperrbildschirm Zugriff auf einige Funktionen Ihres iPad. Aber nicht nur das, auch einige personenbezogene Informationen wie die App-Vorschläge von Siri, Erinnerungen und die gekürzten Namen der letzten Kontakte können von allen eingesehen werden, die einen Blick auf den Bildschirm Ihres iPad erhaschen. Um das zu verhindern, schalten Sie die entsprechenden Widgets ab:

1. Wischen Sie nach rechts, um die Mitteilungszentrale anzuzeigen. Blättern Sie nach unten bis zum Eintrag *Bearbeiten*.
2. Tippen Sie darauf. Nachdem Sie sich angemeldet haben, erscheint die Liste aller Widgets für die Mitteilungszentrale.
3. Suchen Sie das Widget, das mit den dazugehörigen sensiblen Informationen nicht mehr in der Mitteilungszentrale angezeigt werden soll.
4. Tippen Sie auf das rote Minus-Symbol, um das Widget zu entfernen. Möchten Sie es später wieder hinzufügen, tippen Sie weiter unten auf das grüne Plus-Symbol vor dem Widget.

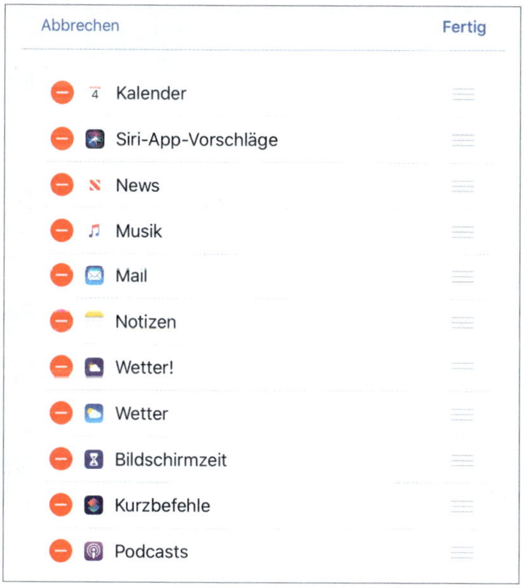

9.2 Daten schützen

Indem Sie den Zugang zu Ihrem iPad einschränken, sind Ihre Daten allerdings noch längst nicht sicher. Der Zugriff auf Ihr iPad kann schließlich auch über die auf dem iPad installierten Apps, drahtlose Netzwerkverbindungen und das Internet erfolgen. Zudem kann sich jemand, dem Sie Ihr iPad kurz ausleihen, auch als allzu neugierig erweisen. Mit den folgenden Tipps machen Sie Ihre Daten und Ihr iPad noch ein bisschen sicherer.

Fotos vor fremden Augen verbergen

Falls nicht alle Ihre Fotos auch für fremde Augen gedacht sind, lassen sich diese mit ein paar Tricks etwas verstecken. Beachten Sie allerdings, dass jemand, der gute iPadOS- oder iOS-Kenntnisse hat, diese problemlos wieder anzeigen kann! Die Tipps sind daher nur dafür geeignet, die entsprechenden Fotos auf die Schnelle zu verbergen.

1. Starten Sie die Fotos-App und öffnen Sie das gewünschte Album. Tippen Sie dann rechts oben auf *Auswählen*.
2. Markieren Sie die Fotos oder das Album und tippen Sie auf das Teilen-Feld. Dort wählen Sie weiter unten das Symbol *Ausblenden*.

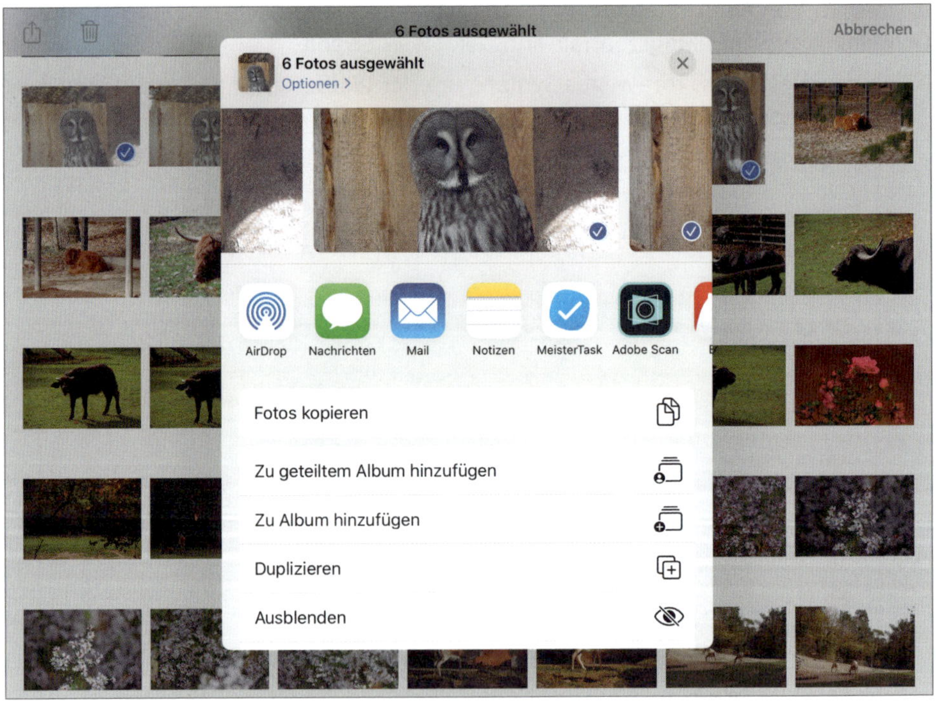

3. Die Fotos werden nun in allen Alben und Sammlungen ausgeblendet, sind aber weiter in einem speziellen Album mit dem Namen *Ausgeblendet* zu sehen. Dort lassen sie

sich auf dem umgekehrten Weg auch wieder in den früheren Alben und Sammlungen einblenden.

4. Alternativ können Sie die Fotos auch vorübergehend löschen. In diesem Fall werden sie in das Album *Zuletzt gelöscht* verschoben, können aber binnen 30 Tagen in ihren ursprünglichen Ordnern und Alben wiederhergestellt werden.

Fotos ohne Standort teilen

Das iPad und das iPhone speichern in den Metadaten der aufgenommenen Fotos unter anderem den Standort, an dem das Foto aufgenommen wurde – als geografische Koordinaten, die über GPS erhoben wurden. Sollen die Fotos mit anderen Personen geteilt werden, ist es nicht immer erwünscht, dass diese auch die Standortinformationen erhalten.

Auf die folgende Weise geben Sie Ihre mit dem iPad aufgenommenen Fotos ohne diese sensiblen Daten weiter:

1. Wählen Sie das Foto oder die Fotos aus und tippen Sie rechts oben in der Fotos-App auf das Teilen-Feld.
2. Möchten Sie den Standort sowie unter Umständen weitere Metadaten Ihrer Fotos nicht weitergeben, tippen Sie oben auf *Optionen*.
3. In den *Optionen* schalten Sie *Standort* sowie ggf. *Alle Fotodaten* aus.

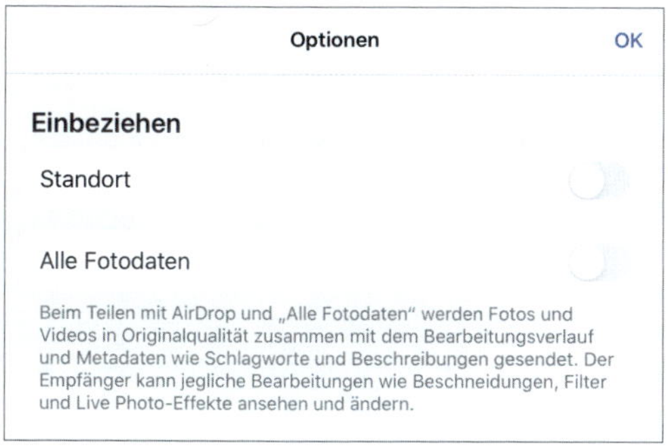

Zugriff von Apps auf Daten verbieten

Manche Apps begehren bei der Installation oder dem erstmaligen Start Zugriff auf Ihre Foto-Mediathek, Kontakte oder Kalender. Dies ist oftmals nicht erwünscht.

Haben Sie diesen Zugriff aus Versehen erteilt und wollen Sie ihm wieder entziehen, machen Sie das auf die folgende Weise:

1. Öffnen Sie die *Einstellungen* und tippen Sie in der linken Spalte auf *Datenschutz*.
2. In der rechten Spalte finden Sie über die jeweiligen Einträge heraus, welche Apps Zugriff auf Ihre Daten, z. B. Kontakte, Kalender, Fotos etc., haben dürfen.

3. Tippen Sie auf den entsprechenden Eintrag wie *Kontakte*. Dort können Sie dann den Zugriff der aufgelisteten App abschalten.

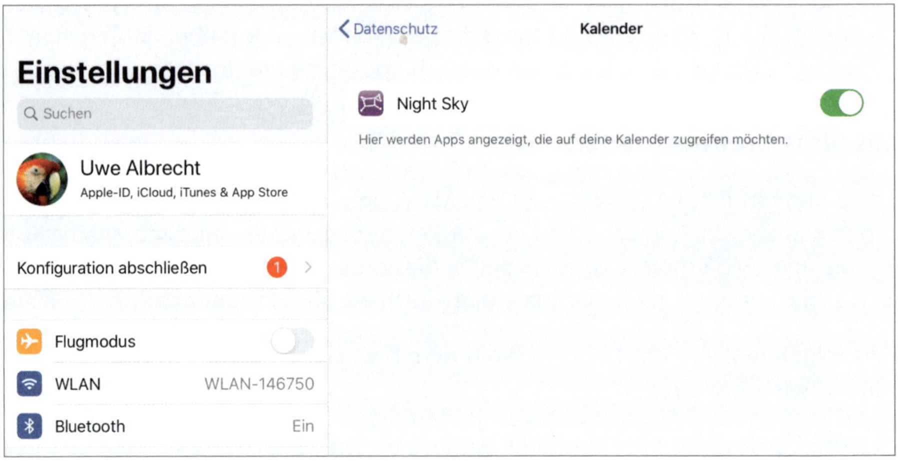

Diagnose und Nutzungsdaten abschalten

Wenn Sie bei der Einrichtung Ihres iPad – unwissend oder aus Versehen – zugestimmt haben, dass Diagnose- und Nutzungsdaten an Apple gesandt werden, die dort für die Fehlersuche und Verbesserungen der Hard- und Software genutzt werden können, dann ist es möglich, dies zu widerrufen.

1. Öffnen Sie die *Einstellungen* und wählen Sie links den Eintrag *Datenschutz*.
2. Tippen Sie in der rechten Spalte auf *Analyse & Verbesserungen* und schalten Sie dort *iPad-Analyse teilen* sowie *iCloud-Analyse teilen* per Fingertipp ab.

Interessenbasierte Werbung abschalten

Der Werbung entkommen Sie auch auf dem iPad nur schwerlich. Allerdings können Sie beeinflussen, welche Werbung angezeigt wird. Empfinden Sie dies als Eingriff in Ihre Privatsphäre und finden Sie das bedenklich, lässt sich auch dies abschalten.

1. Öffnen Sie die *Einstellungen* und wählen Sie links *Datenschutz*.
2. Tippen Sie in der rechten Spalte auf *Werbung* und schalten Sie dort *Ad-Tracking beschränken* ein.

Das Speichern von Audioaufnahmen über Siri verbieten

Um die Fähigkeiten der Sprachassistentin Siri von iPadOS, iOS und macOS zu optimieren, können Unterhaltungen mit Siri mitgeschnitten und auf Servern von Apple zur Auswertung gespeichert werden. Falls Sie dies nicht möchten, lehnen Sie es ab, wenn die entsprechende Meldung erscheint. Diese taucht dann auf, wenn Sie das aktuelle Update von iPadOS oder iOS 13 (ab der Version 13.2) installieren. Um diese Funktion unabhängig von einem Update ab- oder auch wieder einzuschalten, gehen Sie folgendermaßen vor:

1. Öffnen Sie die *Einstellungen* und wählen Sie links *Datenschutz*.
2. Tippen Sie rechts zunächst auf *Analyse & Verbesserungen* und schalten Sie dort die Option *Siri & Diktat verbessern* aus.

9.3 Ortungsdienste

Bei den Ortungsdiensten von iPadOS 13 wird über GPS, Bluetooth, WLAN-Hotspots und ggf. Mobilfunkantennen Ihr gegenwärtiger Aufenthaltsort grob festgestellt. Die Ortungsdienste werden von Systemfunktionen ebenso verwendet wie von einigen Apps. Bei diesen Apps passen sich beispielsweise die Inhalte dahin gehend an.

Ortungsdienste abschalten

Wollen Sie dies nicht, können Sie die Ortungsdienste komplett abschalten. Bitte beachten Sie, dass manche Apps Ortungsdienste benötigen, um korrekt zu funktionieren.

In diesem Fall erhalten Sie dann eine entsprechende Meldung oder Fehlermeldung:

1. Öffnen Sie die *Einstellungen* und wählen Sie in der linken Spalte den Eintrag *Datenschutz*.
2. Schalten Sie die *Ortungsdienste* mit einem Fingertipp ab.

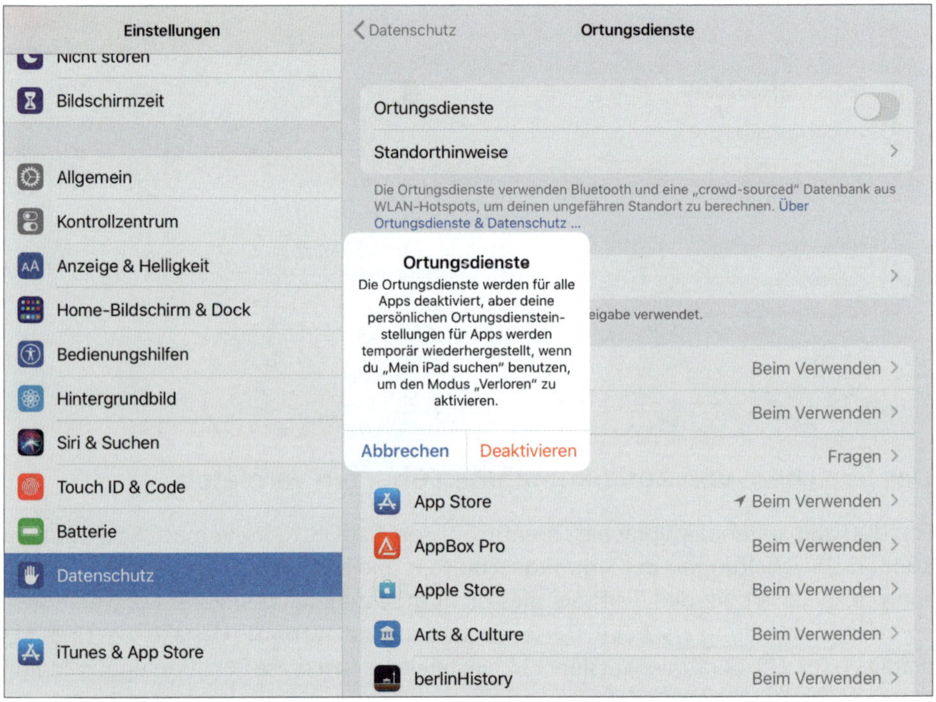

Ortungsdienste gezielt erlauben

Wollen Sie die Ortungsdienste nicht komplett abschalten, sondern stattdessen im Einzelnen erlauben, welche Funktionen und Dienste Ihres iPad darauf zugreifen dürfen, dann gehen Sie so vor:

1. Öffnen Sie die *Einstellungen* und wählen Sie in der linken Spalte den Eintrag *Datenschutz*.
2. Tippen Sie in der rechten Spalte auf *Ortungsdienste* und blättern Sie ganz nach unten. Dort tippen Sie auf *Systemdienste*.

3. Nun schalten Sie die Funktion gezielt ein, der Sie den Zugriff auf die Ortungsdienste erlauben. Beachten Sie, dass je nachdem, welche Funktion Sie abgeschaltet haben, die entsprechenden Dienste nicht mehr vollständig funktionieren.

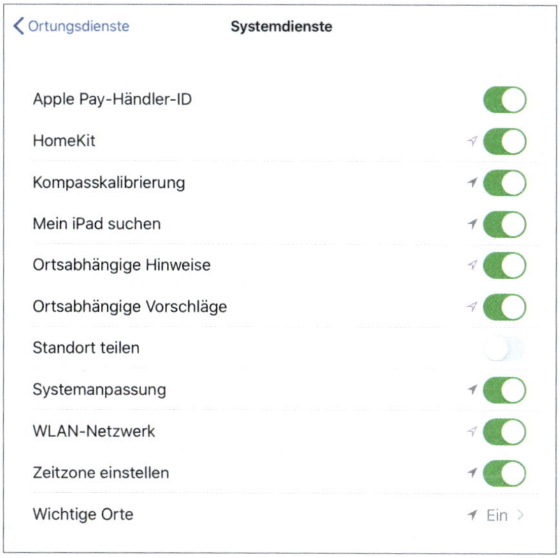

Einzelnen Apps Zugriff auf den Standort verbieten

Wollen Sie die Ortungsdienste nicht komplett abschalten, sondern stattdessen im Einzelnen bestimmen, welche Apps ihn auf welche Weise nutzen dürfen, dann ist auch das möglich:

1. Öffnen Sie die *Einstellungen* und wählen Sie in der linken Spalte den Eintrag *Datenschutz*.
2. Tippen Sie in der rechten Spalte auf *Ortungsdienste* und dann auf die entsprechende App. Um der App den Zugriff auf den Standort zu untersagen, tippen Sie auf *Nie*.
3. Falls die App deswegen Probleme bereitet und nicht mehr vollständig funktioniert, können Sie mit einem Fingertipp auf *Beim Verwenden der App* den Zugriff erneut erlauben.
4. Zudem ist es möglich, dem Ortungsdienst den Zugriff *Immer* zu erlauben oder dass *Beim Verwenden der App* jeweils nachgefragt wird, ob dieser gewünscht wird.

Aktivität des Ortungsdienstes anzeigen

Falls Sie immer im Bild sein wollen, ob ein Ortungsdienst eingeschaltet und zudem aktiv ist, nehmen Sie folgende Einstellung vor:

1. Öffnen Sie die *Einstellungen* und wählen Sie in der linken Spalte den Eintrag *Datenschutz*.
2. Tippen Sie in der rechten Spalte auf *Ortungsdienste* und blättern Sie dann ganz nach unten. Dort tippen Sie auf *Systemdienste*.
3. Hier blättern Sie erneut ganz nach unten und schalten dort das *Statusleistenobjekt* ein. Wenn zukünftig auf den Ortungsdienst zugegriffen wird, erscheint das entsprechende Symbol in der Statusleiste.

Wichtige Orte anzeigen

Das iPad merkt sich anhand der Ortungsdienste Orte, an denen Sie sich oft aufhalten und die für Sie wichtig sein könnten. Dementsprechend können verschiedene Apps dann ortsbezogene Informationen anzeigen.

Die Liste wichtiger Orte zeigen Sie auf diese Weise an:

1. Öffnen Sie die *Einstellungen* und wählen Sie dort in der linken Spalte den Eintrag *Datenschutz*.
2. Tippen Sie in der rechten Spalte auf *Ortungsdienste* und blättern Sie ganz nach unten. Dort tippen Sie auf *Systemdienste*.

3. Hier blättern Sie weiter nach unten und entscheiden sich für *Wichtige Orte*. Nachdem Sie sich erneut über Touch ID, Face ID oder den Zugangscode identifiziert haben, wird die Liste der Orte angezeigt.

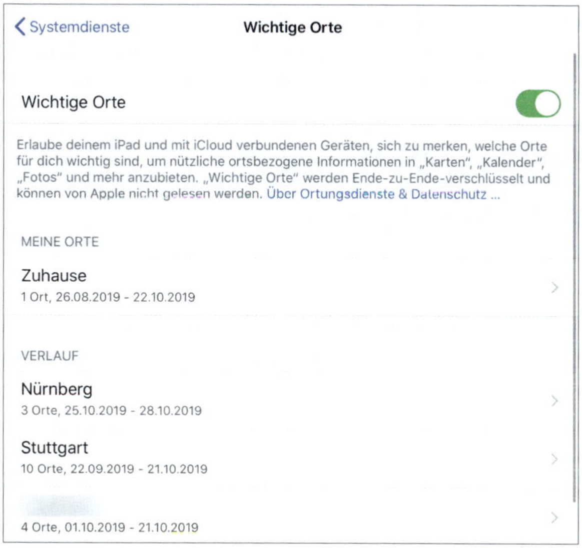

Wichtige Orte löschen

1. Öffnen Sie die *Einstellungen* und wählen Sie in der linken Spalte die Funktion *Datenschutz*.
2. Tippen Sie in der rechten Spalte auf *Ortungsdienste* und tippen Sie dort ganz unten auf *Systemdienste*.

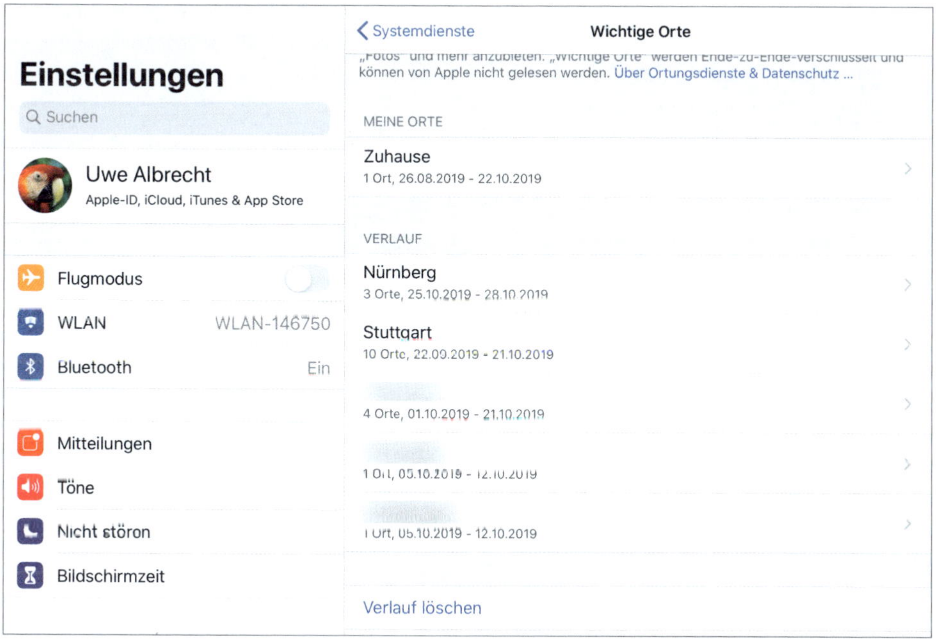

3. Hier blättern Sie nach unten und tippen auf *Wichtige Orte*. Nachdem Sie sich erneut per Face ID, Touch ID oder den Zugangscode identifiziert haben, können Sie über einen Fingertipp auf *Verlauf löschen* die Orte entfernen.

Wichtige Orte abschalten

1. Öffnen Sie die *Einstellungen* und wählen Sie in der linken Spalte den Eintrag *Datenschutz*.
2. Tippen Sie in der rechten Spalte auf *Ortungsdienste* und blättern Sie dann ganz nach unten. Dort tippen Sie auf *Systemdienste*.
3. Dort blättern Sie nach unten und tippen auf *Wichtige Orte*. Nachdem Sie sich per Touch ID, Face ID oder Ihren Zugangscode identifiziert haben, können Sie über einen Fingertipp auf den dazugehörigen Schalter diese Funktion ganz abschalten.

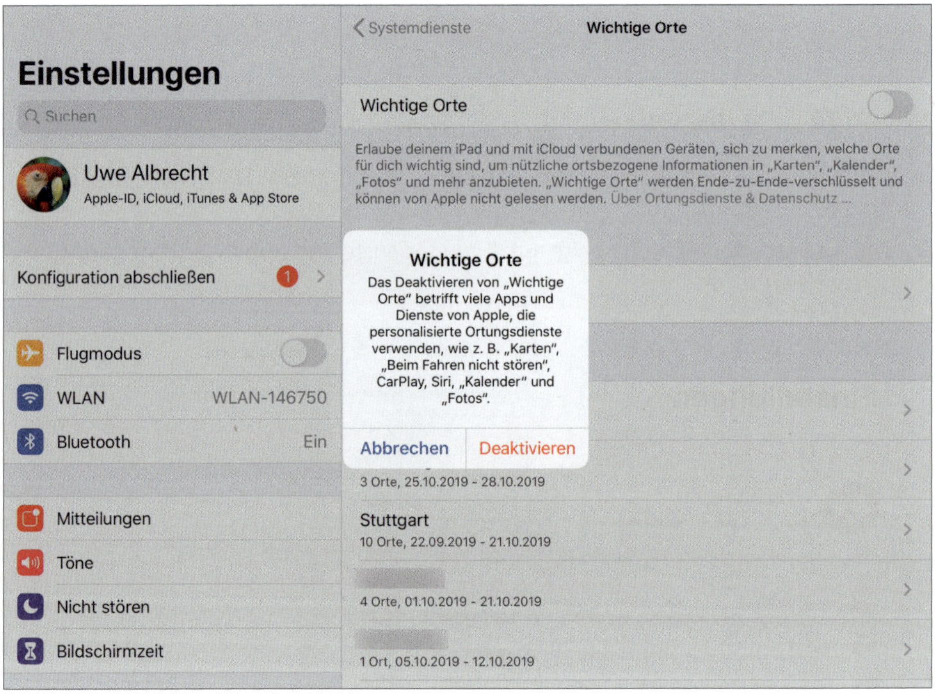

Ihren Standort nicht mit anderen teilen

Die Standortfreigabe für Apps darf nicht mit der Standortfreigabe von iCloud für andere Personen gleichgesetzt werden. Hier können Familienmitglieder und Freunde, mit denen Sie über die Nachrichten-App Kontakt haben, unter Umständen sehen, wo Sie sich ungefähr befinden. Diese Funktion schalten Sie wie folgt ab:

1. Öffnen Sie die *Einstellungen* und wählen Sie in der linken Spalte den Eintrag *Datenschutz*.
2. Tippen Sie in der rechten Spalte auf *Ortungsdienste* und anschließend auf *Standort teilen*.
3. Schalten Sie dort *Standort teilen* ab.

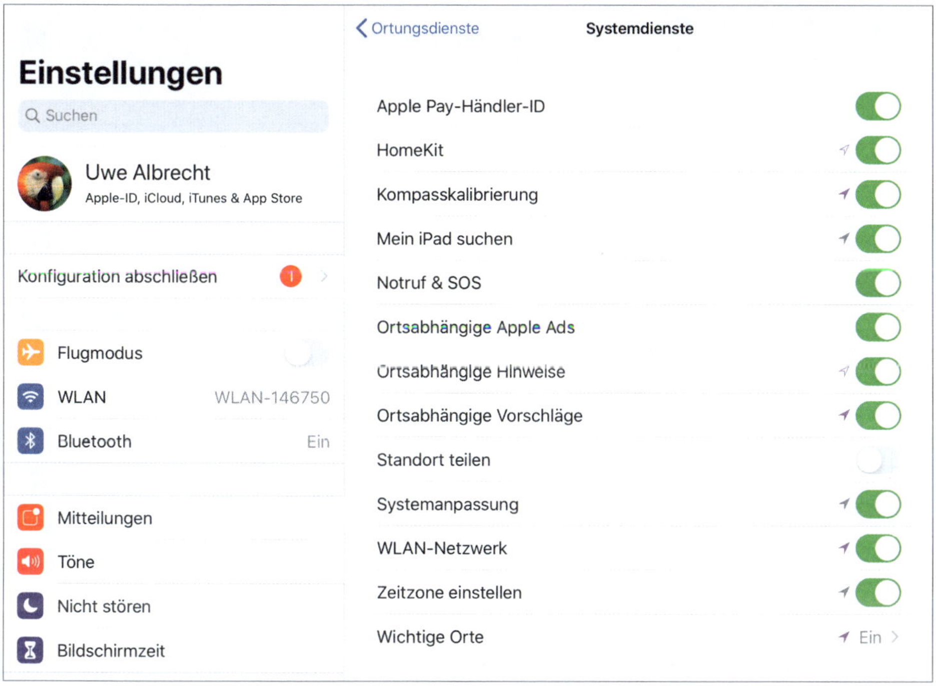

9.4 Sicher im Internet unterwegs

Da Sie mit Ihrem iPad sicherlich viel und oft im Internet unterwegs sind, sollten Sie entsprechende Vorkehrungen treffen, um einerseits nicht über Gebühr mit Werbung überschüttet und andererseits nicht ausspioniert zu werden oder sich gar Malware einzufangen. In diesem Kapitel habe ich Ihnen die passenden Tipps zusammengestellt.

Pop-up-Fenster unterdrücken

Safari unter iPadOS 13 bietet eigene Funktionen, die Werbung beim Surfen im Internet etwas einzudämmen, wie z. B. die nervigen Pop-up-Fenster. Allerdings bleiben Sie damit auch nicht ganz von Werbung verschont, und einige Webseiten, die über Werbung finanziert werden, lassen sich damit nicht oder nur noch eingeschränkt nutzen. In diesem Fall können Sie die Funktion aber wieder abschalten.

1. Öffnen Sie die *Einstellungen* und wählen Sie in der linken Spalte den Eintrag *Safari*.
2. Blättern Sie in der rechten Spalte nach unten und schalten Sie in der Kategorie *Allgemein* die Einstellung *Pop-Ups blockieren* ein.

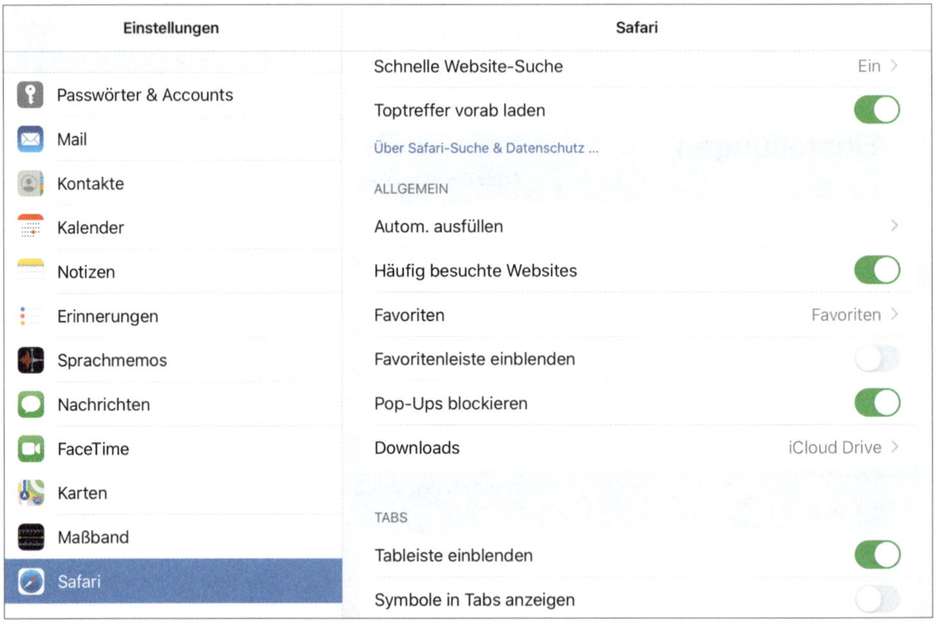

Den Lesemodus von Safari nutzen

Um die Werbung auf einer Website auszublenden, können Sie auch den Lesemodus von Safari nutzen (siehe Kapitel 4.1). In diesem Fall werden nur der Text und die dazugehörigen Abbildungen angezeigt, aber die Werbeanzeigen ausgeblendet. Allerdings kann nicht jede Webseite im Lesemodus angezeigt werden. Falls dies möglich ist, erscheinen links in der Adresszeile von Safari zwei kleine Buchstaben, über die Sie das Menü für den Lesemodus öffnen können. Dort tippen Sie auf *Reader-Darstellung einblenden*.

Verlauf und Website-Daten löschen

Beim Surfen im Internet hinterlassen Sie Spuren – auch auf Ihrem iPad. Diese Spuren können nicht nur verräterisch sein, weil sie zeigen, welche Websites Sie wie oft besuchen, sie benötigen auch einiges von dem oftmals knapp bemessenen Speicherplatz auf dem iPad. Und nicht zuletzt können Firmen anhand der Website-Daten nachvollziehen, was Sie interessiert, wo und was Sie einkaufen. Anhand dieser Information können sie Ihnen gezielt Werbung und Angebote unterbreiten. Daher ist es sinnvoll, den Verlauf und die Website-Daten öfter zu löschen.

1. Öffnen Sie die *Einstellungen* und wählen Sie in der linken Spalte den Eintrag *Safari*.
2. Blättern Sie in der rechten Spalte nach unten, bis Sie den blauen Eintrag *Verlauf und Websitedaten löschen* sehen.
3. Tippen Sie darauf, werden allerdings nicht nur die Website-Daten auf Ihrem iPad gelöscht, sondern über iCloud auch der Verlauf auf allen anderen Geräten, auf denen Sie mit Ihrer Apple-ID angemeldet sind. Bitte beachten Sie dies!

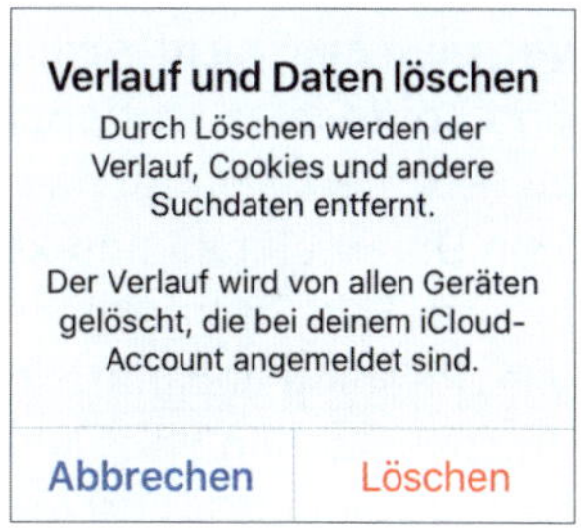

Website-Daten gezielt entfernen

Falls Sie nicht alle Website-Daten auf einen Schlag löschen wollen und den Verlauf noch dazu, können Sie das auch selektiv machen:

1. Öffnen Sie die *Einstellungen* und wählen Sie in der linken Spalte den Eintrag *Safari*.
2. Blättern Sie in der rechten Spalte nach unten, bis Sie den Eintrag *Erweitert* sehen. Tippen Sie darauf.
3. Anschließend werden nach einer kurzen Wartezeit unter *Website-Daten* die besuchten Website-Adressen angezeigt, von denen sich Daten auf dem iPad befinden.
4. Um die Website-Daten gezielt zu löschen, wischen Sie auf dem Eintrag von rechts nach links und tippen dann auf *Löschen*.

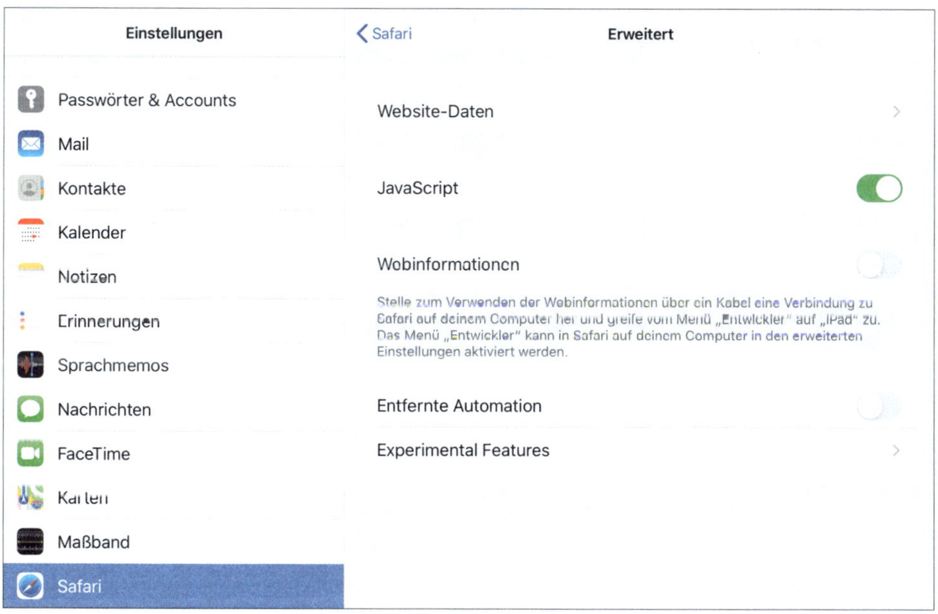

Phishing-Schutz einschalten

Beim Surfen im Internet ist immer Vorsicht angesagt, vor allem sollte man auch hier den gesunden Menschenverstand walten lassen und niemandem sensible Daten anvertrauen, von dem man nicht wirklich weiß, wer er ist. Achten Sie also darauf, wo Sie Ihre Benutzer- und Kontodaten eintippen. Hier gilt es vor allem, die Internetadresse in der Adresszeile zu beachten. Stammt diese wirklich vom besagten Unternehmen? Des Weiteren wird Sie kein Unternehmen und keine Bank per E-Mail dazu auffordern, sensible Daten online zu ändern. Falls Sie unsicher sind, fragen Sie dort einfach nach. Das »Abgreifen« dieser Daten wird Phishing genannt. Neben dem gesunden Menschenverstand können Sie zudem den entsprechenden Phishing-Schutz von Safari von iPadOS 13 aktivieren. Dieser basiert auf den von Google als betrügerisch klassifizierten Webseiten. Schalten Sie ihn also ein:

1. Öffnen Sie die *Einstellungen* und wählen Sie in der linken Spalte den Eintrag *Safari*.
2. Blättern Sie in der rechten Spalte nach unten zur Kategorie *Datenschutz & Sicherheit*. Schalten Sie dort *Betrugswarnung* ein.

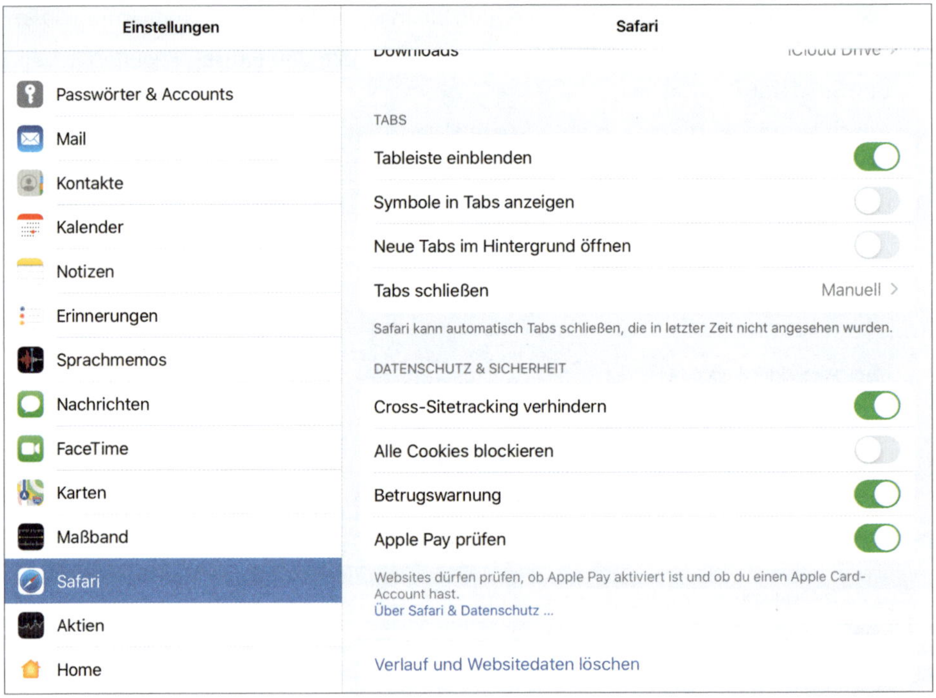

Alle Cookies blockieren

Bei den sogenannten Cookies handelt es sich um kleine Dateien, die Webseiten auf Ihrem Computer oder iPad ablegen, die Sie besucht haben. Diese sollen eigentlich dazu dienen, dort vorgenommene Einstellungen und Eingaben bei einem erneuten Besuch der

Website nicht noch einmal vornehmen zu müssen. Allerdings werden Cookies auch dazu genutzt, mehr über den jeweiligen Besucher zu erfahren und ihm dementsprechende Werbung anzuzeigen. Safari von iPadOS 13 akzeptiert alle Cookies von Webseiten, die Sie selbst aufrufen. Wollen Sie keine Cookies akzeptieren, nehmen Sie folgende Einstellung vor:

1. Öffnen Sie die *Einstellungen* und wählen Sie in der linken Spalte den Eintrag *Safari*.
2. Blättern Sie in der rechten Spalte nach unten zur Kategorie *Datenschutz & Sicherheit*. Schalten Sie dort *Alle Cookies blockieren* ein und tippen Sie unten auf *Über Safari & Datenschutz*, um mehr darüber zu erfahren, welche Folgen dies haben kann.

Privatmodus nutzen

Um generell zu unterbinden, dass andere Ihr Surfverhalten nachvollziehen, können Sie auch den Privatmodus von Safari nutzen (siehe Kapitel 4.1). Damit hinterlassen Sie möglichst wenige Spuren – auch für Webseiten-Betreiber.

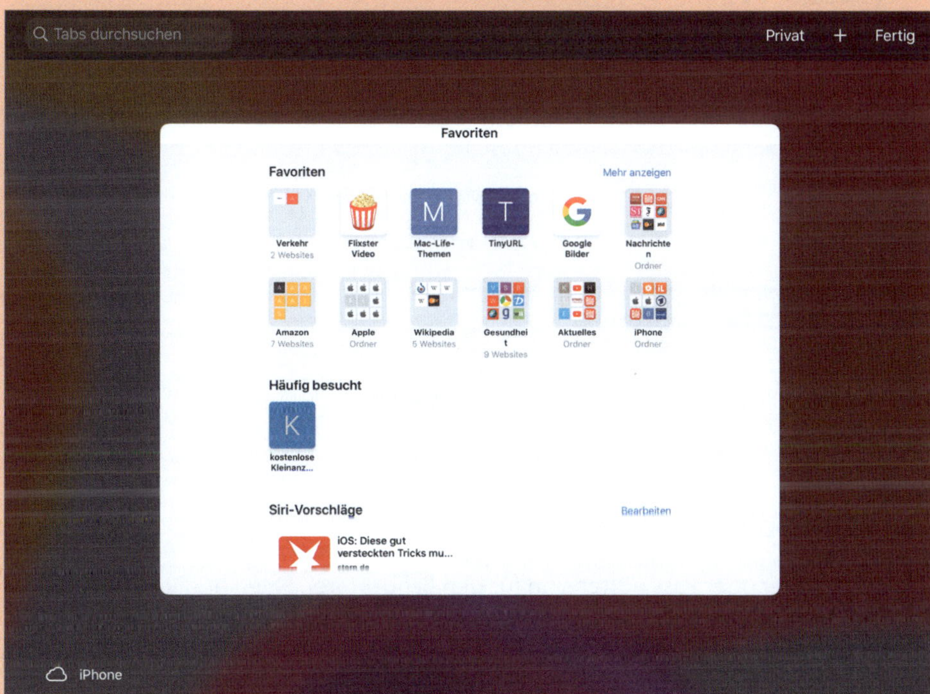

Website- und Cross-Sitetracking verhindern

Auch gegen das Website- und Cross-Sitetracking der Webseiten-Betreiber und Werbefirmen können Sie sich wehren, indem Sie die entsprechende Einstellung in Safari vornehmen. Beim Cross-Sitetracking von Apple, auch »webseitenübergreifendes Tracking« genannt, wird Ihr Surfverhalten über unterschiedliche Websites hinweg protokolliert und dann für Werbezwecke ausgewertet. In Safari schalten Sie dies wie folgt ab:

1. Öffnen Sie die *Einstellungen* und wählen Sie links den Eintrag *Safari*.
2. Blättern Sie in der rechten Spalte nach unten zur Kategorie *Datenschutz & Sicherheit*. Schalten Sie dort *Cross-Sitetracking verhindern* ein. Bitte bedenken Sie auch hier, dass sich nicht alle Website-Betreiber daran halten und diese Einstellung berücksichtigen.

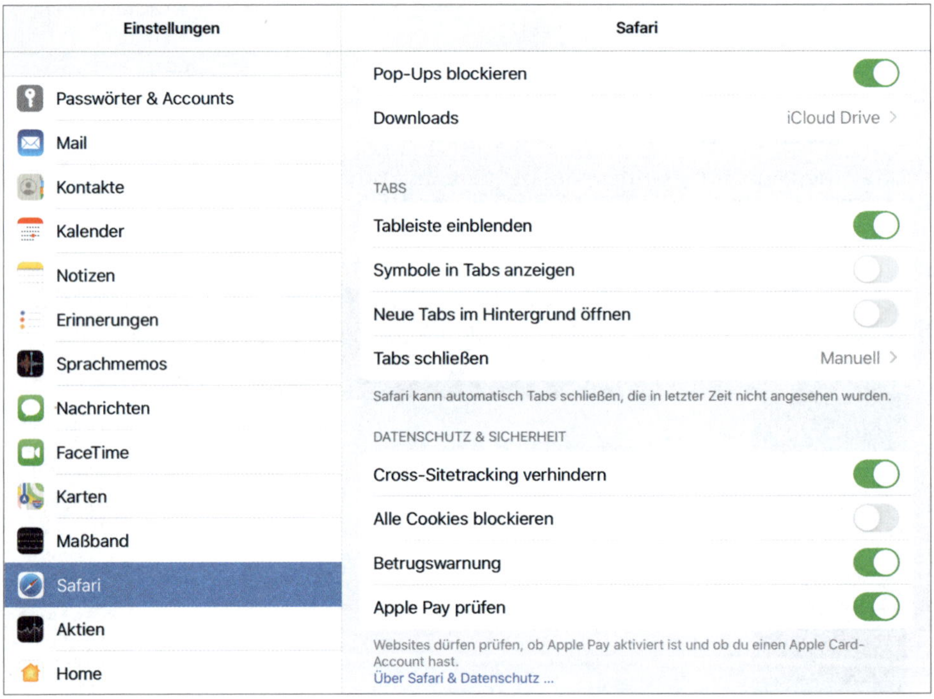

9.5 Der Schlüsselbund

Gute Kennwörter oder Passwörter sind für den Schutz Ihrer Daten und Identität unerlässlich. Daher sollten Sie einerseits Kennwörter nutzen, wo immer dies möglich ist, und andererseits sollten diese nicht leicht zu erraten sein. Beim Erinnern hilft Ihnen iCloud weiter. So können Sie Ihre zahlreichen Kennwörter im *Schlüsselbund* sichern und bei Bedarf einfach per Fingertipp übernehmen.

Wie finde ich ein sicheres Kennwort?

Um ein einigermaßen sicheres Kennwort zu verwenden, können Sie auf die in Betriebssystemen enthaltenen Kennwortgeneratoren setzen. Die aus Buchstaben, Zahlen und Sonderzeichen vorgeschlagenen Kennwörter sind sehr sicher, aber leider auch schwer zu merken. Besser ist es, ein Kennwort zu verwenden, das für Sie besser zu merken ist – und zwar anhand einer Eselsbrücke. So können Sie einen Satz bilden und von diesem Satz jeweils den Anfangsbuchstaben und die Anfangsziffer für das Kennwort verwenden oder den zweiten oder dritten und so weiter. Auf diese Weise erhalten Sie ein relativ sicheres Kennwort, das Sie sich gut einprägen können.

Den Schlüsselbund von iCloud einschalten

Der Schlüsselbund von iCloud ist eine praktische Sache, in diesem werden – auf Wunsch – alle Ihre Kennwörter gespeichert, die Sie öfter oder auch weniger oft benötigen. Auf diese Weise sind die Kennwörter auf allen Ihren Geräten verfügbar, auf denen Sie mit Ihrer Apple-ID angemeldet sind, ob dies ein iPad ist, ein iPhone oder ein Mac. Sie benötigen dann nur noch ein Kennwort, das von iCloud und der Apple-ID, um darauf zuzugreifen. Selbstverständlich wird der Schlüsselbund sicher verschlüsselt und kann auch von Apple nicht ausgelesen werden. Damit Sie in den Genuss dieser Funktion kommen, müssen Sie den Schlüsselbund erst einmal aktivieren – und zwar auf allen Ihren Geräten. Am iPad gehen Sie dazu wie folgt vor:

1. Öffnen Sie die *Einstellungen* und tippen Sie in der linken Spalte auf Ihre Apple-ID bzw. Ihren Benutzernamen.
2. Tippen Sie in der rechten Spalte auf *iCloud* und blättern Sie nach unten, bis die Option *Schlüsselbund* erscheint.

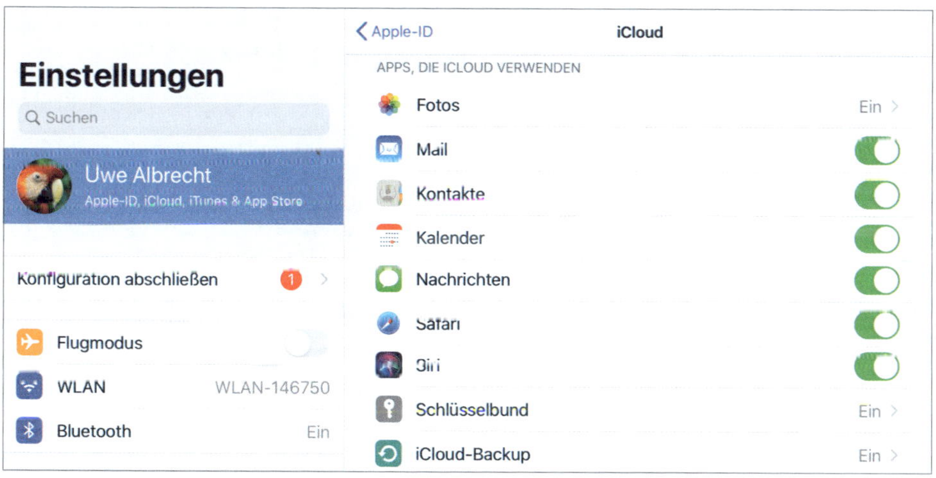

3. Tippen Sie darauf und schalten Sie den *Schlüsselbund* mit einem Fingertipp auf den entsprechenden Schalter ein.

> **Kennwortabfrage zum Einkauf im iTunes Store einschalten**
> Zum bequemen und schnellen Einkaufen im iTunes Store und App Store können Sie die Kennwortabfrage abschalten. Aus Sicherheitsgründen ist dies jedoch nicht ratsam. Werden Sie also beim Einkauf gefragt, ob die Kennworteingabe immer notwendig sein soll, wählen Sie *Immer erforderlich*.

Kennwörter für Apps und Websites verwalten

Geben Sie bei der erstmaligen Anmeldung bei einer App oder an einer Webseite ein Kennwort ein, wird das Kennwort automatisch in den Schlüsselbund übernommen, damit Sie es bei einem erneuten Besuch nicht mehr eintippen müssen, sondern die Eingabe nur noch per Fingertipp bestätigen. Die im Schlüsselbund gespeicherten Kennwörter und die dazugehörigen Dienste oder Webseiten können anschließend eingesehen und auch wieder entfernt werden:

1. Öffnen Sie die *Einstellungen* und wählen Sie im linken Bereich *Passwörter & Accounts*.
2. Tippen Sie rechts auf *Website- & App-Passwörter* und melden Sie sich per Face ID, Touch ID oder mit Ihrem Zugangscode an.

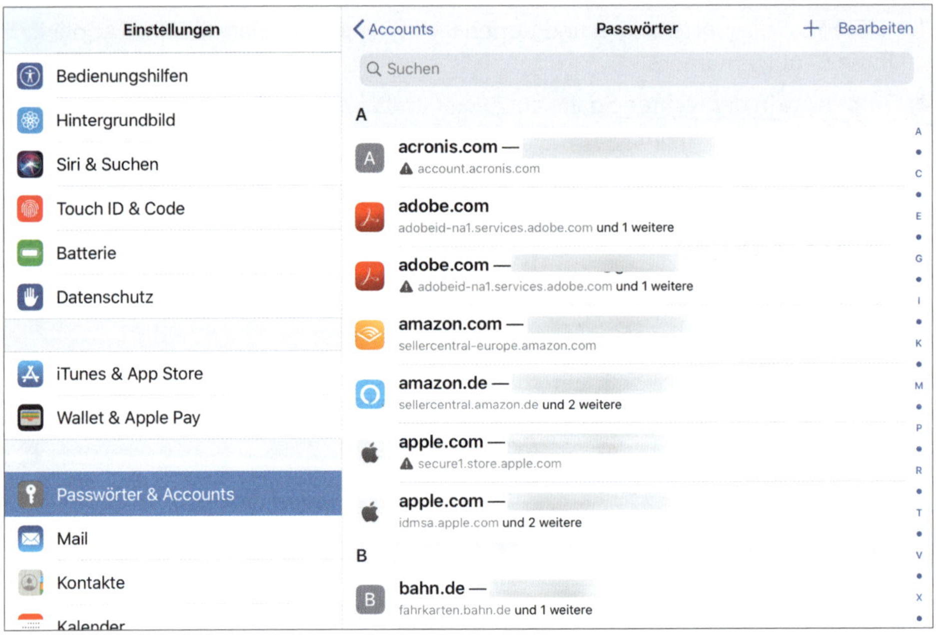

3. Die im Schlüsselbund gespeicherten Dienste bzw. Webseiten werden aufgelistet.
4. Um Einträge zu löschen, tippen Sie rechts oben auf *Bearbeiten*, markieren den Eintrag mit einem Fingertipp und tippen dann links oben auf *Löschen*.
5. Möchten Sie einen einzelnen Eintrag einsehen, tippen Sie auf diesen.
6. Zum Bearbeiten eines Eintrags tippen Sie anschließend auf *Bearbeiten* und dann in das entsprechende Feld.
7. Aber Vorsicht: Wenn Sie Einträge und Kennwörter nur an dieser Stelle ändern, können Sie sich möglicherweise nicht mehr anmelden. Zuvor müssen Sie diese Änderung daher unbedingt im entsprechenden Benutzerkonto vornehmen.

Zwei-Faktor-Authentifizierung für Ihre Apple-ID aktivieren

Wenn ein Fremder im Besitz Ihrer Apple-ID ist, kann er damit viel Unheil anrichten. Er bekommt damit nicht nur Zugriff auf Ihre Macs, iPadOS- und iOS-Geräte sowie auf Ihre sensiblen Daten, er kann auch – auf Ihre Kosten – einen großen finanziellen Schaden anrichten. Daher bedarf die Apple-ID eines besonderen Schutzes. Aus diesem Grund hat Apple die sogenannte Zwei-Faktor-Authentifizierung eingeführt. Ist diese aktiv, müssen Sie sich immer dann, wenn Sie sich mit Ihrer Apple-ID auf einem anderen oder neuen Gerät anmelden, dazu autorisieren.

Hierzu geben Sie zusätzlich einen Sicherheitscode ein, der auf einem Ihrer anderen Macs oder iOS-Geräte angezeigt wird. Falls die Zwei-Faktor-Authentifizierung noch nicht aktiv sein sollte, öffnen Sie die Webseite https://appleid.apple.com/de-de. Dort geben Sie Ihren Benutzernamen sowie das Kennwort Ihrer Apple-ID ein und wählen die Einträge *Ihre Apple-ID verwalten* sowie *Sicherheit*. Unter *Zweistufige Bestätigung* klicken Sie auf *Erste Schritte* und folgen den Anweisungen.

Anmelden mit Apple

In iPadOS 13, iOS 13 sowie macOS Catalina wurde von Apple eine neue Funktion integriert, die es Ihnen ermöglichen soll, sich ohne Preisgabe privater Informationen wie Ihrer E-Mail-Adresse per Face ID oder Touch ID auf Webseiten oder in Apps anmelden zu können. Alles, was Sie benötigen, ist eine Apple-ID sowie ein Gerät mit den genannten Betriebssystemen. Zudem muss die entsprechende App oder Webseite das *Anmelden mit Apple* erlauben. Ist das der Fall, wird im Hintergrund eine extra für diese Anmeldung generierte E-Mail-Adresse angelegt, mit der Sie sich dort anmelden. Diese Adresse kann bei Bedarf auch wieder gelöscht werden. Falls Sie also einen entsprechenden Eintrag auf der Website oder in einer App finden, können Sie diese neue Funktion nutzen. Folgen Sie in diesem Fall einfach den Anweisungen.

9.6 Datensicherung

Kaum etwas ist ärgerlicher als Datenverlust, vor allem wenn man kein aktuelles Backup zur Hand hat. Damit es erst gar nicht so weit kommt, sollten Sie für eine regelmäßige Datensicherung sorgen. Das gilt für den Computer ebenso wie für das iPad und das iPhone.

Beim iPad haben Sie zwei Möglichkeiten, Ihre Daten zu sichern. Beide haben ihre Vor- und Nachteile. Sie können ein lokales Backup auf dem Computer anlegen – mithilfe des Finder oder auch mit iTunes (bei einem Windows-PC bzw. bei einem Mac bis macOS Mojave). Alternativ erstellen Sie ein Backup über iCloud. In diesem Kapitel finden Sie Tipps zu beiden Methoden.

iCloud-Backup erstellen

Nicht jeder, der ein iPad besitzt, nutzt parallel auch einen Computer – ob dies ein Mac oder ein Windows-PC ist. Die aktuellen iPad- und vor allem iPad-Pro-Modelle, die unter iPadOS 13 laufen, lassen sich durchaus auch als Alternative zu einem herkömmlichen Computer nutzen. Aus diesem Grund hat Apple auch die Möglichkeit vorgesehen, ein Backup ausschließlich online zu erstellen, und zwar über iCloud. Das hat auch den Vorteil, dass Ihr Backup immer verfügbar ist und auch dann wiederhergestellt werden kann, wenn Sie sich nicht zu Hause befinden. Erforderlich ist allerdings ein ausreichend schneller Internetzugang über WLAN sowie genügend Speicherplatz bei iCloud.

Um ein Backup über iCloud anzulegen, gehen Sie so vor:

1. Öffnen Sie die *Einstellungen* und tippen Sie auf Ihre Apple-ID. Danach wählen Sie die Option *iCloud*.
2. Blättern Sie nach unten und tippen Sie in der Kategorie *Apps, die iCloud verwenden* auf *iCloud-Backup*.
3. Nun schalten Sie *iCloud-Backup* mit einem Fingertipp ein. Um sofort ein Backup zu erstellen, tippen Sie auf den gleichnamigen blauen Eintrag. Sie müssen dazu natürlich einen funktionsfähigen WLAN-Zugang zur Verfügung haben.

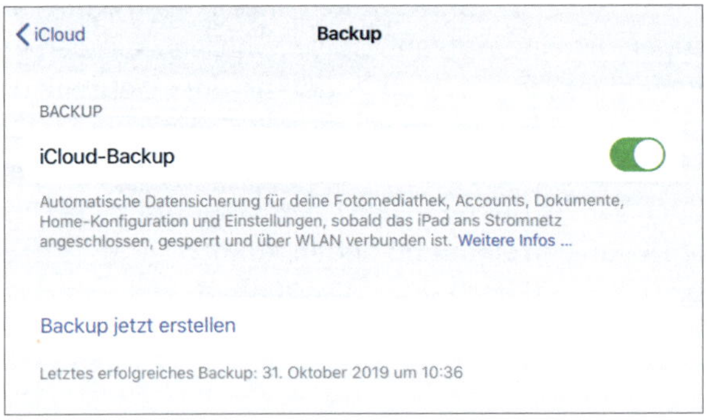

iCloud-Speicher erweitern

Damit das Backup über iCloud funktioniert, müssen Sie unter Umständen mehr iCloud-Speicher erwerben. Gratis stehen Ihnen nur 5 GByte zur Verfügung. Dies reicht für ein iPad mit 64 GByte oder gar 256 GByte Speicherkapazität bei Weitem nicht. Wie Sie mehr Speicherplatz bei iCloud abonnieren und was das kostet, erfahren Sie in Kapitel 4.3.

Lokales Backup über iTunes

Bei einer lokalen Datensicherung über iTunes (nur bei einem Windows-PC oder einem Mac bis macOS Mojave) wird ein vollständiges Backup auf der Festplatte Ihres Computers abgelegt und kann im Bedarfsfall, etwa beim Umstieg auf ein neues iPad oder bei Problemen und Datenverlust, wieder zurückgespielt werden.

1. Schließen Sie Ihr iPad mit dem beiliegenden Lightning-auf-USB-Kabel oder dem USB-C-auf-USB-Kabel an den Computer an und warten Sie, bis iTunes gestartet ist, oder starten Sie es selbst.
2. Klicken Sie links oben auf das kleine Symbol eines iPad und wählen Sie dann links in der Seitenleiste den Eintrag *Übersicht*.
3. Im Hauptfenster wählen Sie die Einstellung *Backup automatisch erstellen* und *Dieser Computer*. In diesem Fall wird, wenn Sie das iPad mit dem Computer verbinden, das Backup selbsttätig erstellt bzw. aktualisiert.

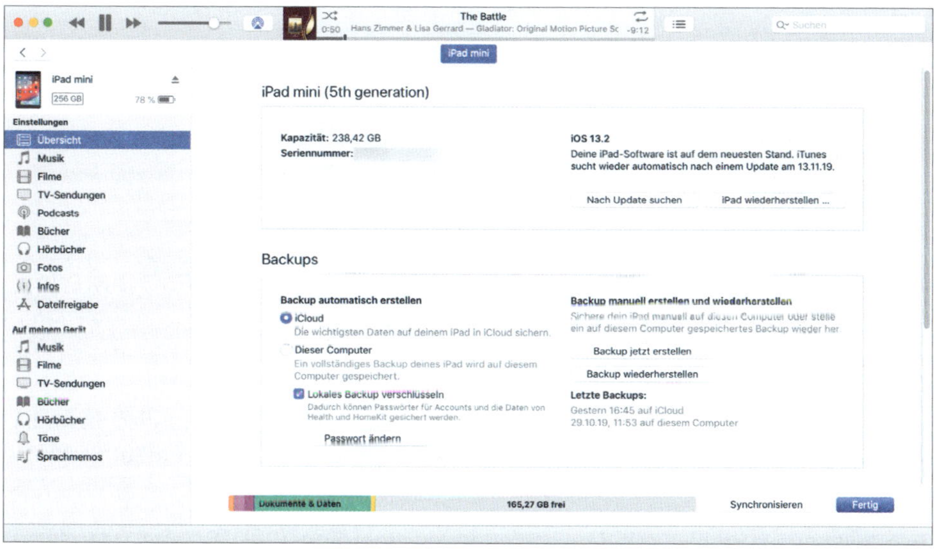

4. Andernfalls klicken Sie rechts auf den Schalter *Backup jetzt erstellen*, um es sofort anzulegen. Warten Sie, bis das Backup erstellt wurde, dann können Sie das iPad wieder auswerfen.

Lokales Backup über den Finder

1. Schließen Sie Ihr iPad mit dem beiliegenden Lightning-auf-USB-Kabel oder dem USB-C-auf-USB-Kabel an den Mac an und warten Sie, bis dessen Name in der linken Seitenleiste unter *Orte* erscheint.
2. Klicken Sie im Hauptfenster auf *Allgemein* und dort auf *Erstelle ein Backup aller Daten deines iPad auf diesem Mac.*
3. Wählen Sie *Backup jetzt erstellen*. Warten Sie, bis das Backup abgeschlossen ist. Danach können Sie das iPad wieder auswerfen.

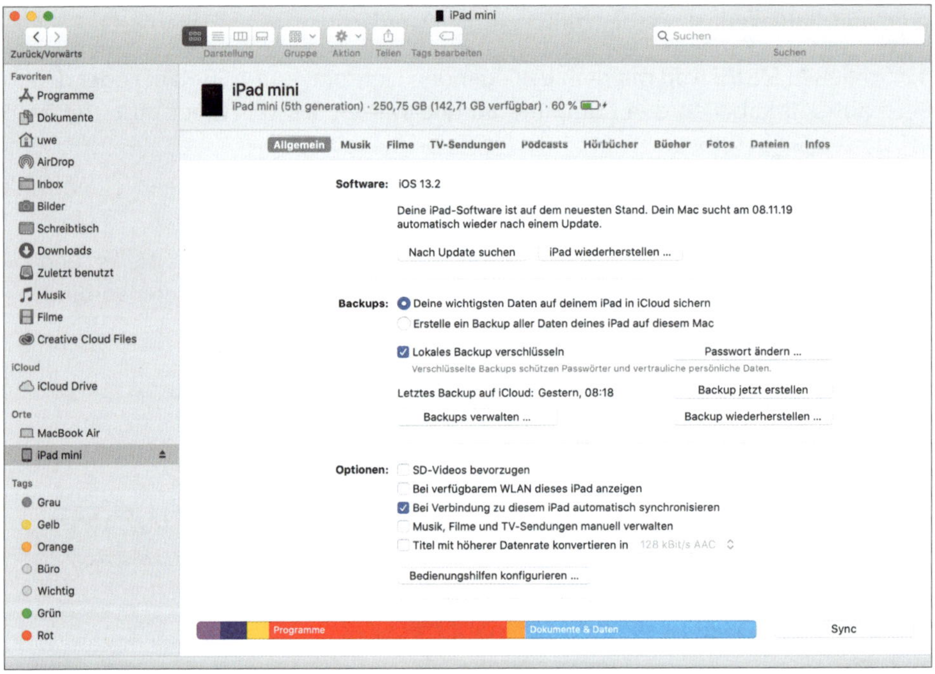

Lokales Backup verschlüsseln

Legen Sie ein verschlüsseltes Backup an, dann werden die auf dem iPad befindlichen Kennwörter auch berücksichtigt und Sie müssen diese später nicht erneut eingeben. In diesem Fall erstellen Sie für das Backup ein gesondertes Kennwort.

1. Schließen Sie Ihr iPad mit dem beiliegenden Lightning-auf-USB-Kabel oder dem USB-C-auf-USB-Kabel an den Computer an und warten Sie, bis iTunes gestartet ist, oder starten Sie es selbst.

2. Klicken Sie links oben auf das kleine Symbol eines iPad und wählen Sie dann links in der Seitenleiste den Eintrag *Übersicht*.
3. Im Hauptfenster wählen Sie links die Einstellung *Backup automatisch erstellen* und *Dieser Computer*. Darunter markieren Sie die Option *Lokales Backup verschlüsseln* und geben ein Kennwort an.

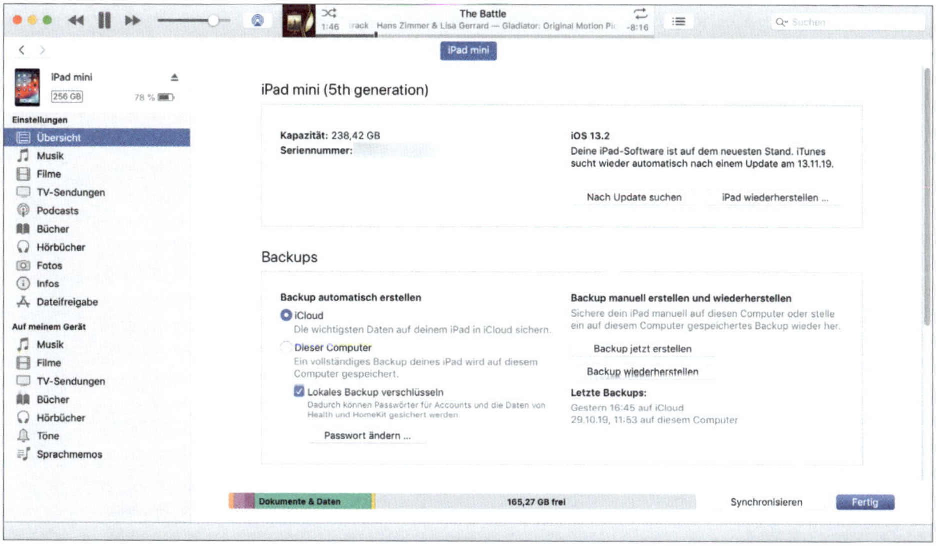

> **Lokales Backup mit dem Finder verschlüsseln**
> Verwenden Sie einen Mac mit macOS Catalina zum Backup des iPad, können Sie auch dort im Hauptfenster über das Register *Allgemein* die Option *Lokales Backup verschlüsseln* aktivieren.

Alte lokale Backups löschen

iTunes legt für jedes iPad oder iPhone ein lokales Backup an und löscht dieses, falls Sie Ihr iPad verkaufen oder verschenken, nicht automatisch.

Da diese Backups mitunter zig GByte groß sind, sollten Sie die Backups älterer Geräte löschen.

1. Starten Sie iTunes und öffnen Sie die *Einstellungen* des Programms. Dort tippen Sie auf das Register *Geräte*.
2. Nun werden alle Backups aufgelistet, die Sie bereits mit iTunes von Ihren iPad-OS oder iOS-Geräten erstellt haben. Die älteren können Sie in der Regel löschen, um Speicherplatz zu sparen.

3. Identifizieren Sie das Backup anhand des Namens und des Datums, damit Sie auch das richtige entfernen.
4. Wählen Sie es aus und klicken Sie rechts auf *Backup löschen*.

Lokales Backup im Finder löschen

Verwenden Sie einen Mac mit macOS Catalina zum Backup Ihres iPad, können Sie dort im Hauptfenster im Register *Allgemein* alte lokale Backups über *Backups verwalten* entfernen.

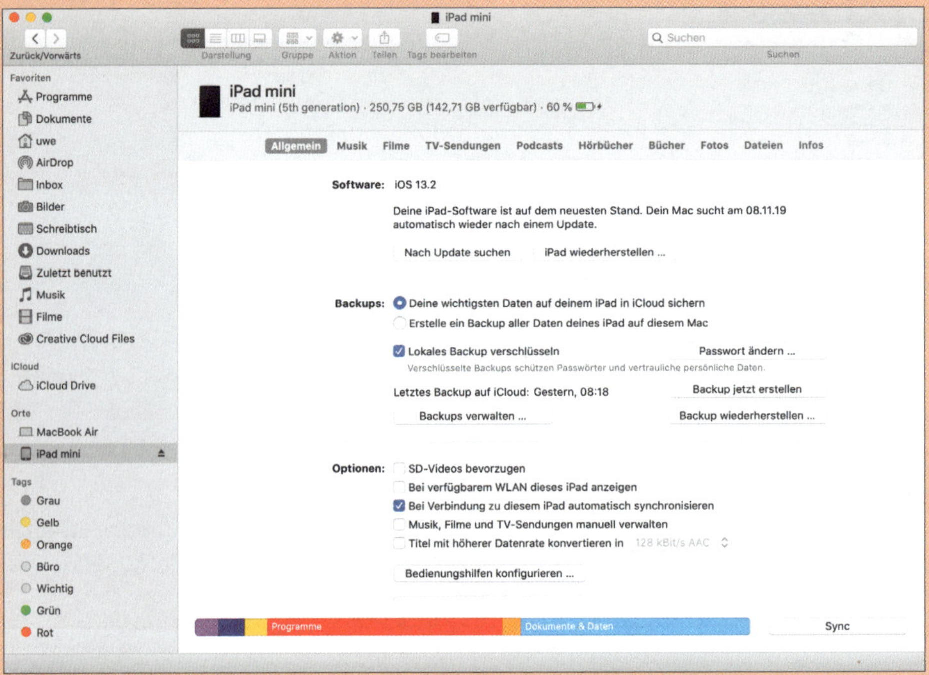

9.7 Diebstahlsicherung

Nicht nur durch neugierige Zeitgenossen oder dunkle Gestalten im Internet sind Ihre Daten in Gefahr, sondern auch, wenn das iPad gestohlen werden sollte. Oftmals ist der Schaden, der durch die abhandengekommenen Daten entstanden ist, besonders, wenn diese geschäftlicher oder beruflicher Natur sind, höher als der des entwendeten iPad.

Daher sollten Sie auch alle von Apple vorgesehenen Möglichkeiten der Diebstahlsicherung nutzen.

Face ID oder Touch ID aktivieren

Damit die Hürde möglichst hoch ist, Zugriff auf Ihr iPad zu erhalten, aktivieren Sie auf jeden Fall – sofern dies von Ihrem iPad unterstützt wird – Face ID oder Touch ID, damit man Ihren Gesichtsscan oder Fingerabdruck benötigt, um das iPad entsperren zu können. Wie das geht, erfahren Sie im Abschnitt 9.1.

Zugangscode einrichten

Zusätzlich zu Face ID oder Touch ID legen Sie einen Zugangscode an. Dies geschieht, ebenso wie die Einrichtung von Face ID sowie Touch ID, gleich bei der Einrichtung. Verwenden Sie am besten einen sechsstelligen Zugangscode. Wie Sie den Zugangscode einrichten, finden Sie ebenfalls im Abschnitt 9.1.

»Mein iPad suchen« einschalten

Neben Touch ID, Face ID und dem obligatorischen Zugangscode sollten Sie die eigentliche Diebstahlsicherung von Apple über iCloud einschalten: *Mein iPad suchen*. Haben Sie diese Funktion aktiviert, ist es möglich, über Ihr iCloud-Benutzerkonto das vermisste oder gestohlene iPad zu lokalisieren und ggf. weitere Maßnahmen zu ergreifen:

1. Öffnen Sie die *Einstellungen* und tippen Sie im linken Bereich auf Ihre Apple-ID mit dem Benutzernamen.
2. Rechts schalten Sie unter *Wo ist?* die Funktion *Mein iPad suchen* ein. Dazu müssen Sie Ihr Kennwort für iCloud eingeben.
3. Des Weiteren muss die Funktion *Mein iPad suchen* auch in den Ortungsdiensten aktiviert sein. Tippen Sie dazu in den *Einstellungen* auf *Datenschutz* und dann rechts auf *Ortungsdienste*. Dort schalten Sie nach einem erneuten Fingertipp auf *Systemdienste* ebenfalls die Funktion *Mein iPad suchen* ein, sollte diese nicht bereits aktiviert sein.

Vermisstes iPad lokalisieren und löschen

Vermissen Sie Ihr iPad und möchten Sie es – für denjenigen, der dies widerrechtlich in seinen Besitz gebracht hat – unbrauchbar machen, dann gehen Sie wie unten beschrieben vor:

1. Starten Sie auf dem Mac oder Windows-PC einen Webbrowser und rufen Sie www.icloud.com auf.
2. Melden Sie sich mit Ihrem Benutzernamen und Kennwort an. Falls Sie dies auf dem besagten Rechner das erste Mal machen, wird Ihnen zur Bestätigung ein sechsstelliger Code zugesandt – den Sie zur Authentifizierung eingeben.
3. Klicken Sie auf das Symbol *iPhone-Suche* und geben Sie erneut Ihr Kennwort für iCloud ein.
4. Klicken Sie nun oben auf *Alle Geräte* und wählen Sie dort Ihr iPad aus. Auf einer Karte erscheint ein grüner Punkt, der den gegenwärtigen Aufenthaltsort Ihres iPad darstellt.

5. Klicken Sie auf diesen grünen Punkt und wählen Sie dann eine der folgenden Funktionen:
   - *Ton wiedergeben*: wenn Sie das iPad zu Hause verlegt haben und suchen.
   - *Modus „Verloren"*: Wenn Sie Ihr iPad verloren haben, wird es gesperrt und der hoffentlich ehrliche Finder erhält eine Nachricht, wem es gehört und an wen er sich wenden muss.
   - *iPad löschen*: Wenn Sie das iPad löschen und damit unbrauchbar machen möchten, wählen Sie diese Option.

iPad automatisch löschen

Sofern Ihr iPad per Face ID, Touch ID und Zugangscode abgesichert ist, können Sie eine Einstellung aktivieren, bei der das iPad nach zehn vergeblichen Anmeldeversuchen automatisch gelöscht wird.

Damit soll verhindert werden, dass ein Unbefugter sich über zahllose Anmeldeversuche doch noch an Ihrem iPad anmelden kann.

1. Öffnen Sie die *Einstellungen* und tippen Sie in der linken Spalte auf *Touch ID & Code* oder auf *Face ID & Code*.

2. In der zweiten Spalte tippen Sie auf *Daten löschen* und aktivieren damit, dass Ihr iPad nach zehn fehlgeschlagenen Anmeldeversuchen automatisch komplett gelöscht wird.

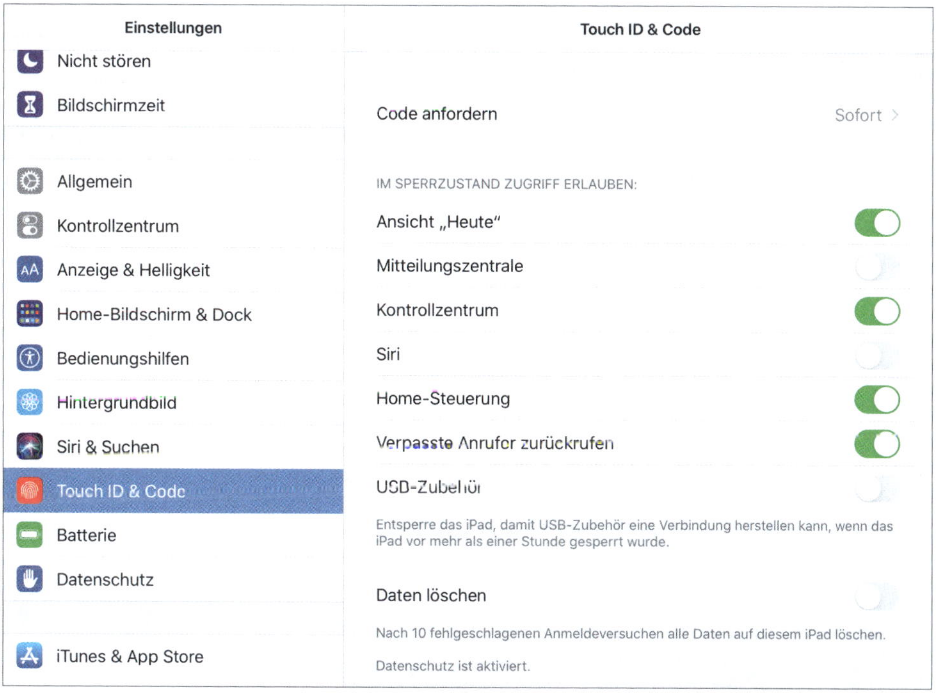

Die »Wo ist?«-App

Zum Lokalisieren Ihrer Geräte sowie der von Familienangehörigen und Freunden können Sie auch, sofern die betroffenen Personen einverstanden sind, die neue »Wo ist?«-App von iPadOS sowie iOS 13 nutzen. Starten Sie diese, erscheint im Hauptfenster unten links eine Liste Ihrer Geräte und der Personen, die Sie suchen können. Hierzu tippen Sie auf das gewünschte Gerät. Sie können dann einen Ton abspielen, es als verloren markieren oder das Gerät löschen, falls es Ihnen abhandengekommen ist. Den Aufenthaltsort von Personen erfahren Sie nur dann, wenn Sie selbst Ihren Standort teilen und damit auf den entsprechenden Eintrag tippen.

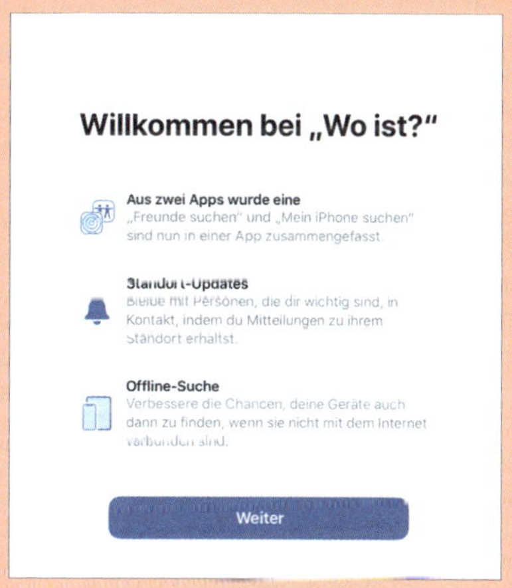

10. Das iPad ergänzen

Das iPad ist ab Werk mit einer Vielzahl praktischer und leistungsfähiger Apps für die wichtigsten Anwendungsbereiche ausgestattet, ansonsten ist Apple aber recht zurückhaltend mit Zubehör. Erwerben Sie ein iPad, dann finden Sie in der Verpackung nur ein Lightning-auf-USB-Kabel und bei einem iPad Pro ab der dritten Generation ein USB-C-auf-USB-Kabel sowie das Netzteil. Ein Apple Pencil liegt keinem iPad bei, auch dem teuren iPad Pro nicht.

In diesem Kapitel finden Sie Tipps, wie Sie Ihr iPad nach Ihren Bedürfnissen und Ihren Erfordernissen entsprechend ausstatten, um größten Nutzen aus ihm zu ziehen – ob dies zusätzliche Apps sind, Tastaturen, Tastaturhüllen und andere Erweiterungsmöglichkeiten.

10.1 Apps

Der große Erfolg von iPad und iPhone ist zu einem großen Teil auf den App Store und die dort verfügbaren Apps der unterschiedlichsten Anwendungsgebiete zurückzuführen. Im Zuge des Upgrades auf iPadOS 13 wurde das Betriebssystem weiter optimiert, sodass Apps nun noch viel schneller starten und, was noch wichtiger ist, weit weniger Speicherplatz benötigen. Laut Apple können diese bis zu 60 % kleiner werden. Das sorgt gleichzeitig dafür, dass das Herunterladen sowie die Aktualisierung weniger Zeit benötigen.

Das Ganze hat allerdings einen Haken. So müssen die Apps von den Entwicklern erst entsprechend optimiert werden und Sie selbst müssen sie neu herunterladen. Apps für das iPad (und iPhone) sind übrigens ausschließlich im App Store von Apple erhältlich. Eine andere Bezugsquelle wie z. B. bei Android-Geräten gibt es nicht. Die Abwicklung der Bezahlung erfolgt über Ihr iTunes-Benutzerkonto und die dort angegebene Bezahlmethode.

Apps finden und installieren

Möchten Sie im Angebot stöbern und Apps kaufen und herunterladen, benötigen Sie dazu den App Store auf dem iPad. Der Erwerb über iTunes ist mittlerweile nicht mehr möglich.

1. Starten Sie den App Store. Über *Heute* finden Sie, nach Tagen und Themen geordnet, die redaktionell ausgewählte Apps.
2. Einen Überblick über alle Kategorien, *Charts* der beliebten kostenpflichtigen und kostenlosen Apps finden Sie über einen Fingertipp auf *Apps*. Dasselbe gilt für *Spiele*.
3. Wollen Sie gezielt nach einer App suchen, tippen Sie auf das Suchfeld und geben dort den Suchbegriff ein.
4. Wenn Sie eine App gefunden haben, tippen Sie auf *Laden* bei kostenlosen Apps oder auf das Preisschild bei kostenpflichtigen Apps.

5. Es erscheint ein Fenster, in dem Sie sich – per Touch ID, Face ID oder Eingabe des Kennworts Ihres iTunes-Kontos – identifizieren. Die App wird heruntergeladen und installiert und ist dann auf Ihrem Home-Bildschirm zu finden.

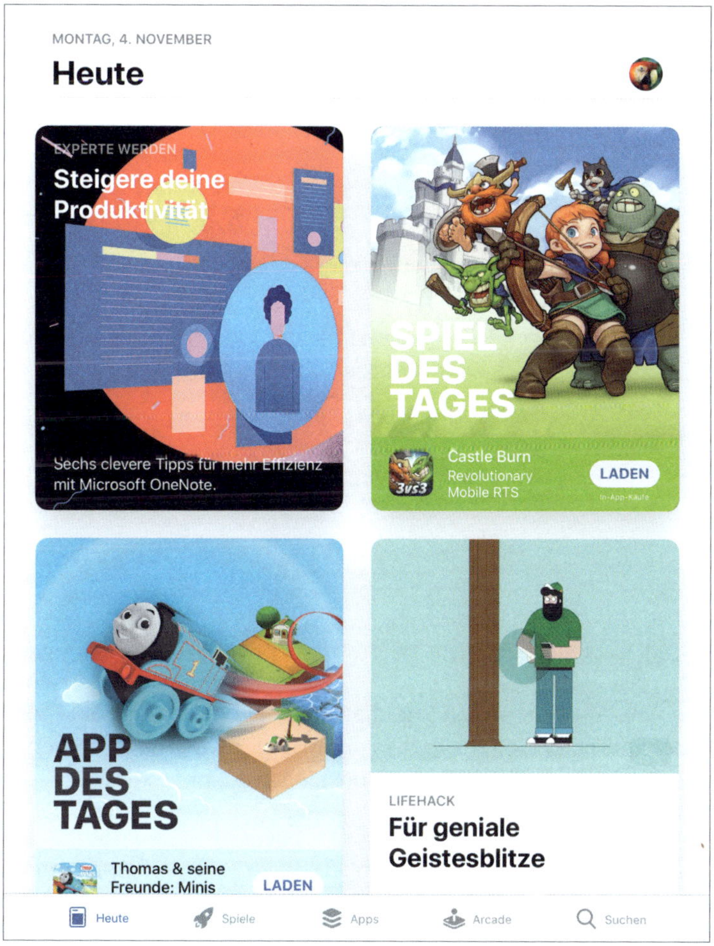

Mit biometrischen Daten einkaufen

Besitzen Sie ein iPad mit Face ID oder Touch ID, brauchen Sie »nur« Ihr Gesicht in die Kamera zu halten oder Ihren Fingerabdruck zu scannen, um eine App herunterzuladen oder zu erwerben. Dazu müssen Sie allerdings zuvor eine Einstellung vornehmen:

1. Öffnen Sie die *Einstellungen* und wählen Sie in der linken Spalte *Touch ID & Code* oder *Face ID & Code*.
2. Schalten Sie rechts unter *Face ID verwenden für* oder *Touch ID verwenden für* die Option *iTunes & App Store* ein.

3. Dazu müssen Sie natürlich Ihren Fingerabdruck oder Ihr Gesicht registriert haben.

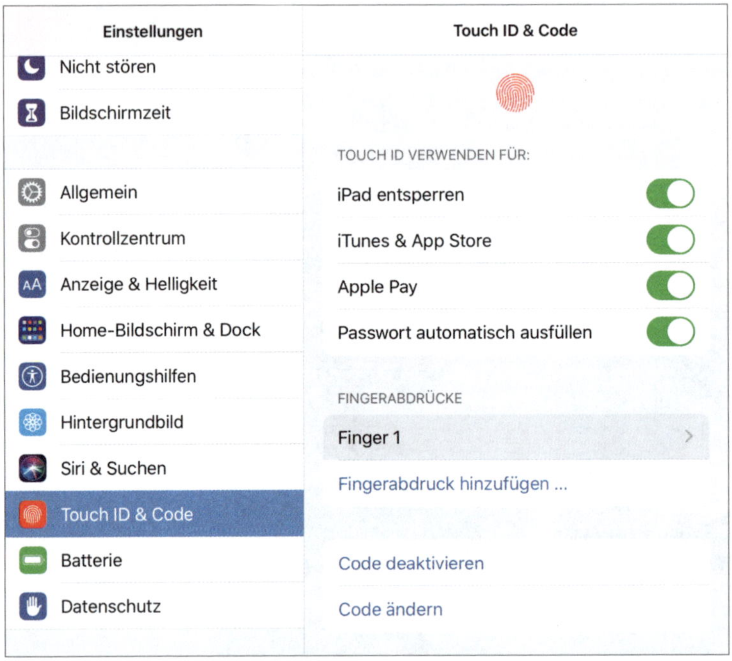

Automatische App-Videos abschalten

Sobald Sie im App Store eine App auswählen und die Vorschau betrachten, läuft das enthaltene App-Video automatisch ab. Wollen Sie dies unterbinden oder dafür sorgen, dass es nur bei einer Internetverbindung über WLAN abgespielt wird, nehmen Sie diese Einstellung vor:

1. Öffnen Sie die *Einstellungen* und wählen Sie im linken Bereich *iTunes & App Store*.
2. Tippen Sie in der rechten Spalte auf *Automatische Wiedergabe* und wählen Sie dort *Aus* oder *Nur WLAN*.

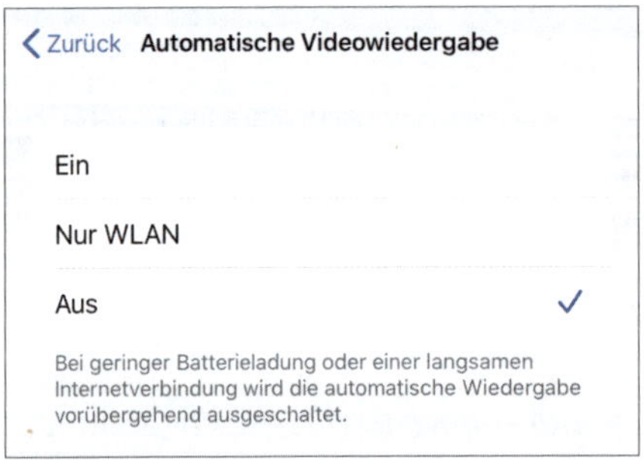

Herunterladen von Apps pausieren

Falls das Herunterladen einer App zu lange dauert und Sie es anhalten wollen, dann tippen Sie einfach auf das Ladesymbol (Kreis) im App Store oder, falls dieser angezeigt wird, auf den Home-Bildschirm. Zur Wiederaufnahme des Downloads tippen Sie erneut auf das Ladesymbol.

Apps automatisch aktualisieren

Nahezu tagtäglich erscheinen Updates der auf Ihrem iPad installierten Apps. Vor allem, wenn eine neue Version von iPadOS erscheint, passen die Entwickler ihre Apps entsprechend an und stellen diese den Kunden zur Verfügung – in der Regel kostenlos.

Damit Sie nicht jedes Update selbst bestätigen müssen, können Sie den App Store anweisen, diese automatisch vorzunehmen:

1. Öffnen Sie die *Einstellungen* und wählen Sie links *iTunes & App Store*.
2. Schalten Sie in der rechten Spalte die Funktion *App-Updates* ein. Den Zeitpunkt der automatischen Updates können Sie nicht bestimmen. Dies hängt unter anderem davon ab, ob das iPad an einem WLAN-Netzwerk angemeldet ist.
3. Wie viele Updates momentan zur Verfügung stehen, erkennen Sie an der kleinen Zahl rechts oben am App-Store-Symbol.

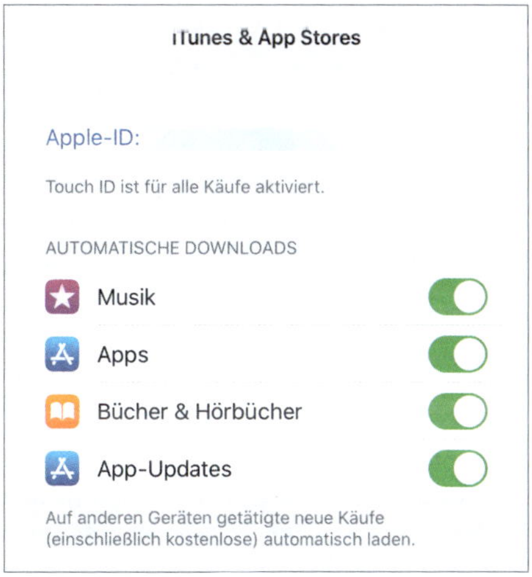

Sprache einzelner Apps ändern

Bisweilen ist es besser, eine App in der Originalsprache oder in Ihrer Muttersprache zu nutzen, beispielsweise, weil Sie die Menüeinträge und Hilfetexte besser verstehen oder weil diese einfach zu schlecht übersetzt sind. In diesem Fall können Sie, sofern unterstützt, die Sprache der App ändern, und zwar ohne die Sprache von iPadOS 13 komplett umstellen zu müssen.

In diesem Fall gehen Sie wie folgt vor:

1. Öffnen Sie die *Einstellungen* und blättern Sie nach unten, bis die Einstellungen der einzelnen Apps erscheinen.
2. Wählen Sie die gewünschte App aus und tippen Sie in der rechten Spalte auf *Sprache*.

3. Suchen Sie die gewünschte Sprache und tippen Sie auf den Eintrag. Unter *Bevorzugte Sprache* finden Sie Ihre Muttersprache – hier *Deutsch* – sowie Englisch.

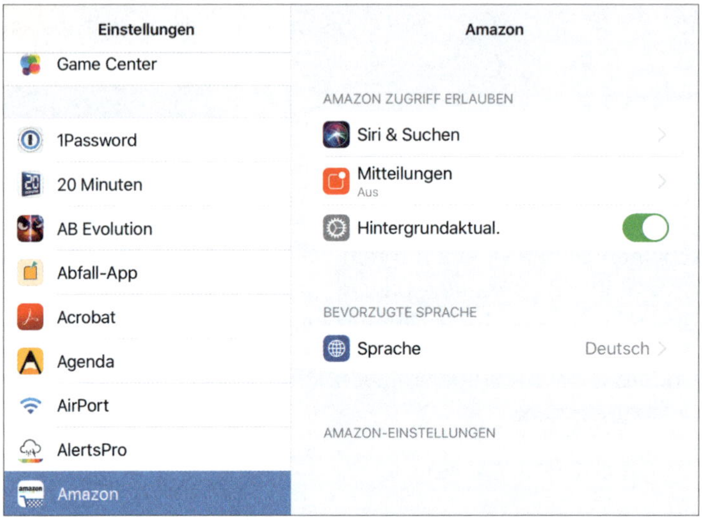

Apps gezielt aktualisieren

Findet die Aktualisierung der auf Ihrem iPad installierten Apps nicht schnell genug statt oder wollen Sie eine bestimmte App sofort aktualisieren, ohne zu warten, ist auch das möglich.

1. Öffnen Sie den App Store und tippen Sie oben rechts auf Ihr Benutzerkonto. Dort blättern Sie nach unten bis zu *Anstehende automatische Updates*. Dort finden Sie heraus, für welche Apps Updates zur Verfügung stehen.
2. Möchten Sie das Update einer App gezielt installieren, tippen Sie auf *Aktualisieren*.
3. Blättern Sie noch weiter nach unten, finden Sie unter *Vor Kurzem aktualisiert* die zuletzt aktualisierten Updates.
4. Sollen alle ausstehenden Updates durchgeführt werden, tippen Sie auf *Alle aktualisieren*. Beachten Sie aber, dass das geraume Zeit in Anspruch nehmen kann.

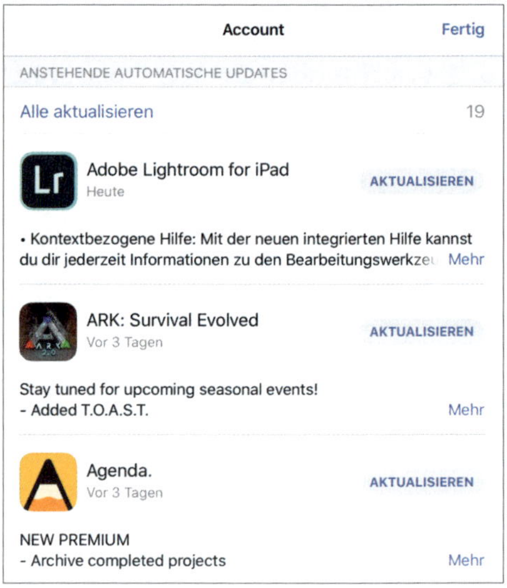

Optimierte Apps aktualisieren

Wie oben bereits erwähnt, starten Apps unter iPadOS 13 schneller und benötigen weniger Speicherplatz, allerdings müssen sie dazu erstens vom Entwickler entsprechend angepasst werden und zweitens von Ihnen selbst im App Store erneut heruntergeladen und installiert werden.

Damit Sie nicht alle Apps löschen, neu suchen und installieren müssen, können Sie es auch auf die folgende Weise erreichen:

1. Öffnen Sie die *Einstellungen* und tippen Sie links auf *Allgemein* sowie *iPad-Speicher*.
2. Wählen Sie rechts die gewünschte App aus und tippen Sie auf *App auslagern*.
3. Die eigentliche App wird vom iPad gelöscht, deren Daten und Dokumente bleiben aber erhalten, ebenso das Symbol der App auf dem Home-Bildschirm.
4. Um die optimierte Version der App zu bekommen, tippen Sie auf das Symbol mit der Wolke.
5. Die optimierte Version der App wird – sofern bereits vom Entwickler aktualisiert – heruntergeladen.

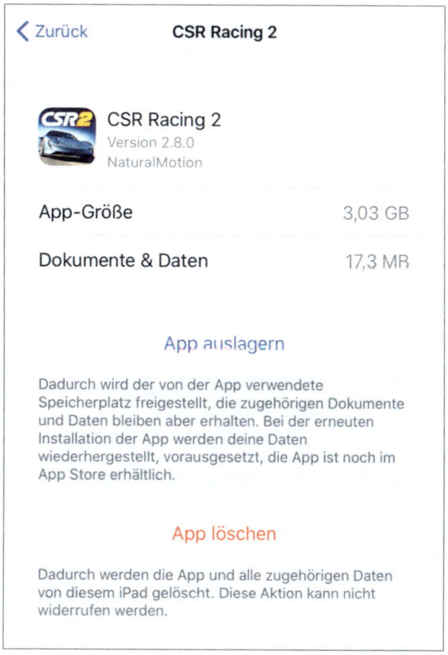

Apps auf gleichem Stand halten

Nutzen Sie mehrere iPadOS- und iOS-Geräte wie ein iPad und ein iPhone, können Sie dafür sorgen, dass Ihre Apps auf allen Geräten auf dem gleichen Stand bleiben – also auf einem Gerät erworbene oder heruntergeladene Apps auch auf dem anderen installiert werden:

1. Öffnen Sie die *Einstellungen* und wählen Sie im linken Bereich den Eintrag *iTunes & App Store*.
2. Schalten Sie auf der rechten Seite unter *Automatische Downloads* die entsprechende Funktion für *Apps* sowie *App-Updates* ein. Ist eine App sowohl für das iPad als auch das iPhone verfügbar, wird sie automatisch auf beiden Geräten installiert.
3. Sollen die Apps auch dann heruntergeladen werden, wenn Ihr iPad nur über das Mobilfunknetz mit dem Internet verbunden ist, schalten Sie auch unter *Mobile Daten* die Option *Automatische Downloads* ein.

4. Neben dem Eintrag *App-Downloads* können Sie zudem angeben, bis zu welcher Größe Apps automatisch heruntergeladen werden und ab wann es nötig ist, Ihre Zustimmung zu erfragen.

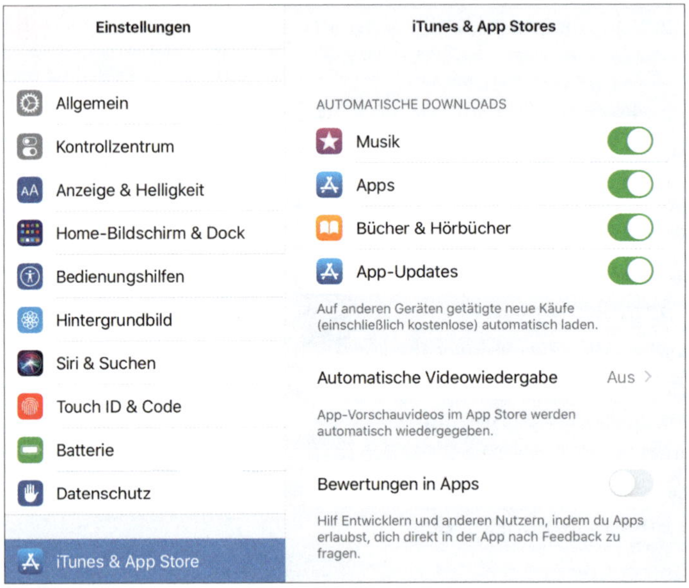

Überzählige Apps löschen

Um auf dem iPad Speicherplatz zu sparen, können Sie Apps, die Sie nicht mehr benötigen, löschen.

1. Wählen Sie den Home-Bildschirm oder Ordner aus, in dem sich besagte App befindet.
2. Drücken Sie so lange auf das App-Symbol, bis alle Apps und Ordner anfangen zu wackeln.

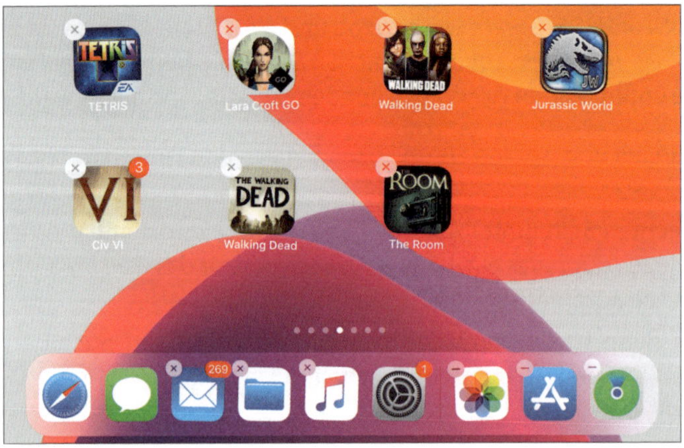

3. Nun tippen Sie auf das kleine Kreuz links oben am Symbol, um die App zu löschen. Bestätigen Sie die Sicherheitsabfrage, indem Sie auf *Löschen* tippen, wird die App entfernt.
4. Alternativ können Sie die App auch über deren Kontextmenü löschen. Tippen Sie dazu auf das Symbol, bis das Kontextmenü angezeigt wird, und anschließend auf *Löschen*.

Apps über den App Store löschen

Unter Umständen können Apps auch über den App Store gelöscht werden. Dies funktioniert allerdings nur dann, wenn gerade ein Update der App zur Verfügung steht. In diesem Fall gehen Sie auf die folgende Weise vor:

1. Starten Sie den App Store und tippen Sie rechts oben auf Ihr Benutzerkonto.
2. Dort wählen Sie die Option *Anstehende automatische Updates*.
3. Unter *Alle aktualisieren* finden Sie die Apps, für die ein Update vorliegt. Um eine App zu löschen, wischen Sie auf dem Eintrag von rechts nach links und tippen auf *Löschen*.

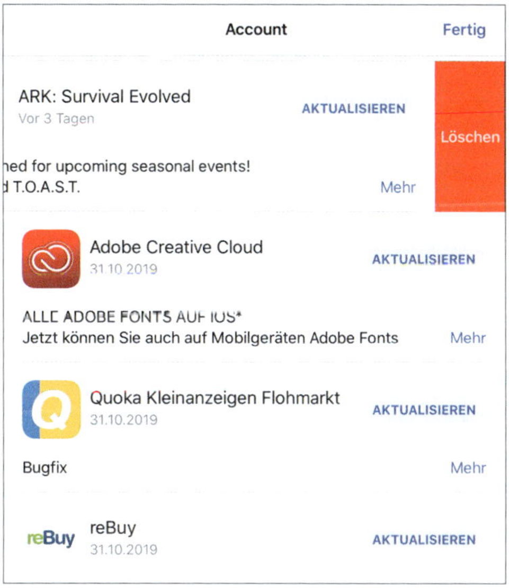

Apps mit Abos kündigen

Manche Apps sind nicht per Einmalzahlung, sondern nur im Abo erhältlich. Möchten Sie eine App nicht mehr nutzen, müssen Sie dazu zunächst das Abo kündigen.

1. Starten Sie den App Store und tippen Sie rechts oben auf Ihr Benutzerkonto.
2. Dort wählen Sie den Eintrag *Abonnements* und tippen unter *Aktiv* auf das entsprechende Abonnement.
3. Dann entscheiden Sie sich für *Abo kündigen*. Beachten Sie jeweils die Kündigungsfristen des Anbieters.

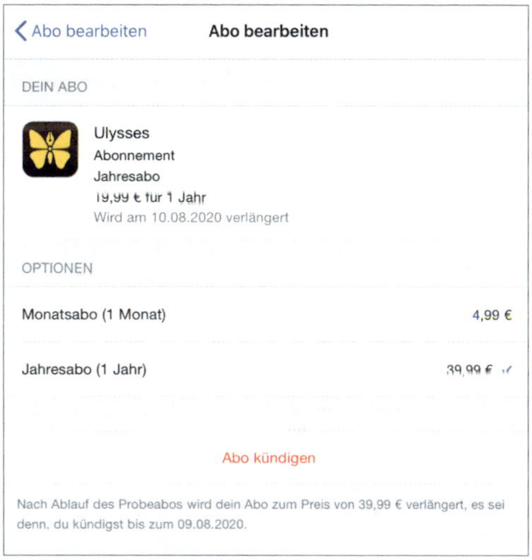

Erworbene Apps erneut installieren

Jede App, die Sie im App Store erworben oder heruntergeladen haben, können Sie auf allen Ihren kompatiblen Geräten installieren, auf denen Sie mit Ihrer Apple-ID angemeldet sind, und zudem auch so oft installieren, wie Sie wollen.

Haben Sie also eine App gelöscht und merken später, dass Sie diese nun doch wieder benötigen, laden Sie sie auf die folgende Weise herunter:

1. Starten Sie den App Store und tippen Sie rechts oben auf Ihr Benutzerkonto.
2. Im folgenden Fenster wählen Sie *Käufe* aus. Die Liste aller Ihrer in der Vergangenheit erworbenen Apps wird angezeigt.
3. Möchten Sie alle Apps anzeigen, die nicht auf Ihrem iPad installiert sind, wählen Sie das Register *Nicht a. d. iPad*. Alternativ können Sie auch über das Suchfeld nach der App suchen.
4. Über einen Fingertipp auf das Wolkensymbol laden und installieren Sie die App erneut auf Ihrem iPad.

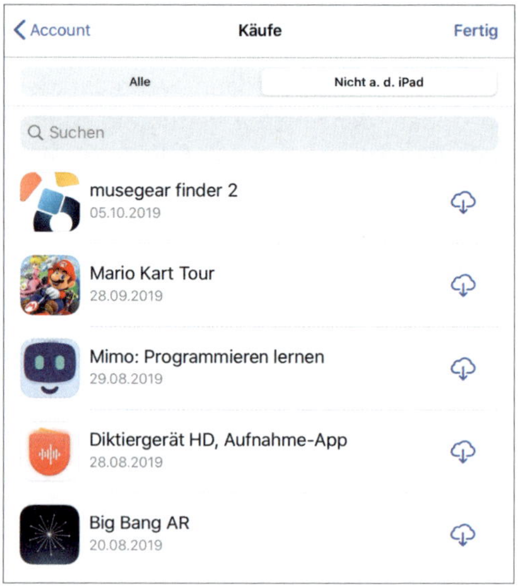

Apps reklamieren und zurückgeben

Falls Sie eine App irrtümlich erworben haben oder diese nicht Ihren Vorstellungen entspricht, können Sie sie reklamieren und ggf. zurückgeben.

Am bequemsten ist dies über den Mac oder Windows-PC sowie iTunes bzw. ab macOS Catalina über die Music-App möglich.

1. Starten Sie iTunes und klicken Sie rechts oben auf *Store*.
2. Melden Sie sich über einen Mausklick auf *Account* bei Ihrem iTunes-Konto an. Klicken Sie dort auf *Einkaufsstatistik* sowie auf *Alle anzeigen*.
3. Nun klicken Sie auf *Mehr/Problem melden* und wählen zuvor die App oder den Kauf aus. Folgen Sie den Anweisungen und schildern Sie das Problem.
4. Wird die Rückgabe genehmigt, wird der Betrag erstattet und Ihrem iTunes-Konto gutgeschrieben.

Inkompatible Apps finden

Auf Ihrem iPad mit iPadOS laufen nur noch Apps, die für die 64-Bit-Architektur programmiert bzw. entsprechend aktualisiert wurden. Stellt der Entwickler kein Update zur Verfügung oder wurde das Update nicht installiert, können Sie die entsprechenden Apps nicht mehr nutzen.

Welche inkompatiblen Apps sich auf Ihrem iPad befinden, finden Sie wie folgt heraus:

1. Öffnen Sie die *Einstellungen* und wählen Sie in der linken Spalte den Eintrag *Allgemein*.
2. Tippen Sie in der rechten Spalte nun auf *Info* und dann auf *Apps*.
3. Sofern vorhanden, werden nun die Apps aufgelistet, die unter iPadOS 13 nicht mehr funktionieren.
4. Sie können abwarten, ob und wann der Entwickler ein Update zur Verfügung stellt, oder die App löschen. Sind auf Ihrem iPad keine entsprechenden Apps installiert, können Sie nicht auf den Eintrag *Apps* tippen.

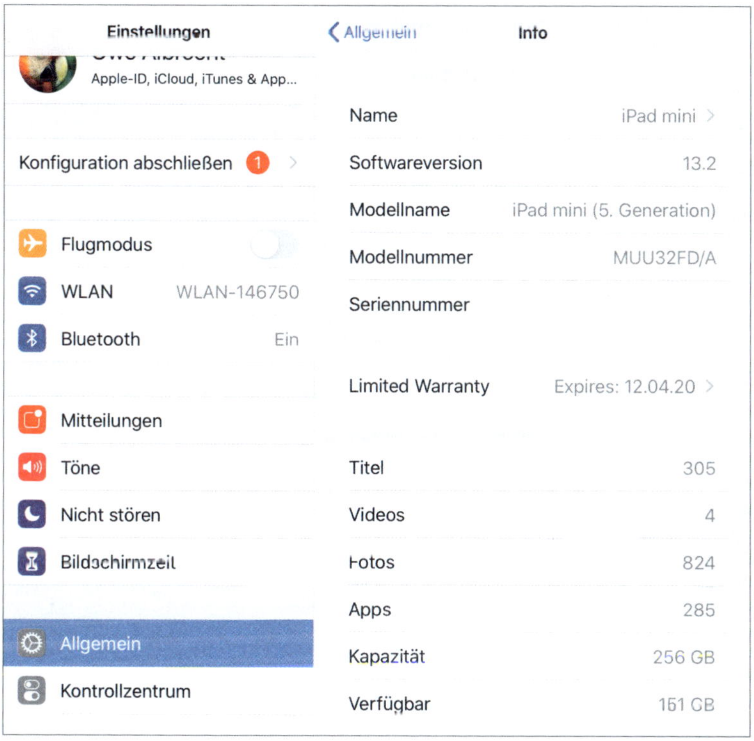

Keine Zwangsbewertung von Apps mehr

Falls Sie die Frage nach der Bewertung einer App stört, können Sie diese abschalten:

1. Öffnen Sie die *Einstellungen* und wählen Sie in der linken Spalte *iTunes & App Store*.
2. In der rechten Spalte tippen Sie rechts vom Eintrag *Bewertungen in Apps* auf den Schalter, um die Frage nach der Bewertung ggf. zu unterbinden.

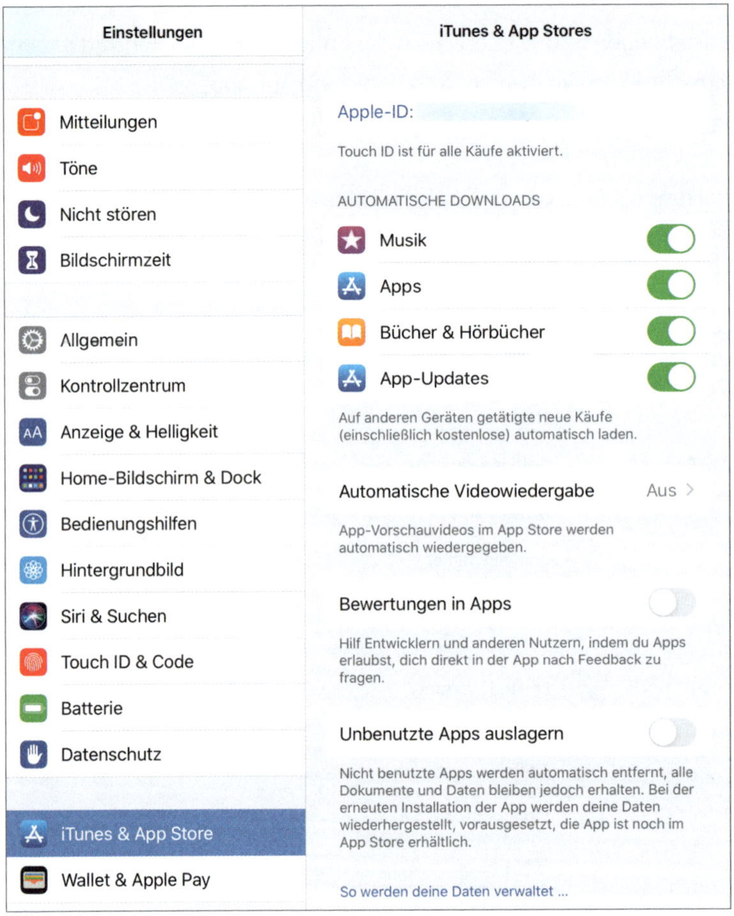

10.2 Die Smart Keyboards von Apple

Mit dem Smart Keyboard für das iPad und iPad Air 3 sowie dem Smart Keyboard Folio für das iPad Pro hat Apple praktische, aufklappbare und gleichzeitig auch als Hüllen dienende Tastaturen im Angebot, die aus Ihrem iPad einen Laptop zaubern, der für die allermeisten Aufgaben unterwegs verwendet werden kann.

Zwar sind das Smart Keyboard sowie das Smart Keyboard Folio mit 179–219 Euro nicht gerade günstig, dafür aber von sehr guter Qualität, und Sie müssen diese – im Gegensatz zu günstigeren Tastaturen und Tastaturhüllen von Drittherstellern – nicht aufladen und per Bluetooth mit dem iPad koppeln. Stattdessen werden sie über den Smart Connector mit dem iPad verbunden. Was Sie sonst noch alles aus den Smart Keyboards herausholen können, erläutern Ihnen die folgenden Tipps.

Tastenkombinationen für den Home-Bildschirm

Auch wenn es nicht auf den ersten Blick ersichtlich ist, funktionieren bei einem angeschlossenen Smart Keyboard oder Smart Keyboard Folio einige nützliche Tastenkombinationen für den Home-Bildschirm. Um eine Übersicht aufzurufen, drücken Sie einfach etwas länger die cmd ⌘-Taste.

Verfügbar sind auf dem Home-Bildschirm z. B. die folgenden Tastenkombinationen:

- cmd ⌘+H: zum Home-Bildschirm wechseln
- cmd ⌘+Leer: Suche mit Spotlight
- cmd ⌘+→|: App-Umschalter
- alt ⌥+cmd ⌘+D: Dock einblenden

Tastenkombinationen für unterschiedliche Apps nutzen

Zahlreiche Apps wie *Safari*, *Mail*, die Kalender- oder Dateien-App und viele andere mehr können ebenfalls mit Tastenkombinationen bedient werden. Alle verfügbaren Tastenkombinationen an dieser Stelle im Detail aufzuführen und zu erläutern, würde den Rahmen des Kapitels sprengen. Welche Tastenkombinationen verfügbar sind, finden Sie wie folgt heraus:

1. Starten Sie die App mit einem Fingertipp auf das Symbol im Dock oder auf dem Home-Bildschirm.
2. Drücken Sie die cmd ⌘-Taste, bis die Übersicht der verfügbaren Tastenkombinationen in einem leicht transparenten Fenster erscheint.

Emojis mit den Smart Keyboards eingeben

Zwar lassen sich direkt mit dem Smart Keyboard oder Smart Keyboard Folio keine Emojis eingeben, aber Sie können die verfügbaren Emojis aufrufen und dann per Fingertipp auswählen:

1. Starten Sie eine App, bei der die Eingabe von Text möglich ist, wie die Nachrichten-App, *Mail* oder eine Textverarbeitung.
2. Drücken Sie die Taste mit der Weltkugel, bis das dazugehörige Menü erscheint. Hier wählen Sie *Emoji* aus. Über das Symbol ganz unten wechseln Sie zwischen den einzelnen Gruppen von Emojis.
3. Um das Emoji einzugeben, tippen Sie darauf und fügen es damit in Ihren Text ein.

Die Smart Keyboards einstellen

Wollen Sie Einstellungen für Ihr Smart Keyboard oder Smart Keyboard Folio vornehmen, z. B. eine weitere Eingabesprache hinzufügen, geschieht das über die Einstellungen:

1. Öffnen Sie die *Einstellungen*, tippen Sie dort in der linken Spalte auf *Allgemein* und dann in der rechten Spalte auf *Tastatur*.

2. Wählen Sie zunächst den Eintrag *Tastaturen* und installieren Sie über *Tastatur hinzufügen* eine neue Eingabesprache.
3. Wechseln Sie dann wieder zur Einstellung *Tastatur* und tippen Sie auf *Hardwaretastatur*.
4. Oben wird die neu hinzugefügte Eingabesprache aufgelistet. Tippen Sie darauf und dann auf *Automatisch*.

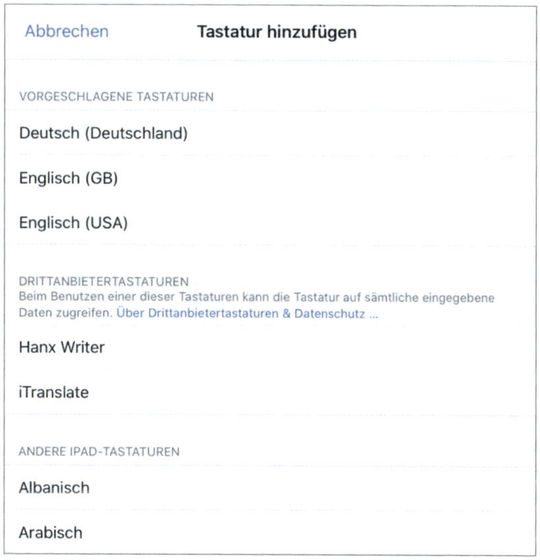

Eingabesprache wechseln

Falls auf Ihrem iPad mehrere Eingabesprachen aktiviert und damit verfügbar sind, können Sie über die Taste mit dem Weltkugel-Symbol die Eingabesprache wechseln:

1. Starten Sie eine App, bei der die Eingabe von Text möglich ist.
2. Drücken Sie die Taste mit der Weltkugel, bis das dazugehörige Menü erscheint. Hier wählen Sie die gewünschte Eingabesprache, beispielsweise *English (UK)* aus.

Schutz fürs iPad

Da ein iPad einen nicht unbeträchtlichen Wert darstellt und unter Umständen auch einmal weiterverkauft oder weitergegeben wird, sollten Sie es pfleglich behandeln und schützen. Es empfiehlt sich, eine Hülle zu benutzen, die die Rückseite und den empfindlichen Rand schützt, sowie eine Displayschutzfolie, um ein Zerkratzen des Bildschirms zu verhindern. Zudem gibt es Displayschutzfolien, die Fett und Fingerabdrücke abweisen sowie matt und entspiegelnd wirken. Des Weiteren sollten Sie das iPad – trotz Hülle – in einer gut gepolsterten Tasche transportieren, wenn Sie unterwegs sind. Passende Taschen, Hüllen und Displayschutzfolien gibt es im gut sortierten Fachhandel sowie online.

10.3 Bluetooth-Tastaturen

Statt eines Smart Keyboard oder Smart Keyboard Folio können Sie an Ihrem iPad auch eine herkömmliche Bluetooth-Tastatur verwenden – entweder eine externe Tastatur oder eine Tastaturhülle, die unterschiedliche Hersteller im Angebot haben.

Nutzen Sie kein iPad mit Smart Connector, ist das sogar die einzige Möglichkeit. Bluetooth-Tastaturen haben Vor- und Nachteile. So sind externe Bluetooth-Tastaturen flexibler verwendbar – vor allem im stationären Betrieb. Das Schreiben mit einer Tastatur in normaler Größe und Beschaffenheit ist zudem komfortabler.

Bei einer Tastaturhülle ist dies wieder etwas anderes. Hier müssen Sie bezüglich des Komforts einige Einschränkungen hinnehmen, da die Tasten meist etwas kleiner sind als bei einer externen Tastatur. Zudem müssen Bluetooth-Tastaturen, ob extern oder als Bestandteil einer Tastaturhülle, regelmäßig aufgeladen und mit dem iPad gekoppelt werden.

Beiden Lösungen ist jedoch gemein, dass sie meist weit günstiger zu erwerben sind als die Apple Smart Keyboards. Zudem verfügen sie über zusätzliche Tasten zum Abspielen von Medien und zum Einstellen der Helligkeit des Bildschirms und der Lautstärke.

Bluetooth-Tastatur koppeln

Anders als die Apple Smart Keyboards, die automatisch über den Smart Connector mit dem iPad verbunden werden, müssen Sie Bluetooth-Tastaturen wie das Apple Wireless Keyboard mit dem iPad koppeln.

1. Öffnen Sie die *Einstellungen* und wählen Sie in der linken Spalte *Bluetooth*. Schalten Sie in der rechten Spalte *Bluetooth* ein.
2. Schalten Sie die Bluetooth-Tastatur ebenfalls ein, sofern das erforderlich ist. Und aktivieren Sie, sofern erforderlich, den Kopplungsmodus.
3. Nun sollte sie in den Bluetooth-Einstellungen unter *Andere Geräte* erscheinen. Tippen Sie auf den Namen der Tastatur.

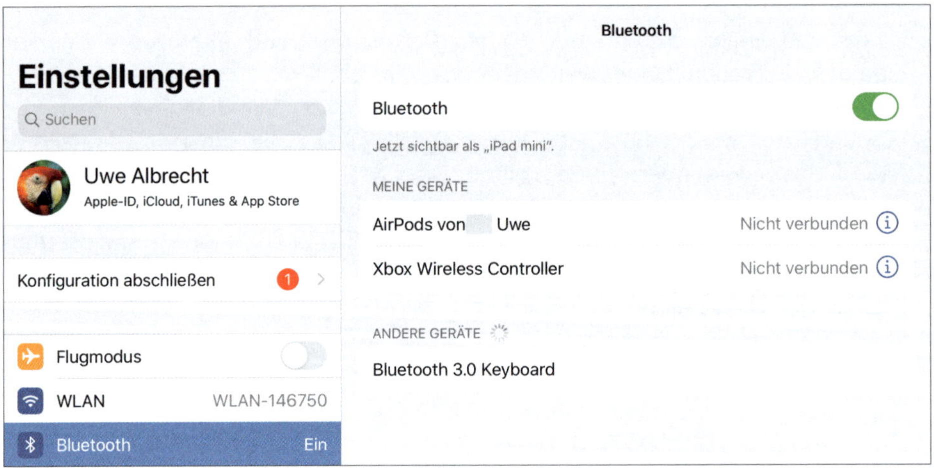

4. In der Regel wird nun ein vierstelliger Code angezeigt, den Sie auf der Tastatur eingeben und mit der ⏎-Taste bestätigen. Anschließend können Sie die Tastatur am iPad verwenden.
5. Zum späteren Entkoppeln der Tastatur, damit Sie diese an einem anderen Gerät verwenden können, tippen Sie auf das *i*-Symbol neben *Verbunden* und dann auf *Dieses Gerät ignorieren*.

Bluetooth-Tastaturen anderer Hersteller

Bluetooth-Tastaturen anderer Hersteller als Apple lassen sich ebenso am iPad nutzen. Allerdings können sich dort die Anordnung der Tasten sowie die Beschriftung unterscheiden. In diesem Fall konsultieren Sie das Handbuch oder probieren einfach aus, was welche Sondertaste am iPad bewirkt. Die Installation von Gerätetreibern ist normalerweise nicht erforderlich.

Sondertasten

Bluetooth-Tastaturen, wie das Apple Wireless Keyboard, besitzen zahlreiche Sondertasten für macOS, die auch am iPad genutzt werden können – ohne dass ein Gerätetreiber installiert werden muss. Dies gilt meist auch für anderweitige Mac-kompatible Bluetooth-Tastaturen anderer Hersteller. Folgende Tasten können genutzt werden:

- F1 und F2: Bildschirm heller und dunkler
- F11 und F12: Ton lauter und leiser
- F10:: Ton aus
- F8: Musiktitel abspielen/pausieren
- F7 und F9: vorheriger Titel und nächster Titel
- Auswurftaste: Bildschirmtastatur aus- und einblenden
- ⇥: zum nächsten Texteingabefeld springen
- Pfeiltasten: den Cursor bewegen
- cmd ⌘: mögliche Tastenkombinationen anzeigen

Weitere Schriften nutzen

Unter iPadOS 13 können Sie endlich auch am iPad andere Schriften als die vorinstallierten nutzen. Diese finden Sie, sofern vorhanden, im App Store. Dort können Sie die Schriften erwerben und installieren. Verwenden können Sie die Schriften in der Regel mit allen Apps, in denen Sie schreiben und Texte eingeben.

10.4 Der Apple Pencil

Der Apple Pencil, den es in zwei Ausführungen gibt, funktioniert mittlerweile mit allen aktuellen iPad-Modellen, vom iPad mini 5 bis zum iPad Pro der dritten Generation. Während Sie für das iPad Pro der dritten Generation den etwas teureren Apple Pencil (2. Generation) benötigen, funktioniert der ursprüngliche Apple Pencil (1. Generation) mit allen anderen kompatiblen iPad-Modellen. Der Apple Pencil dient in beiden Ausführungen allerdings weniger der Bedienung des Tablets, wie z. B. die im Fachhandel erhältlichen günstigen Tablet-Stifte mit gummierter Spitze, sondern vor allem zum Markieren, Schreiben und Zeichnen.

Das Zeichnen auf dem Bildschirm des iPad und iPad Pro ist sehr dem Zeichnen mit Papier und herkömmlichen Stiften vergleichbar, Sie können fast die gleichen Techniken anwenden und müssen dabei vor allem den Handballen nicht hochheben, weil der Bildschirm eine Handballenerkennung besitzt. Allerdings müssen Sie den Apple Pencil (1. Generation) für 99 Euro und den Apple Pencil (2. Generation) für 135 Euro gesondert erwerben.

Apple Pencil (1. Generation) oder Apple Pencil (2. Generation)?

Wie bereits erwähnt benötigen Sie für das iPad Pro ab der dritten Generation den Apple Pencil (2. Generation). Für alle anderen gegenwärtig bei Apple lieferbaren iPads oder iPad-Pro-Geräte der ersten und zweiten Generation ist der Apple Pencil (1. Generation) erforderlich. Der offensichtliche Unterschied ist der, dass der Apple Pencil (1. Generation) etwas anders aussieht und zudem über die Lightning-Schnittstelle Ihres iPad gekoppelt und aufgeladen wird. Der Apple Pencil (2. Generation) haftet per Magnet am rechten Rand des iPad Pro und wird auf diese Weise kabellos aufgeladen und automatisch gekoppelt. Des Weiteren ist der Apple Pencil (2. Generation) bislang auf den Bildschirm des iPad Pro ab der dritten Generation zugeschnitten und kann ausschließlich mit diesem genutzt werden. Eine Bluetooth-Verbindung ist übrigens für beide Apple Pencil erforderlich.

Den Apple Pencil koppeln

Damit Sie mit dem Apple Pencil (1. Generation) auf Ihrem iPad zeichnen und schreiben können, müssen Sie diesen erstens aufladen und zweitens koppeln. Dies geschieht auf die folgende Weise:

1. Entfernen Sie die Kappe des Apple Pencil, unter dem sich der Lightning-Stecker befindet.
2. Verbinden Sie den Apple Pencil mit dem Lightning-Anschluss Ihres iPad.
3. Der Apple Pencil wird automatisch gekoppelt und ist unter *Meine Geräte* in den *Bluetooth*-Einstellungen Ihres iPad zu finden.
4. Zudem wird er aufgeladen, solange er mit dem Lightning-Anschluss verbunden ist.

Den Apple Pencil (1. Generation) schneller aufladen

Noch schneller laden Sie den Apple Pencil (1. Generation) auf, wenn Sie ihn mit dem beiliegenden Adapter und einem Lightning-auf-USB-Kabel an eine USB-Schnittstelle Ihres Mac oder Windows-PCs anschließen.

Den Apple Pencil (2. Generation) verbinden

Um den Apple Pencil (2. Generation) mit einem kompatiblen iPad Pro zu koppeln, genügt es, ihn an der rechten Seite des iPad magnetisch anzubringen. Dann wird er automatisch mit dem iPad gekoppelt und gleich aufgeladen. Allerdings muss in den *Einstellungen* des iPad *Bluetooth* aktiviert sein.

Akkukapazität des Apple Pencil feststellen

Die Akkukapazität Ihres Apple Pencil stellen Sie direkt am iPad fest. Dazu muss Ihr Pencil allerdings mit dem iPad gekoppelt sein.

1. Wischen Sie auf dem Bildschirm von links nach rechts, um die Mitteilungszentrale anzuzeigen.
2. In der Mitteilungszentrale blättern Sie nach unten bis zum Widget *Batterien*. Dort wird angezeigt, welche Akkukapazität das iPad und der Apple Pencil noch vorweisen.

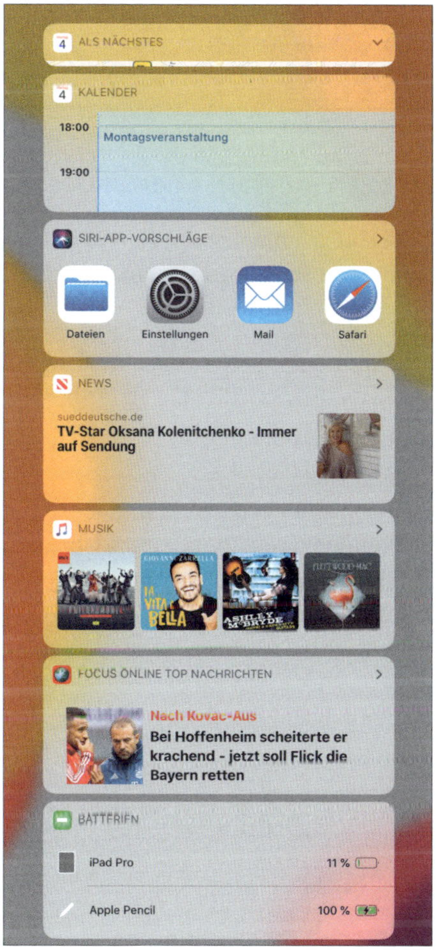

Wie lange man mit dem Apple Pencil arbeiten kann

Besitzt der Apple Pencil eine Speicherkapazität von 100 %, können Sie ihn ungefähr zehn bis zwölf Stunden benutzen. Ist er ganz leer, lässt er sich schnell wieder in Gang bringen, indem Sie ihn kurz (wenige Minuten) aufladen Dann lässt er sich wieder für eine halbe Stunde oder sogar etwas länger benutzen.

Logitech Crayon – die Alternative zum Apple Pencil (1. Generation)

Mit dem Crayon von Logitech gibt es eine kostengünstigere Alternative für den Apple Pencil (1. Generation). Mit knapp 60 Euro und seiner eher flachen, breiteren Bauweise ist er vor allem – aber nicht nur – für Schüler und den Unterricht am iPad gedacht. Die Bauweise soll verhindern, dass er wegrollt, sodass er besser mit Kinderhänden bedient werden kann. Der Logitech Crayon wird ebenfalls über die Lightning-Schnittstelle aufgeladen. Gekoppelt wird er, indem Sie ihn einschalten. Eine grüne LED zeigt an, dass er betriebsbereit ist. Der Logitech Crayon kann allerdings nicht am iPad Pro genutzt werden, er funktioniert ausschließlich am iPad, iPad Air 3 und iPad mini 5.

Notizen auf dem Sperrbildschirm

Um schnell einmal etwas zu notieren, müssen Sie sich nicht unbedingt am iPad anmelden und die Notizen-App starten. Notizen und Zeichnungen können Sie auch gleich auf dem Sperrbildschirm erstellen.

1. Falls noch nicht erfolgt, wechseln Sie zum Sperrbildschirm, indem Sie die Stand-by-Taste oben drücken.
2. Bewegen Sie den Apple Pencil kurz über den Sperrbildschirm oder tippen Sie kurz zweimal darauf.
3. Nach einem kurzen Moment erscheint die Notizen-App mit einem leeren Blatt und Sie können direkt loslegen und Ihre Notiz machen oder Skizze erstellen.
4. Die Notiz oder Skizze wird als neue Notiz angelegt, und wenn Sie diese später erneut aufrufen wollen, müssen Sie sich per Touch ID, Face ID oder mit Ihrem Zugangscode anmelden.

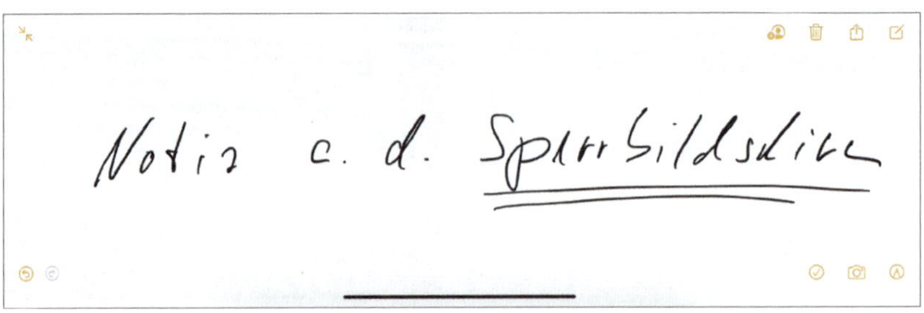

Webseiten markieren und beschriften

Mit dem Apple Pencil können Sie auch Webseiten Markierungen oder handschriftliche Notizen hinzufügen.

1. Starten Sie Safari und rufen Sie die gewünschte Webseite auf, z. B. die zum iPhone 11.
2. Tippen Sie rechts oben auf das Teilen-Feld und dann in der zweiten Reihe auf das Symbol *Markierung*.
3. Die Webseite wird ins PDF-Format konvertiert und geöffnet. Möchten Sie nun die Markierungen anbringen, tippen Sie rechts oben auf das Bleistiftsymbol.
4. Am unteren Rand des Bildschirms erscheinen die bekannten Zeichenwerkzeuge und Farbpaletten. Benutzen Sie diese wie gewohnt.
5. Wenn Sie außerdem rechts unten auf das kleine Plus-Symbol tippen, erscheint ein Menü, in dem Sie einige vorgefertigte Grafiken wie Pfeile finden sowie die Möglichkeit, Textkästen einzufügen.
6. Haben Sie die Markierungen und Notizen abgeschlossen, tippen Sie links oben auf *Fertig* und dann auf *Datei sichern in ...*, um die PDF-Datei zu speichern.

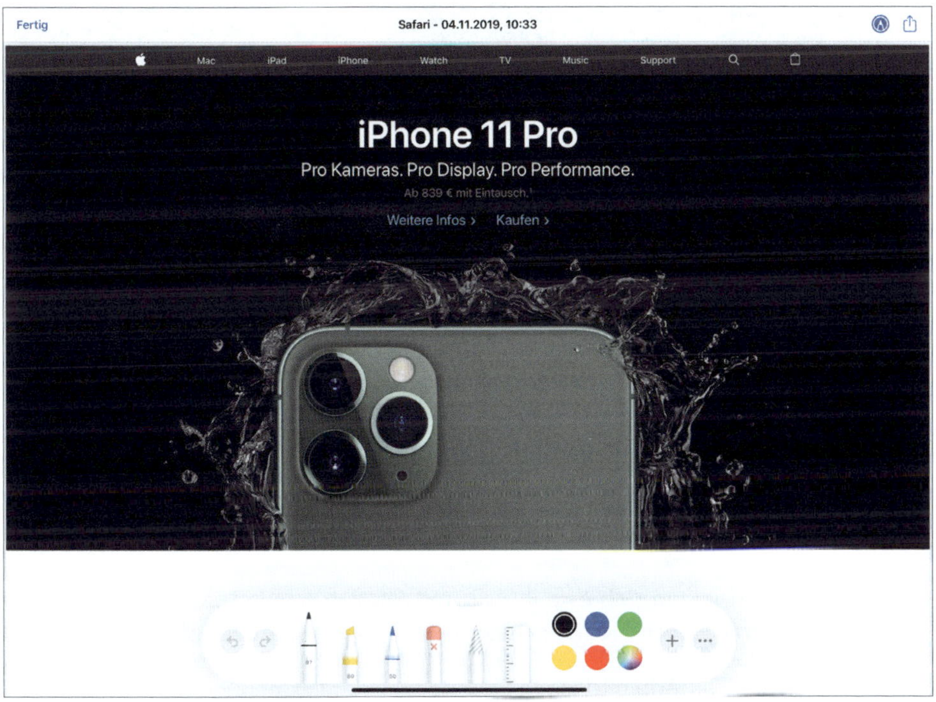

Website oder Dokument auf die Schnelle markieren und beschriften

Das Markieren und Beschriften von Dokumenten mit dem Apple Pencil geht sogar noch schneller als im vorherigen Tipp beschrieben:

1. Öffnen Sie mit Safari eine Webseite und streichen Sie dann mit dem Apple Pencil schnell von der linken unteren Ecke nach oben.
2. Umgehend wird ein Bildschirmfoto erstellt, das Sie markieren, beschriften und nach einem Fingertipp auf *Fertig* über die Fotos-App oder die Dateien-App speichern können.
3. Zudem können Sie entscheiden, ob das Bildschirmfoto nur den aktuellen Bildschirminhalt enthält oder die gesamte Webseite.

Skizzen in E-Mails erstellen

Dank Apple Pencil lassen sich Ihre E-Mails mit Skizzen aufwerten. So könnten Sie beispielsweise eine Wegbeschreibung skizzieren und an Freunde senden.

1. Starten Sie die Mail-App und legen Sie eine neue E-Mail an oder beantworten Sie eine enthaltene.
2. Geben Sie bei Bedarf die E-Mail-Adresse des Empfängers an und eine Betreffzeile. Schreiben Sie den Text der E-Mail.

3. Nun tippen Sie auf das Textfenster der E-Mail, bis das schwarze Kontextmenü erscheint. Hier wählen Sie den Befehl *Zeichnung einfügen*.
4. Im Zeichenfenster erstellen Sie mit den bekannten Zeicheninstrumenten und Farbpaletten die Skizze.
5. Nachdem Sie mit der Skizze oder Zeichnung fertig sind, tippen Sie auf *Fertig* und auf *Zeichnung einfügen*, um sie der E-Mail hinzuzufügen. Versenden Sie die E-Mail nun wie gewohnt.

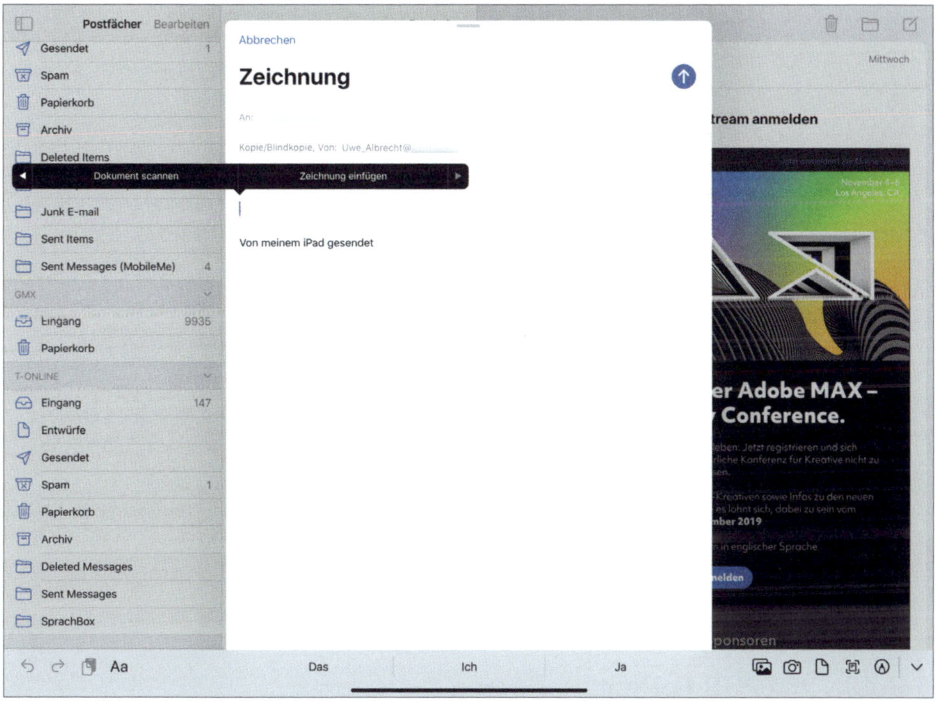

E-Books im PDF-Format markieren

Besonders praktisch ist der Apple Pencil, wenn Sie E-Books gern »aktiv« lesen, also Markierungen und Notizen hinzufügen. Welche Markierungen und Notizen Sie machen können, hängt davon ab, welches Format das E-Book besitzt.

So können Sie in E-Books im PDF-Format nach Herzenslust herumkritzeln:

1. Starten Sie die Bücher-App und öffnen Sie ein E-Book im PDF-Format, z. B. ein Gerätehandbuch.
2. Lesen Sie das E-Book, und wenn Sie eine Stelle gefunden haben, die Sie markieren möchten, tippen Sie rechts oben auf das Bleistiftsymbol.

3. Nehmen Sie Ihre Markierungen und Notizen mit den vorhandenen Schreib- und Zeicheninstrumenten sowie den Farbpaletten vor.
4. Bitte beachten Sie: Die Markierungen lassen sich fast wie bei einem richtigen Buch nicht mehr entfernen. Erstellen Sie also zur Not eine Kopie des noch unmarkierten E-Books, die Sie dann markieren.

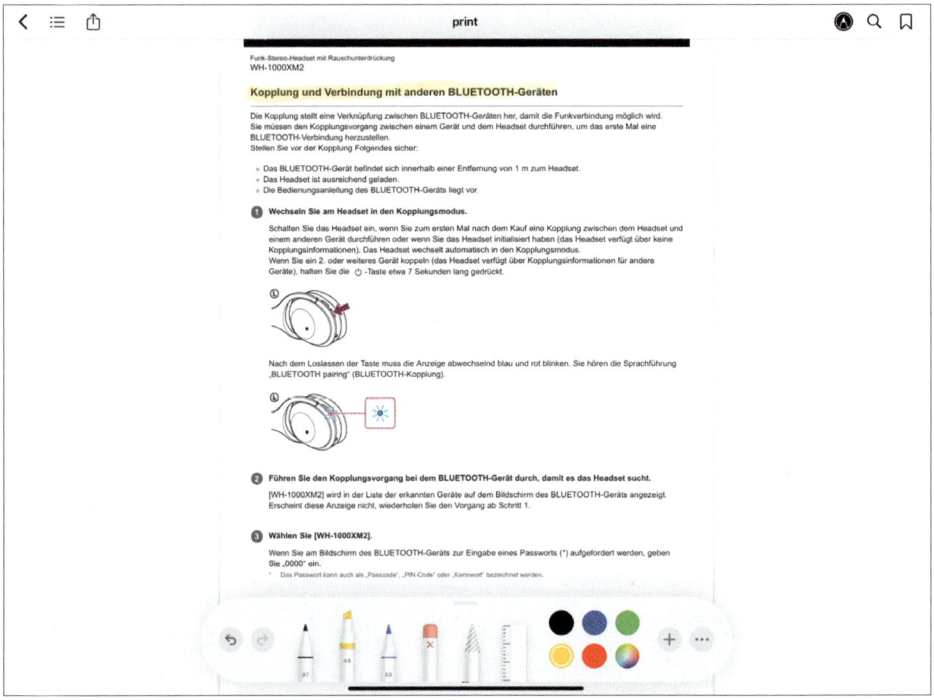

E-Books im EPUB-Format markieren

In den E-Books im EPUB-Format aus dem Book Store ebenso wie in nicht kopiergeschützten EPUB-E-Books aus anderen Quellen können Sie nicht einfach mit dem Apple Pencil herumkritzeln. Allerdings ist es möglich, Textstellen farblich zu markieren und kleine Notizen hinzuzufügen. Der Apple Pencil ist dazu nicht zwingend erforderlich, aber die Arbeit ist damit einfacher und komfortabler:

1. Starten Sie die Bücher App und öffnen Sie ein E-Book im EPUB-Format, z. B. das Handbuch zum iPad, das Apple kostenlos zur Verfügung stellt.
2. Öffnen Sie das E-Book, und wenn Sie eine Stelle gefunden haben, die Sie markieren möchten, bewegen Sie einfach den Apple Pencil wie einen herkömmlichen Textmarker über den gewünschten Text.

3. Zum Markieren einzelner Wörter tippen Sie einfach auf das Wort.
4. Möchten Sie die Farbe der Textmarkierung ändern, tippen Sie doppelt auf die Markierung, um das Kontextmenü zu öffnen, dann auf *Markieren*, und anschließend wählen Sie links die Farbe oder die Textunterstreichung aus.
5. Textmarkierungen können auch gelöscht werden. Tippen Sie dazu doppelt auf die Markierung, dann auf *Markieren* und das Papierkorbsymbol.
6. Um einem Text eine Notiz hinzuzufügen, tippen Sie doppelt auf den Text, um das Kontextmenü anzuzeigen, und dann auf *Notiz*. Geben Sie nun die Notiz über die Bildschirmtastatur oder eine externe Tastatur ein.
7. Eine Liste all Ihrer Markierungen und Notizen finden Sie über einen Fingertipp auf das Inhaltsverzeichnis des E-Books (drei Striche links oben) und auf das Register *Notizen*.

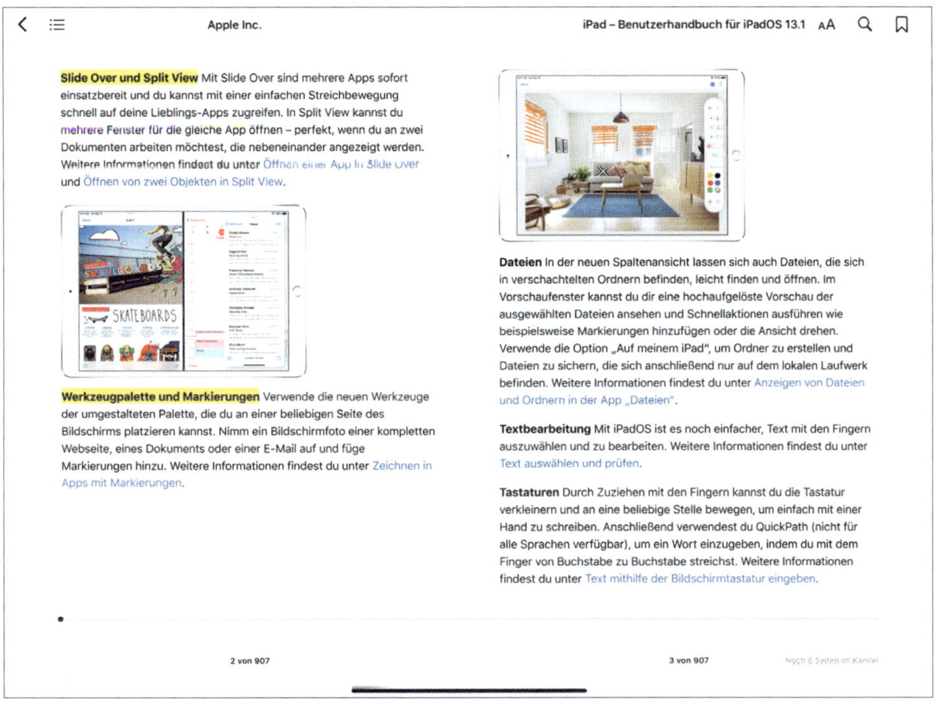

Zeichen-Apps im App Store

Eine große Auswahl schöner und leistungsfähiger Apps für Zeichnungen, Skizzen und Pläne finden Sie im App Store. Für Fortgeschrittene ist die App *Procreate* empfehlenswert. Kostenlose Apps wie *Paper* und *Adobe Photoshop Sketch* sind ebenfalls empfehlenswert.

10.5 AirPrint

Auch wenn es vielleicht auf den ersten Blick nicht so aussieht, können Sie auch mit Ihrem iPad Dokumente, Abbildungen und Zeichnungen zu Papier bringen – und zwar über eine WLAN-Verbindung.

Die entsprechende Technologie von Apple heißt AirPrint. Damit das klappt, muss es sich – selbstverständlich – um einen WLAN-fähigen Drucker handeln, der Drucker muss AirPrint-kompatibel sein und sich im selben WLAN-Netzwerk befinden.

Drucken eines Dokuments

Um ein Dokument zu Papier zu bringen, gehen Sie dann wie folgt vor:

1. Starten Sie die App. Öffnen Sie das gewünschte Dokument oder die Webseite und tippen Sie rechts oben auf das Teilen-Feld.
2. Tippen Sie nun weiter unten auf den Befehl *Drucken*. Im Druckerfenster wählen Sie unter *Drucker* das gewünschte Gerät aus, legen fest, wie viele Kopien gedruckt werden sollen und welche Seiten dies sind.
3. Über einen Fingertipp auf *Drucken* rechts oben wird das Dokument zu Papier gebracht.

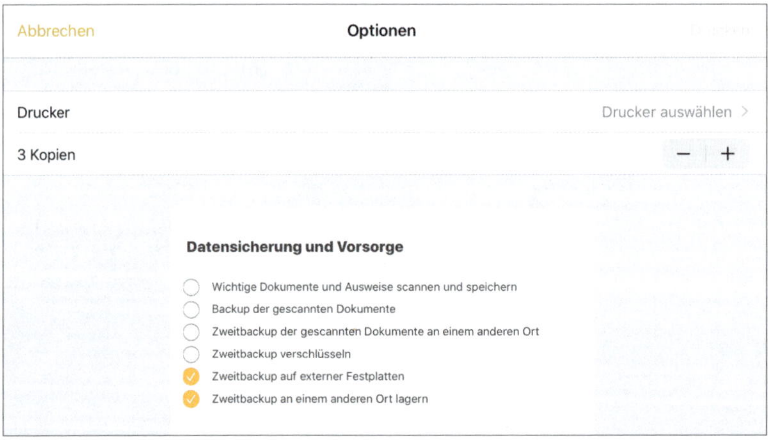

Drucken und Scannen mit Apps des Druckerherstellers

Weit mehr Möglichkeiten beim Drucken und sogar Scannen bieten Apps Ihres Druckerherstellers. So können Sie mit AirPrint-kompatiblen Multifunktionsgeräten oftmals nicht nur drucken und dabei weit mehr Einstellungen vornehmen als bei den Bordmitteln von iPadOS 13, sondern auch gedruckte Dokumente einscannen, ganz wie am Windows-PC oder Mac, und nicht über die Kamera des iPad. Die Apps sind kostenlos im App Store erhältlich. Suchen Sie da einfach nach Ihrem Druckerhersteller.

10.6 AirPods und Bluetooth-Kopfhörer

Zwar verfügen iPad und iPad Pro (bis auf das iPad Pro der dritten Generation) nach wie vor über einen herkömmlichen Kopfhöreranschluss, an den Sie handelsübliche Kopfhörer anschließen können, AirPods oder andere Bluetooth-Kopfhörer sind aber oftmals praktischer und bequemer. Auch der Klang lässt nichts zu wünschen übrig. So haben die AirPods von Apple einen weitaus besseren Klang als die mit dem iPhone mitgelieferten oder auch gesondert erhältlichen EarPods. Hochwertige Bluetooth-Kopfhörer anderer Hersteller haben diesbezüglich noch mehr zu bieten und lassen kaum Wünsche offen. Wie Sie einen herkömmlichen Bluetooth-Kopfhörer mit dem iPad verbinden, lesen Sie hier:

Bluetooth-Kopfhörer anschließen

1. Schalten Sie den Kopfhörer ein. Sorgen Sie zuvor dafür, dass er geladen ist.
2. Öffnen Sie die *Einstellungen* und wählen Sie in der linken Spalte *Bluetooth*. Falls noch nicht geschehen, schalten Sie *Bluetooth* ein.
3. Ihre Bluetooth-Kopfhörer werden unter *Andere Geräte* aufgelistet. Um sie mit Ihrem iPad zu koppeln, tippen Sie auf den Namen des Kopfhörers. In der Regel wird er dann verbunden.
4. Ob die Bluetooth-Kopfhörer gekoppelt sind, erkennen Sie auch rechts oben in der Statusleiste an einem kleinen Kopfhörersymbol.
5. Zudem stellen Sie über das Kontrollzentrum fest, ob die Kopfhörer angeschlossen sind. Rufen Sie das Kontrollzentrum auf und drücken Sie etwas länger auf die Bedienelemente zum Abspielen von Musik, dann wird oben neben dem AirPlay-Symbol angezeigt, ob die Kopfhörer zur Verfügung stehen.

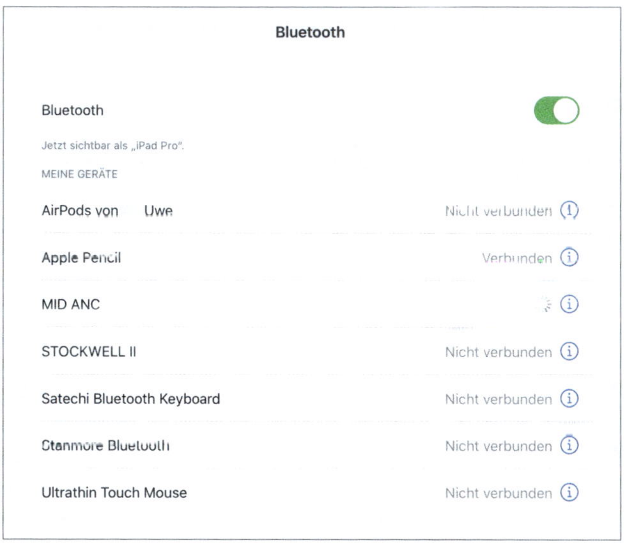

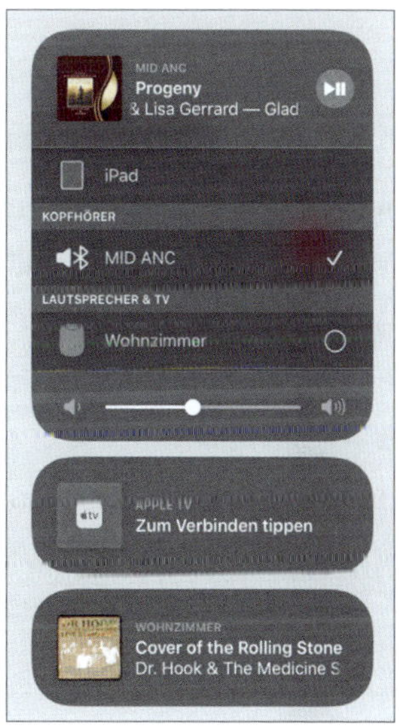

AirPods anschließen

Mit den AirPods, von denen mittlerweile die zweite Generation erhältlich ist, hat Apple einen echten Verkaufsschlager im Angebot. Die AirPods dienen aber nicht nur dazu, Musik zu hören, unterwegs Filme anzuschauen oder Hörbücher zu hören, sondern auch zum Telefonieren und zur Verwendung von Siri. Zudem werden sie in einer Akkuhülle aufbewahrt, die immer dafür sorgt, dass sie geladen sind. Die AirPods (2. Generation) werden zu einem etwas höheren Preis auch mit einer kabellos aufladbaren Akkuhülle angeboten. Um die AirPods verwenden zu können, müssen Sie über ein iPad verfügen, auf dem mindestens iOS 10.2 läuft. Ist das der Fall, dann installieren Sie sie wie folgt:

1. Melden Sie sich am iPad an, mit Ihrem Zugangscode oder per Face ID bzw. Touch ID. Aktivieren Sie am iPad Bluetooth, sofern noch nicht geschehen.
2. Öffnen Sie die Akkuhülle der AirPods direkt neben dem iPad. Auf dem iPad wird angezeigt, wie Sie weiter verfahren müssen.
3. Wenn Sie auf *Verbinden* tippen, werden die AirPods per Bluetooth gekoppelt.
4. Ihre AirPods werden übrigens auf jedem Ihrer Geräte automatisch konfiguriert, wenn sie mit den AirPods kompatibel und mit Ihrer Apple-ID angemeldet sind.

AirPods und Akkuhülle aufladen

Ihre AirPods werden automatisch aufgeladen, wenn Sie sie in der Akkuhülle aufbewahren. Den Akkustand von AirPods und Akkuhülle erfahren Sie, wenn Sie diese neben das iPad legen und die Akkuhülle öffnen. Die Akkuhülle selbst wird über ein Lightning-auf-USB-Kabel am Mac oder Windows-PC aufgeladen. Die separat oder mit den AirPods (2. Generation) erhältliche kabellose Akkuhülle erlaubt auch das Aufladen mit einem Qi-kompatiblen Ladegerät.

AirPods mit Siri bedienen

Ihre AirPods können über Siri gesteuert werden. Tippen Sie dazu doppelt auf einen der AirPods, um Siri einzuschalten, und sprechen Sie die Befehle wie beispielsweise:

- Lauter oder leiser
- Springe zum nächsten Titel
- Spiele Adele

„Hey Siri" bei den AirPods (2. Generation)

Bei den AirPods (2. Generation) können Sie Siri über „Hey Siri" aktivieren. Sie müssen dazu nicht mehr auf einen der AirPods doppeltippen.

AirPods mit Gesten bedienen

Alternativ können Sie Ihre AirPods auch – begrenzt – mittels Gesten bedienen, wenn Sie sich z. B. in der Öffentlichkeit befinden und Siri keine Befehle geben möchten.

Dazu müssen Sie die folgenden Einstellungen vornehmen:

1. Öffnen Sie die *Einstellungen* auf dem iPad und tippen Sie auf *Bluetooth*. Dort tippen Sie auf das kleine *i*-Symbol rechts.
2. Nun bestimmen Sie in der Kategorie *Auf AirPods doppeltippen*, was geschehen soll, wenn Sie auf den rechten oder den linken AirPod doppeltippen. Sie haben die folgende Wahl:
   - Siri
   - Start/Pause
   - Nächster Titel
   - Vorheriger Titel
   - Deaktiviert
3. Empfehlenswert ist es beispielsweise, auf einem AirPod Siri aktiviert zu lassen und auf dem anderen *Start/Pause* einzurichten.
4. Nutzen Sie die AirPods (2. Generation), bei denen Sie Siri auch über „Hey Siri" aufrufen, können Sie z. B. für den linken AirPod die Einstellung *Nächster Titel* wählen und für den rechten *Start/Pause*.

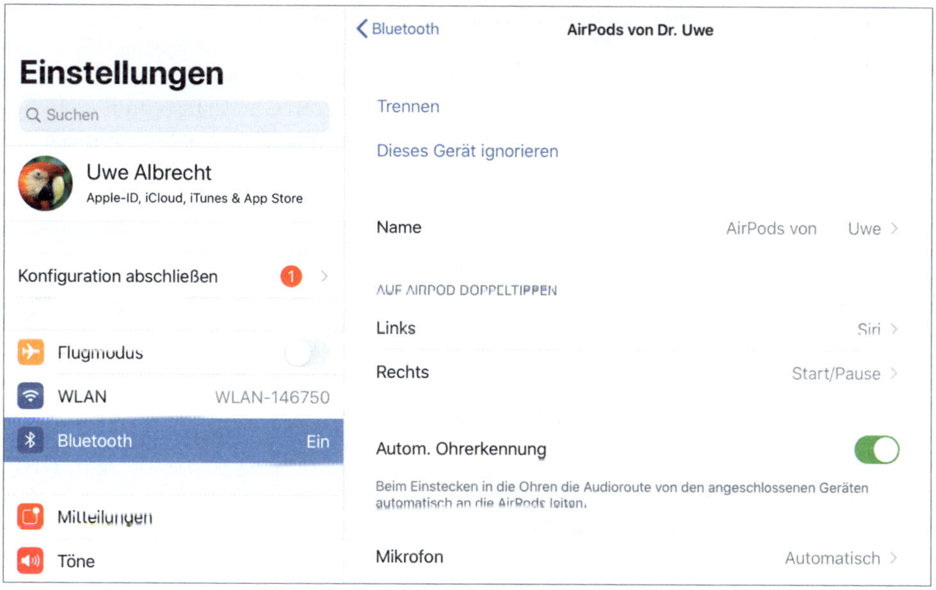

Mit Siri Nachrichten vorlesen lassen

Nutzen Sie AirPods ab der zweiten Generation, können Sie sich eingehende Nachrichten nicht nur ankündigen, sondern auch von Siri vorlesen lassen. Auch eine Antwort ist über Siri möglich. Sagen Sie dazu einfach »Hey Siri, lese mir meine Nachrichten vor«.

AirPods zurücksetzen

Falls es Probleme bei der Einrichtung der AirPods gibt, schauen Sie zuerst nach, ob sie vollständig geladen sind. Falls dies der Fall ist und sie trotzdem nicht wie gewohnt ihren Dienst verrichten, können Sie diese auch zurücksetzen:

1. Legen Sie die AirPods in die Akkuhülle.
2. Betätigen Sie bei geöffneter Akkuhülle die Setup-Taste auf der Rückseite so lange, bis die Statusanzeige erst ein paar Mal gelb und dann weiß blinkt.

10.7 AirPlay

AirPlay wird bei Apple die Technologie genannt, Medien und Bildschirminhalte an andere kompatible Geräte wie das Apple TV, AV-Receiver, Lautsprecher etc. zu streamen und dort abzuspielen oder anzuzeigen. Ihr iPad mit iPadOS 13 oder früher ist ebenfalls AirPlay-fähig. Das heißt, Sie können unter anderem – über Apple TV – den Bildschirminhalt (mit ausgeführten Apps) oder Filme auf Ihrem TV-Gerät betrachten und Musik auf Ihrer Stereoanlage, dem AV-Receiver oder kompatiblen Lautsprechern abspielen.

Hierzu müssen folgende Voraussetzungen erfüllt sein: Bei Apple TV oder den anderen Geräten ist AirPlay aktiviert. Das Apple TV oder die anderen Geräte und Ihr iPad befinden sich im gleichen WLAN-Netzwerk. Die ggf. verwendete App ist AirPlay-kompatibel.

iPad auf dem TV-Gerät spiegeln

Es kann genug Gründe geben, den Bildschirminhalt Ihres iPad auf einem TV-Gerät anzuzeigen, sei es, um eine Präsentation zu zeigen, Apps vorzuführen oder ein Spiel zu spielen.

In diesem Fall gehen Sie wie folgt vor.

1. Schalten Sie Apple TV und das TV-Gerät ein. Wechseln Sie mit der Fernbedienung Ihres TV-Geräts zum HDMI-Eingang, an dem das Apple TV angeschlossen ist. Die Benutzeroberfläche des Apple TV wird angezeigt.
2. Öffnen Sie auf Ihrem iPad das Kontrollzentrum, indem Sie die Home-Taste zweimal schnell hintereinander drücken oder vom oberen Rand des Bildschirms nach unten wischen.

3. Tippen Sie auf das Kontrollelement *Bildschirmsynchronisierung* und wählen Sie dort *Apple TV* aus. Der Bildschirminhalt wird nun auf dem TV-Gerät angezeigt. Die Bedienung erfolgt weiter über das iPad.

Diashow am TV-Gerät

Vielleicht erinnern Sie sich noch an die Zeiten, als Familie und Freunde beim gemeinsamen Diaabend mit Projektor und Leinwand zusammensaßen, um die Fotos vom letzten Urlaub anzuschauen. Auf diese ebenso unvergesslichen wie oftmals langatmigen Diashows müssen Sie auch als Besitzer eines iPad und Apple TV nicht verzichten:

1. Schalten Sie Apple TV und das TV-Gerät ein. Wechseln Sie mit der Fernbedienung Ihres TV-Geräts zum HDMI-Eingang, an dem das Apple TV angeschlossen ist. Die Benutzeroberfläche des Apple TV wird angezeigt.
2. Öffnen Sie auf Ihrem iPad die Fotos-App und wählen Sie das gewünschte Fotoalbum aus. Tippen Sie rechts oben auf *Diashow*.
3. Um die Diashow über Apple TV auf dem iPad abzuspielen, tippen Sie rechts oben auf das *AirPlay*-Symbol und wählen *Apple TV* aus. Die Diashow wird dann auf dem TV-Gerät abgespielt.

4. Möchten Sie Änderungen an der Diashow vornehmen, wie Musikuntermalung oder Übergangseffekte, tippen Sie rechts unten auf *Optionen* und nehmen die Einstellung vor.

Video am TV-Gerät zeigen

Ihre selbst gedrehten Videos ebenso wie Filme aus anderen Quellen und Apps können Sie ebenfalls auf dem TV-Gerät vorführen.

1. Schalten Sie Apple TV und das TV-Gerät ein. Wechseln Sie mit der Fernbedienung Ihres TV-Geräts zum HDMI-Eingang, an dem das Apple TV angeschlossen ist. Die Benutzeroberfläche des Apple TV wird angezeigt.
2. Öffnen Sie auf Ihrem iPad die gewünschte App und öffnen Sie das Video oder den Film. Spielen Sie den Film oder das Video ab.
3. Tippen Sie in der App auf das AirPlay-Symbol. Dies befindet sich meist rechts oder links oben bzw. neben den Abspielelementen. Das Video wird anschließend auf dem TV-Gerät abgespielt.

Musik mit AirPlay an AV-Receiver streamen

Einerlei, ob Musik aus Apple Music oder von Ihnen importierte Alben und Musiktitel, Sie können diese direkt vom iPad an einen WLAN- sowie AirPlay-kompatiblen AV-Receiver senden und abspielen:

1. Schalten Sie den AV-Receiver und ggf. das angeschlossene TV-Gerät ein. Wechseln Sie mit der Fernbedienung des AV-Receivers zu AirPlay.
2. In der Regel wird AirPlay auf dem Display des AV-Receivers oder auf dem TV-Gerät angezeigt.
3. Starten Sie die Musik-App auf dem iPad und spielen Sie Ihre Musik ab. Tippen Sie dann auf das AirPlay-Symbol unterhalb der Abspielelemente und wählen Sie den Namen des AV-Receivers.

AirPlay 2 mit mehreren Lautsprechern

Mit AirPlay 2 können Sie nun auch mehrere Lautsprecher in unterschiedlichen Räumen nutzen. Diese müssen allerdings AirPlay-2-kompatibel sein oder benötigen ein Update.

Fragen Sie in diesem Fall einfach beim Hersteller der Lautsprecher nach.

iPad als Fernsteuerung für Apple TV

Ihr Apple TV besitzt zwar eine komfortable Fernbedienung, aber manche Funktionen sind damit nur umständlich zu nutzen, beispielsweise die Texteingabe – von Benutzernamen, Kennwörtern oder bei der Suche über das Suchfeld. Mit einem iPad ist die Bedienung von Apple TV noch weit komfortabler.

1. Schalten Sie Apple TV und das TV-Gerät ein. Wechseln Sie mit der Fernbedienung Ihres TV-Geräts zum HDMI-Eingang, an dem das Apple TV angeschlossen ist. Die Benutzeroberfläche des Apple TV wird angezeigt.
2. Wischen Sie auf dem iPad vom oberen linken Bildschirmrand nach unten, um das Kontrollzentrum anzuzeigen.
3. Tippen Sie auf die kleine Fernbedienung. Nun wird auf dem TV-Gerät ein vierstelliger Code angezeigt, den Sie am iPad eingeben müssen. Damit ist das iPad als Fernbedienung für Apple TV registriert.
4. Die Bedienung erfolgt über Multi-Touch-Gesten. Zudem können Sie Cover auf dem iPad anzeigen, Liedtexte etc.

10.8 iPad als persönlicher WLAN-Hotspot

Besitzen Sie ein iPad Wi-Fi + Cellular, also ein iPad, mit dem Sie auch über das Mobilfunknetz online gehen können, und einen entsprechenden Datentarif, dann können Sie dieses als mobilen WLAN-Hotspot für andere Geräte wie einen Laptop nutzen. Hierzu sollte das Gerät per WLAN, Bluetooth oder USB-Kabel (beim iPad Pro der dritten Generation) verbunden werden. WLAN ist grundsätzlich zu bevorzugen.

Zudem nehmen Sie folgende Einstellungen vor:

1. Öffnen Sie die *Einstellungen* und tippen Sie dort auf *Persönlicher Hotspot*. Schalten Sie den persönlichen Hotspot ein. Soll ein fremdes Gerät den Hotspot nutzen können, aktivieren Sie die Option *Zugriff für andere erlauben*.
2. Wählen Sie auf dem anderen Gerät, dem Laptop, die WLAN-Verbindung aus und schalten Sie diese ggf. vorher ein. Dann erscheint der Eintrag *iPad* als verfügbares WLAN-Netzwerk.
3. Verbinden Sie sich mit dem WLAN-Netzwerk *iPad* und geben Sie das WLAN-Kennwort ein, das Sie auf dem iPad unter *Persönlicher Hotspot* finden.
4. Nun können Sie auf dem Laptop unterwegs über das Mobilfunknetz online gehen.
5. Sind Sie auf Ihrem anderen Gerät, etwa einem MacBook, ebenfalls mit Ihrer Apple-ID angemeldet, entfällt die Eingabe des Kennworts! Auch die Option *Zugriff für andere erlauben* muss dann nicht eingeschaltet sein.

6. Beachten Sie, dass der Akku des iPad schneller zur Neige geht, wenn es als persönlicher WLAN-Hotspot verwendet wird. Auch das von Ihnen gebuchte Datenvolumen wird schneller verbraucht.

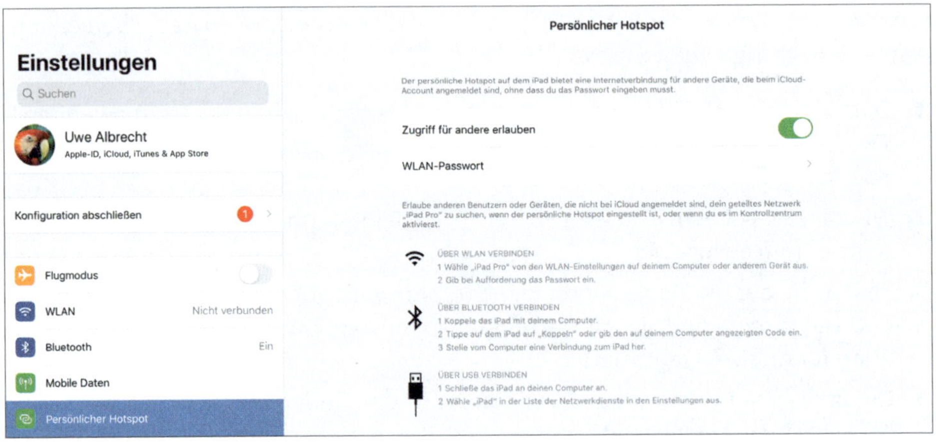

> **iPad als Fotobank verwenden**
>
> Als ambitionierter Amateurfotograf oder auch Profifotograf schießen Sie sehr viele Fotos und möchten diese sowohl sicher aufbewahren als auch komfortabel sichten, eventuell bearbeiten und versenden. Als Besitzer eines iPad mit ausreichend hoher Speicherkapazität sind Sie fein heraus. Sie können Ihre Fotos auf dem iPad speichern und damit etwaige Probleme mit einer vollen oder defekten Speicherkarte umgehen. Was Sie dazu benötigen, hängt von Ihrem iPad ab.
>
> Bei einem iPad Pro ab der dritten Generation ist ein USB-C-auf-USB-Kabel erforderlich, um die Kamera direkt an das iPad anzuschließen. Alternativ können Sie auch ein USB-C-auf-SD-Kartenlesegerät anschließen. Bei einem iPad oder iPad Pro mit Lightning-Schnittstelle ist ein Lighting-auf-USB-3-Kamera-Adapter (nebst USB-Kabel) oder ein Lightning-auf-SD-Kartenlesegerät erforderlich, um Ihre Fotos auf das iPad zu kopieren und aufzubewahren. Wie Sie dabei vorgehen, lesen Sie in Kapitel 6.1 nach.

10.9 Geräte ans iPad anschließen

Je nachdem, welche Ansprüche Sie haben und wofür Sie Ihr iPad nutzen, haben Apple und andere Anbieter praktische Adapter und Kabel im Angebot, mit denen Sie zahlreiche Peripheriegeräte und seit iPadOS 13 auch Speichermedien an Ihr iPad anschließen können. Hier erfahren Sie, welche Geräte unterstützt werden, welche Kabel und Adapter Sie benötigen und wie Sie dabei vorgehen.

Welche Geräte können angeschlossen werden?

Je nachdem, welches iPad Sie besitzen, können Sie unterschiedliche Geräte anschließen. Die größtmögliche Kompatibilität bietet das iPad Pro ab der dritten Generation mit USB-C-Schnittstelle. Daher lassen sich alle USB-Geräte anschließen, falls nötig, über einen USB-C-auf-USB-Adapter, beispielsweise:

- USB-Sticks
- USB-Festplatten (unter Umständen mit eigener Stromversorgung)
- USB-Mäuse
- Kopfhörer (USB-Klinke-Adapter beim iPad Pro ab der dritten Generation)
- Bildschirme (USB-C-Adapter mit dem passenden Anschluss (HDMI, DisplayPort oder VGA erforderlich)
- Router (per Ethernet-Kabel, siehe dazu Kapitel 3.2)

Bei einem iPad oder iPad Pro mit Lightning-Schnittstelle benötigen Sie natürlich statt eines USB-C- den entsprechenden Lightning-Adapter, wenn Sie die genannten Geräte anschließen möchten.

Zudem können Sie natürlich auch Geräte per Bluetooth verbinden, wie Bluetooth-Mäuse, -Game-Controller, -Lautsprecher und -Kopfhörer.

Multifunktionsgeräte und Drucker

Drucker und Multifunktionsgeräte können am iPad kabelgebunden nicht genutzt werden – nur per WLAN und AirPrint. Bitte beachten Sie dazu Abschnitt 10.5.

Sidecar – iPad als Zweitbildschirm

Besitzen Sie einen Mac mit macOS Catalina (MacBook Pro von 2016, MacBook Air, Mac mini von 2018, MacBook, iMac ab 2016, iMac 5K ab Ende 2015) und ein iPad mit Apple-Pencil-Unterstützung, das unter iPadOS 13 läuft, dann können Sie das iPad als Zweitbildschirm nutzen – und zwar auf unterschiedlich Weise:

- zum Spiegeln des Mac-Bildschirms,
- als Erweiterung des Mac-Bildschirms,
- als Touch Bar oder
- als Grafiktablett (mit dem Apple Pencil).

Die Voraussetzung ist, dass WLAN und Bluetooth auf beiden Geräten aktiviert und Sie ebenfalls auf beiden Geräten mit derselben Apple-ID angemeldet sind. Außerdem muss Handoff eingeschaltet sein (siehe Kapitel 8.4).

iPad als Zweitbildschirm anschließen

Das iPad können Sie sowohl mit einem passenden Kabel als auch per WLAN als Zweitbildschirm nutzen:

1. Öffnen Sie zunächst die Systemeinstellungen auf dem Mac und klicken Sie auf *Monitore*. Dort schalten Sie *Sync-Optionen bei Verfügbarkeit in der Menüleiste anzeigen* ein.
2. Stellen Sie Ihr iPad in die Nähe Ihres Mac und verbinden Sie beide Geräte mit einem passenden Kabel – wie Lightning auf USB-C oder USB oder USB-C auf USB-C oder USB. Die Frage, ob das iPad dem Mac vertrauen kann, bejahen Sie.
3. Wählen Sie in der Menüleiste das AirPlay-Symbol aus und dort Ihr iPad. Auf dem iPad erscheint nun die Benutzeroberfläche Ihres Mac.
4. Wenn Sie das Kabel entfernen, bleibt die Verbindung übrigens auch über WLAN erhalten. Über Kabel ist sie aber unter Umständen schneller und sicherer.

Bildschirm erweitern oder spiegeln?

Auf dem iPad können Sie den Bildschirm Ihres Mac erweitern oder spiegeln. Die entsprechende Einstellung nehmen Sie in der Menüleiste über das AirPlay-Menü vor. Dort wählen Sie entweder *Mit integriertem Retina-Display synchronisieren* oder *Als separates Display verwenden*. Nutzen Sie das iPad als separaten Bildschirm, können Sie beispielsweise Fenster von Apps auf den Zweitbildschirm verschieben.

iPad als Touch Bar für kompatible Macs

Besitzt Ihr Mac mit macOS Catalina keine Touch Bar, wie z. B. Ihr iMac oder ein MacBook Air bzw. dessen Tastatur, dann nutzen Sie dazu einfach Ihr iPad.

1. Nachdem Sie es, wie oben beschrieben, an den Mac angeschlossen haben, öffnen Sie in der Menüleiste das AirPlay-Menü.
2. Dort wählen Sie die Option *Touch Bar einblenden*. In den Systemeinstellungen unter *Sidecar* bestimmen Sie, ob die Touch Bar unten oder oben auf dem iPad eingeblendet wird.

> **iPad als Grafiktablett**
> Falls Sie kreativ tätig sind, können Sie das iPad sogar als Grafiktablett am Mac einsetzen. Verschieben Sie dazu einfach das Fenster der entsprechenden App auf das iPad als Zweitdisplay und nutzen Sie statt Maus oder Trackpad den Apple Pencil.

Game Controller anschließen

Zocken Sie gern mal am iPad und gestaltet sich das per Fingertipps und Gesten zu umständlich, können Sie auch einen handelsüblichen Game Controller anschließen – genauer die Game Controller der Xbox von Microsoft und der PlayStation von Sony.

Allerdings haben Sie davon nur dann etwas, wenn er auch von Ihren Spielen unterstützt wird. Versuchen Sie daher, im Vorfeld herauszufinden, ob dies der Fall ist.

Wird der Game Controller unterstützt, verbinden Sie ihn mit Ihrem iPad:

1. Öffnen Sie die *Einstellungen* und aktivieren Sie, falls erforderlich, Bluetooth.
2. Zum Koppeln des Game Controllers drücken Sie am Gerät die entsprechende Taste.
3. Der Eintrag des Game Controllers sollte unter *Andere Geräte* in der rechten Spalte der *Einstellungen* erscheinen. Tippen Sie darauf, wird er mit dem iPad verbunden.
4. Starten Sie das Spiel und legen Sie, falls erforderlich und vorgesehen, den Game Controller als Eingabegerät fest.

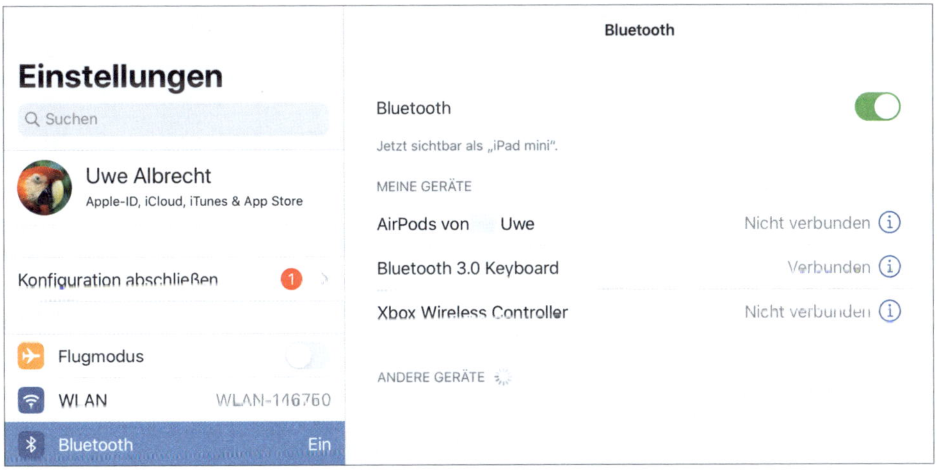

Zusatzakku verwenden

Auch der Akku Ihres iPad hält nicht ewig. Sind Sie lange unterwegs und haben keine Möglichkeit, das iPad aufzuladen, kann ein Zusatzakku gute Dienste leisten. Entsprechende Zusatzakkus gibt es online oder im Elektrohandel. Bitte achten Sie darauf, dass dessen Kapazität ausreicht. Je nach Modell hat der Akku Ihres iPad eine Kapazität von über 4.000 bis etwas über 11.000 mAh. Der Zusatzakku sollte also nicht zu schwach sein. Des Weiteren benötigen Sie ein Kabel, mit dem Sie den Akku an Ihr iPad anschließen können. Dies ist in der Regel ein USB-auf-Lightning- oder ein USB-auf-USB-C-Kabel. Der USB-Anschluss am Akku kann variieren. Achten Sie auch diesbezüglich auf das passende Kabel.

Schnellladegerät für Ihr iPad Pro

Ein iPad Pro ab der dritten Generation lässt sich dank des USB-C-Anschlusses um einiges schneller laden als andere iPad-Modelle. Die Ladezeit sinkt erheblich auf ungefähr 2–3 Stunden. Allerdings ist dazu ein anderes Netzteil bzw. Ladegerät notwendig. Dieses sollte mindestens über 30 Watt Leistung verfügen. Entsprechende Geräte gibt es von Drittanbietern und auch von Apple, etwa den 30W USB-C Power Adapter. Mit einem Preis von über 50 Euro ist dieser allerdings nicht gerade günstig. Zudem sollten Sie zum Laden das originale Ladekabel von Apple verwenden. Günstige Kabel von Drittanbietern können Probleme verursachen oder sind nicht schnellladefähig.

11. Probleme und Lösungen

Die Besonderheit von Apple-Geräten, ob es Macs sind, das iPhone oder das iPad, ist die enge Verzahnung von Hard- und Software. Diese arbeiten optimal zusammen, sind perfekt aufeinander abgestimmt und damit fast wie aus einem Guss. Dennoch sind auch iPads komplexe technische Geräte, und Probleme sowie Fehlfunktionen sind nicht ausgeschlossen. Dank der folgenden Tipps bändigen Sie störrische Apps, bringen das abgestürzte iPad wieder zum Laufen und lösen Probleme mit der Akkulaufzeit oder der zu geringen Speicherkapazität.

11.1 Akku

Mit der Akkukapazität ist es das Gleiche wie mit dem Speicherplatz – man kann davon nie genug haben. Allerdings sind zumindest bei der Akkukapazität physikalisch Grenzen gesetzt, denn ein erheblich leistungsfähigerer Akku würde das iPad viel dicker und schwerer machen. Um die Laufzeit wenigstens etwas zu erhöhen, gibt es aber einige Tipps und Tricks, vom Deaktivieren nicht unbedingt notwendiger Funktionen bis zur Verwendung einer Powerbank – eines externen Akkus.

Ladezustand in Prozent anzeigen

Wollen Sie über den Akkustand Ihres iPad bis auf das Prozent genau im Bild sein, aktivieren Sie die entsprechende Anzeige:

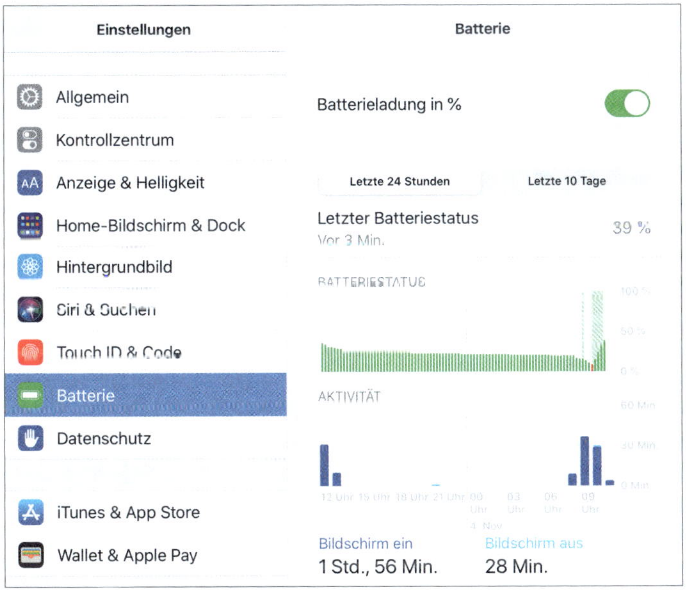

1. Öffnen Sie die *Einstellungen* und tippen Sie in der linken Spalte auf *Batterie*.
2. Schalten Sie dann in der rechten Spalte die Option *Batterieladung in %* ein. Diese wird anschließend rechts oben in der Statusleiste angezeigt.

Energiefresser finden und abschalten

Wundern Sie sich vielleicht darüber, dass die Akkuladung immer schneller zur Neige geht, obwohl Sie Ihr iPad so verwenden wie immer und auch keine Einstellung verändert haben? In diesem Fall sollten Sie einmal nachschauen, ob eine App der Verursacher sein könnte:

1. Öffnen Sie die *Einstellungen* und tippen Sie in der linken Spalte auf den Eintrag *Batterie*.
2. Nun sehen Sie in der rechten Spalte eine Liste von Apps und wie viel Anteil diese am Akkuverbrauch haben.
3. Tippen Sie auf *Letzte 24 Stunden*, um den Akkuverbrauch der letzten 24 Stunden anzuzeigen, oder auf *Letzte 10 Tage* für den Akkuverbrauch der letzten zehn Tage.
4. Haben Sie den »Bösewicht« gefunden, schränken Sie dessen Einsatz ein oder suchen nach einer ähnlichen App, die diesbezüglich etwas sparsamer ist. Bekannte »Akkufresser« auf iPad und iPhone sind übrigens WhatsApp sowie die Facebook-App.

Automatische Sperre nutzen

Auch der Bildschirm hat großen Einfluss darauf, wie lange Ihr iPad durchhält. Nutzen Sie daher die *Automatische Sperre*, die nach einiger Zeit der Inaktivität in Kraft tritt. Die genaue Zeit lässt sich an Ihre Bedürfnisse und Arbeitsweise anpassen:

1. Öffnen Sie die *Einstellungen* und tippen Sie in der linken Spalte auf den Eintrag *Anzeige & Helligkeit*.

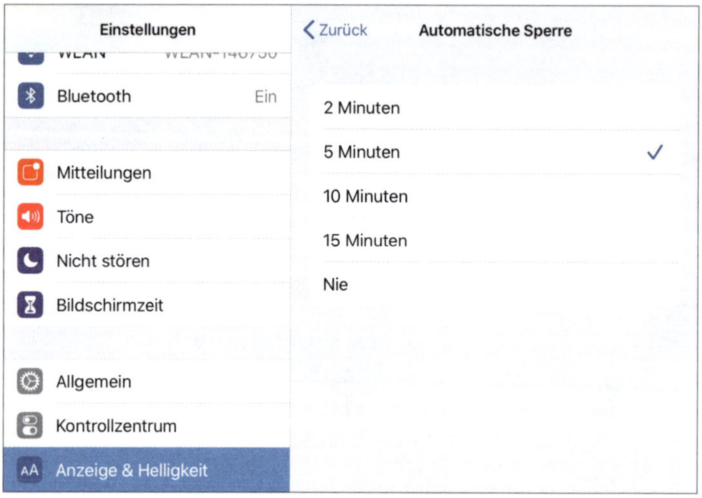

2. Nun finden Sie in der rechten Spalte den Eintrag *Automatische Sperre*. Tippen Sie darauf und wählen Sie dann die Zeit, nach der die *Automatische Sperre* in Kraft tritt. Ein guter Kompromiss sind hier *5 Minuten*.

Helligkeit reduzieren

Zwar passen die meisten aktuellen iPads die Helligkeit automatisch an und orientieren sich dabei am Umgebungslicht, aber um Energie zu sparen, können Sie in dunklerer Umgebung die Helligkeit bei Bedarf weiter reduzieren:

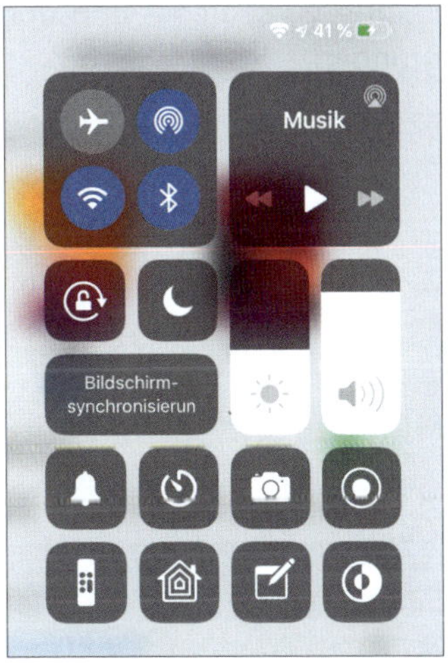

1. Öffnen Sie die *Einstellungen* und tippen Sie in der linken Spalte auf den Eintrag *Anzeige & Helligkeit*.
2. Stellen Sie rechts über den Schieberegler die Helligkeit ein.
3. Noch schneller geht es, wenn Sie das Kontrollzentrum aufrufen, indem Sie doppelt auf die Home-Taste drücken oder vom rechten oberen Rand nach unten wischen und dann mit dem entsprechenden Steuerelement die Helligkeit reduzieren.

Flugmodus einschalten

Neben dem Bildschirm benötigen die diversen drahtlosen Verbindungen Ihres iPad zur »Außenwelt« viel Strom, und zwar auch dann, wenn sie gar nicht benötigt werden. Daher schalten Sie diese einfach ab, wenn Sie sie nicht benötigen und offline arbeiten, spielen, Musik hören oder einen Film schauen. Verwenden Sie dann einfach einen normalen Kopfhörer und keinen drahtlosen.

Öffnen Sie das Kontrollzentrum, indem Sie doppelt auf die Home-Taste drücken, und tippen Sie dann auf das Flugzeugsymbol. Nun werden alle drahtlosen Verbindungen gekappt.

WLAN statt mobile Daten

Auch wenn Sie ein iPad Wi-Fi + Cellular besitzen, sollten Sie, sobald Sie sich in der Nähe eines WLAN-Netzwerks befinden, an dem Sie sich anmelden und das Sie nutzen können, nur WLAN statt einer Datenverbindung über das Mobilfunknetz verwenden. Auch dadurch können Sie etwas Strom sparen.

1. Öffnen Sie die *Einstellungen* und tippen Sie links auf *Mobiles Netz*.
2. Schalten Sie nun in der rechten Spalte *Mobile Daten* ab.

AirDrop ausschalten

Wenn Sie AirDrop aktiviert haben, befindet sich dieses sozusagen in Wartestellung, um jederzeit Dateien von anderen iPadOS- oder iOS-Geräten und Macs empfangen zu können. Auch diese Funktion sollten Sie abschalten, um Energie zu sparen – und übrigens auch aus Sicherheitsgründen.

1. Öffnen Sie das Kontrollzentrum, indem Sie zweimal auf die Home-Taste drücken oder vom rechten oberen Bildschirmrand nach unten wischen.
2. Tippen Sie auf das AirDrop-Symbol und wählen Sie im Menü den Eintrag *Empfangen aus*.

Hintergrundaktualisierung abschalten

Zahlreiche Apps auf Ihrem iPad, z. B. *Nachrichten* oder *Mail*, aber auch andere aktualisieren im Hintergrund ihre Inhalte ohne Ihr aktives Zutun. Diese Aktivitäten können großen Einfluss auf die Akkulaufzeit haben.

Daher können Sie diese bei Bedarf auch abschalten:

1. Öffnen Sie die *Einstellungen* und wählen Sie nacheinander die Einträge *Allgemein* sowie *Hintergrundaktualisierung*.
2. Schalten Sie dort die *Hintergrundaktualisierung* oben ganz aus.
3. Alternativ können Sie die *Hintergrundaktualisierung* nur für wichtige Apps aktiviert lassen und für die eher weniger wichtigen per Fingertipp abschalten.

Ortungsdienste abschalten

Die Ortungsdienste versuchen, den gegenwärtigen Aufenthaltsort Ihres iPad über Bluetooth, WLAN, GPS und Mobilfunkmasten – bei einem iPad Wi-Fi + Cellular – zu lokalisieren. Auch diese Funktion hat daher Einfluss auf die Akkulaufzeit. Schalten Sie diese bei Bedarf ebenfalls ab.

Beachten Sie aber, dass dann Apps, die auf die Ortungsdienste zurückgreifen (müssen), ihren Dienst nicht mehr ordnungsgemäß ausüben können. In einem solchen Fall können Sie daher den Ortungsdienst für die entsprechenden Apps aktiviert lassen oder diesen nur beim »Verwenden« zulassen.

1. Öffnen Sie die *Einstellungen* und wählen Sie die Option *Datenschutz*.
2. Tippen Sie in der rechten Spalte auf den Eintrag *Ortungsdienste* und schalten Sie diese mit einem Fingertipp komplett ab.

E-Mails nur manuell abrufen

Wird die Funktion *Push* von Ihrem E-Mail-Anbieter unterstützt, werden neue E-Mails automatisch auf Ihr iPad weitergeleitet, Sie müssen diese dann nicht mehr gezielt abrufen. Da diese an sich praktische Funktion auch Strom benötigt und damit Einfluss auf die Akkulaufzeit hat, können Sie diese ebenfalls abschalten.

1. Öffnen Sie die *Einstellungen* und wählen Sie in der linken Spalte den Eintrag *Passwörter & Accounts*.
2. In der rechten Spalte tippen Sie auf den Eintrag *Datenabgleich Push* und schalten zunächst *Push* ab.
3. Zusätzlich geben Sie unten noch an, dass die E-Mails nur *Manuell* von Ihnen abgerufen werden und nicht automatisch nach einem gewissen Zeitraum.

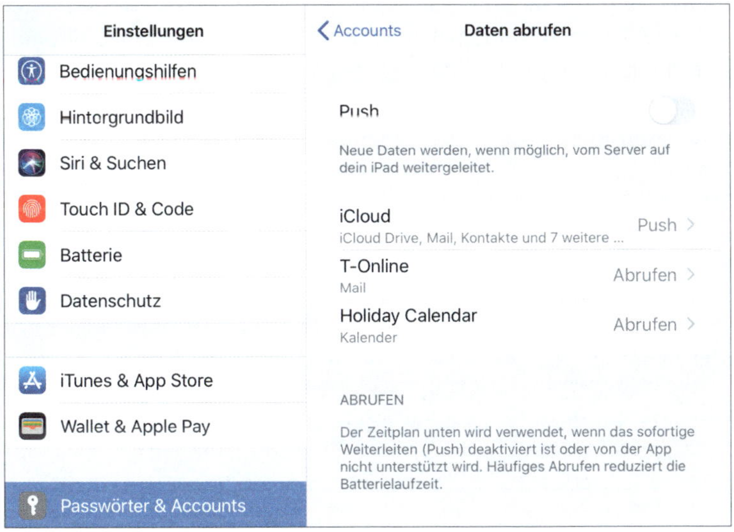

Animationen und Bewegungen deaktivieren

Die Benutzeroberfläche des iPad bietet einige mehr oder weniger sinnvolle Animationen, wie beim Öffnen von Apps oder beim Neigen des iPad. Diese benötigen natürlich auch Rechen- und Speicherkapazität, und durch das Abschalten sparen Sie etwas Strom:

1. Öffnen Sie die *Einstellungen* und wählen Sie im linken Bereich die Option *Bedienungshilfen*.
2. Dort tippen Sie nacheinander auf die Einträge *Bewegung* sowie *Bewegung reduzieren* und schalten diese Funktion ein.
3. Zusätzlich können Sie die Funktionen *Nachrichteneffekte ausführen* sowie *Videoschauen autom. wiedergeben* ebenfalls ausschalten.

Eine Powerbank verwenden

Damit Ihrem iPad auch auf längeren Reisen nicht so schnell der »Saft« ausgeht, können Sie eine handelsübliche Powerbank – einen kleinen Zusatzakku – verwenden, mit dem Sie es unterwegs etwas aufladen. Dazu schließen Sie die für wenig Geld erhältliche Powerbank, je nach Schnittstelle, mit einem USB-C- oder Lightning-auf-USB-Kabel an Ihr iPad an. Achten Sie beim Kauf auf Kompatibilität und fragen Sie ggf. den Verkäufer, ob die Powerbank auch das iPad unterstützt.

11.2 Netzwerkverbindungen

Natürlich können Sie mit dem iPad arbeiten und spielen, ohne dass es mit dem Internet verbunden ist – ob per WLAN oder bei einem iPad Wi-Fi + Cellular über das Mobilfunknetz. Allerdings können Sie dann nicht alle Funktionen des Tablets uneingeschränkt nutzen. Daher sind Probleme bei Netzwerkverbindungen in der Regel sehr ärgerlich. Was Sie gegen etwaige Verbindungsabbrüche oder eine zu langsame Netzwerkverbindung unternehmen können, zeigen Ihnen unsere Tipps. Zudem erfahren Sie, wie Sie – beim Internetzugang über das Mobilfunknetz – Ihr Datenvolumen schonen können.

Instabile WLAN-Netzwerke werden ignoriert

Hat Ihr iPad mit iPadOS 13 mehrmals Probleme, sich mit einem WLAN-Netzwerk zu verbinden, wird dieses künftig ignoriert und eine automatische Verbindung findet nicht mehr statt, wenn Sie sich in dessen Reichweite befinden. Wollen Sie sich trotzdem mit diesem WLAN verbinden, tippen Sie auf den entsprechenden Eintrag, um die Verbindung aufzubauen.

Funkverbindungen trennen

Hat Ihr iPad die Netzwerkverbindung verloren oder ist diese unterbrochen, hilft es oftmals, alle Funkverbindungen zu trennen und wieder einzuschalten:

1. Drücken Sie zweimal schnell hintereinander die Home-Taste oder wischen Sie vom rechten oberen Bildschirmrand nach unten, um das Kontrollzentrum aufzurufen.
2. Tippen Sie auf das Flugzeugsymbol, um den Flugmodus einzuschalten. Warten Sie etwas und schalten Sie den Flugmodus wieder ab.

3. Ihr iPad verbindet sich nun erneut mit dem WLAN-Netzwerk und/oder dem Mobilfunknetz. Unter Umständen haben Sie nun wieder einen Zugang ins Netzwerk und Internet.

WLAN-Router neu starten

Das Problem bei unterbrochenen oder langsamen Netzwerk- und Internetverbindungen liegt oftmals weder am iPad noch am Netzbetreiber, sondern am WLAN-Router. Meist genügt es, diesen neu zu starten. Nutzen Sie dazu das Konfigurationsprogramm Ihres Routers oder schalten Sie diesen aus und wieder ein bzw. trennen Sie ihn kurz vom Stromnetz. Nach dem Neustart funktioniert meistens alles wieder.

IP-Adresse erneuern

Das Problem an einer »hakelnden« WLAN-Verbindung kann auch bei der Ihnen vom WLAN-Router zugewiesenen IP-Adresse liegen. Allerdings können Sie sich bei Problemen eine neue zuweisen lassen:

1. Öffnen Sie die *Einstellungen* und tippen Sie in der linken Spalte auf *WLAN*. Wählen Sie in der rechten Spalte das aktive WLAN-Netzwerk aus und tippen Sie auf das kleine *i*.
2. Suchen Sie nun weiter unten nach dem blauen Eintrag *Lease erneuern*. Tippen Sie darauf, wird Ihnen vom WLAN-Router eine neue IP-Adresse zugewiesen.

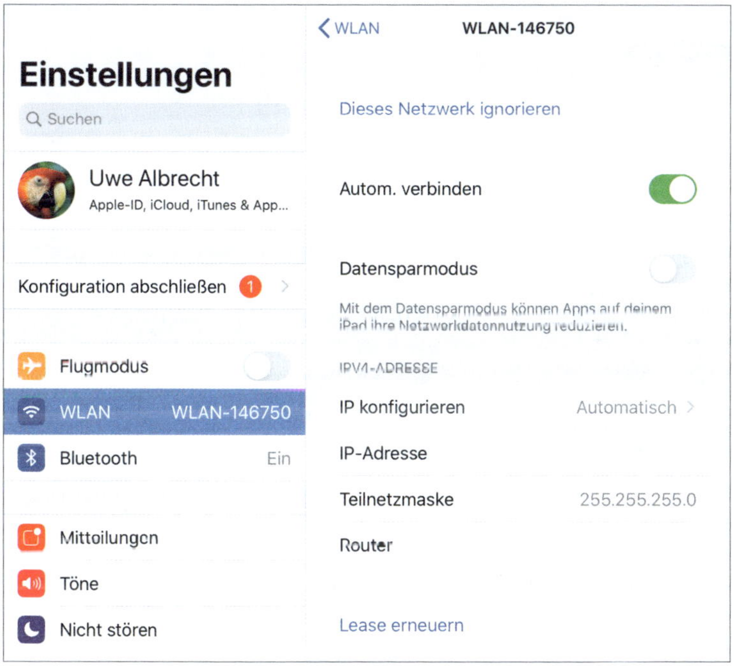

Alternativen DNS-Server verwenden

Weitere Probleme bei der Verbindung ins Internet lauern beim verwendeten DNS-Server (Nameserver). Der DNS-Server übersetzt die von Ihnen eingegebenen Internetadressen wie www.apple.de in die in allen Netzwerken so auch im Internet gebräuchlichen IP-Adressen wie 192.102.10.1. Ist der DNS-Server ausgefallen oder überlastet, kann es passieren, dass die entsprechende Internetseite nicht gefunden und aufgerufen wird. In diesem Fall können Sie einen alternativen DNS-Server verwenden. Diesen tragen Sie dann wie folgt ein:

1. Öffnen Sie die *Einstellungen* und tippen Sie in der linken Spalte auf WLAN. Wählen Sie in der rechten Spalte das aktive WLAN-Netzwerk aus und tippen Sie auf das kleine *i*.
2. Blättern Sie weiter unten zur Option *DNS konfigurieren*. Wählen Sie hier statt *Automatisch* den Eintrag *Manuell* und geben Sie die IP-Adresse des alternativen Nameservers ein.

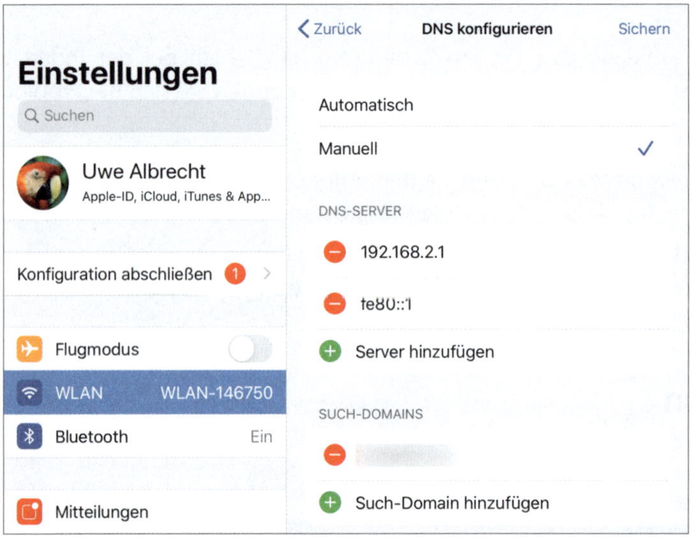

> **Wo finde ich Adressen alternativer DNS-Server?**
> Alternative Nameserver finden Sie unter anderem auf diesen Webseiten:
>
> - https://www.ungefiltert-surfen.de//nameserver/de.html
> - www.dns-liste.de

Datenverbrauch im Mobilfunknetz im Blick behalten

Bei einem Mobilfunkvertrag mit Datentarif, wie Sie ihn für Ihr iPad Wi-Fi + Cellular benötigen, erhalten Sie meist ein monatliches Datenvolumen von einem, zwei oder mehr GByte. Surfen Sie oft und viel unterwegs, geht selbst dieses recht großzügig bemessene Datenvolumen schnell zur Neige. und dann können Sie nur noch mit stark gedrosselter Geschwindigkeit surfen. Daher sollten Sie Ihren Datenverbrauch kennen und kontrollieren:

1. Öffnen Sie die *Einstellungen* und tippen Sie im Bereich links auf *Mobile Daten*.
2. Unter *Mobile Daten* weiter unten in der rechten Spalte erfahren Sie, wie viel von Ihrem Datenvolumen welche Apps verbraucht haben.
3. Um den mobilen Datenverbrauch zu reduzieren, schalten Sie die Option *Mobile Daten* rechts durch einen Fingertipp einfach ab.

Mobile Daten bei schwacher WLAN-Verbindung abschalten

Ihr iPad greift bei einer schwachen WLAN-Verbindung zur Unterstützung automatisch auf das Mobilfunknetz zurück.

Diese Funktion können Sie abschalten:

1. Öffnen Sie die *Einstellungen* und tippen Sie in der linken Spalte auf *Mobile Daten*.
2. Blättern Sie in der rechten Spalte ganz nach unten zur Funktion *WLAN-Unterstützung*. Diese deaktivieren Sie per Fingertipp.

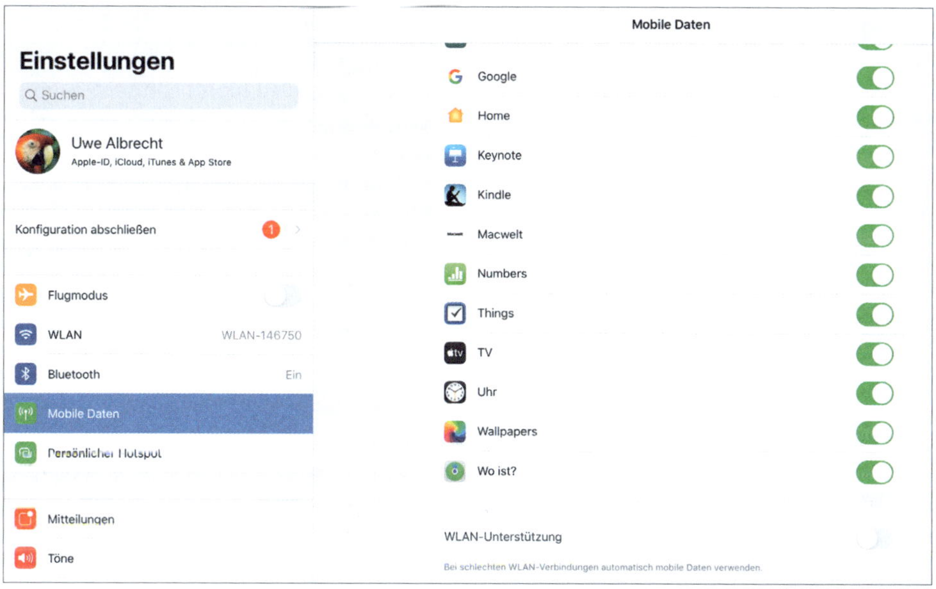

Automatische Downloads unterbinden

Auf Wunsch können Sie Ihre Käufe und Downloads mit Ihrem iTunes- und App-Store-Konto automatisch auf alle Ihre Geräte herunterladen lassen – so natürlich auch auf das iPad. Auch dies kann zulasten Ihres begrenzten Datenvolumens im Mobilfunknetz gehen.

Da es sich hierbei um mehrere Hundert MByte oder sogar GByte handeln kann, sollten Sie dies nur im WLAN-Netzwerk und nicht im Mobilfunknetz erlauben:

1. Öffnen Sie die *Einstellungen* und tippen Sie in der linken Spalte auf *iTunes & App Store*.
2. Dort schalten Sie in der rechten Spalte unter *Mobile Daten* die Einstellung *Automatische Downloads* ab. Dann werden die Einkäufe im iTunes- und App Store nur im WLAN-Netzwerk automatisch heruntergeladen.

> **Große E-Mail-Anhänge nicht abrufen**
> Wenn Sie E-Mails mit sehr großen Dateianhängen erhalten, werden diese in der Regel nicht automatisch heruntergeladen. Stattdessen müssen Sie auf das Symbol des Anhangs tippen, um diesen zu laden. Wollen Sie Ihr Datenvolumen im Mobilfunknetz schonen, sollten Sie darauf verzichten und diese Anhänge nur dann vollständig herunterladen, wenn Sie sich in einem WLAN-Netzwerk, bevorzugt im heimischen, angemeldet haben.

Podcast-Abonnements abschalten

Haben Sie Podcasts abonniert, werden die neuen Folgen unter Umständen nach Erscheinen automatisch heruntergeladen. Dies kann nicht nur die Geschwindigkeit Ihres Internetzugangs verlangsamen, weil dies im Hintergrund geschieht, sondern es geht im Mobilfunknetz auch zulasten Ihres Datenvolumens. Daher können Sie den automatischen Download auf das WLAN-Netzwerk beschränken:

1. Öffnen Sie die *Einstellungen* und wählen Sie in der linken Spalte den Eintrag *Podcasts*.
2. Aktivieren Sie in der rechten Spalte die Option *Downloads über Mobilfunk blockieren*, dann werden die aktuellen Podcast-Folgen erst dann heruntergeladen, wenn Sie sich in einem WLAN-Netzwerk befinden.

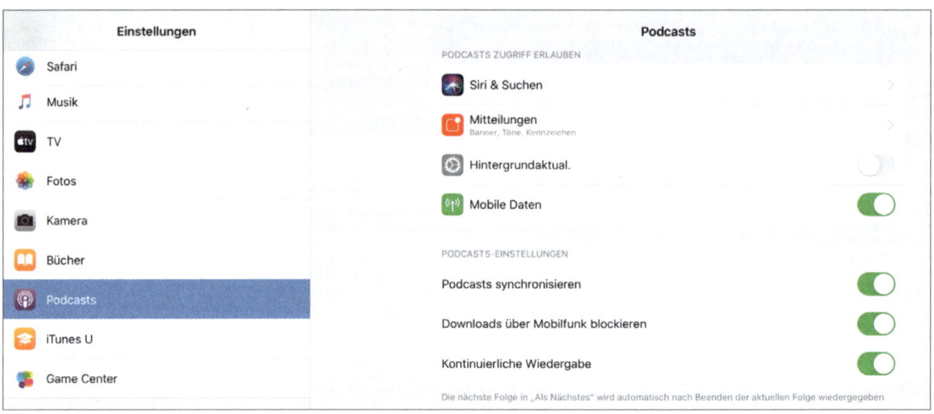

Mobile Daten abschalten

Falls Sie unterwegs weder über das Mobilfunknetz surfen noch etwas herunterladen möchten und auch kein Musik- und Videostreaming nutzen, können Sie die mobilen Daten ganz abschalten.

1. Öffnen Sie die *Einstellungen* und tippen Sie im linken Bereich auf *Mobile Daten*.
2. In der rechten Spalte deaktivieren Sie nun *Mobile Daten*. SMS können Sie allerdings nach wie vor empfangen und versenden.

Trotz Flugmodus per WLAN online

Falls Sie trotz Flugmodus – über WLAN – online gehen wollen, ist auch das möglich:

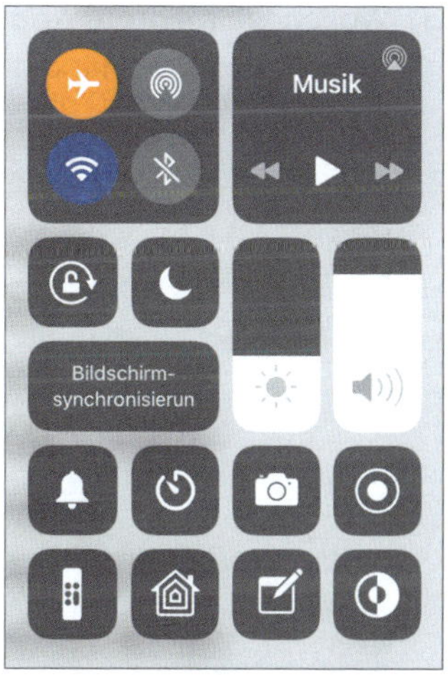

1. Öffnen Sie das Kontrollzentrum, indem Sie zweimal schnell hintereinander die Home-Taste drücken oder vom rechten oberen Rand nach unten wischen.
2. Aktivieren Sie zunächst über einen Fingertipp auf das Flugzeugsymbol den Flugmodus.
3. Nun schalten Sie über einen Fingertipp auf das WLAN-Symbol WLAN wieder ein und können trotzdem online gehen.

Schnell ein WLAN-Kennwort teilen

Falls Sie schnell einmal mit jemandem ein WLAN-Kennwort teilen wollen, dann ist das mit iPadOS 13 sehr einfach möglich (Bluetooth und – selbstverständlich – WLAN müssen eingeschaltet sein). Legen Sie einfach dessen iPhone neben Ihr iPad und es erscheint ein kleiner Hinweis, ob Sie sich an demselben WLAN-Netzwerk anmelden möchten.

11.3 Apps

Apple prüft die von den Entwicklern eingereichten Apps sehr genau und lässt bei Weitem nicht alle ohne Änderung und Anpassungen zu. Dennoch kann es vorkommen, dass eine App einmal Probleme bereitet. In diesem Fall können Sie laufende Apps gezielt beenden. Tritt der Fehler öfter auf, sollten Sie diese App aktualisieren (siehe dazu Kapitel 10.1), wenn ein Update verfügbar ist, oder auch löschen.

Apps beenden

Normalerweise ist es nicht erforderlich, eine App gezielt zu beenden, da sich diese – bei Nichtbenutzung – inaktiv im Hintergrund befindet und keinen Hauptspeicher belegt.

Sollte dies dennoch einmal notwendig sein, gehen Sie so vor:

1. Öffnen Sie den App-Umschalter, indem Sie zweimal schnell hintereinander die Home-Taste drücken oder vom unteren Bildschirmrand langsam nach oben wischen und in der Mitte stoppen.
2. Zum Schließen wischen Sie auf der Voransicht der besagten App schnell von unten nach oben. Die App wird nun vollständig geschlossen und beendet.
3. Wollen Sie mehrere Apps auf einmal beenden, wischen Sie auf diesen mit jeweils einem Finger Ihrer Hand nach oben.

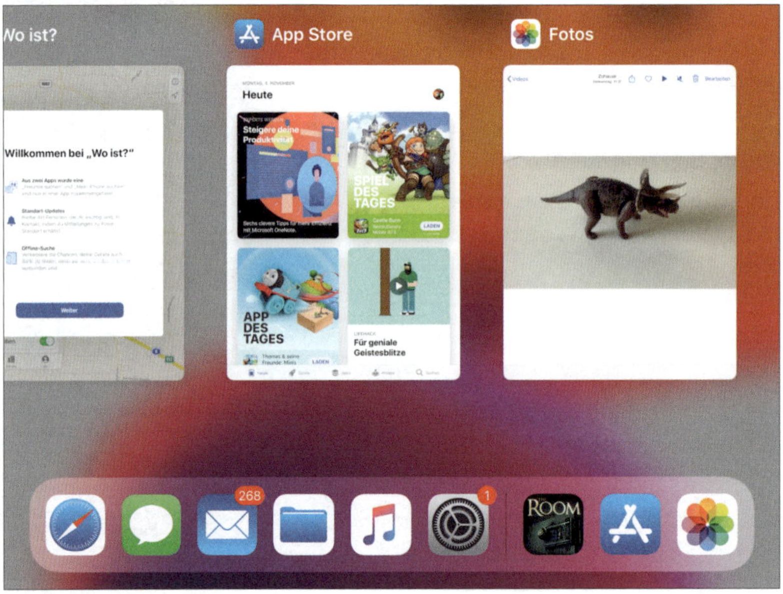

Vorinstallierte Apps entfernen

Apps, die auf Ihrem iPad von Apple vorinstalliert wurden, aber für iPadOS 13 nicht fundamental wichtig sind, können durchaus gelöscht werden, und zwar auf die bekannte Weise.

1. Tippen Sie so lange auf das App-Symbol, bis es zu wackeln beginnt.
2. Tippen Sie nun auf das kleine Kreuz links oben am Symbol. Die App wird gelöscht und ihre auf dem iPad vorhandenen Daten – allerdings nicht die auf iCloud gesicherten.
3. Bei Bedarf können Sie die App später wiederherstellen, indem Sie im App Store zunächst nach dem Entwickler Apple und dann nach der besagten App suchen.

4. Sie installieren sie dann wie andere Apps auch, indem Sie auf *Laden* bzw. das Wolkensymbol tippen.

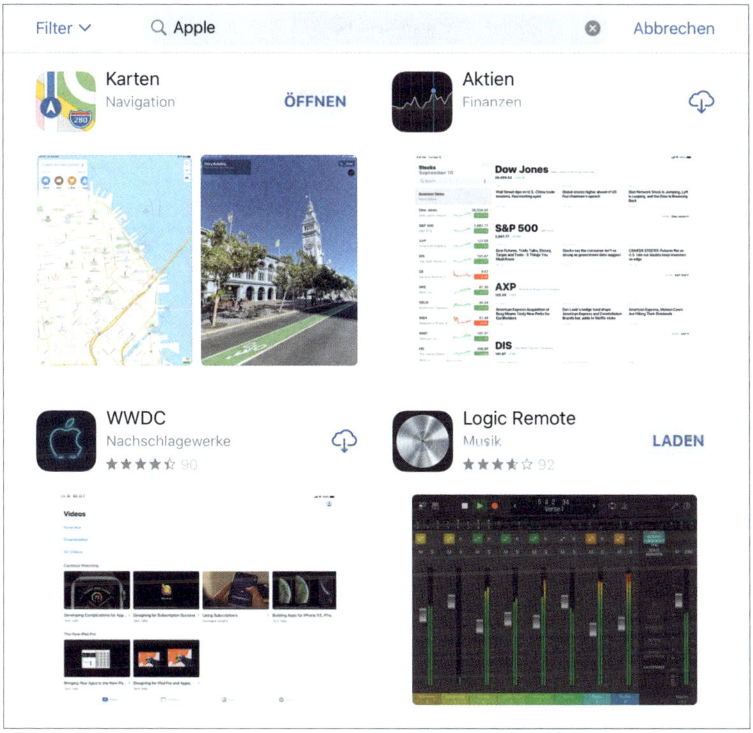

11.4 Speicher

Speicherplatz kann man nie genug haben, auch auf dem iPad nicht. Allerdings sind iPads mit viel Speicherplatz, etwa 256 oder 512 GByte, auch teurer. Daher sollten Sie mit dem Speicherplatz gut haushalten, um zumindest alle Apps und Daten darauf installieren zu können, die Sie jeden Tag oder regelmäßig benötigen. Mit den folgenden Tipps begegnen Sie dem Speichermangel auf Ihrem iPad.

Überblick über den Speicherverbrauch

Bevor Sie darangehen, Apps und Daten zu löschen, um den Speicher freizuräumen, sollten Sie sich erst einmal einen Überblick darüber verschaffen, welche Apps, Daten und Medien den meisten Speicherplatz auf Ihrem iPad benötigen:

1. Öffnen Sie dazu die *Einstellungen*, tippen Sie in der linken Spalte auf *Allgemein* und dann in der rechten auf *iPad-Speicher*.

2. An erster Stelle finden Sie eine farbige Grafik, die anzeigt, wie viel Speicherplatz von Apps, Daten und Medien belegt wird. Damit erhalten Sie einen guten Überblick.

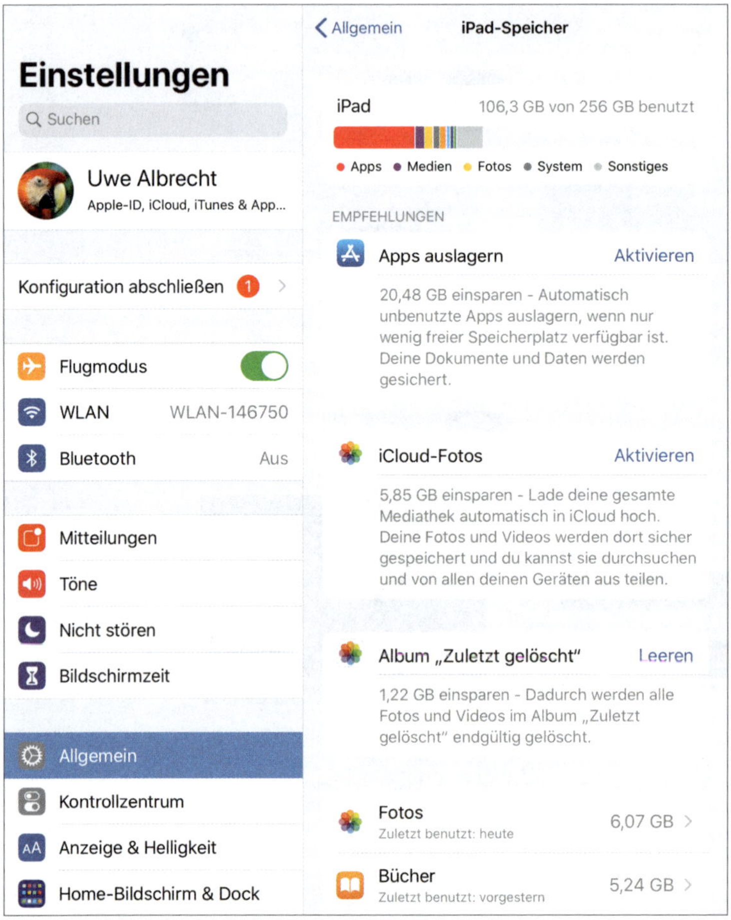

Welche App benötigt am meisten Speicher?

Wollen Sie im Detail herausfinden, welche App und welche Medien wie viel an Speicher belegen, erreichen Sie dies wie folgt:

1. Öffnen Sie dazu die *Einstellungen*, tippen Sie in der linken Spalte auf *Allgemein* und in der rechten auf *iPad-Speicher*.
2. Unten in der rechten Spalte werden alle Apps aufgelistet, die auf Ihrem iPad installiert sind, und wie viel sie und Ihre Daten Speicherplatz belegen.
3. Die Apps mit dem meisten Speicherplatz finden Sie oben. Des Weiteren wird angezeigt, ob Sie die App je benutzt haben und wann.

4. Ein Fingertipp auf dem Eintrag öffnet die Detailansicht, in der Sie herausfinden, wie viel Speicher die App und ihre Daten getrennt benötigten.

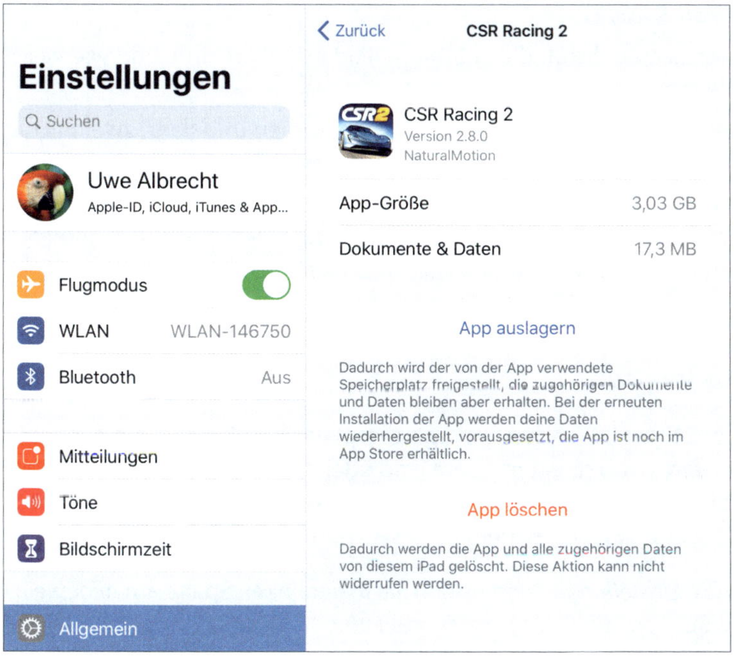

Speicher für Musikdownloads begrenzen

Hören Sie viel Musik mit der Musik-App und haben Sie außerdem Apple Music abonniert, dann landen, weitgehend automatisch, von Ihnen angehörte Musiktitel auf dem iPad, damit Sie später schneller darauf zugreifen können, und zwar auch dann, wenn Sie sich gerade einmal in einem Funkloch befinden. Damit sich der Speicherplatz Ihres iPad nicht bis zum Anschlag automatisch mit Musikdownloads füllt, können Sie den Platz dafür begrenzen.

1. Öffnen Sie die *Einstellungen* und wählen Sie in der linken Spalte den Eintrag *Musik*.
2. Nun suchen Sie in der rechten Spalte unter *Downloads* die Option *Speicher optimieren* und schalten sie ein.
3. Zudem geben Sie hier an, wie viel Speicher für Musikdownloads zur Verfügung stehen darf – ob gar keiner, *16 GB*, *32 GB* oder mehr.

Speicher gezielt freiräumen

Um den iPad-Speicher freizuräumen, gehen Sie am besten gezielt vor und orientieren sich daran, ob Sie die App und ihre Medien wirklich benötigen und wie oft.

Um die App und ihre Daten zu löschen, gehen Sie dann auf die folgende Weise vor:

1. Öffnen Sie dazu die *Einstellungen*, tippen Sie in der linken Spalte auf *Allgemein* und in der rechten auf *iPad-Speicher*.
2. Unten sind alle Apps aufgelistet, die auf Ihrem iPad installiert sind, und wie viel Speicherplatz sie belegen.
3. Möchten Sie eine App löschen, tippen Sie auf ihren Namen und dann zweimal hintereinander auf den Eintrag *App löschen*. Hierbei werden aber auch die Daten der App entfernt.
4. Alternativ können Sie längere Zeit unbenutzte Apps auch in iCloud auslagern. Tippen Sie dazu auf *App auslagern*. Wie Sie einzelne Apps gezielt auslagern, finden Sie weiter unten.

Fotos und Videos löschen

Fotos und Videos benötigen besonders viel Speicherplatz. Sind Sie also ein passionierter Hobbyfotograf oder -filmer, ob direkt mit dem iPad oder mit einer Digitalkamera, von der Sie die Fotos oder Videos auf das iPad importieren, dann sollten Sie ab und zu die nicht mehr benötigten Bilder und Filme löschen.

1. Öffnen Sie dazu die *Einstellungen* und tippen Sie in der linken Spalte auf *Allgemein* und dann im rechten Bereich auf *iPad-Speicher* und *Fotos*.
2. Über den Eintrag *iCloud-Fotos* können Sie diese automatisch in iCloud hochladen.
3. Mit einem Fingertipp auf *Leeren* neben *Album „Zuletzt gelöscht"* entfernen Sie mit der Fotos-App gelöschte Fotos endgültig von Ihrem iPad.

Podcasts entfernen

Auch Podcasts, besonders Video-Podcasts, können viel Speicherplatz belegen – je nachdem, welche Einstellung Sie in der App vorgenommen haben, sogar ohne dass Sie davon etwas mitbekommen. Schauen Sie daher immer wieder einmal in der Podcast-App nach und löschen Sie die nicht benötigten Podcasts:

1. Starten Sie die Podcast-App und wählen Sie in der *Mediathek* den Eintrag *Sendungen*.
2. Tippen Sie auf das Cover des gewünschten Podcasts und dazu auf die drei kleinen Punkte ganz rechts.
3. Möchten Sie die Folgen des Podcasts löschen, tippen Sie auf *Aus Mediathek löschen*.

Einzelne Apps auslagern

Manche Apps benutzen Sie öfter oder gar täglich und andere selten oder haben sie sogar noch nie benutzt. Diese können Sie unter iPadOS 13 auslagern. Daten und Dokumente bleiben allerdings erhalten.

1. Öffnen Sie die *Einstellungen*, wählen Sie in der linken Spalte den Eintrag *Allgemein* und tippen Sie in der rechten Spalte auf *iPad-Speicher*.
2. Nun wählen Sie unten die gewünschte App aus. Zum Auslagern der App tippen Sie auf *App auslagern*. Hierbei bleiben Daten und Symbol erhalten, über das Sie die App bei Bedarf wieder laden können.

Speicher voll, was nun?

Ist der Speicher Ihres iPad randvoll, sollten Sie jetzt erst recht einen Film ausleihen. Das klingt auf den ersten Blick widersprüchlich, kann jedoch dabei helfen, dass iPadOS 13 etwas Speicher freiräumt, um den Film unterzubringen:

1. Starten Sie den iTunes Store und leihen Sie sich irgendeinen Film aus (siehe dazu Kapitel 7.4).
2. Da Sie so gut wie keinen Speicher mehr zur Verfügung haben, löscht iPadOS 13 Cache-(Zwischenspeicher-)Dateien und andere für Sie unsichtbare Dateien, um dem Film Platz zu machen.
3. Hierdurch wird wieder etwas Platz auf dem iPad frei, allerdings in der Regel nicht genug, um den Film unterzubringen, und daher wird der Download des Films abgebrochen. Der freigeräumte Speicherplatz bleibt aber frei. Dies können durchaus einige Hundert MByte oder mehr sein.

11.5 Wenn das iPad abstürzt

Ein iPad ist auch nur ein Computer und kann daher ebenfalls »abstürzen«. Dies kommt allerdings viel seltener vor als bei einem Windows-PC. Ist es doch einmal der Fall, helfen Ihnen die folgenden Tipps weiter.

Stand-by-Taste oder Home-Taste betätigen

Reagiert Ihr iPad auf Gesten und Fingertipps nicht mehr, betätigen Sie einfach kurz die Stand-by-Taste. Dabei geht Ihr iPad in den Ruhezustand. Wecken Sie es dann erneut über die Stand-by-Taste oder die Home-Taste wieder auf und melden Sie sich wieder an, funktioniert es dann oftmals wieder tadellos.

iPad über die Einstellungen abschalten

Reagiert Ihr iPad doch noch auf Eingaben, können Sie es unter Umständen auch über seine *Einstellungen* ausschalten:

1. Öffnen Sie die *Einstellungen* und wählen Sie in der linken Spalte den Eintrag *Allgemein*.

2. In der rechten Spalte blättern Sie nach unten und tippen dort auf den blauen Eintrag *Ausschalten*. Das iPad wird nun heruntergefahren.
3. Zum Einschalten betätigen Sie später wieder wie gewohnt die Stand-by-Taste.

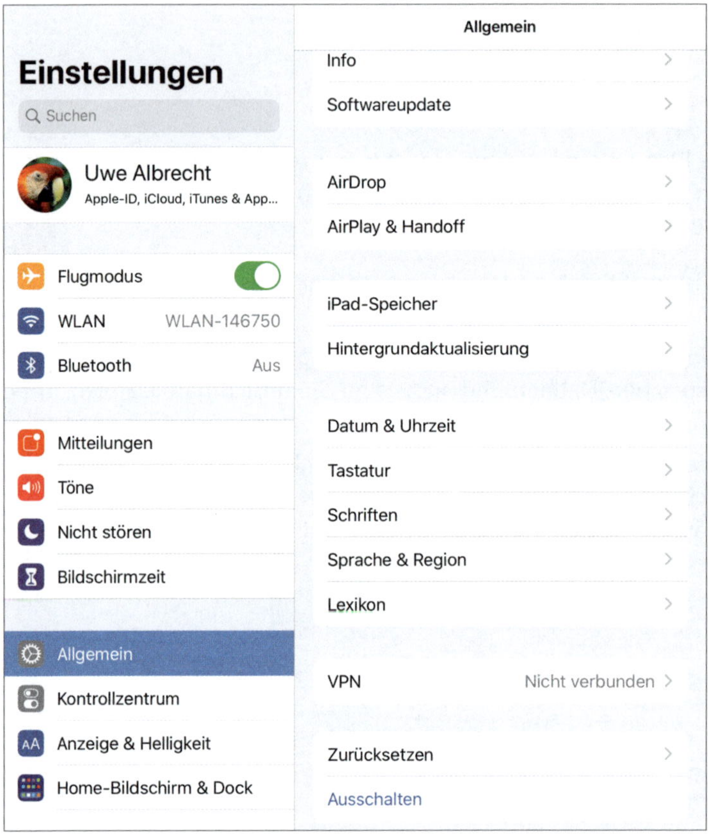

iPad aus- und einschalten

Nimmt das iPad keine Eingaben mehr an, versuchen Sie, es zunächst auf die bekannte Weise aus- und wieder einzuschalten.

1. Drücken Sie die Stand-by-Taste so lange, bis der Schalter *Ausschalten* auf dem Bildschirm erscheint.

   Beim iPad Pro ab der dritten Generation drücken Sie dazu die Stand-by-Taste und die Lauter-Taste gleichzeitig.
2. Wischen Sie auf dem Schalter *Ausschalten* von links nach rechts, wird das iPad heruntergefahren.
3. Schalten Sie es nach einer kurzen Pause über die Stand-by-Taste wieder ein, sollte es wie gewohnt funktionieren.

iPad per Tastenkombination neu starten

Falls Ihr iPad »abgestürzt« ist oder sich »aufgehängt« hat, versuchen Sie, es auf die folgende Weise mit einer Tastenkombination neu zu starten:

1. Drücken Sie die Stand-by-Taste und die Home-Taste gleichzeitig und lassen Sie diese mindestens zehn Sekunden gedrückt.
2. Beim iPad Pro ab der dritten Generation drücken Sie zunächst die Lauter-Taste für eine Sekunde, dann die Leiser-Taste für eine Sekunde und dann die Stand-by-Taste für ca. fünf Sekunden.
3. Warten Sie, bis das Apple-Logo angezeigt wird. Dann können Sie die Tasten wieder loslassen.

Die letzte Möglichkeit: Wartungszustand aktivieren

Falls alle anderen Methoden keine Besserung bringen und sich das iPad weder regulär noch über die obige Tastenkombination starten lässt, können Sie noch versuchen, das iPad in den sogenannten Wartungszustand zu versetzen. Anschließend ist es unter Umständen möglich, es über iTunes neu einzurichten oder über ein – hoffentlich vorhandenes – Backup wiederherzustellen.

1. Verbinden Sie das iPad über das Lightning-auf-USB-Kabel mit dem Mac oder Windows-PC.
2. Drücken Sie nun die Stand-by- und Home-Taste gleichzeitig für zehn Sekunden.
3. Nun lassen Sie die Stand-by-Taste los, aber halten die Home-Taste für weitere zehn Sekunden gedrückt.
4. In der Regel wird das iPad nun von iTunes erkannt – und zwar im Wartungszustand – und Sie können es neu einrichten oder aus einem Backup wiederherstellen.

Der Wartungszustand beim iPad Pro (ab 3. Generation)

1. Verbinden Sie das iPad über das USB-C-auf-USB-Kabel mit dem Mac oder Windows-PC.
2. Drücken Sie die Lauter-Taste, und lassen Sie diese sofort wieder los. Drücken Sie die Leiser-Taste, und lassen Sie diese ebenfalls wieder los.
3. Halten Sie nun die Stand-by-Taste gedrückt, bis das iPad erneut startet.
4. Halten Sie die Stand-by-Taste weiter so lange gedrückt, bis das iPad in den Wiederherstellungsmodus versetzt wird.

11.6 Umzug auf ein neues iPad

Endlich liegt es vor Ihnen, das nagelneue iPad. Aber wie bekommen Sie nun die Apps und Daten des alten Gerätes auf das neue? Dafür bieten sich mehrere Wege an: über iTunes, den Finder oder auch iCloud.

Umzug über iTunes

Sofern Sie einen Computer besitzen – ob Mac (bis macOS Mojave) oder Windows-PC spielt keine Rolle –, können Sie den Umzug über iTunes vornehmen. Erstellen Sie als Erstes ein Backup Ihres iPad über iTunes (siehe Kapitel 9.6). Haben Sie das Backup erstellt, gehen Sie wie folgt vor, um die Daten auf das neue iPad zu übernehmen:

1. Schalten Sie das neue iPad ein. Der Konfigurationsassistent startet. Folgen Sie den Anweisungen.
2. Sobald der Konfigurationsassistent nachfragt, ob das iPad als neues iPad konfiguriert oder über iTunes bzw. iCloud wiederhergestellt werden soll, verbinden Sie es mit dem beiliegenden USB-C- oder Lightning-auf-USB-Kabel mit dem Computer.
3. Öffnen Sie iTunes, falls dieses nicht automatisch gestartet wurde, und klicken Sie im Hauptfenster auf den Eintrag *Backup wiederherstellen*.
4. Wenn mehrere Backups existieren, wählen Sie das neueste Backup Ihres alten iPad aus und starten die Wiederherstellung. Das Backup wird auf das neue iPad übertragen, was geraume Zeit dauern kann.
5. Nach dem Neustart des iPad ist es erforderlich, Ihre Kennwörter für iCloud und den iTunes-Store erneut einzugeben. Danach können Sie Ihr neues iPad verwenden.

Umzug über den Finder

Bei einem Mac mit macOS Catalina findet der Umzug nicht mehr über iTunes, sondern über den Finder statt:

1. Hierzu schließen Sie Ihr altes iPad über das USB-C- oder Lightning-auf-USB-Kabel an Ihren Mac an. Wählen in der linken Seitenleiste des Finder-Fensters Ihr iPad unter *Orte* aus.
2. Klicken Sie oben auf *Allgemein* und dann auf *Backup jetzt erstellen*. Warten Sie, bis das Backup abgeschlossen wird.
3. Sobald der Konfigurationsassistent nachfragt, ob das iPad als neues iPad konfiguriert werden soll oder über Ihren Mac oder iCloud wiederhergestellt werden soll, wählen Sie Ihren Mac.
4. Falls mehrere Backups existieren, wählen Sie das neueste Ihres alten iPad aus und starten die Wiederherstellung. Das Backup wird auf das neue iPad übertragen, was geraume Zeit dauern kann.
5. Ist das neue iPad schon eingerichtet, klicken Sie stattdessen nach dem Anschließen an den Mac auf *Backup wiederherstellen* und folgen den Anweisungen.

Kennwörter beim Umzug mitnehmen

Falls Sie die Kennwörter beim Umzug mitnehmen wollen, müssen Sie zuvor ein verschlüsseltes Backup erstellt haben. Wie das geht, erfahren Sie in Kapitel 9.6.

Umzug über iCloud

Ohne Computer nutzen Sie zur Wiederherstellung Ihres Backups auf dem neuen iPad einfach iCloud.

Hierbei gehen Sie so vor:

1. Schalten Sie das neue iPad ein. Der Konfigurationsassistent startet. Folgen Sie den Anweisungen. Hierbei melden Sie Ihr neues iPad auch an Ihrem WLAN-Netzwerk an.
2. Sobald der Konfigurationsassistent nachfragt, ob das iPad als neues iPad konfiguriert oder über iTunes bzw. iCloud wiederhergestellt werden soll, wählen Sie *iCloud* aus.
3. Falls mehrere Backups existieren, wählen Sie das aktuellste Backup Ihres alten iPad aus und starten die Wiederherstellung. Das Backup wird auf das neue iPad übertragen, was geraume Zeit in Anspruch nehmen kann.
4. Falls Sie nach dem Neustart des iPad nach Ihren Kennwörtern für iCloud und den iTunes Store gefragt werden, geben Sie diese an. Danach können Sie Ihr neues iPad nutzen.

Vom Android-Tablet umziehen

Verwenden Sie bisher ein Tablet mit Android, können Sie, sofern dieses bestimmte Voraussetzungen erfüllt, auf ein neues iPad umziehen und Ihre Daten (Adressen, Kalender, Nachrichten, Fotos, Videos, Lesezeichen, E-Mail-Konten) übernehmen. Damit das klappt, muss Ihr Android-Tablet mindestens unter Android 4 laufen und Sie benötigen außerdem die kostenlose App *Move to iOS* aus dem Google Play Store.

1. Sorgen Sie dafür, dass das Android-Tablet und das iPad vollgeladene Akkus haben. Schalten Sie das Android-Tablet ein und verbinden Sie es mit Ihrem WLAN-Netzwerk.
2. Laden Sie auf Ihrem Android-Tablet die App *Move to iOS* aus dem Google Play Store herunter.
3. Schalten Sie das iPad ein und folgen Sie den Anweisungen des Konfigurationsassistenten. Sobald der Konfigurationsbildschirm *Apps & Daten* anzeigt, tippen Sie dort auf *Daten von Android übertragen*.
4. Starten Sie auf dem Android-Tablet *Move to iOS* und folgen Sie den Anweisungen, wobei ein Code ermittelt wird. Tippen Sie auf *Weiter*.
5. Tippen Sie auf dem iPad auf *Fortfahren*. Auf dem iPad wird ein Code angezeigt, den Sie auf dem Android-Tablet eingeben.
6. Als Nächstes erscheint der Bildschirm zur Datenübertragung. Geben Sie an, welche Daten vom Android-Tablet übertragen werden sollen.
7. Ist der Umzug abgeschlossen, tippen Sie auf *Fertig* und folgen auf dem iPad den weiteren Schritten des Konfigurationsassistenten.

11.7 iPadOS aktualisieren

Apple stellt in unregelmäßigen Abständen Updates für iPadOS bereit, die Sie unbedingt installieren sollten. Neben neuen Funktionen werden dabei vor allem Fehler und Sicherheitslücken beseitigt. Einmal im Jahr erscheint ein großes Upgrade auf eine neue Version – aktuell ist dies iPadOS 13. Mit den folgenden Tipps funktionieren Update und Upgrade Ihres iPad noch besser.

Läuft iPadOS 13 auch auf meinem iPad?

Im Gegensatz zu anderen Herstellern stellt Apple die neuesten Versionen seines Betriebssystems für Tablets und Smartphones auch für ältere Geräte bereit. iPadOS 13 läuft daher auf allen folgenden iPads, darunter auch mehrere Jahre alte Geräte:

- 12,9" iPad Pro
- 11" iPad Pro
- 10,5" iPad Pro
- 9,7" iPad Pro
- iPad Air (3. Generation)
- iPad Air (2. Generation)
- iPad (5. Generation)
- iPad (6. Generation)
- iPad (7. Generation)
- iPad mini (5. Generation)
- iPad mini (4. Generation)

iPadOS über iTunes aktualisieren

Bequem und schnell können Sie Ihr iPad über iTunes auf dem Windows-PC oder Mac (bis macOS Mojave) aktualisieren. Zudem ist dies die Möglichkeit der Wahl, wenn Sie auf dem iPad nur noch wenig freien Speicherplatz haben:

1. Schließen Sie Ihr iPad mit dem USB-C- oder Lightning-auf-USB-Kabel an den Computer an und warten Sie, bis iTunes gestartet ist, oder öffnen Sie dieses selbst.
2. Klicken Sie links oben auf das kleine iPad-Symbol und anschließend in der Seitenleiste auf *Übersicht*.
3. Im Hauptfenster klicken Sie auf *Nach Update suchen*, laden das Update herunter und installieren es. Anschließend startet das iPad neu.

iPadOS über den Finder aktualisieren

Nutzen Sie macOS Catalina, ist für das Upgrade der Finder zuständig, da iTunes nicht mehr enthalten ist und durch andere Apps ersetzt wurde.

1. Schließen Sie Ihr iPad über das USB-C- oder Lightning-auf-USB-Kabel an Ihren Mac an. Wählen Sie in der linken Seitenleiste des Finder-Fensters Ihr iPad unter *Orte* aus.
2. Klicken Sie im Hauptfenster oben auf *Allgemein* und dann auf *Nach Update suchen*.

3. Ist ein neues Update vorhanden, laden Sie es herunter und installieren es.

iPadOS online aktualisieren

Besitzen Sie keinen Computer oder haben Sie diesen nicht zur Verfügung, können Sie das iPad auch online aktualisieren. In diesem Fall muss der Akku vollgeladen und das iPad mit dem WLAN-Netzwerk verbunden sein. Ist das der Fall, gehen Sie so vor:

1. Öffnen Sie die *Einstellungen* und wählen Sie in der linken Spalte den Eintrag *Allgemein*.
2. Tippen Sie in der rechten Spalte auf *Softwareupdate* und laden Sie dieses per Fingertipp herunter.
3. Ist das Update heruntergeladen, tippen Sie auf *Jetzt installieren*. Während der Installation wird das iPad neu gestartet.
4. Warten Sie, bis die Installation des Updates abgeschlossen ist, und melden Sie sich danach über Ihren Zugangscode wieder an.

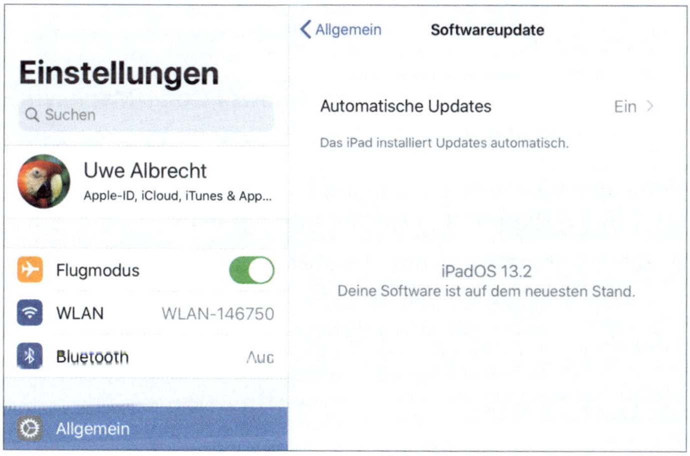

11.8 Werkszustand des iPad wiederherstellen

Wenn Sie Ihr iPad verkaufen, verschenken oder zur Reparatur geben, müssen Sie den Werks- oder Auslieferungszustand wiederherstellen. Wie Sie dabei vorgehen, erfahren Sie in den folgenden Tipps. Bitte beachten Sie, dass Sie zunächst unbedingt die Funktion *Mein iPad suchen* abschalten müssen!

»Mein iPad suchen« abschalten

1. Öffnen Sie die *Einstellungen* und wählen Sie in der linken Spalte Ihren Benutzernamen/Ihre Apple-ID aus.
2. Tippen Sie anschließend in der rechten Spalte auf *Wo ist?* Dort schalten Sie die Funktion *Mein iPad suchen* ab. Dazu müssen Sie das Kennwort Ihrer Apple-ID eingeben.

iPad über iTunes zurücksetzen

Zum Zurücksetzen Ihres iPad können Sie – falls Sie einen Windows-PC oder Mac (bis macOS Mojave) besitzen – auch iTunes benutzen:

1. Schließen Sie Ihr iPad mit dem USB-C- oder Lightning-auf-USB-Kabel an den Computer an und warten Sie, bis iTunes gestartet ist, oder starten Sie es selbst.
2. Klicken Sie links oben auf das kleine iPad-Symbol und anschließend in der Seitenleiste auf *Übersicht*.
3. Im Hauptfenster klicken Sie auf *iPad wiederherstellen* und folgen den Anweisungen.

iPad über den Finder zurücksetzen

Bei macOS Catalina auf Ihrem Mac setzen Sie Ihr iPad im Finder zurück. Und zwar auf diese Weise:

1. Schließen Sie Ihr iPad über das USB-C- oder Lightning-auf-USB-Kabel an Ihren Mac an. Wählen Sie in der linken Seitenleiste des Finder-Fensters Ihr iPad unter *Orte* aus.
2. Klicken Sie oben auf *Allgemein* und dann auf *iPad wiederherstellen* und folgen Sie den Anweisungen.

Ihr iPad wird nun auf den Werkszustand zurückgesetzt und alle Ihre Daten und von Ihnen installierten Apps werden entfernt.

iPad am Gerät zurücksetzen

1. Öffnen Sie die *Einstellungen* und wählen Sie in der linken Spalte den Eintrag *Allgemein*.
2. In der rechten Spalte blättern Sie nach ganz unten und tippen dort auf *Zurücksetzen*.
3. Um bei Ihrem iPad den Werkszustand wiederherzustellen, tippen Sie auf *Alle Inhalte & Einstellungen löschen*.
4. Bitte beachten Sie, dass dies einige Zeit in Anspruch nehmen kann und das iPad dazu am besten mit dem beiliegenden Kabel und Netzteil am Stromnetz angeschlossen ist.

Bei iCloud am iPad abmelden

Wenn Sie Ihr iPad verkaufen oder weitergeben, sollten Sie nicht nur die Einstellung *Mein iPhone suchen* abschalten wie oben beschrieben, sondern sich auch bei iCloud und dem iTunes Store abmelden. Dies erreichen Sie auf die folgende Weise:

1. Öffnen Sie die *Einstellungen* und wählen Sie in der linken Spalte *Passwörter & Accounts* und dann *iCloud*.
2. Blättern Sie in der rechten Spalte nach ganz unten und tippen Sie auf *Abmelden*.

3. Bei der Abmeldung haben Sie die Wahl, die iCloud-Daten auf dem iPad zu behalten. Dies sollten Sie natürlich unterlassen, wenn Sie das iPad weitergeben oder verkaufen.

Am iTunes Store auf dem iPad abmelden

Am iTunes Store sollten Sie sich ebenfalls abmelden, wenn Sie das iPad verkaufen oder künftig nicht mehr selbst nutzen.

1. Öffnen Sie die *Einstellungen* und wählen Sie in der linken Spalte *iTunes & App Store* aus.
2. Tippen Sie in der rechten Spalte auf Ihre – blaue – Apple-ID und im folgenden Fenster auf *Abmelden*. Anschließend werden Sie vom iTunes Store auf dem iPad abgemeldet.

11.9 Seriennummer herausfinden

Wenn Sie herausfinden wollen, ob Ihr iPad noch Apple-Garantie hat, oder wenn Sie eine Reparatur im Apple Store beauftragen, dann benötigen Sie die Seriennummer Ihres iPad. Diese finden Sie auf zwei unterschiedlichen Wegen heraus:

1. Öffnen Sie die *Einstellungen* und wählen Sie in der linken Spalte den Eintrag *Allgemein*.
2. Tippen Sie in der rechten Spalte auf *Info*. Weiter unten finden Sie die Seriennummer Ihres iPad.
3. Lässt sich Ihr iPad nicht mehr einschalten, finden Sie die Seriennummer auch unten auf der Rückseite Ihres iPad. Allerdings ist diese in sehr kleiner Schrift aufgedruckt. Nehmen Sie eine Lupe zur Hilfe, falls sie sich nicht mit »unbewaffneten« Augen entziffern lässt.

Seriennummer in die Zwischenablage kopieren

Sofern Ihr iPad noch läuft und Sie die Seriennummer über die *Einstellungen* herausfinden und einsehen können, müssen Sie diese nicht notieren. Sie können sie auch in die Zwischenablage kopieren und dann in eine E-Mail oder ein Textdokument übernehmen:

1. Öffnen Sie die *Einstellungen* und wählen Sie in der linken Spalte den Eintrag *Allgemein*.
2. Tippen Sie in der rechten Spalte auf *Info*. Unten finden Sie die Seriennummer Ihres iPad.
3. Um diese in die Zwischenablage zu kopieren, tippen Sie fest auf den Eintrag und wählen dann den Befehl *Kopieren*.
4. In der App *Mail* oder einem Textverarbeitungsprogramm fügen Sie diese Seriennummer ein, indem Sie ebenfalls fest auf die entsprechende Stelle tippen und dann *Einsetzen* wählen.

12. Nützliche Apps und Funktionen

Im letzten Kapitel finden Sie Tipps und Tricks zu weiteren auf dem iPad befindlichen praktischen Apps, wie Nachschlagewerke, die Karten-App oder die Uhr- und Wecker-App. Zudem erfahren Sie, wie Sie Bildschirmfotos erstellen oder den Bildschirm »filmen«.

12.1 Karten

Die Karten-App von iOS steht dem Platzhirsch Google Maps kaum mehr in etwas nach. Ihr großer Vorteil ist vor allem die tiefe Integration ins Betriebssystem des iPad. Bitte beachten Sie, dass die Karten-App nur dann sinnvoll zu nutzen ist, wenn Sie einen Zugang ins Internet per WLAN oder Mobilfunknetz haben.

Lokale und Geschäfte in der Umgebung anzeigen

Die Karten-App weist Ihnen nicht nur den Weg und bringt Sie ans Ziel, sie findet auch das nächstgelegene Restaurant, die Tankstelle sowie Geschäfte – und das sofort.

1. Starten Sie die Karten-App und tippen Sie das Symbol zur Ortsbestimmung rechts oben an. Ihr gegenwärtiger Aufenthaltsort wird umgehend auf der Karte angezeigt.
2. Wollen Sie nun herausfinden, wo sich die nächsten Restaurants, Tankstellen oder auch Geschäfte befinden, tippen Sie einfach auf das Texteingabefeld, geben dort aber nichts ein.

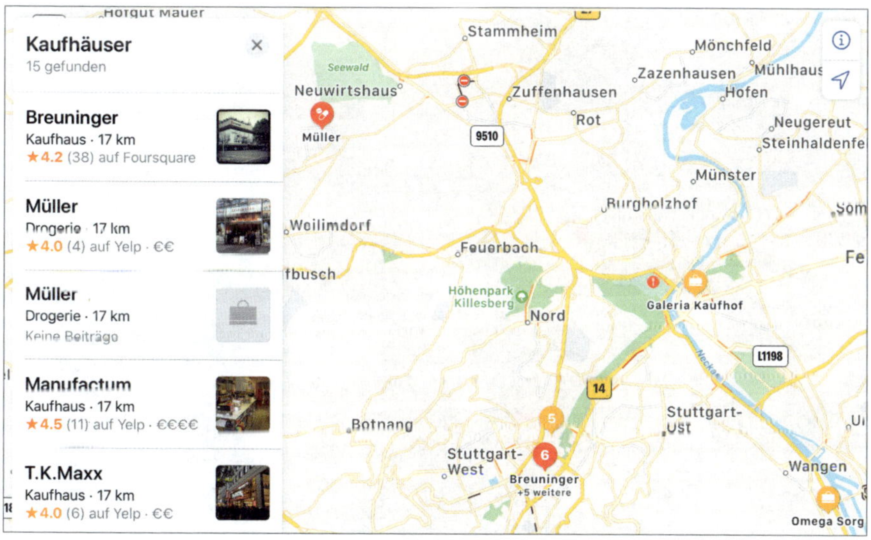

3. Um die Lokale, Geschäfte oder andere Orte in der Umgebung anzuzeigen, tippen Sie auf das entsprechende Symbol.
4. Wollen Sie den Weg dahin finden, tippen Sie auf den gewünschten Eintrag und dann auf *Route*.

Indoor-Navigation

Seit iPadOS 13hilft die Karten-App auch bei der Navigation in Gebäuden. Allerdings werden bisher vornehmlich Orte in den USA unterstützt, weitere, auch in Deutschland, sollen folgen. Im Prinzip gehen Sie so vor, dass Sie nah an das gewünschte Gebäude heranzoomen. Wird die Navigation unterstützt, wird das Innere des Gebäudes angezeigt. Über eine 3D-Ansicht können Sie sich darin orientieren.

Virtuelle Flyover-Touren

Mit der Karten-App können Sie manche Orte aus der – virtuellen – Vogelperspektive besuchen. Ist eine Flyover-Tour für den Ort vorhanden, erscheint der entsprechende Schalter nach der Ortssuche unterhalb des blauen Schalters *Route*.

1. Starten Sie die Karten-App und suchen Sie nach einer größeren Stadt wie Berlin oder München.
2. Tippen Sie im Fenster auf den Schalter *Flyover*. Eine 3D-Ansicht der Stadt erscheint. Dies kann – je nach der Geschwindigkeit der Internetverbindung – unterschiedlich lange dauern.

3. Um die Flyover-Tour zu starten, tippen Sie auf *Stadttour starten* links unten.
4. Sie können dabei in die Ansicht hineinzoomen oder diese verschieben. Zum Unterbrechen der Tour tippen Sie auf *Tour unterbrechen*, zur Wiederaufnahme auf *Tour fortsetzen*.

Bevorzugtes Verkehrsmittel ändern

Sofern vorhanden, zeigt Ihnen die Karten-App nach Eingabe der Route an, welche Verkehrsmittel Sie nutzen können – jedenfalls theoretisch steht dabei auch der öffentliche Nahverkehr zur Auswahl. Allerdings wird diese Möglichkeit nur an wenigen Orten unterstützt. Möchten Sie das bevorzugte Verkehrsmittel in der Karten-App festlegen, machen Sie dies in den *Einstellungen*:

1. Öffnen Sie die *Einstellungen* und wählen Sie den Eintrag *Karten* in der linken Spalte.
2. In der rechten Spalte tippen Sie unter *Bevorzugtes Verkehrsmittel* auf *Fahren*, *Gehen* oder *ÖPNV*.

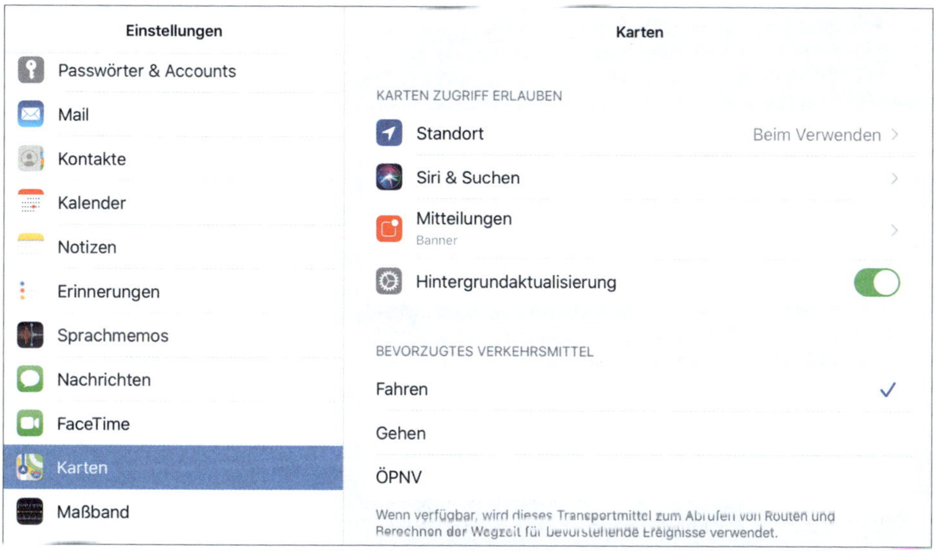

Route vom Mac ans iPad weitergeben

Auch auf dem Mac ist die Karten-App verfügbar. Hier können Sie ganz bequem eine Route erstellen und – zur Orientierung unterwegs – an Ihr iPad senden:

1. Starten Sie am Mac die Karten-App. Erstellen Sie die Route, indem Sie links oben *Start* und *Ende* eingeben. Danach wählen Sie *Fahren* und die Route wird erstellt.
2. Um diese Route an das iPad (oder auch iPhone) zu senden, tippen Sie oben rechts neben dem Suchfeld auf das Teilen-Feld und wählen den Eintrag *An iPad senden*.

3. Auf dem iPad erscheint eine Mitteilung, dass eine Route vom Mac übertragen wurde. Tippen Sie darauf, wird die Karten-App gestartet und die Route angezeigt.

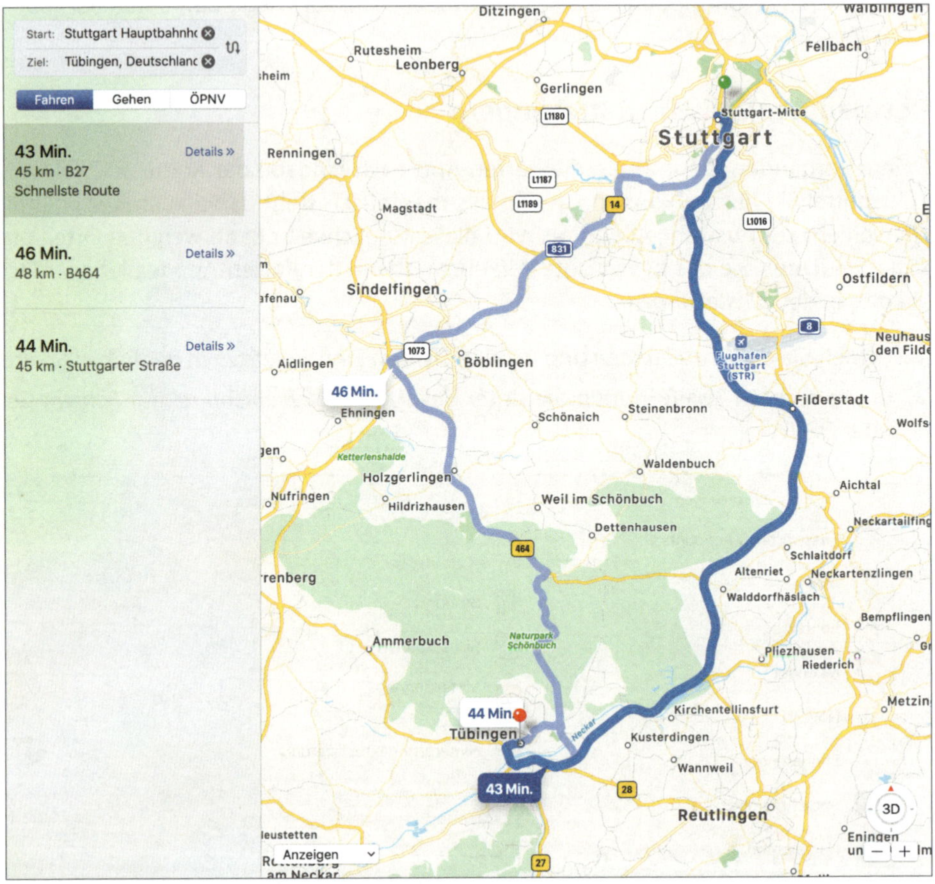

Städte erkunden mit Look around

Die neue Funktion der Karten-App mit dem Namen *Look Around* oder auf Deutsch »Umsehen« ist bislang nur für wenige Städte verfügbar, etwa San Francisco, Las Vegas und Los Angeles. Ähnlich wie bei Google Street View können Sie sich vor Ort virtuell umschauen, als wenn Sie die Stadt selbst besuchen würden.

Favoriten anlegen und teilen

Von Ihnen häufig besuchte Orte und Ziele können Sie bei Bedarf in Sammlungen oder Favoriten aufnehmen und mit anderen Personen teilen. Hierbei macht Ihnen Siri sogar Vorschläge.

1. Starten Sie die Karten-App. Links oben erscheint ein kleines Fenster, in dem zumindest schon ein Favorit zu finden ist – Ihre Privatadresse.
2. Um Favoriten hinzuzufügen, wischen Sie in der Favoritenliste nach links bis zum Plus-Schalter.
3. Tippen Sie auf den Plus-Schalter und geben Sie den Suchbegriff ins Suchfeld ein oder wählen Sie einen der Siri-Vorschläge aus.
4. Tippen Sie auf *Fertig*, um den neuen Favoriten hinzuzufügen. Geben Sie zuvor an, um welchen Typ es sich handelt – *Adresse*, *Privat* oder *Arbeit*.
5. Möchten Sie den Favoriten mit jemandem teilen, wählen Sie diesen aus und tippen auf *Teilen*. Anschließend geben Sie an, wem Sie auf welche Weise den Favoriten zukommen lassen möchten.

Meine Orte verwalten

Mit einer weiteren neuen Funktion werden Ihre Lieblingsorte verwaltet. Auch hier kann es sein, dass Sie bereits einige Einträge finden, die die Karten-App aufgrund Ihrer präferierten Reiseziele bereits hinzugefügt hat. Weitere können Sie selbst in die Sammlung aufnehmen:

1. Tippen Sie dazu auf *Meine Orte*, wobei Sie zuvor nach unten wischen müssen, um die entsprechende Sammlung anzuzeigen.
2. Um einen weiteren Ort hinzuzufügen tippen Sie auf den Plus-Schalter unten rechts. Hier können Sie einen Vorschlag übernehmen oder im Suchfeld nach dem Ort suchen.
3. Mit dem Plus-Schalter fügen Sie den Ort Ihrer Sammlung hinzu.
4. Auch die Sammlung Ihrer Lieblingsorte können Sie über das Teilen-Feld unten mit anderen Personen teilen, ob mit der Nachrichten-App, der Mail-App oder in sozialen Netzwerken.
5. Alternativ wischen Sie zum Teilen auf dem Eintrag von rechts nach links und tippen auf den roten Schalter *Teilen*.

Neuen Kontakt erstellen

Aus Favoriten und Orten können Sie schnell einen neuen Kontakt für Ihre Kontakte-App erstellen. Wählen Sie dazu einen Favoriten oder Ort aus und wischen Sie nach unten, dort tippen Sie auf den Eintrag *Neuen Kontakt erstellen*.

12.2 Uhr und Wecker

Als Besitzer eines iPad benötigen Sie – eigentlich – keine Uhr und keinen Wecker mehr. Alle diese Funktionen hat Ihr Tablet mit an Bord.

Neuer Ort für die Weltzeituhr

Egal, ob Sie Vielreisender sind oder Verwandte und Freunde im Ausland haben und mit ihnen telefonieren möchten. Damit Sie bei diesen nicht zu nachtschlafender Zeit das Telefon klingeln lassen, schauen Sie vorher auf der Weltzeituhr Ihres iPad nach. Davor allerdings müssen Sie den entsprechenden Ort der Weltzeituhr hinzufügen.

1. Starten Sie die Uhr-App und tippen Sie unten auf das Symbol *Weltuhr*.
2. Tippen Sie auf das Pluszeichen rechts oben, um einen neuen Ort aufzunehmen, und geben Sie in das Suchfeld den Ortsnamen ein.
3. Tippen Sie auf den Ortsnamen, wird der Ort der Weltzeituhr hinzugefügt.
4. Möchten Sie Orte löschen, tippen Sie links oben auf *Bearbeiten* und dann am Uhrsymbol links oben auf das rote Minuszeichen.

Schlafenszeit definieren

Haben Sie nicht genug Schlaf und sind Sie tagsüber ständig müde, finden Sie unter Umständen mithilfe Ihres iPad wieder zu einer geregelten Nachtruhe. Die Funktion *Schlafenszeit* der Uhr-App ermöglicht es Ihnen, ganz individuell festzulegen, wann Sie Ihr iPad ins Bett schickt und wann Sie wieder aufwachen müssen:

1. Starten Sie die Uhr-App und tippen Sie unten auf das Symbol *Schlafenszeit* und dann auf *Los geht's*.
2. Als Nächstes geben Sie an, wann Sie aufwachen möchten, und tippen auf *Weiter*.

3. Legen Sie die Tage fest, an denen Sie zur angegebenen Uhrzeit geweckt werden möchten, und tippen Sie wieder auf *Weiter*.
4. Bestimmen Sie jetzt, wie viel Schlaf Sie normalerweise benötigen, und tippen Sie auf *Weiter*.
5. Schließlich bestimmen Sie, wann Sie vom iPad daran erinnert werden wollen, ins Bett zu gehen, und legen den Weckton fest.
6. Über *Sichern* speichern Sie die Einstellungen. Von nun an werden Sie von Ihrem iPad dabei unterstützt, ausreichend zu schlafen.

Den Timer einstellen

Sicher ist Ihnen auch schon einmal das Essen im Ofen angebrannt oder Sie haben es in der Mikrowelle vergessen und es wurde in der Zwischenzeit wieder kalt. Mit dem Timer der Uhr-App wäre Ihnen das nicht passiert:

1. Starten Sie die Uhr-App und tippen Sie unten auf das Symbol *Timer*.
2. Geben Sie die Uhrzeit an, indem Sie auf den Zeitskalen von unten nach oben wischen.
3. Über das Notensymbol unten wählen Sie den Ton aus und über *Start* starten Sie den Timer. Ist die Zeit abgelaufen, werden Sie vom iPad daran erinnert.

Stoppuhr nutzen

Die Uhr-App verfügt zudem über eine Stoppuhr, die Sie beim Sport oder bei Wettkämpfen nutzen können. Tippen Sie in der Uhr-App unten auf das Symbol *Stoppuhr* und zum Starten auf *Start*. Über den Schalter *Löschen* entfernen Sie die Einträge.

12.3 Bildschirmfoto erstellen

Das Erstellen von Bildschirmfotos am iPad ist sehr einfach und flexibel möglich. Zudem können Sie die erstellten Bildschirmfotos bearbeiten und mit nur wenigen Fingertipps versenden und weitergeben:

1. Um ein Bildschirmfoto zu erstellen, drücken Sie gleichzeitig die Stand-by- sowie die Home-Taste oder bei einem iPad Pro ab der dritten Generation und ohne Home-Taste gleichzeitig die Stand-by-Taste und die Lauter-Taste.
2. Das Bildschirmfoto wird erstellt und an der linken unteren Ecke verkleinert dargestellt.
3. Wollen Sie es speichern oder wieder löschen, tippen Sie auf die Voransicht und wählen die gewünschte Funktion aus.
4. Möchten Sie es bearbeiten, tippen Sie doppelt auf die Voransicht. Über den Rahmen um das Bildschirmfoto können Sie dieses beschneiden und über die Zeichenwerkzeuge und Farbpaletten bearbeiten.

5. Um es zu speichern, tippen Sie links oben auf *Fertig* und dann auf *in Fotos sichern*. Des Weiteren können Sie es in der Dateien-App sichern – auf Ihrem iPad oder woanders.
6. Außerdem ist es möglich, das Bildschirmfoto über das Teilen-Feld zu versenden oder an eine andere App weiterzugeben.

12.4 Bildschirmaufnahme

Der Bildschirm Ihres iPad lässt sich auch abfilmen, beispielsweise um ein Schulungsvideo zu erstellen. Die Funktion ist im Kontrollzentrum zu finden. Falls nicht, fügen Sie diese hinzu.

Bildschirmaufnahme dem Kontrollzentrum hinzufügen

1. Öffnen Sie die *Einstellungen* und wählen Sie in der linken Spalte das *Kontrollzentrum* aus. Tippen Sie dann rechts auf *Steuerelemente anpassen*.
2. Tippen Sie auf das grüne Plus-Symbol neben *Bildschirmaufnahme*, um diese dem Kontrollzentrum hinzuzufügen.

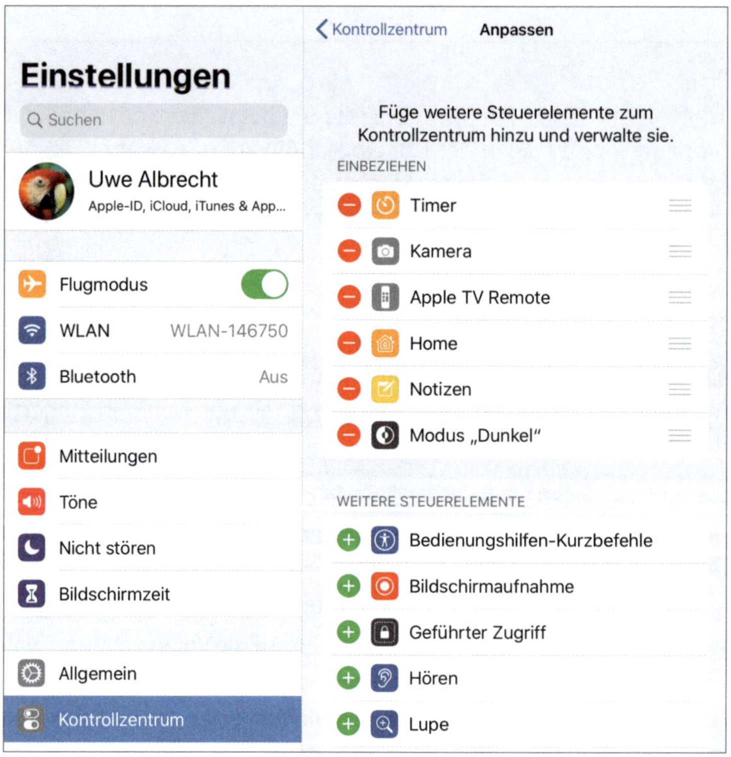

Bildschirm filmen

Wollen Sie den Bildschirm abfilmen, starten Sie die Aufnahme über das Bedienelement im Kontrollzentrum:

1. Tippen Sie fest auf das Bedienelement *Bildschirmaufnahme* und anschließend auf das Mikrofon, falls Sie den Ton über das Mikrofon des iPad aufnehmen wollen.
2. Nun tippen Sie auf *Aufnahme starten*. Ein Countdown wird ausgelöst, bis die Aufnahme tatsächlich beginnt.
3. Führen Sie die Funktionen aus, bzw. starten Sie die App, die Sie abfilmen wollen.
4. Zum Stoppen der Aufnahme tippen Sie auf die während der Aufnahme rot eingefärbte Statusleiste am oberen Bildschirmrand.
5. Die Bildschirmaufnahmen werden von der Fotos-App im Album *Videos* gespeichert. Dort können Sie sie betrachten oder versenden.

12.5 QR-Code scannen

Um die sogenannten QR-Codes zu scannen, benötigen Sie keine gesonderte App, dies kann auch die Kamera-App von iPadOS 13.

1. Starten Sie die Kamera-App, indem Sie auf dem Sperrbildschirm nach links wischen oder auf dem Home-Bildschirm auf das Symbol tippen.
2. Halten Sie die Kamera vor den QR-Code. Die Kamera erkennt den QR-Code, und oben am Bildschirm wird eine Meldung angezeigt.
3. Tippen Sie auf die Meldung, wird beispielsweise die dazugehörige Website in Safari geöffnet.

12.6 Lexika und Wörterbücher

Auf Ihrem iPad sind auch diverse Wörterbücher und Nachschlagewerke installiert, die Sie befragen können. Auch in Wikipedia kann recherchiert werden, sofern Sie über das WLAN-Netzwerk oder das Mobilfunknetz mit dem Internet verbunden sind.

Begriff gezielt nachschlagen

Falls Sie am iPad einen Begriff nachschlagen müssen, geben Sie ihn einfach in das Suchfeld ein:

1. Wischen Sie von der Mitte des Bildschirms nach unten, um das Suchfeld anzuzeigen. Geben Sie dort den Suchbegriff ein.

2. Umgehend werden alle Fundstellen aufgelistet, an denen dieser Begriff zu finden ist, ob in Apps, Nachrichten oder auch im iTunes Store.
3. Die Lexikoneinträge finden Sie in der Kategorie *Siri Wissen* sowie *Lexikon*. Siri holt ihre entsprechenden Informationen übrigens aus Wikipedia. Unter *Lexikon* finden Sie die Einträge in den Nachschlagewerken von iPadOS 13.

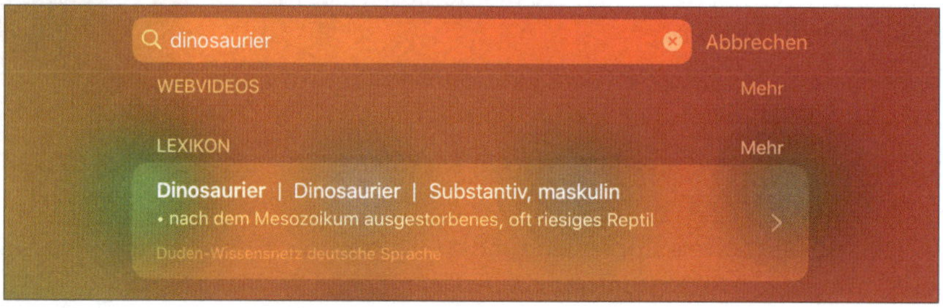

Begriff in einem Text nachschlagen

Falls Sie in einem E-Book, auf einer Website oder in einem anderen Text einen Begriff finden, den Sie nicht kennen, können Sie diesen ganz einfach nachschlagen:

1. Tippen Sie fest auf den Begriff, bis das Kontextmenü erscheint. Tippen Sie auf *Nachschlagen*.
2. Im folgenden Fenster werden alle Fundstellen in den Lexika und Wörterbüchern von iPadOS 13 aufgelistet, zudem über *Siri Wissen* der Eintrag in Wikipedia und noch weitere Einträge in anderen Apps.
3. Wollen Sie den Begriff auch im Web suchen, tippen Sie unten im Fenster auf den entsprechenden Eintrag. Nun wird Safari geöffnet und eine Suche über Google oder die von Ihnen voreingestellte Suchmaschine durchgeführt.

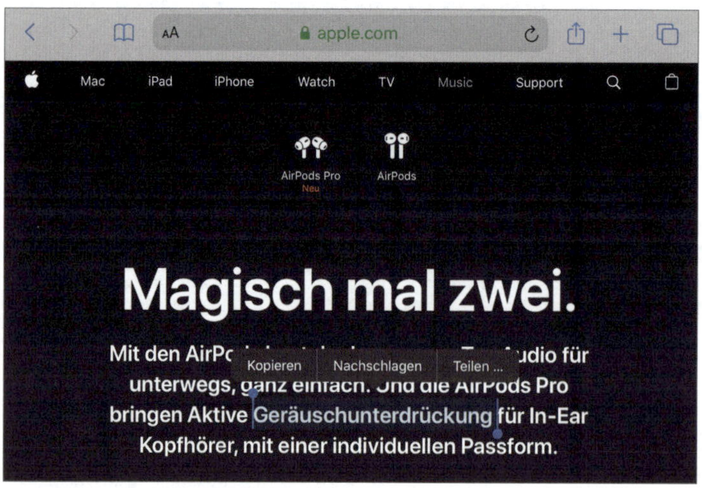

Wörterbücher hinzufügen und verwalten

Falls Sie wünschen, können Sie weitere Wörterbücher hinzufügen oder entfernen. In diesem Fall gehen Sie so vor:

1. Tippen Sie fest auf einen Begriff, bis das Kontextmenü erscheint. Tippen Sie dann auf *Nachschlagen*.
2. Im folgenden Fenster werden die Fundstellen in den Lexika und Wörterbüchern von iPadOS 13 aufgelistet, und ganz unten finden Sie den Eintrag *Wörterbücher verwalten*.
3. Tippen Sie auf *Wörterbücher verwalten* und fügen Sie die neuen Wörterbücher per Fingertipp hinzu oder entfernen Sie diese.
4. Alternativ können Sie auch die *Einstellungen* öffnen, dort in der linken Spalte auf *Allgemein* tippen und anschließend in der rechten Spalte auf *Lexikon*. Dort finden Sie die Einstellungen zum Verwalten der Lexika.

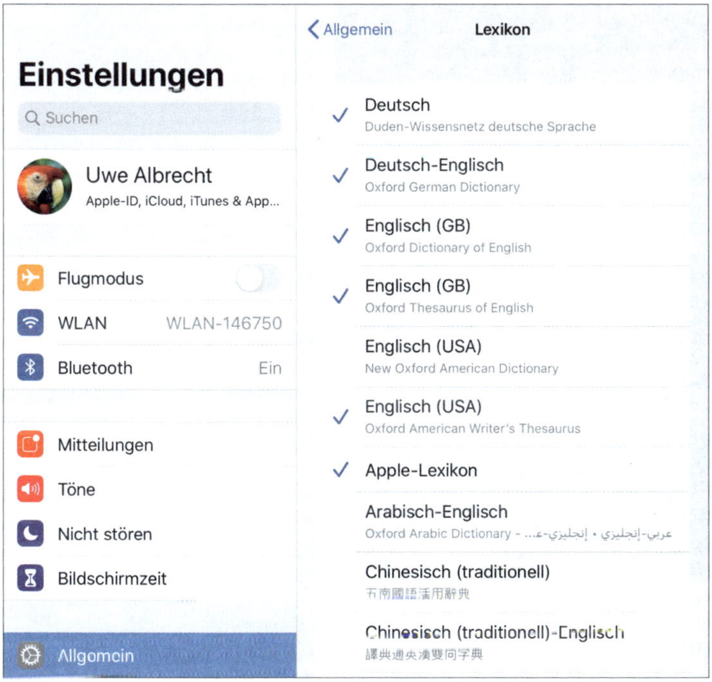

12.7 Sprachmemos

Die Zeiten, in denen Sie unterwegs ein Diktiergerät mit sich führen mussten, um schnell mal einen Gedanken festzuhalten oder ein Diktat aufzunehmen, sind dank iPad und natürlich iPhone vorbei. Denn in iPadOS 13 ist die Sprachmemos-App enthalten, die diese Aufgaben übernimmt.

Sprachmemo aufnehmen

1. Starten Sie die Sprachmemos-App und tippen Sie auf den Aufnahme-Schalter. Nehmen Sie Ihr Sprachmemo auf und tippen Sie auf *Fertig*.
2. Selbstverständlich können Sie die Aufnahme auch über den Pause-Schalter unten links nur pausieren und dann mit *Weiter* wieder aufnehmen.
3. Die neue Aufnahme finden Sie links unter *Sprachmemos*, wo Sie sie auch anhören oder wieder löschen können.
4. Ihre Sprachmemos werden über iCloud mit Ihren anderen kompatiblen Geräten abgeglichen, auf denen Sie mit Ihrer Apple-ID angemeldet sind.

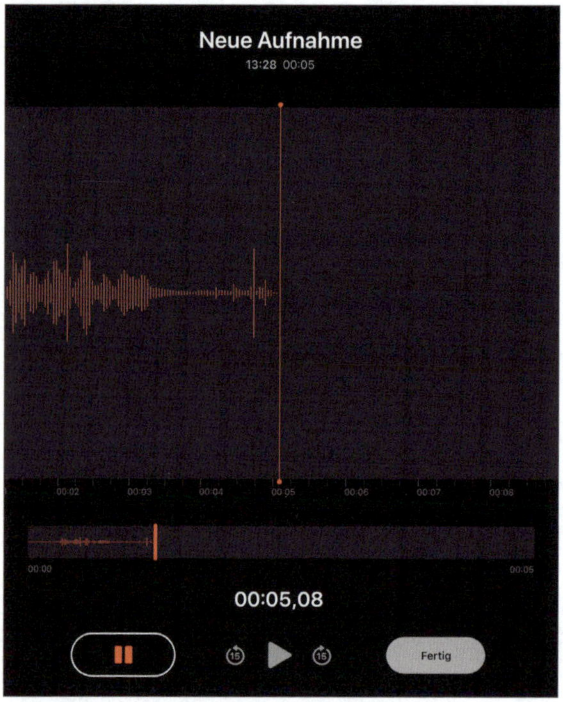

Sprachmemo bearbeiten

Falls Sie die Sprachaufnahmen bearbeiten und kürzen wollen, ist auch das mit der Sprachmemos-App möglich:

1. Wählen Sie das Sprachmemo aus und tippen Sie rechts oben auf *Bearbeiten*.
2. Tippen Sie dann rechts oben auf das kleine Quadrat. Verschieben Sie den gelben Rahmen so, wie Sie das wünschen.
3. Zum Kürzen der Aufnahme tippen Sie auf *Kürzen*. Mit einem Finger auf *Löschen* wird der ausgewählte Teil gelöscht.

A

B

N

O

P

Q

S